普通高等教育“十三五”规划教材

应用型本科保险学专业系列　　　　总主编◇徐爱荣

主编／张　蕙

寿险精算学

立信会计出版社
LIXIN ACCOUNTING PUBLISHING HOUSE

图书在版编目(CIP)数据

寿险精算学 / 张薏主编. —上海：立信会计出版社，2019.1

普通高等教育“十三五”规划教材　应用型本科保险学专业系列

ISBN 978 - 7 - 5429 - 5987 - 4

Ⅰ.①寿…　Ⅱ.①张…　Ⅲ.①人寿保险—保险精算—高等学校—教材　Ⅳ.①F840.622

中国版本图书馆 CIP 数据核字(2018)第 297052 号

责任编辑　王艳丽
封面设计　南房间

寿险精算学
Shouxian Jingsuanxue

出版发行	立信会计出版社		
地　　址	上海市中山西路 2230 号	邮政编码	200235
电　　话	(021)64411389	传　　真	(021)64411325
网　　址	www.lixinaph.com	电子邮箱	lxaph@sh163.net
网上书店	www.shlx.net	电　　话	(021)64411071
经　　销	各地新华书店		

印　　刷	上海肖华印务有限公司	
开　　本	787 毫米×1092 毫米	1/16
印　　张	16.5	
字　　数	368 千字	
版　　次	2019 年 1 月第 1 版	
印　　次	2019 年 1 月第 1 次	
印　　数	1 - 2100	
书　　号	ISBN 978 - 7 - 5429 - 5987 - 4/F	
定　　价	42.00 元	

如有印订差错，请与本社联系调换

应用型本科保险学专业系列教材

编写委员会

前　　言

精算学是一门以概率论与数理统计为基础，与经济学、金融学及保险理论相结合，对保险经营中的计算问题做定量分析，以保证保险经营的稳定性和安全性的学科。它所解决的问题包括人口死亡率（生存率）的测定、生命表的编制、保险条款的设计、费率的厘定、准备金的计提、盈余的分配、险种创新、投资等。精算师是通过权威机构认可的精算师资格考试，获得相应专业资格并从事精算学研究与应用的专业人才。一个称职的精算师不仅需要有较为扎实的数学功底，还需要掌握经济学、统计学、财经、金融、管理、法律、计算机等方面的专业知识。

精算技术最早应用于人寿和养老金类业务的产品定价中，之后逐步向非寿险、健康保险、社会保障、银行、投资、金融等领域扩展。对于掌握并应用精算技术的专业人才，英国政府于 1871 年首次官方为其设立了精算师职位。各国精算组织都围绕着国际精算师协会制定的精算教育标准设立或选择相关的精算师考试体系，进一步选拔并培养复合型精算人才。

我国的精算教育始于南开大学。1988 年 11 月，北美精算师协会与南开大学签订协议，由其协助南开大学培养精算硕士，相关的培养方案、教材以及师资等都由北美精算师协会确定并提供。当时精算学习者可以参考的教材主要是北美、英国资格考试体系下的考试用书。直到 1997 年，由中国人民银行保险司牵头才开始了中国精算师资格考试体系的构建与考试教材的编写，随后，国内各高校也开始围绕着考试大纲编写相关教材。

在各大精算师考试体系中，寿险精算都是其中的核心科目。本书作者从事精算教学多年且参加过北美准精算师资格考试、中国准精算师资格考试。本书更多地从读者的角度出发，增强理解性的引导，适用于初学精算的读者，也可作为参加精算师资格考试学员的辅助学习材料。

本书共 8 章。第 1 章是基础知识部分，介绍了单生命生存模型，该模型从随机变量的角度刻画了被保险人死亡年龄和剩余寿命的不确定性。第 2 章和第 3 章是基础理论部分，介绍了精算现值的概念，并以保险人的给付金额为代表归纳了精算现值的计算步骤。第 4 章至第 6 章是对前 3 章内容的应用，建立了保险人在不同时刻精算意义下的收支平衡关系，并在此基础上完成了保费（包括净保费和毛保费）和责任准备金（包括修正准备金）的计算。第 7 章定义了多个生命体构成的生存状态，并通过多生命生存模型刻画了这些生存状态存续时间的分布，从而利用精算原理对以这些生存状态为标的的寿险产品进行定价。第 8 章从实际出发分析了导致保险人给付的各项风险因素，并建立了多元风险模型来研究其不确定性，从而可以更加精确地对寿险产品进行定价。此外，本书每章都列出了许多例题且配备了习题，帮助读者理解、掌握并巩固各个知识点。

本书作为寿险精算学的一本入门教材，可以作为高等院校精算学、保险学、金融学、应用数学等相关专业本科高年级学生的教材及教学参考用书，也可供自学精算学的读者阅读及参考。

在本书的编写过程，得到了上海立信会计金融学院保险学院的李鹏、周佳妮、张杰以及上海财经大学的蔡文靖、潘婧、陈燃萍、何迪、陈明镜、唐一鸣等老师和朋友的帮助，在此表示感谢。同时，感谢立信会计出版社编辑王艳丽对本书所做的努力。

作　者

2019 年 1 月

目　录

第 1 章　单生命生存模型

传统寿险保单是以被保险人的生命为标的，以其在保险期限内是否存活作为给付保险金的判断依据，因此有必要研究被保险人在投保之后的生存状态，尤其是在保险期限内的生存状态. 考虑到投保时被保险人年龄各异，我们定义符号(x)表示 x 岁的人，并以新生婴儿(0 岁的人) 为出发点，研究特定年龄个体的生存状态. 选择这一特殊年龄的理由是，新生婴儿是一个生命的开始，无论哪位被保险人都要经历新生婴儿这一阶段，而且可以被形容为附带一定条件的新生婴儿. 例如，30 岁的被保险人可以被形容为在 30 岁时生存着的新生婴儿.

1.1　死亡年龄的分布

1.1.1　连续型死亡年龄的分布

每个新生婴儿出生时，他的死亡年龄都是不确定的，可以将其理解为一个随机变量并记作 X. 与统计学中灯泡的使用寿命类似，死亡年龄通常被理解为取值非负实数的连续型随机变量，因此对死亡年龄的研究就转变为对一个连续型随机变量的分布的研究.

设某一新生婴儿群体的死亡年龄的分布函数为 $F(x)$，定义 $s(x)=1-F(x)$ 为相应的生存函数，即

$$s(x)=P\{X>x\},\quad x\geqslant 0 \tag{1.1}$$

作为一个概率函数，函数值 $s(x)$ 可以被理解为新生婴儿活过 x 岁的概率. 由于研究对象是个体未来的生存状态，故假设 $s(0)=1$，即新生婴儿在出生时(当前时刻)是处于生存状态的. 相应地 $F(0)=0$.

根据生存函数与分布函数的关系，不难推导出生存函数的性质(如连续性和单调性等). 理论上连续型随机变量的生存函数是单调递减的，而且递减的速度可以随年龄的增加而增加、减少或是不变，因此可以用递减的凸函数、凹函数以及线性函数来拟合. 图 1.1 给出了几种常见的生存函数的图像，反映了不同的生存规律. 例如，线性函数中，只要时间区间是等长度的，那么新生婴儿在这些时间区间内死亡的概率都是相等的(想想这种情形下随机变量 X 服从什么分布).

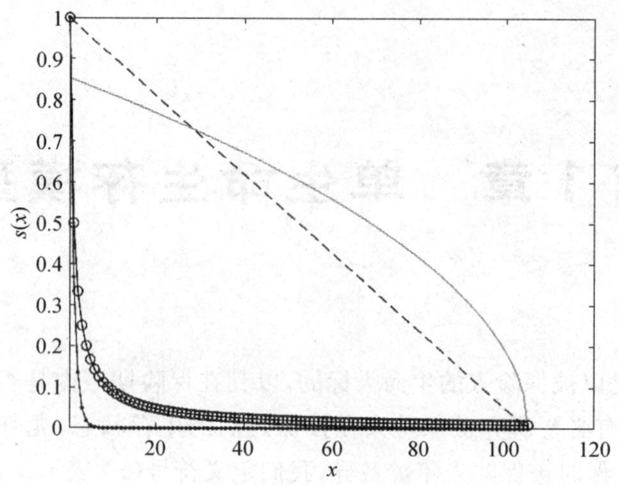

图 1.1 生存函数图像

注:图 1.1 展示了常用的几种生存函数:实线对应的函数式为 $s(x)=\dfrac{\sqrt{105-x}}{105}$, $0\leqslant x\leqslant 105$;虚线对应的函数式为 $s(x)=\dfrac{105-x}{105}$, $0\leqslant x\leqslant 105$;圈线对应的函数式为 $s(x)=\dfrac{1}{1+x}$, $x\geqslant 0$;点线对应的函数式为 $s(x)=\mathrm{e}^{-x}$, $x\geqslant 0$.

从客观实际出发,人的寿命是有限的. 定义满足:$\begin{cases}s(x)>0, & x<\omega\\ s(x)=0, & x\geqslant\omega\end{cases}$ 的正数 ω 为极限年龄,它是目前人类无法逾越的最小年龄. 极限年龄通常隐含于生存函数的表达式中,例如,表达式 $s(x)=1-\dfrac{x}{105}$, $0\leqslant x\leqslant 105$ 中隐含的极限年龄为 105 岁.

除了识别极限年龄外,生存函数还可用于推导 X 的概率密度函数

$$f(x)=-s'(x),\quad x\geqslant 0 \tag{1.2}$$

以及计算随机事件发生的概率. 例如,新生婴儿活过 x 岁且在 $y(x<y)$ 岁及 y 岁之前死亡的概率可表示为

$$P\{x<X\leqslant y\}=s(x)-s(y)$$

鉴于连续型随机变量分布的特点,事件$\{x\leqslant X\leqslant y\}$, $\{x\leqslant X<y\}$ 以及$\{x<X<y\}$发生的概率都与之相等. 类似地,还有 $P\{X\geqslant x\}=P\{X>x\}=s(x)$. 除此之外,由 X 所表达的一些复杂事件的概率也能用生存函数进行计算.

例 1.1.1 假设生存函数 $s(x)=1-\dfrac{x}{100}$, $0\leqslant x\leqslant 100$,试计算:(1) 概率密度函数 $f(x)$,(2) $P\{10<X<40\}$,(3) $P\{10<X<40\mid X>10\}$.

解 回忆密度函数与生存函数、生存函数与分布函数的关系,有

(1) $f(x) = -s'(x) = \dfrac{1}{100}$, $0 \leqslant x \leqslant 100$;

(2) $P\{10 < X < 40\} = s(10) - s(40) = 1 - \dfrac{10}{100} - \left(1 - \dfrac{40}{100}\right) = 0.3$;

(3) $P\{10 < X < 40 \mid X > 10\} = \dfrac{P\{10 < X < 40\}}{P\{X > 10\}} = \dfrac{s(10) - s(40)}{s(10)} = \dfrac{1}{3}$.

最后一项条件概率可解读为:新生婴儿在 10 岁时处于生存状态的条件下,在 10 岁至 40 岁之间死亡的概率.

生存函数能刻画连续型随机变量 X 的分布,自然也能计算包括期望和方差在内的数字特征.

例 1.1.1 中的条件概率又可以理解为 10 岁的人在 40 岁之前死亡的概率,这里 10 岁的人指代在 10 岁时处于生存状态的新生婴儿. 这为我们将研究对象从新生婴儿过渡到某一年龄的人提供了思路.

例 1.1.2　根据例 1.1.1 中的生存函数,计算随机变量 X 的期望及方差,并对结果做出解释.

解　由 $s(x)$ 的表达式可知,X 服从区间$[0, 100]$上的均匀分布,所以

$$E(X) = 50,\ \mathrm{Var}(X) = \frac{100^2}{12} = \frac{2\,500}{3}$$

又或者通过以下计算得到

$$E(X) = \int_0^{\infty} s(x)\mathrm{d}x = \int_0^{100} 1 - \frac{x}{100}\mathrm{d}x = 50$$

$$E(X^2) = 2\int_0^{\infty} xs(x)\mathrm{d}x = 2\int_0^{100}\left(x - \frac{x^2}{100}\right)\mathrm{d}x = \frac{10\,000}{3}$$

$$\mathrm{Var}(X) = E(X^2) - E^2(X) = \frac{2\,500}{3}$$

因为 X 为新生婴儿的死亡年龄,所以 $E(X) = 50$ 意味着新生婴儿的平均死亡年龄为 50 岁. 就单个新生婴儿而言,其真实的死亡年龄会在 50 岁上下波动,且波动性很大.

1.1.2　离散型死亡年龄的分布

对连续型死亡年龄 X 取整可得到一个离散型随机变量,称其为周岁数并记为 $K = [X]$. 显然 K 的取值为所有非负整数,概率质量函数为

$$\begin{aligned} P\{K = k\} &= P\{[X] = k\} \\ &= P\{k \leqslant X < k+1\} \\ &= s(k) - s(k+1),\quad k = 0, 1, \cdots \end{aligned} \tag{1.3}$$

可求得期望

$$E(K)=\sum_{k=0}^{\infty}k\cdot(s(k)-s(k+1))=\sum_{k=1}^{\infty}s(k) \tag{1.4}$$

很明显,离散型死亡年龄的分布可以借助连续型死亡年龄进行刻画.

例 1.1.3 已知新生婴儿死亡年龄 X 的密度函数为 $f(x)=\dfrac{x}{3\,200}$, $0\leqslant x\leqslant 80$. 记 $K=[X]$,计算 $E(K)$.

解 $s(x)=\int_x^{\infty}f(t)\mathrm{d}t=\int_x^{80}\dfrac{t}{3\,200}\mathrm{d}t=1-\dfrac{x^2}{6\,400}$, $0\leqslant x\leqslant 80$

$$E(K)=\sum_{k=1}^{\infty}s(k)=\sum_{k=1}^{80}\left(1-\frac{k^2}{6\,400}\right)=80-\frac{173\,880}{6\,400}=52.831\,3$$

虽然 K 的取值范围为所有非负整数,但其期望未必为整数!

1.2 剩余寿命的分布

剩余寿命是指当前生存的个体未来能够存活的时间长度. 很明显剩余寿命与死亡年龄是两个不同的概念,具有不同的属性,但是两者之间存在密切的关系. 如图 1.2 所示,标记新生婴儿出生的时刻为时间轴的原点,当前时刻为 x,死亡时刻(死亡年龄)为 X. 对于(x),死亡必然发生在时刻 x 之后,故将(x) 的剩余寿命定义为

$$T(x)=X-x\mid X>x \tag{1.5}$$

显然 $T(x)$ 也是取值非负的连续型随机变量. 注意:条件 $X>x$ 不可缺少!因为 X 泛指新生婴儿的死亡年龄,取值为一切非负实数,所以一方面该条件的存在指明了研究的对象是 x 岁的人,另一方面缺少该条件,$X-x$ 就有可能取负值,也就无法表示剩余寿命. 倘若平移坐标轴,将当前时刻记为时间轴原点,那么 $T(x)$ 还可表示(x) 的死亡时刻.

图 1.2 剩余寿命与当前年龄及死亡年龄之间的关系

定义 $T(x)$ 的生存函数和分布函数为

$${}_tp_x=P\{T(x)>t\}=P\{X>x+t\mid X>x\},\ t\geqslant 0 \tag{1.6}$$

和

$${}_tq_x=P\{T(x)\leqslant t\}=P\{X\leqslant x+t\mid X>x\}=1-{}_tp_x,\ t\geqslant 0 \tag{1.7}$$

其中${}_tp_x$ 表示(x) 在 t 年后依然生存的概率,${}_tq_x$ 表示(x) 在接下来 t 年内死亡的概率,两者皆

为条件概率. 进一步定义符号 $u\mid$ 表示延期 u 年,则 ${}_{u|t}q_x$ 表示 (x) 在 u 年后的 t 年内死亡的概率. 上述符号在 $t=1$ 时,可以将该部分省略不写,即 $p_x={}_1p_x$, $q_x={}_1q_x$, ${}_{u|}q_x={}_{u|1}q_x$. 从分布函数和生存函数的应用角度看,有

$$\begin{aligned}{}_{u|t}q_x &= P\{u<T(x)\leqslant u+t\}\\ &= P\{T(x)>u\}-P\{T(x)>u+t\}\\ &= {}_up_x-{}_{u+t}p_x\end{aligned} \tag{1.8}$$

及

$$\begin{aligned}{}_{u|t}q_x &= P\{u<T(x)\leqslant u+t\}\\ &= P\{T(x)\leqslant u+t\}-P\{T(x)\leqslant u\}\\ &= {}_{u+t}q_x-{}_uq_x\end{aligned} \tag{1.9}$$

由(1.6)式和(1.7)式可知 ${}_tp_x$ 和 ${}_tq_x$ 均为由 X 表示的随机事件的条件概率,故可利用其生存函数 $s(\cdot)$ 进行化简,有

$${}_tp_x=\frac{P\{X>x+t\}}{P\{X>x\}}=\frac{s(x+t)}{s(x)},\ t\geqslant 0 \tag{1.10}$$

$${}_tq_x=1-{}_tp_x=1-\frac{s(x+t)}{s(x)},\ t\geqslant 0 \tag{1.11}$$

特别地, ${}_xq_0=1-s(x)$, ${}_xp_0=s(x)$,而且

$$\begin{aligned}{}_{u|t}q_x &= {}_up_x-{}_{u+t}p_x\\ &= \frac{s(x+u)}{s(x)}-\frac{s(x+u+t)}{s(x)}\\ &= \frac{s(x+u)-s(x+u+t)}{s(x)}\\ &= \frac{s(x+u)}{s(x)}\cdot\frac{s(x+u)-s(x+u+t)}{s(x+u)}\\ &= {}_up_x\cdot{}_tq_{x+u}\end{aligned} \tag{1.12}$$

(1.12)式又可以通过乘法公式予以理解

$$\begin{aligned}{}_{u|t}q_x &= P\{T(x)>u\}\cdot P\{T(x)\leqslant u+t\mid T(x)>u\}\\ &= P\{T(x)>u\}\cdot P\{X\leqslant x+u+t\mid X>x+u\}\\ &= {}_up_x\cdot{}_tq_{x+u}\end{aligned}$$

类似的乘法公式还可用于生存概率,有

$${}_{u+t}p_x={}_up_x\cdot{}_tp_{x+u} \tag{1.13}$$

关于上述精算符号的说明:由符号 ${}_{u|t}q_x$ 自然会联想到 ${}_{u|t}p_x$,很明显它表示的是 (x) 在 u

年后又活过 t 年的概率，也即 (x) 在 $u+t$ 年后依然生存的概率，可以简单地用 ${}_{u+t}p_x$ 替代. 因此，我们不会看到 ${}_{u|t}p_x$ 形式的表达. 另外，${}_tp_x$ 和 ${}_tq_x$ 存在左右两个下标，但是从指定个体的剩余寿命分布来看，它们均是一元函数，左下标 t 才是函数的自变量.

例 1.2.1 设 $p_x=0.99$，$p_{x+1}=0.985$，${}_3p_{x+1}=0.95$，$q_{x+3}=0.02$，求 p_{x+3}，${}_2p_x$，${}_2p_{x+1}$，${}_3p_x$，${}_{1|2}q_x$.

解

$$p_{x+3}=1-q_{x+3}=0.98$$

$${}_2p_x=p_x\cdot p_{x+1}=0.975\,15$$

$${}_2p_{x+1}=\frac{{}_3p_{x+1}}{p_{x+3}}=0.969\,388$$

$${}_3p_x=p_x\cdot {}_2p_{x+1}=0.959\,694$$

$${}_{1|2}q_x=p_x-{}_3p_x=0.030\,306$$

例 1.2.2 已知 ${}_tp_{40}=\begin{cases}1-0.005t, & t<20,\\ 1.3-0.02t, & 20\leqslant t\leqslant 65,\end{cases}$ 计算 50 岁的人活过 30 年的概率.

解 运用(1.13)式，有

$${}_{30}p_{50}=\frac{{}_{40}p_{40}}{{}_{10}p_{40}}=\frac{0.5}{0.95}\approx 0.526\,3$$

例 1.2.3 假设生存函数 $s(x)=1-\dfrac{x}{100}$，$0\leqslant x\leqslant 100$，试计算：(1) $T(x)$ 的生存函数、分布函数以及概率密度函数；(2) 计算 $T(x)$ 的期望.

解 $${}_tp_x=\frac{s(x+t)}{s(x)}=\frac{1-\dfrac{x+t}{100}}{1-\dfrac{x}{100}}=\frac{100-x-t}{100-x},\quad t\in[0,\,100-x]$$

$${}_tq_x=1-{}_tp_x=\frac{t}{100-x},\quad t\in[0,\,100-x]$$

$$f_{T(x)}(t)={}_tq'_x=\frac{1}{100-x},\quad t\in[0,\,100-x]$$

很明显 $T(x)$ 服从区间 $[0,\,100-x]$ 上的均匀分布，所以

$$E(T(x))=\frac{100-x}{2}$$

结论 1.2.1 当新生婴儿的死亡年龄 X 服从区间 $[0,\,\omega]$ 上的均匀分布时，(x) 的剩余寿命 $T(x)$ 服从区间 $[0,\,\omega-x]$ 上的均匀分布.

定义 $K(x)=[T(x)]$ 为 (x) 的离散型剩余寿命，即 (x) 未来活过的整年数，其概率质量函数为

$$P\{K(x)=k\}=P\{k\leqslant T(x)<k+1\}={}_{k|}q_x,\ k=0,1,\cdots \tag{1.14}$$

期望为

$$E(K(x))=\sum_{k=0}^{\infty}k\cdot{}_{k|}q_x=\sum_{k=1}^{\infty}{}_kp_x \tag{1.15}$$

由 $K(x)$ 的定义可知，$K(x)\leqslant T(x)<K(x)+1$. 这表明自当前年龄开始，$(x)$ 死亡所在的年度区间为 $[K(x),K(x)+1)$（图 1.3）.

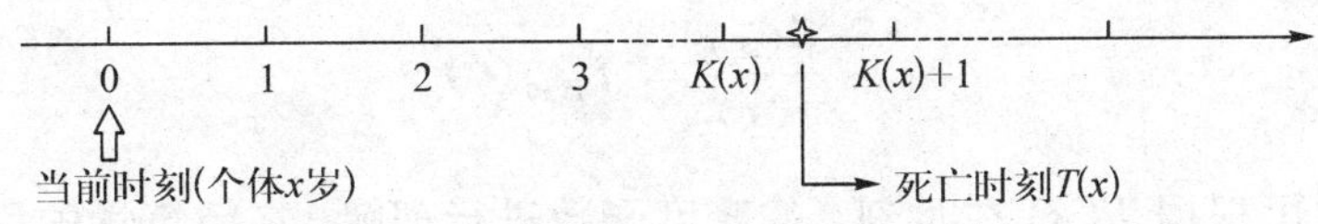

图 1.3 (x) 的死亡所在的年度区间

例 1.2.4 假设生存函数 $s(x)=\mathrm{e}^{-0.05x}$，$x\geqslant 0$，试计算：(1) $K(x)$ 的概率质量函数；(2) $K(x)$ 的期望.

解 因为 $s(x)=\mathrm{e}^{-0.05x}$，$x\geqslant 0$，所以

$$_tp_x=\frac{s(x+t)}{s(x)}=\mathrm{e}^{-0.05t},\quad t\geqslant 0$$

$$\begin{aligned}{}_{k|}q_x&={}_kp_x-{}_{k+1}p_x\\&=\mathrm{e}^{-0.05k}-\mathrm{e}^{-0.05(k+1)}\\&=\mathrm{e}^{-0.05k}(1-\mathrm{e}^{-0.05})=0.048\,5\mathrm{e}^{-0.05k},\quad k=0,1,\cdots\end{aligned}$$

$$E(K(x))=\sum_{k=1}^{\infty}{}_kp_x=\sum_{k=1}^{\infty}\mathrm{e}^{-0.05k}=\frac{\mathrm{e}^{-0.05}}{1-\mathrm{e}^{-0.05}}=19.504\,2$$

1.3 死 亡 力

将 $T(x)$ 的生存函数对 t 求导，有

$$({}_tp_x)'_t=\left(\frac{s(x+t)}{s(x)}\right)'_t=\frac{s'(x+t)}{s(x)}=\frac{s'(x+t)}{s(x+t)}\cdot\frac{s(x+t)}{s(x)}$$

因此，$T(x)$ 的概率密度函数为

$$f_{T(x)}(t)=-({}_tp_x)'_t=-\frac{s'(x+t)}{s(x+t)}\cdot{}_tp_x \tag{1.16}$$

为了理解(1.16)式右端的第一个因子的含义，先简单地分析 $-\dfrac{s'(x)}{s(x)}$. 根据导函数的定义，有

$$-\frac{s'(x)}{s(x)}=\lim_{\Delta x\to 0}\frac{s(x)-s(x+\Delta x)}{\Delta x\cdot s(x)}=\lim_{\Delta x\to 0^+}\frac{s(x)-s(x+\Delta x)}{\Delta x\cdot s(x)}$$

当 $\Delta x > 0$ 时，$\dfrac{s(x)-s(x+\Delta x)}{s(x)} = {}_{\Delta x}q_x$ 表示新生婴儿在 x 岁时处于生存状态的条件下，在接下来的 Δx 年内死亡的概率. 特别地，$\lim\limits_{\Delta x\to 0^+}\dfrac{s(x)-s(x+\Delta x)}{s(x)}$ 表示新生婴儿在 x 岁时处于生存状态的条件下，在接下来的瞬间发生死亡的概率，故而 $\lim\limits_{\Delta x\to 0^+}\dfrac{s(x)-s(x+\Delta x)}{\Delta x\cdot s(x)}$ 表示新生婴儿在 x 岁时处于生存状态的条件下，在接下瞬间的死亡概率密度. 因为

$$-\frac{s'(x)}{s(x)} = f_{T(x)}(0)$$

所以这一结果也可根据 $T(x)$ 在时刻 0 的密度函数进行理解. 在精算学中称其为死亡力（在生存分析或风险管理等科目中又称为失效率、风险率或危险率函数）.

定义新生婴儿在 x 岁的死亡力为

$$\mu(x) = -\frac{s'(x)}{s(x)} = \frac{f(x)}{s(x)} \tag{1.17}$$

相应的符号还可记作 μ_x. 类似地，定义 (x) 在 $x+t$ 岁的死亡力为

$$\mu_x(t) = \frac{f_{T(x)}(t)}{{}_tp_x} \tag{1.18}$$

又可记作 μ_{x+t}. 因为

$$\frac{f_{T(x)}(t)}{{}_tp_x} = -\frac{s'(x+t)}{s(x+t)} = \mu(x+t)$$

所以

$$\mu_x(t) = \mu(x+t) \tag{1.19}$$

这表明无论个体的当前年龄如何，在未来相同年龄的死亡力都相等. 而且从死亡力的定义上看，$\mu(x) \geqslant 0$ 对任意的 $x \geqslant 0$ 都成立.

例 1.3.1 已知生存函数 $s(x) = 1-\dfrac{x}{100}$，$0 \leqslant x \leqslant 100$，求：

(1) 新生婴儿在 x 岁的死亡力；

(2) (x) 在 $x+t$ 岁的死亡力；

(3) (x) 的剩余寿命的概率密度函数.

解 (1) $\mu(x) = -\dfrac{s'(x)}{s(x)} = \dfrac{\frac{1}{100}}{1-\frac{x}{100}} = \dfrac{1}{100-x}$，$0 \leqslant x < 100$；

(2) $\mu_x(t) = \mu(x+t) = -\dfrac{s'(x+t)}{s(x+t)} = \dfrac{1}{100-x-t}$，$0 \leqslant t < 100-x$；

(3) $_tp_x = \dfrac{s(x+t)}{s(x)} = \dfrac{100-x-t}{100-x}$, $0 \leqslant t < 100-x$,

$$f_{T(x)}(t) = \mu_x(t) \cdot {}_tp_x = \frac{1}{100-x-t} \cdot \frac{100-x-t}{100-x} = \frac{1}{100-x},\ 0 \leqslant t < 100-x$$

例 1.3.2　已知生存函数 $s(x) = \mathrm{e}^{-0.05x}$, $x \geqslant 0$,求:

(1) 新生婴儿在 x 岁的死亡力;

(2) (x) 在 $x+t$ 岁的死亡力;

(3) (x) 的剩余寿命的概率密度函数.

解　(1) $\mu(x) = -\dfrac{s'(x)}{s(x)} = 0.05$, $x \geqslant 0$;

(2) $\mu_x(t) = \mu(x+t) = -\dfrac{s'(x+t)}{s(x+t)} = 0.05$, $t \geqslant 0$;

(3) $_tp_x = \dfrac{s(x+t)}{s(x)} = \mathrm{e}^{-0.05t}$, $t \geqslant 0$,

$$f_{T(x)}(t) = \mu_x(t) \cdot {}_tp_x = 0.05\mathrm{e}^{-0.05t},\quad t \geqslant 0$$

通过求解微分方程 $\mu(x) = -\dfrac{s'(x)}{s(x)}$,还能得到生存函数关于死亡力的表达式,具体步骤如下:因为

$$\mu(x) = -\frac{s'(x)}{s(x)} = -(\ln s(x))'$$

两边求定积分,得

$$\int_0^x \mu(t)\mathrm{d}t = \int_0^x -(\ln s(t))'\mathrm{d}t = \ln s(t)\big|_x^0 = -\ln s(x)$$

所以

$$s(x) = \mathrm{e}^{-\int_0^x \mu(t)\mathrm{d}t} \tag{1.20}$$

类似地,

$$_tp_x = \mathrm{e}^{-\int_x^{x+t} \mu(s)\mathrm{d}s} = \mathrm{e}^{-\int_0^t \mu_x(s)\mathrm{d}s} \tag{1.21}$$

根据生存函数与密度函数的关系有

$$f(x) = \mu(x) \cdot s(x) = \mu(x) \cdot \mathrm{e}^{-\int_0^x \mu(t)\mathrm{d}t} \tag{1.22}$$

和

$$f_{T(x)}(t) = \mu_x(t) \cdot {}_tp_x = \mu_x(t) \cdot \mathrm{e}^{-\int_0^t \mu_x(s)\mathrm{d}s} \tag{1.23}$$

特别地,如果新生婴儿的死亡年龄 X 服从区间$[0, \omega)$ 上的均匀分布,则等价的死亡力函数为

$$\mu(x) = \frac{1}{\omega - x}, \ 0 \leqslant x < \omega$$

称这样的死亡规律假设为 De Moivre 死亡律假设. 除此之外,常用的死亡律假设还有: Gompertz 死亡律假设、Makeham 死亡律假设和 Weibull 死亡律假设等. 它们赋予了死亡力不同的函数形式,具体参见表 1.1 及图 1.4. 这四种死亡律假设具有重要的理论和应用价值.

表 1.1　不同死亡律假设下的死亡力函数形式

假设	死亡力函数 $\mu(x)$	约束条件
De Moivre(1729)	$(\omega - x)^{-1}$	$0 \leqslant x < \omega$
Gompertz(1825)	$B \cdot c^x$	$B > 0, c \geqslant 1, x \geqslant 0$
Makeham(1860)	$A + B \cdot c^x$	$B > 0, A \geqslant -B, c \geqslant 1, x \geqslant 0$
Weibull(1939)	$k \cdot x^n$	$k > 0, n > 0, x \geqslant 0$

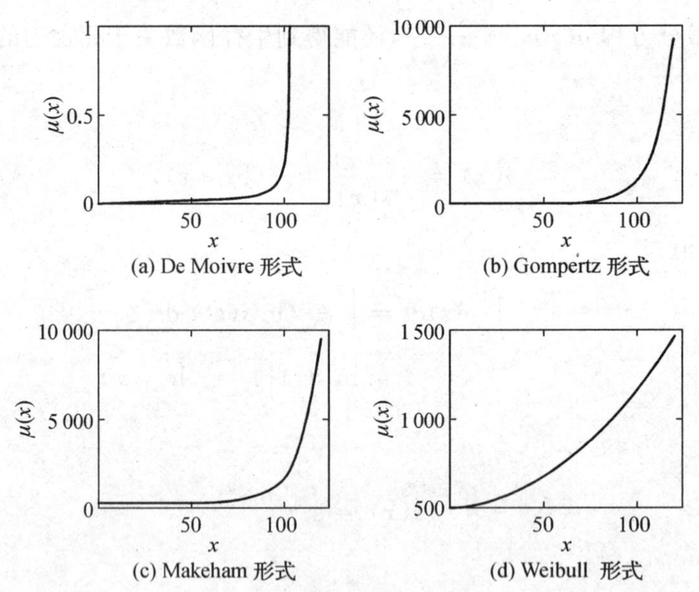

图 1.4　死亡力的几种形式

例 1.3.3　在四种死亡律假设下,分别推导生存函数的表达式.

解　(1) $s(x) = e^{-\int_0^x \mu(t)\mathrm{d}t} = e^{-\int_0^x (\omega - t)^{-1}\mathrm{d}t} = 1 - \dfrac{x}{\omega}, \ 0 \leqslant x \leqslant \omega$;

(2) $s(x) = e^{-\int_0^x \mu(t)\mathrm{d}t} = e^{-\int_0^x B\cdot c^t \mathrm{d}t} = e^{\frac{B}{\ln c}(1-c^x)}, \ x \geqslant 0$;

(3) $s(x) = e^{-\int_0^x \mu(t)\mathrm{d}t} = e^{-\int_0^x A + B\cdot c^t \mathrm{d}t} = e^{-Ax + \frac{B}{\ln c}(1-c^x)}, \ x \geqslant 0$;

(4) $s(x)=\mathrm{e}^{-\int_0^x \mu(t)\mathrm{d}t}=\mathrm{e}^{-\int_0^x k\cdot t^n \mathrm{d}t}=\mathrm{e}^{-\frac{k}{n+1}x^{n+1}}$, $x\geqslant 0$.

例 1.3.4　假设死亡力 $\mu(x)=\dfrac{1}{1+x}$, $x\geqslant 0$,试求:(1)X 的生存函数及密度函数;(2)$T(x)$ 的生存函数及密度函数;(3)$P\{10<X\leqslant 30\}$;(4) ${}_{3|5}q_{30}$.

解　(1)$s(x)=\mathrm{e}^{-\int_0^x \mu(t)\mathrm{d}t}=\mathrm{e}^{-\int_0^x \frac{1}{1+t}\mathrm{d}t}=\dfrac{1}{1+x}$, $x\geqslant 0$,

$$f(x)=\mu(x)\cdot s(x)=\frac{1}{(1+x)^2},\ x\geqslant 0$$

(2) ${}_tp_x=\mathrm{e}^{-\int_x^{x+t}\mu(s)\mathrm{d}s}=\mathrm{e}^{-\int_x^{x+t}\frac{1}{1+s}\mathrm{d}s}=\dfrac{1+x}{1+x+t}$, $t\geqslant 0$,

$$f_{T(x)}(t)=\mu_x(t)\cdot {}_tp_x=\frac{1+x}{(1+x+t)^2},\ t\geqslant 0$$

(3) $P\{10<X\leqslant 30\}=s(10)-s(30)=\dfrac{1}{11}-\dfrac{1}{31}\approx 0.058\,65$;

(4) ${}_{3|5}q_{30}={}_3p_{30}-{}_8p_{30}=\dfrac{31}{34}-\dfrac{31}{39}\approx 0.116\,89$.

例 1.3.5　已知 $\mu(x)=\dfrac{2x}{10\,000-x^2}$, $0\leqslant x<100$,计算 q_x.

解　$q_x=1-p_x=1-\mathrm{e}^{-\int_0^1 \mu_x(s)\mathrm{d}s}=1-\mathrm{e}^{-\int_0^1 \frac{2(x+s)}{10\,000-(x+s)^2}\mathrm{d}s}=\dfrac{2x+1}{10\,000-x^2}$.

例 1.3.6　已知 $\mu_{35}(t)=\dfrac{1}{100+t}$, $t\geqslant 0$,计算 ${}_{10|30}q_{45}$.

解
$$\begin{aligned}
{}_{10|30}q_{45}&={}_{10}p_{45}-{}_{40}p_{45}\\
&=\mathrm{e}^{-\int_0^{10}\mu(45+t)\mathrm{d}t}-\mathrm{e}^{-\int_0^{40}\mu(45+t)\mathrm{d}t}\\
&=\mathrm{e}^{-\int_0^{10}\mu(35+10+t)\mathrm{d}t}-\mathrm{e}^{-\int_0^{40}\mu(35+10+t)\mathrm{d}t}\\
&=\mathrm{e}^{-\int_0^{10}\mu_{35}(10+t)\mathrm{d}t}-\mathrm{e}^{-\int_0^{40}\mu_{35}(10+t)\mathrm{d}t}\\
&=\mathrm{e}^{-\int_0^{10}\frac{1}{110+t}\mathrm{d}t}-\mathrm{e}^{-\int_0^{40}\frac{1}{110+t}\mathrm{d}t}\\
&=\frac{11}{60}
\end{aligned}$$

1.4　生　命　表

1.4.1　生命表的起源

1603 年,英格兰国王詹姆斯一世即位,从当年的 12 月 29 日开始,每周出版一份《死亡表》,以记录每周的死亡和出生情况. 1662 年,伦敦汉普郡的约翰·格朗特(John Graunt)为了给社会提供瘟疫预报以及瘟疫的发展状况预报,对历年《死亡表》进行研究并出版了《对死亡表的自然观察和政治观察》一书. 该书首次提到"尽管对于一个个体来说,未来的寿命有不确定性,但在同一人群中,寿命和死亡的规律是可以预测的". 该书后附了一张按死亡原因分类的死亡人数的生命表. 英国大数学家、天文学家埃德蒙·哈雷(Edmond Halley)受伦敦皇家协会之托,分析传教士卡斯帕·诺曼(Caspar Neumann)搜集的德国布雷斯劳(Breslau)地区 1687～1691 年的出生与死亡人数的数据,并于 1693 年编制出世界公认的第一张生命表.

生命表最初应用于死亡研究,但其死亡率、生存率的统计分析技术已广泛应用于寿险产品定价、现金价值计算以及准备金评估等各个方面. 随着人寿保险的发展,保险人获得了大量反映被保险人死亡规律的统计数据,通过这些数据进行分析预测被保险人在每一整数年龄内的死亡概率,并以表格的形式呈现出来,就形成了现代人身保险业生命表.

我国的人身保险业经验生命表,是根据一段时期内被保险人实际的死亡统计资料编制而成的,并随死亡率的改善而适时更新调整. 中国人民保险公司受中国人民银行的委托,通过资料收集、建立数据库、研究国际编表技术等步骤,在借鉴多方经验和听取诸多意见的基础上,于 1995 年 7 月编制完成了"中国人身保险经验生命表(1990—1993)",简称:"CL(1990—1993)". 随着人民生活水平、医疗水平的提高,保险公司寿险业务中核保制度的实施,寿险业务中被保险人的死亡率发生了较大的变化. 与此同时,科技的进步、管理水平的提高进一步为数据质量、分析技术的提升提供了必备条件. 2005 年 12 月 23 日,中国保险监督委员会发布了"中国人身保险经验生命表(2000—2003)".

最新的"中国人身保险经验生命表(2010—2013)"(表 1.2)也于 2016 年 12 月 28 日发布. 统计分析显示同年龄的男性与女性相比,死亡率更高. 而且由于逆选择现象的存在,年金产品的被保险人比寿险产品的被保险人死亡率要低. 因此,在编制中国人身保险业经验生命表时需要针对性别差异、业务差异分别做出死亡率的预测,并以此编制各项子表:CL1(2010—2013):非养老类业务一表(男);CL2(2010—2013):非养老类业务一表(女);CL3(2010—2013):非养老类业务二表(男);CL4(2010—2013):非养老类业务二表(女);CL5(2010—2013):养老类业务表(男);CL6(2010—2013):养老类业务表(女). 图 1.5 比较了"中国人身保险业经验生命表(2010—2013)"中非养老业务的死亡率. 本书的附录Ⅰ给出了中国银行保险监督管理委员会(原中国保险监督管理委员会)下发的"中国人身保险业经验生命表(2010—2013)"的使用规定. 附录Ⅱ为完整的"中国人身保险业经验生命表(2010—2013)".

表 1.2 中国人身保险业经验生命表(2010—2013)

年龄	非养老类业务一表		非养老类业务二表		养老类业务表	
	男(CL1)	女(CL2)	男(CL3)	女(CL4)	男(CL5)	女(CL6)
0	0.000 867	0.000 620	0.000 620	0.000 455	0.000 566	0.000 453
1	0.000 615	0.000 456	0.000 465	0.000 324	0.000 386	0.000 289
2	0.000 445	0.000 337	0.000 353	0.000 236	0.000 268	0.000 184

续表

年龄	非养老类业务一表		非养老类业务二表		养老类业务表	
	男(CL1)	女(CL2)	男(CL3)	女(CL4)	男(CL5)	女(CL6)
3	0.000 339	0.000 256	0.000 278	0.000 180	0.000 196	0.000 124
4	0.000 280	0.000 203	0.000 229	0.000 149	0.000 158	0.000 095
5	0.000 251	0.000 170	0.000 200	0.000 131	0.000 141	0.000 084
6	0.000 237	0.000 149	0.000 182	0.000 119	0.000 132	0.000 078
7	0.000 233	0.000 137	0.000 172	0.000 110	0.000 129	0.000 074
⋮	⋮	⋮	⋮	⋮	⋮	⋮
101	0.476 447	0.373 856	0.397 652	0.250 172	0.354 803	0.219 242
102	0.506 830	0.403 221	0.426 801	0.272 831	0.382 261	0.239 737
103	0.537 558	0.433 833	0.456 906	0.298 551	0.410 710	0.262 537
104	0.568 497	0.465 447	0.487 867	0.327 687	0.440 086	0.287 859
105	1.000 000	1.000 000	1.000 000	1.000 000	1.000 000	1.000 000

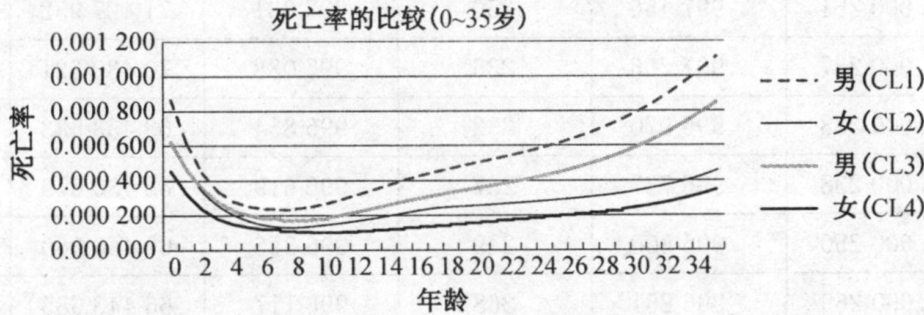

(a) 中国人身保险业经验生命表(2010—2013)之死亡率的比较(0～35 岁)

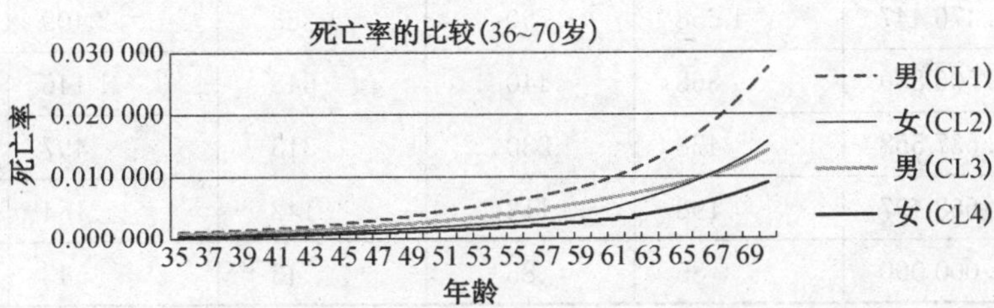

(b) 中国人身保险业经验生命表(2010—2013)之死亡率的比较(36～70 岁)

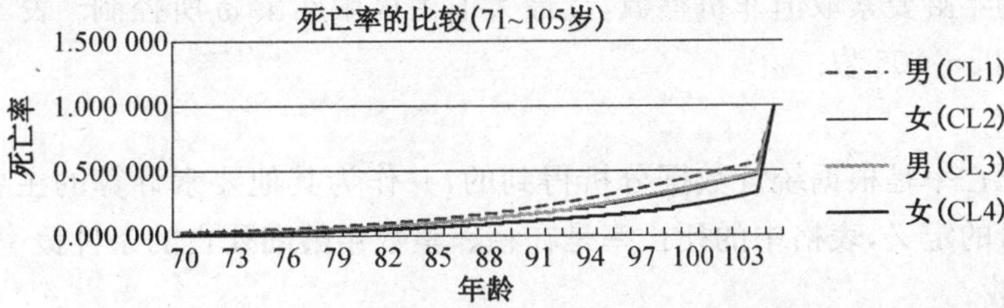

(c) 中国人身保险业经验生命表(2010—2013)之死亡率的比较(71～105 岁)

图 1.5

1.4.2 生命表函数

生命表的编制为经营人寿保险业务奠定了科学的数理基础，作为计算人寿保险的保费、准备金等的主要依据，各子表中包含以下共同要素，统称为生命表函数. 表 1.3 为根据“中国人身保险业经验生命表（2010—2013）”中男性非养老类业务一类的死亡率编制的生命表.

表 1.3 中国人寿保险业经验生命表（2010—2013） 男（CL1）

x	q_x	l_x	d_x	L_x	T_x	$\mathring{e}_x$
0	0.000 867	1 000 000	867	999 567	76 420 142	76.42
1	0.000 615	999 133	614	998 826	75 420 575	75.49
2	0.000 445	998 519	444	998 296	74 421 750	74.53
3	0.000 339	998 074	338	997 905	73 423 453	73.57
4	0.000 280	997 736	279	997 596	72 425 548	72.59
5	0.000 251	997 456	250	997 331	71 427 952	71.61
6	0.000 237	997 206	236	997 088	70 430 621	70.63
7	0.000 233	996 970	232	996 854	69 433 533	69.64
8	0.000 238	996 737	237	996 619	68 436 679	68.66
9	0.000 250	996 500	249	996 376	67 440 060	67.68
10	0.000 269	996 251	268	996 117	66 443 685	66.69
⋮	⋮	⋮	⋮	⋮	⋮	⋮
101	0.476 447	1 658	790	1 263	2 409	1.45
102	0.506 830	868	440	648	1 146	1.32
103	0.537 558	428	230	313	497	1.16
104	0.568 497	198	113	142	184	0.93
105	1.000 000	85	85	43	43	0.50

1）年龄 x

生命表中的年龄要素取值非负整数，且最大值由极限年龄 ω 所控制. 表 1.2 显示当前的极限年龄为 105～106 岁.

2）死亡率 q_x

各表中的死亡率是根据统计数据分析得到的，并作为其他要素计算的主要依据. 按照前文中精算符号的定义，表格中的死亡率是在相邻整数年龄间死亡的条件概率.

3）生存人数 l_x

表 1.3 中除了 0 岁时的总人数 100 万（即 $l_0 = 10^6$）是人为选定的，其余各整数年龄的生存人数都是根据死亡概率推断所得的预测值. 选择 100 万的样本量是为了达到大数法则的

适用条件. 假设这 100 万个新生婴儿的死亡年龄是相互独立且同分布的,生存函数为 $s(x)$. 记

$$I_j(x)=\begin{cases}1, & \text{第 } j \text{ 个新生婴儿在 } x \text{ 岁时处于生存状态,}\\ 0, & \text{其他,}\end{cases} \quad j=1, \cdots, l_0$$

则

$$P\{I_j(x)=1\}=P\{X_j>x\}=s(x), \quad j=1, \cdots, l_0$$

且 l_0 个新生婴儿中在 x 岁时处于生存状态的人数 $L(x)$ 满足:

$$L(x)=\sum_{j=1}^{l_0} I_j(x) \sim B(l_0, s(x))$$

即 $L(x)$ 服从参数为 l_0 和 $s(x)$ 的二项分布.

记 $l_x=E(L(x))$,则

$$l_x=l_0 \cdot s(x) \tag{1.24}$$

表示 l_0 个新生婴儿中在 x 岁时的期望生存人数,简称生存人数. 图 1.6 比较了三版中国人身保险业经验生命表中养老类业务下的男性生存人数.

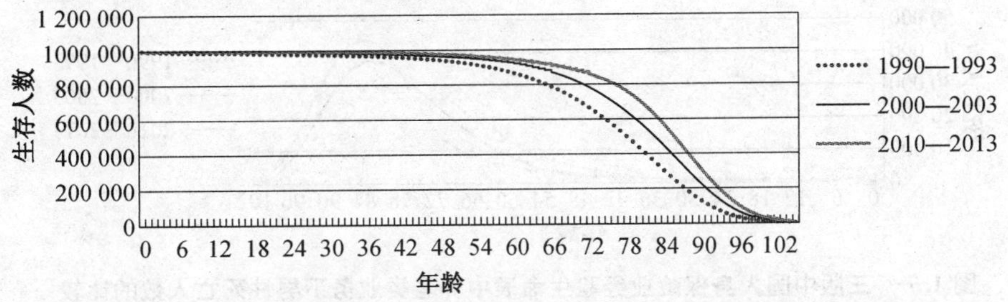

图 1.6　三版中国人身保险业经验生命表中养老类业务下男性生存人数的比较

根据(1.24)式,可得到在相邻整数年龄处的生存人数的关系式:

$$l_{x+1}=l_x \cdot p_x=l_x-l_x \cdot q_x, \quad x=0, \cdots, 104 \tag{1.25}$$

此外,凭借与 $s(x)$ 的倍数关系,l_x 还可用于计算其余精算函数:

$${}_tq_x=\frac{l_x-l_{x+t}}{l_x}=1-\frac{l_{x+t}}{l_x} \tag{1.26}$$

$${}_tp_x=\frac{l_{x+t}}{l_x} \tag{1.27}$$

$${}_{u|t}q_x=\frac{l_{x+u}-l_{x+u+t}}{l_x} \tag{1.28}$$

$$\mu(x) = -\frac{l'_x}{l_x} \tag{1.29}$$

4）死亡人数 d_x

记${}_nD_x$ 为 l_0 个新生婴儿中在 x 岁至 $x+n$ 岁期间的死亡总人数，显然

$${}_nD_x = L(x) - L(x+n)$$

根据新生婴儿的死亡年龄相互独立且同分布的假设，有

$${}_nD_x \sim B(l_0,\ s(x) - s(x+n))$$

记${}_nd_x = E({}_nD_x)$，则

$${}_nd_x = l_0 \cdot (s(x) - s(x+n)) = l_x - l_{x+n} \tag{1.30}$$

表示 l_0 个新生婴儿中在 x 岁至 $x+n$ 岁期间的期望死亡人数，简称死亡人数. 图 1.7 比较了三版中国人身保险业经验生命表中养老业务下的男性死亡人数.

当 $n=1$ 时，可以将 n 省略不写. 故 d_x 表示初始人群中，在 x 岁至 $x+1$ 岁之间死亡人数的期望值. 显然有

$$d_x = l_x - l_{x+1} = l_x \cdot q_x,\ x = 0,\ \cdots,\ 104 \tag{1.31}$$

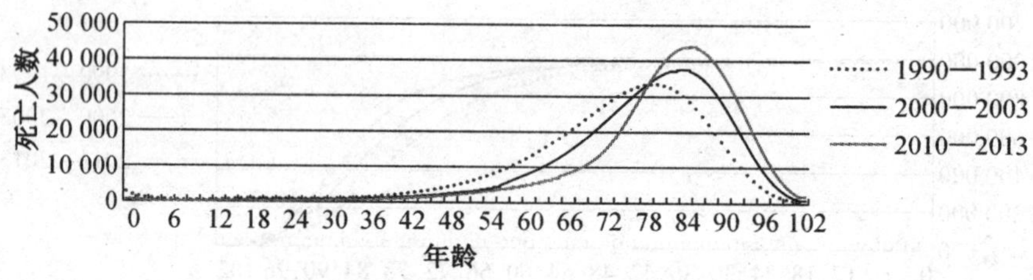

图 1.7　三版中国人身保险业经验生命表中养老类业务下男性死亡人数的比较

5）生存人年数 L_x 和累积生存人年数 T_x

生存人年数是对初始人群在一定时间内存活的总时间数的估计，通常以年为单位. 符号 L_x 表示 l_0 个新生婴儿在 x 岁至 $x+1$ 岁的一年内存活的总时间数. 借助于定积分的定义，可表示为

$$L_x = \int_x^{x+1} l_s \mathrm{d}s = \int_0^1 l_{x+s} \mathrm{d}s \tag{1.32}$$

如果要估计 l_0 个新生婴儿在 x 岁至 $x+n$ 岁之间存活的总时间数，则可通过同样的方式计算 ${}_nL_x$：

$${}_nL_x = \int_x^{x+n} l_s \mathrm{d}s = \int_0^n l_{x+s} \mathrm{d}s \tag{1.33}$$

累积生存人年数 T_x 表示 l_0 个新生婴儿在 x 岁之后存活的总时间数，又或者是在 x 岁时处于生存状态的 l_x 个个体的剩余寿命之和. 显然 T_x 的值可以通过相邻整数年龄间的生存

人年数累加得到，即

$$T_x = L_x + L_{x+1} + \cdots \tag{1.34}$$

将各项表示为积分后，可化简得

$$T_x = \int_0^{+\infty} l_{x+s}\mathrm{d}s = \int_0^{\omega-x} l_{x+s}\mathrm{d}s \tag{1.35}$$

6）完全平均余命$\mathring{e}_x$

完全平均余命$\mathring{e}_x$指在x岁时处于生存状态的个体的平均剩余寿命，由简单的算术平均求得

$$\mathring{e}_x = \frac{T_x}{l_x} \tag{1.36}$$

因为

$$\begin{aligned}\frac{T_x}{l_x} &= \int_0^{+\infty} \frac{l_{x+s}}{l_x}\mathrm{d}s \\ &= \int_0^{+\infty} {}_sp_x\mathrm{d}s \\ &= E[T(x)]\end{aligned}$$

所以

$$\mathring{e}_x = E[T(x)] \tag{1.37}$$

与完全平均余命一同被称为平均余命的还有简约平均余命. 简约平均余命指x岁时处于生存状态的个体未来的平均整数剩余寿命，记为e_x. 根据定义，

$$e_x = E[K(x)] \tag{1.38}$$

因为$P\{K(x)=k\} = {}_{k|}q_x$，所以

$$e_x = E[K(x)] = \sum_{k=1}^{\infty} {}_kp_x = \frac{l_{x+1}+l_{x+2}+\cdots}{l_x} \tag{1.39}$$

例1.4.1 已知$l_{90}=10\,000$，根据CL1(2010—2013)：非养老类业务一表(男)中的死亡率，计算下列各值：

(1) l_{92}；

(2) d_{92}；

(3) ${}_2q_{90}$；

(4) $P\{K(90)=2\}$；

(5) e_{90}.

解 (1) $l_{92} = l_{90}\times p_{90}\times p_{91} = l_{90}\times(1-q_{90})\times(1-q_{91})\approx 6\,196$；

(2) $d_{92} = l_{92}\times q_{92}\approx 1\,496$；

(3) $_2q_{90}=\frac{_2d_{90}}{l_{90}}=\frac{l_{90}-l_{92}}{l_{90}}=0.3804$；

(4) $P\{K(90)=2\}={}_{2|}q_{90}={}_2p_{90}\cdot q_{92}=(1-{}_2q_{90})\times q_{92}\approx 0.149596$；

(5) $e_{90}=\sum_{k=1}^{\infty}{}_kp_{90}\approx 2.936411$.

例 1.4.2 已知 $d_{48}=80$，$l_{50}=450$，$_{3|2}q_{45}=1/6$，$_3p_{45}=2/3$，计算 d_{49}.

解

$$_{3|2}q_{45}={}_3p_{45}\cdot {}_2q_{48}={}_3p_{45}\cdot\frac{l_{48}-l_{50}}{l_{48}}\Rightarrow l_{48}=600$$

$$d_{49}=l_{48}-l_{50}-d_{48}=70$$

例 1.4.3 已知 $d_{61}=100$，$l_{60}=1000$，$_{2|}q_{60}=0.07$，$l_{63}=780$，计算 q_{60}.

解

$$_{2|}q_{60}=\frac{l_{62}-l_{63}}{l_{60}}\Rightarrow l_{62}=850$$

$$q_{60}=1-\frac{l_{61}}{l_{60}}=1-\frac{l_{62}+d_{61}}{l_{60}}=0.05$$

1.4.3 选择生命表和终极生命表

一般的人寿保险业务期限较长，保险人在做出承保与否的决定前会通过核保获得被保险人的健康信息. 对于那些健康状况良好并予以承保的被保险人来说，死亡概率会低于一般人群. 为了公平的厘定风险，需要为此构造特殊的生命表 —— 选择生命表，简称选择表. 通过核保获得的健康信息具有一定的作用时限，超过这一时限(称为选择期)，信息就变得不再准确，此时对被保险人死亡概率的推断就应按照一般人群来考虑，使用的生命表称为终极生命表，简称终极表.

表 1.4 给出了一个选择期 $r=5$ 年的选择表和终极表. $[x]$ 表示的是选择年龄(投保时的年龄)，在投保后的 5 年内，被保险人的死亡概率在选择表中横向查找，对于投保 5 年后的死亡概率，在终极表中纵向查找. 具体可以概括为

$$q_{[x]+t}=q_{x+t},\quad t\geqslant r \tag{1.40}$$

表 1.4 选择表和终极表(死亡率)

$[x]$	选择表					终极表	
	$q_{[x]}$	$q_{[x]+1}$	$q_{[x]+2}$	$q_{[x]+3}$	$q_{[x]+4}$	q_{x+5}	$x+5$
70	0.017 5	0.024 9	0.031 3	0.038 8	0.047 4	0.054 5	75
71	0.019 1	0.027 2	0.034 2	0.042 4	0.051 8	0.059 6	76
72	0.020 9	0.029 7	0.037 4	0.046 3	0.056 6	0.065 2	77

例 1.4.4　根据下列给出的选择表和终极表，计算 ${}_{2}p_{[62]+4}$ 和 ${}_{2|}q_{[62]+1}$（表 1.5）.

表 1.5　选择表和终极表

$[x]$	选择表					终极表	
	$q_{[x]}$	$q_{[x]+1}$	$q_{[x]+2}$	$q_{[x]+3}$	$q_{[x]+4}$	q_{x+5}	$x+5$
60	0.017 5	0.024 9	0.031 3	0.038 8	0.047 4	0.054 5	65
61	0.019 1	0.027 2	0.034 2	0.042 4	0.051 8	0.059 6	66
62	0.020 9	0.029 7	0.037 4	0.046 3	0.056 6	0.065 2	67
63	0.022 8	0.032 4	0.040 9	0.050 7	0.062 0	0.071 4	68
64	0.024 9	0.035 4	0.044 7	0.055 4	0.067 8	0.078 1	69
65	0.027 3	0.038 7	0.048 9	0.060 7	0.074 2	0.085 5	70
66	0.029 8	0.042 4	0.053 5	0.066 4	0.081 2	0.093 6	71
67	0.032 6	0.046 4	0.058 6	0.072 7	0.088 9	0.102 4	72

解　很明显表 1.5 中的选择期为 5 年.

$$ {}_{2}p_{[62]+4}=p_{[62]+4}\cdot p_{[62]+5}=p_{[62]+4}\cdot p_{67}=(1-0.056\,6)\times(1-0.065\,2)\approx 0.881\,9 $$

$$ \begin{aligned} {}_{2|}q_{[62]+1} &= {}_{2}p_{[62]+1}\cdot q_{[62]+3}=p_{[62]+1}\cdot p_{[62]+2}\cdot q_{[62]+3} \\ &= (1-0.029\,7)\times(1-0.037\,4)\times 0.046\,3\approx 0.043\,2 \end{aligned} $$

如果用各整数年龄的生存人数来表达，选择表和终极表还有表 1.5(b) 的形式，死亡概率可通过(1.41) 式进行等价计算.

$$ q_{[x]+t}=\begin{cases} 1-\dfrac{l_{[x]+t+1}}{l_{[x]+t}}, & t=0,1,\cdots,r-2 \\ 1-\dfrac{l_{x+t+1}}{l_{[x]+t}}, & t=r-1 \\ 1-\dfrac{l_{x+t+1}}{l_{x+t}}, & t=r,r+1,\cdots \end{cases} \tag{1.41} $$

表 1.6　选择表和终极表(生存人数)

$[x]$	选择表					终极表	
	$l_{[x]}$	$l_{[x]+1}$	…	$l_{[x]+r-2}$	$l_{[x]+r-1}$	l_{x+r}	$x+r$

例 1.4.5 假设选择期为 4，利用生存人数化简 ${}_4p_{[x]+2}$.

解

$$\begin{aligned}{}_4p_{[x]+2} &= \prod_{s=0}^{3} p_{[x]+2+s}\\ &= \frac{l_{[x]+3}}{l_{[x]+2}}\cdot\frac{l_{[x]+4}}{l_{[x]+3}}\cdot\frac{l_{[x]+5}}{l_{[x]+4}}\cdot\frac{l_{[x]+6}}{l_{[x]+5}}\\ &= \frac{l_{[x]+3}}{l_{[x]+2}}\cdot\frac{l_{x+4}}{l_{[x]+3}}\cdot\frac{l_{x+5}}{l_{x+4}}\cdot\frac{l_{x+6}}{l_{x+5}}\\ &= \frac{l_{x+6}}{l_{[x]+2}}\end{aligned}$$

1.5 分数年龄上的假设

生命表刻画的是离散型的寿命分布规律，各生命表函数只有在整数年龄上的取值. 对于非整数年龄，需要通过数学方法近似求解. 例如，给定整数年龄 x，假设 l_{x+s} 在区间[0，1]上满足某种既定的函数形式. 常用的函数形式有线性函数、指数函数以及双曲函数，分别对应下列三种死亡分布假设.

1.5.1 死亡均匀分布假设

死亡均匀分布(Uniform Distribution of Death，UDD)假设，即假设在相邻两个整数年龄间生存人数均匀递减. 在死亡均匀分布的假设下，x 岁至 $x+1$ 岁间的生存人数满足线性关系式：

$$\begin{aligned}l_{x+t} &= l_x - t\cdot d_x\\ &= l_x - t\cdot(l_x - l_{x+1})\\ &= (1-t)\cdot l_x + t\cdot l_{x+1},\ 0\leqslant t\leqslant 1\end{aligned}\tag{1.42}$$

结论 1.5.1 在 UDD 假设下，对于 $0\leqslant t<1$，下列各式成立：

$${}_tq_x = t\cdot q_x,\quad {}_tp_x = 1-t\cdot q_x,\quad f_{T(x)}(t) = q_x,\quad \mu_x(t) = \frac{q_x}{1-t\cdot q_x}\tag{1.43}$$

证

$${}_tq_x = 1-\frac{l_{x+t}}{l_x} = t\cdot\frac{d_x}{l_x} = t\cdot q_x$$

$${}_tp_x = 1-{}_tq_x = 1-t\cdot q_x$$

$$f_{T(x)}(t) = {}_tq_x' = (t\cdot q_x)' = q_x$$

$$\mu_x(t) = \frac{f_{T(x)}(t)}{{}_tp_x} = \frac{q_x}{1-t\cdot q_x}$$

结论 1.5.2　在 UDD 假设下生命表函数间存在更为具体的关系：

(1) $L_x = l_x - \frac{1}{2} d_x$；

(2) $\mathring{e}_x = e_x + \frac{1}{2}$，　$\mathrm{Var}[T(x)] = \mathrm{Var}[K(x)] + \frac{1}{12}$.

死亡均匀分布的实质是尾龄服从均匀分布. 尾龄，即死亡年龄的小数部分，被表示为 $U = X - [X]$. 显然 U 的取值范围为$[0, 1)$. 倘若 $U \sim U[0, 1)$，则密度函数 $f_U(u) = 1$，$u \in [0, 1)$.

例 1.5.1　记随机变量 $K = [X]$，$U = X - K$. 证明：在死亡均匀分布的假设下，K 与 U 相互独立.

证　显然 K 为离散型随机变量，U 为连续型随机变量. 在死亡均匀分布的假设下，对于 $k \in N$，$u \in [0, 1)$ 有

$$\begin{aligned} P\{(K = k) \cap (U \leqslant u)\} &= P\{k \leqslant X \leqslant k + u\} \\ &= s(k) - s(k+u) \\ &= s(k) \cdot \left[1 - \frac{s(k+u)}{s(k)}\right] \\ &= s(k) \cdot {}_u q_k \\ &= (s(k) \cdot q_k) \cdot u \\ &= P\{K = k\} \cdot P\{U \leqslant u\} \end{aligned}$$

例 1.5.2　假设尾龄 $U(x) = T(x) - K(x)$ 服从区间$[0, 1]$上的均匀分布，计算 $\mathrm{Var}(T(x)) - \mathrm{Var}(K(x))$.

解　借助于例 1.5.1 中的独立性结论，有

$$\mathrm{Var}(T(x)) - \mathrm{Var}(K(x)) = \mathrm{Var}(U(x)) = 1/12$$

需要说明的是，死亡均匀分布与死亡年龄（剩余寿命）服从均匀分布是不同的. 特别地，如果生存人数满足 $l_x = C(\omega - x)$，$0 \leqslant x < \omega$，其中常数 $C > 0$，则等价的死亡力函数为 $\mu(x) = \frac{1}{\omega - x}$. 此时$(x)$ 的剩余寿命 $T(x) \sim U(0, \omega - x)$，于是

$${}_t q_x = \frac{t}{\omega - x}，{}_t p_x = 1 - \frac{t}{\omega - x}，f_{T(x)}(t) = \frac{1}{\omega - x}，\mu_x(t) = \frac{1}{\omega - x - t}$$

例 1.5.3　已知 $q_{30} = 0.001$，在死亡均匀分布的假设下计算 ${}_{0.4}p_{30}$，${}_{0.4}q_{30.6}$ 和 $\mu(30.4)$.

解　在 UDD 假设下，对于整数年龄 x，${}_t q_x = t \cdot q_x$，$t \in [0, 1)$. 于是

$${}_{0.4}p_{30} = 1 - 0.4 \cdot q_{30} = 0.9996$$

因为

$${}_{0.6}p_{30} \cdot {}_{0.4}q_{30.6} = {}_{0.6|0.4}q_{30} = q_{30} - {}_{0.6}q_{30}$$

所以

$$ {}_{0.4}q_{30.6}=\frac{q_{30}-0.6\cdot q_{30}}{1-0.6\cdot q_{30}}\approx 0.0004 $$

$$ \mu(30.4)=\frac{q_{30}}{1-0.4\cdot q_{30}}\approx 0.0010 $$

1.5.2 常数死亡力假设

常数死亡力(Constant Force of Death, CF) 假设,即假设在相邻两个整数年龄间死亡力保持不变. 对于整数年龄 x,

$$ \mu(x+t)=\mu(x),\quad 0\leqslant t<1 \tag{1.44} $$

另可推导出

$$ {}_tp_x=(p_x)^t,\quad {}_tq_x=1-(p_x)^t,\quad f_{T(x)}(t)=(p_x)^t\mu(x),\quad \mu(x)=-\ln p_x \tag{1.45} $$

生命表函数方面,x 岁至 $x+1$ 岁间的生存人数满足指数关系式:

$$ l_{x+t}=l_x\cdot {}_tp_x=l_x\cdot(p_x)^t,\ 0\leqslant t<1 \tag{1.46} $$

推导的关键在于:${}_tp_x=\mathrm{e}^{-\int_0^t\mu(x+s)\mathrm{d}s}=\mathrm{e}^{-\int_0^t\mu(x)\mathrm{d}s}=[\mathrm{e}^{-\mu(x)}]^t=(p_x)^t$.

例 1.5.4 已知 $q_{30}=0.001$,在常数死亡力的假设下分别计算 ${}_{0.4}p_{30}$, ${}_{0.4}q_{30.6}$, $\mu(30.4)$.

解 在常数死亡力的假设下,

$$ {}_{0.4}p_{30}=(p_{30})^{0.4}\approx 0.9996 $$

因为

$$ {}_{0.6}p_{30}\cdot {}_{0.4}q_{30.6}={}_{0.6|0.4}q_{30}={}_{0.6}p_{30}-p_{30} $$

所以

$$ {}_{0.4}q_{30.6}=1-\frac{p_{30}}{(p_{30})^{0.6}}\approx 0.0004 $$

$$ \mu(30.4)=\mu(30)=-\ln p_{30}\approx 0.0010 $$

结论 1.5.3 如果死亡力函数满足:$\mu(x)=\mu,\ x\geqslant 0$,则 $s(x)=\mathrm{e}^{-\mu x}$, $x\geqslant 0$ 且 ${}_tp_x=\mathrm{e}^{-\mu t}$, $t\geqslant 0$.

该结论表明:若死亡力函数恒为常数 μ,则新生婴儿的死亡年龄服从参数为 μ 的指数分布. 根据指数分布的无记忆性可知,(x) 的剩余寿命 $T(x)$ 也服从相同的分布,故完全平均余命 $\mathring{e}_x=E(T(x))=1/\mu$.

例 1.5.5 已知 $\mu(x)=0.01\ (x\geqslant 0)$,计算 $\mathring{e}_x$.

解　$\mu(x)=0.01 \Rightarrow T(x)\sim \exp(0.01)\Rightarrow E(T(x))=\dfrac{1}{0.01}=100.$

例 1.5.6　已知死亡力为常值 μ，且 $\mu>1$，${}_{1|}q_{33}=0.09$，计算 μ.

解　因为死亡力为常值 μ，所以

$$ {}_{t}p_{33}=\mathrm{e}^{-\mu t},\quad t\geqslant 0 $$

$$ {}_{1|}q_{33}=p_{33}-{}_{2}p_{33}=\mathrm{e}^{-\mu}-\mathrm{e}^{-2\mu}=0.09 $$

解之得

$$ \mu=\ln 10 $$

1.5.3　调和假设

调和假设(又称 Balducci 假设)，即假设相邻两个整数年龄间的生存人数按双曲函数递减. 在该假设下，

$$ \frac{1}{l_{x+t}}=\frac{1-t}{l_x}+\frac{t}{l_{x+1}},\ 0\leqslant t<1 \tag{1.47} $$

表明 l_{x+t} 是 l_x 和 l_{x+1} 之间的调和插值. 其余的精算函数满足：

$$ {}_{t}p_x=\frac{p_x}{p_x+tq_x},\quad {}_{t}q_x=\frac{tq_x}{p_x+tq_x},\quad f_{T(x)}(t)=\frac{p_xq_x}{(p_x+tq_x)^2},\quad \mu_x(t)=\frac{q_x}{p_x+tq_x} \tag{1.48} $$

例 1.5.7　已知 $q_{30}=0.001$，在 Balducci 假设下计算 ${}_{0.4}p_{30}$，${}_{0.4}q_{30.6}$，$\mu(30.4)$.

解　在 Balducci 假设下，有

$$ {}_{0.4}p_{30}=\frac{p_{30}}{p_{30}+0.4q_{30}}\approx 0.999\,6 $$

因为

$$ {}_{0.6}p_{30}\cdot {}_{0.4}q_{30.6}={}_{0.6|0.4}q_{30}={}_{0.6}p_{30}-p_{30} $$

所以

$$ {}_{0.4}q_{30.6}=1-\frac{p_{30}}{{}_{0.6}p_{30}}=1-(p_{30}+0.6q_{30})=0.000\,4 $$

$$ \mu(30.4)=\frac{q_{30}}{p_{30}+0.4q_{30}}\approx 0.001\,0 $$

结论 1.5.4　在不同的假设下，生存概率的大小关系满足

$$ {}_{t}p_x^{\mathrm{UDD}}>{}_{t}p_x^{\mathrm{CF}}>{}_{t}p_x^{\mathrm{Balducci}} $$

另外,表 1.7 比较了上述三种假设下分数年龄的生存分布.

表 1.7　不同假设下分数年龄的生存分布比较

函数	假设		
	死亡均匀分布	常数死亡力	调和
${}_tp_x$	$1-tq_x$	$(p_x)^t$	$\dfrac{p_x}{p_x+tq_x}$
${}_tq_x$	tq_x	$1-(p_x)^t$	$\dfrac{tq_x}{p_x+tq_x}$
$f_{T(x)}(t)$	q_x	$(p_x)^t$	$\dfrac{p_xq_x}{(p_x+tq_x)^2}$
$\mu_x(t)$	$\dfrac{q_x}{1-tq_x}$	$-\ln p_x$	$\dfrac{q_x}{p_x+tq_x}$

本 章 小 结

1. 人寿保险是以被保险人的生存或死亡为给付条件的. 为了更好地研究被保险人自投保之后的生存状态,本章从随机变量的角度定义了个体的剩余寿命,并以此展开介绍了单生命生存模型.

2. 记新生婴儿的死亡年龄为 X, (x) 的剩余寿命为 $T(x)$,则 $T(x)$ 和 $X-x\mid X>x$ 等价. $T(x)$ 的生存函数${}_tp_x$ 和分布函数${}_tq_x$ 均可由 X 的生存函数 $s(\cdot)$ 进行表示.

3. 新生婴儿在活到 x 岁的条件下,在接下瞬间的死亡概率密度被定义为死亡力 $\mu(x)$. 常见的死亡规律假设有:De Moivre 死亡律假设、Gompertz 死亡律假设、Makeham 死亡律假设和 Weibull 死亡律假设.

4. 人身保险业经验生命表,是根据一段时期内被保险人实际的死亡统计资料编制而成的. 生命表函数间的关系可总结为:

(1) $d_x=l_x\cdot q_x,\ x=0,\ 1,\ 2,\ \cdots$;

(2) $l_{x+1}=l_x-d_x,\ x=0,\ 1,\ 2,\ \cdots$;

(3) $L_x=\int_0^1 l_{x+s}\mathrm{d}s,\ x=0,\ 1,\ 2,\ \cdots$;

(4) $T_x=\sum_{k=0}^{\infty}L_{x+k},\ x=0,\ 1,\ 2,\ \cdots$;

(5) $\mathring{e}_x=\dfrac{T_x}{l_x},\ x=0,\ 1,\ 2,\ \cdots$;

(6) $e_x=\dfrac{l_{x+1}+l_{x+2}+\cdots}{l_x}$.

5. 对于非整数年龄,常用的三种死亡分布假设分别为:死亡均匀分布的假设、常数死亡力的假设和调和假设. 与这三种假设相对应的是:区间$[x,\ x+1)$ 上的生存人数 l_{x+s} 具有线性函数、指数函数以及双曲函数形式.

复习思考题

1. 下列哪些函数可以作为生存函数,给出说明.

(1) $s(x)=\exp\{x-0.7(2^x-1)\}, x\geqslant 0$;

(2) $s(x)=(1+x)^{-2}, x\geqslant 0$;

(3) $s(x)=\exp(-x^2), x\geqslant 0$.

2. 下列哪些函数可以作为死亡力函数,给出说明.

(1) $\mu(x)=Bc^x, B>0, 0<c<1, x>0$;

(2) $\mu(x)=B(1+x)^{-0.5}, B>0, x>0$;

(3) $\mu(x)=k(1+x)^n, k>0, n>0, x\geqslant 0$.

3. 用国际通用精算符号表示下列概率:

(1) 40岁的人在41岁之前死亡的概率;

(2) 40岁的人在60岁之前死亡的概率;

(3) 40岁的人在41岁生存的概率;

(4) 40岁的人在60岁生存的概率;

(5) 40岁的人在60岁至61岁之间死亡的概率;

(6) 40岁的人在60岁至80岁之间死亡的概率.

4. 已知生存函数 $s(x)=\begin{cases}\dfrac{\sqrt{100-t}}{10}, & t\leqslant 100,\\ 0, & t>100\end{cases}$ 分别计算新生婴儿活过75岁但在91岁前死亡的概率和36岁的人活过75岁但在91岁前死亡的概率.

5. 已知生存函数 $s(x)=1-\dfrac{x}{100}\ (0\leqslant x\leqslant 100)$,求:

(1) (x) 活过 t 年的概率;

(2) (x) 的剩余寿命的分布函数;

(3) (30) 在60岁内死亡的概率;

(4) (30) 的寿命在60岁到80岁之间的概率;

(5) (0) 的平均余命;

(6) (30) 的平均余命.

6. 设死亡力为 $\mu(x)=\dfrac{1}{\omega-x}, 0\leqslant x\leqslant\omega$, ω 为极限年龄,试求:

(1) 寿命的分布函数、密度函数和生存函数;

(2) x 岁的人的剩余寿命的分布函数、密度函数和生存函数.

7. 若死亡力 $\mu'(x)=2\mu(x)$,求相应的死亡概率 q'_x 和 q_x 的关系.

8. 若新生婴儿的死亡年龄 X 的密度函数为 $f(x)=\dfrac{10-x}{50}, 0\leqslant x<10$,计算 $\mathring{e}_3$.

9. 若 $l_{30}=10\,000$，$q_{30+k}=0.1+0.05k$，$k=0,1,\cdots$. 假设相邻整数间的死亡服从均匀分布的假设，计算 $l_{32.5}$.

10. 已知 $\mu_{70}(t)=\begin{cases}0.01, & t\leqslant 5,\\ 0.02, & t>5,\end{cases}$ 计算 ${}_{20}q_{70}$.

11. 已知 ${}_{t|}q_x=0.1$，$t=0,1,\cdots,9$. 计算 ${}_3p_{x+5}$.

12. 已知 $\mu_{35}(t)=1/(100+t)$，计算 ${}_{10}q_{35}$.

13. 已知 $l_2=931$，$d_0=50$，$p_1=0.98$，计算 ${}_2p_0$.

14. 已知 ${}_{15}q_{20}=0.15$，${}_{25}p_{10}=0.765$，计算 ${}_{10}p_{10}$.

15. 假设 $\mu(x)=\dfrac{1}{100-x}\ (0\leqslant x<100)$，计算 $\overset{\circ}{e}_{35}$.

16. 已知 $\mu(70.5)=0.010\,05$，$\mu(71.5)=0.030\,46$，$\mu(72.5)=0.051\,28$，假设在分数年龄上的死亡服从均匀分布，计算 70.5 岁的人在 2 年内死亡的概率.

17. 已知 $3q_{[x]+1}=4q_{[x+1]}$，$4q_{x+2}=5q_{[x+1]+1}$，$l_{84}=6\,400$，$l_{85}=5\,080$，$l_{86}=3\,036$，在选择期为 2 年条件下计算 $l_{[84]}$.

18. 证明：

$$\frac{\mathrm{d}}{\mathrm{d}x}(l_x\mu(x))\begin{cases}<0, & \dfrac{\mathrm{d}}{\mathrm{d}x}\mu(x)<\mu^2(x)\\ =0, & \dfrac{\mathrm{d}}{\mathrm{d}x}\mu(x)=\mu^2(x)\\ >0, & \dfrac{\mathrm{d}}{\mathrm{d}x}\mu(x)>\mu^2(x)\end{cases}$$

19. 证明：

$$\frac{\partial}{\partial x}{}_tp_x={}_tp_x[\mu(x)-\mu(x+t)]$$

20. 记

$$m_x=\frac{\int_0^1 l_{x+t}\mu_x(t)\,\mathrm{d}t}{\int_0^1 l_{x+t}\,\mathrm{d}t}$$

为 x 岁的中心死亡率，证明：在分数年龄的死亡服从均匀分布的假设下，有

$$q_x=\frac{m_x}{1+0.5m_x}$$

第 2 章　一次性给付险种的精算现值

本章开始将陆续介绍传统寿险产品的精算现值的计算方法. 精算现值(Actuarial Present Value, APV),是指未来给付金额现值的数学期望. 对于传统寿险而言,未来给付通常是不确定的,这样的不确定包括两层含义:① 给付金额的不确定(发生给付的情形下等于保额,不发生给付时记为零);② 给付时刻的不确定(被保险人的死亡时刻是不确定的). 保险人为了防范给付能力不足的风险,需要对这种不确定的给付进行事先估计或预测. 考虑到货币的时间价值,科学的做法就是以随机变量的形式表示未来的给付金额,将其折现至当前时刻并通过数学期望进行预估. 因此,精算现值的计算分为以下三个步骤:

(1) 给出未来的给付金额;

(2) 将给付金额折现至当前时刻;

(3) 对给付金额的现值求数学期望.

精算现值的计算为费率的厘定、准备金的评估都提供了科学的基础. 如果将当前时刻设定为投保时刻,则寿险产品的精算现值可看作为保险人针对未来保险金的给付在承保时刻应当收取的成本. 在不做特别说明的情况下,本书默认当前时刻为投保时刻,折现过程中使用的利息力函数为常数,即年利率保持不变.

本章所分析的险种包括:生存保险、定期寿险、终身寿险、两全保险等. 它们都具有一个共同特征 —— 保险金的给付是一次性的. 需要特别说明的是,广义的生存保险是以被保险人在指定时点处于生存状态为给付条件的,给付分为一次性的(狭义的生存保险)和一系列的(生存年金). 本章所讨论的生存保险为一次性给付的生存保险. 在不做特别说明的情况下,本书假设被保险人在投保时为 $x(x \in N)$ 岁,保单的保额为 1 个单位货币.

2.1　生存保险的精算现值

生存保险(Pure Endowment)是以被保险人在保险期限届满时处于生存状态为保险金给付条件的人寿保险. 如果为(x)购买一份单位保额的 n 年期生存保险,保险给付如图 2.1 所示,则

(1) 未来的给付金额

$$b=\begin{cases}1, & T(x)\geqslant n\\ 0, & T(x)<n\end{cases}$$

由于非零给付发生在保险期限届满时，如果将时间轴的0点定义为投保时刻(此时被保险人 x 岁)，则 n 时刻就是保险金的给付时刻，所以

(2) 给付金额的现值

$$Z=\begin{cases} v^n, & T(x)\geqslant n \\ 0, & T(x)<n \end{cases}$$

是一个离散型随机变量.

(3) 给付金额的现值的期望

$$E(Z)=v^n\cdot P\{T(x)\geqslant n\}+0\cdot P\{T(x)<n\}=v^n\cdot {}_np_x$$

用符号 $A_{x:\overset{\,1}{\overline{n|}}}$ 表示该生存保险的精算现值，即

$$A_{x:\overset{\,1}{\overline{n|}}}=E(Z)=v^n\cdot {}_np_x \tag{2.1}$$

倘若在计算 $E(Z)$ 时用 $j\delta$ 替代原有的 δ 重算折现因子 v，并将结果记作 ${}^jA_{x:\overset{\,1}{\overline{n|}}}$，则

$${}^jA_{x:\overset{\,1}{\overline{n|}}}=A_{x:\overset{\,1}{\overline{n|}}}@j\delta=\mathrm{e}^{-j\delta n}\cdot {}_np_x \tag{2.2}$$

且

$$\mathrm{Var}(Z)={}^2A_{x:\overset{\,1}{\overline{n|}}}-(A_{x:\overset{\,1}{\overline{n|}}})^2=v^{2n}\cdot {}_np_x\cdot {}_nq_x \tag{2.3}$$

无给付

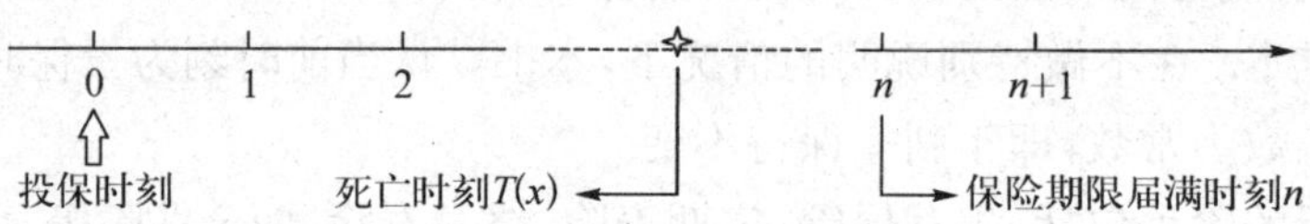

有给付

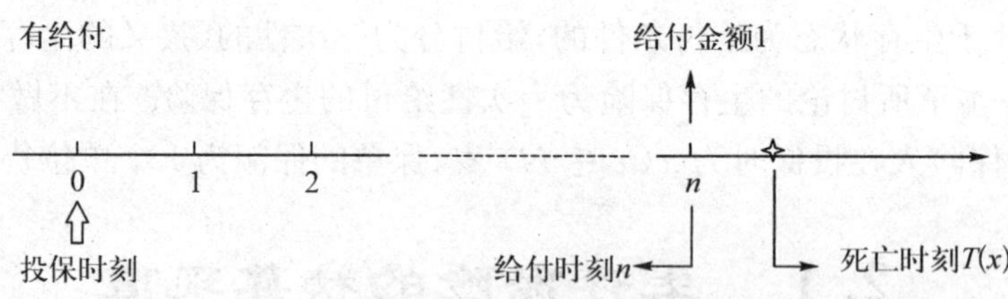

图 2.1 n 年定期生存保险的给付示意图

例 2.1.1 若 $\mu(x)=\mu,\ x\geqslant 0$，利息力为常值 δ，证明：单位保额的 n 年定期生存保险的精算现值与被保险人投保时的年龄无关.

证 假设被保险人投保时的年龄为 x 岁，则有

$$A_{x:\overset{\,1}{\overline{n|}}}=v^n\cdot {}_np_x$$

因为死亡力与利息力均为常值，所以

$$v^n = \mathrm{e}^{-\delta n}, \quad {}_n p_x = \mathrm{e}^{-\mu n}$$

故而

$$A_{x:\overset{\,1}{\overline{n|}}} = \mathrm{e}^{-\delta n} \cdot \mathrm{e}^{-\mu n} = \mathrm{e}^{-(\delta+\mu)n}$$

结果与 x 无关.

例 2.1.2　一名 30 岁男性签单了一份 20 年期的生存保险,保额为 10 万元. 在年利率 3.5% 的假设下,利用生命表函数表示该保单的精算现值.

解　该保单的精算现值为

$$10^5 A_{30:\overset{\,1}{\overline{20|}}} = 10^5 v^{20} \cdot {}_{20}p_{30} = 10^5 \times 1.035^{-20} \times \frac{l_{50}}{l_{30}}$$

例 2.1.3　若 $\mu(x)=\mu$, $x \geqslant 0$,利息力为常值 δ. 设单位保额的 n 年定期生存保险的给付金额在投保时的现值 Z,计算 Z 的二阶原点矩和二阶中心矩(方差).

解　根据例 2.1.1 的结论有

$$A_{x:\overset{\,1}{\overline{n|}}} = \mathrm{e}^{-\delta n} \cdot \mathrm{e}^{-\mu n} = \mathrm{e}^{-(\delta+\mu)n}$$

故而

$${}^2A_{x:\overset{\,1}{\overline{n|}}} = A_{x:\overset{\,1}{\overline{n|}}} @ 2\delta = \mathrm{e}^{-(2\delta+\mu)n}$$

$$\mathrm{Var}(Z) = {}^2A_{x:\overset{\,1}{\overline{n|}}} - (A_{x:\overset{\,1}{\overline{n|}}})^2 = \mathrm{e}^{-(2\delta+\mu)n} \cdot (1-\mathrm{e}^{-\mu n})$$

2.2　定期寿险

定期寿险(Term Life Insurance)是以被保险人在保险期限内死亡为保险金给付条件的人寿保险. 与生存保险相比,除了保险金给付的条件不同外,定期寿险中死亡保险金的给付还可以根据给付时刻的不同分为离散型给付和连续型给付. 离散型给付指死亡保险金的给付发生在被保险人死亡所在的保单年度末. 连续型给付指死亡保险金的给付发生在被保险人死亡时刻. 因此,在离散型给付下的给付时刻对应一个取值非负整数的离散型随机变量,而连续型给付下的则是一个取值非负实数的连续型随机变量.

2.2.1　离散型给付下的精算现值

假设(x)签单一份单位保额的 n 年期定期寿险,离散型给付如图 2.2 所示. 该保单的精算现值计算如下.

1) 将给付金额表示为

$$b = \begin{cases} 1, & T(x) < n \\ 0, & T(x) \geqslant n \end{cases}$$

由于非零给付发生在被保险人死亡所在的保单年度末,事先需要总结各个保单年度末的表达.根据前文中时间轴的设置,时刻 1 表示投保后的第一个保单年度末,$K(x)+1$ 则表示死亡所在的保单年度末. 这里的 $K(x)=[T(x)]$ 是 (x) 的剩余寿命的整数部分,其概率质量函数为

$$P\{K(x)=k\}=P\{k\leqslant T(x)<k+1\}={}_{k|}q_x,\quad k=0,1,\cdots$$

2)确定了给付时刻为 $K(x)+1$ 后,将给付金额的现值表示为

$$Z=\begin{cases}v^{K(x)+1}, & T(x)<n\\ 0, & T(x)\geqslant n\end{cases}$$

上式中出现了两种不同类型的随机变量,可以通过等价关系 $K(x)=[T(x)]$ 将其替换为

$$Z=\begin{cases}v^{K(x)+1}, & K(x)=0,1,\cdots,n-1\\ 0, & K(x)=n,n+1,\cdots\end{cases}$$

3)计算给付金额的现值的数学期望

$$E(Z)=\sum_{k=0}^{n-1}v^{k+1}\cdot P\{K(x)=k\}=\sum_{k=0}^{n-1}v^{k+1}\cdot{}_{k|}q_x$$

用符号 $A^1_{x:\overline{n}|}$ 表示该定期寿险的精算现值,则

$$A^1_{x:\overline{n}|}=E(Z)=\sum_{k=0}^{n-1}v^{k+1}\cdot{}_{k|}q_x \tag{2.4}$$

类似地,在计算 $E(Z)$ 时用 $j\delta$ 替代原有的 δ 重算折现因子 v,并将结果记作 ${}^jA^1_{x:\overline{n}|}$,则

$${}^jA^1_{x:\overline{n}|}=A^1_{x:\overline{n}|}@j\delta=\sum_{k=0}^{n-1}\mathrm{e}^{-j\delta(k+1)}\cdot{}_{k|}q_x=E(Z^j) \tag{2.5}$$

于是给付金额的现值的方差为

$$\mathrm{Var}(Z)={}^2A^1_{x:\overline{n}|}-(A^1_{x:\overline{n}|})^2 \tag{2.6}$$

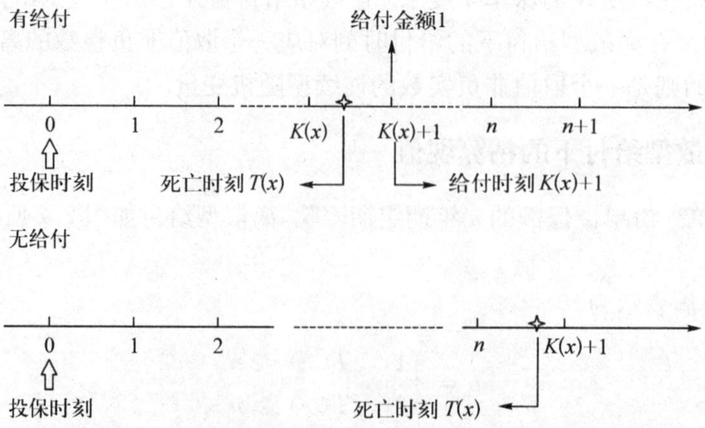

有给付
给付金额1
0 1 2 K(x) K(x)+1 n n+1
投保时刻
死亡时刻 T(x)
给付时刻 K(x)+1

无给付
0 1 2 n K(x)+1
投保时刻
死亡时刻 T(x)

图 2.2 离散型给付下 n 年定期寿险的给付示意图

结论 2.2.1　n 年定期寿险的精算现值满足:

$$A_{x:\overline{n}|}^{1} = v \cdot q_x + v \cdot p_x \cdot A_{x+1:\overline{n-1}|}^{\ 1} \tag{2.7}$$

证

$$\begin{aligned} A_{x:\overline{n}|}^{1} &= \sum_{k=0}^{n-1} v^{k+1} \cdot {}_{k|}q_x \\ &= v \cdot q_x + \sum_{k=1}^{n-1} v^{k+1} \cdot {}_{k|}q_x \\ &= v \cdot q_x + \sum_{k=1}^{n-1} v^{k+1} \cdot {}_{k}p_x \cdot q_{x+k} \\ &= v \cdot q_x + \sum_{k=1}^{n-1} v^{k+1} \cdot p_x \cdot {}_{k-1}p_{x+1} \cdot q_{x+k} \\ &= v \cdot q_x + v \cdot p_x \cdot \sum_{k=0}^{n-2} v^{k+1} \cdot {}_{k|}q_{x+1} \\ &= v \cdot q_x + v \cdot p_x \cdot A_{x+1:\overline{n-1}|}^{\ 1} \end{aligned}$$

(2.7) 式表明:n 年定期寿险是以被保险人在保险期限内的死亡为给付前提的,故而可以将保险利益按年度进行分解,分解为投保后 1 年期的死亡给付以及 1 年后的 $n-1$ 年期的死亡给付. 前者在投保时刻的精算现值为 $v \cdot q_x$,后者在第一个保单年度末的精算现值为 $A_{x+1:\overline{n-1}|}^{\ 1}$,进而在投保时的精算现值为 $v \cdot p_x \cdot A_{x+1:\overline{n-1}|}^{\ 1}$. 因为 $v \cdot p_x$ 为 1 年期生存保险的精算现值,所以(2.7) 式还可记作

$$A_{x:\overline{n}|}^{1} = A_{x:\overline{1}|}^{1} + A_{x:\overline{1}|}^{\ \ 1} \cdot A_{x+1:\overline{n-1}|}^{\ 1} \tag{2.8}$$

上述保险利益的分解并非是唯一的,对满足条件 $0 < m < n$ 的整数 m,有

$$A_{x:\overline{n}|}^{1} = A_{x:\overline{m}|}^{1} + A_{x:\overline{m}|}^{\ \ 1} \cdot A_{x+m:\overline{n-m}|}^{\ 1} \tag{2.9}$$

例 2.2.1　假设 ${}_{k|}q_x = 0.06(0.94)^k$, $k = 0, 1, \cdots$, 利率 $i = 6\%$,试计算 $A_{x:\overline{n}|}^{1}$ 和 ${}^2A_{x:\overline{n}|}^{1}$.

解　根据(2.4) 式有

$$\begin{aligned} A_{x:\overline{n}|}^{1} &= \sum_{k=0}^{n-1} v^{k+1} \cdot {}_{k|}q_x \\ &= 0.06 \sum_{k=0}^{n-1} 1.06^{-(k+1)} \cdot 0.94^k \\ &= \frac{0.06}{1.06} \sum_{k=0}^{n-1} \left(\frac{0.94}{1.06}\right)^k = \frac{1}{2}\left(1 - \left(\frac{0.94}{1.06}\right)^n\right) \end{aligned}$$

$$\begin{aligned} {}^2A_{x:\overline{n}|}^{1} &= \sum_{k=0}^{n-1} v^{2(k+1)} \cdot {}_{k|}q_x \\ &= 0.06 \sum_{k=0}^{n-1} 1.06^{-2(k+1)} \cdot 0.94^k \end{aligned}$$

$$=\frac{0.06}{1.06^2}\sum_{k=0}^{n-1}\left(\frac{0.94}{1.06^2}\right)^k=\frac{50}{153}\left(1-\left(\frac{0.94}{1.1236}\right)^n\right)$$

例 2.2.2 假设利率 $i=6\%$，根据下表中的数据计算 $A^1_{x:\overline{1}|}$，$A^1_{x:\overline{2}|}$ 及 $A^1_{x:\overline{3}|}$.

l_x	l_{x+1}	l_{x+2}	l_{x+3}	l_{x+4}	l_{x+5}
1 000	999	997	993	987	980

解 根据定义

$$A^1_{x:\overline{1}|}=vq_x=(1+i)^{-1}\cdot\frac{l_x-l_{x+1}}{l_x}\approx 0.000\,943$$

$$\begin{aligned}A^1_{x:\overline{2}|}&=vq_x+v^2\,{}_{1|}q_x\\&=(1+i)^{-1}\cdot\frac{l_x-l_{x+1}}{l_x}+(1+i)^{-2}\cdot\frac{l_{x+1}-l_{x+2}}{l_x}\\&\approx 0.002\,723\end{aligned}$$

$$\begin{aligned}A^1_{x:\overline{3}|}&=vq_x+v^2\,{}_{1|}q_x+v^3\,{}_{2|}q_x\\&=(1+i)^{-1}\cdot\frac{l_x-l_{x+1}}{l_x}+(1+i)^{-2}\cdot\frac{l_{x+1}-l_{x+2}}{l_x}+(1+i)^{-3}\cdot\frac{l_{x+2}-l_{x+3}}{l_x}\\&\approx 0.006\,082\end{aligned}$$

在利用生命表计算定期寿险的精算现值时，保险期限越长求和的项数就越多，计算也越复杂. 而且在求和的过程中，有大量计算是重复进行的. 例如，x 岁的女性签单一份离散型给付的 n 年定期寿险，保额为 1 元，其精算现值为

$$A^1_{x:\overline{n}|}=\sum_{k=0}^{n-1}v^{k+1}\,{}_{k|}q_x$$

同样是 x 岁的女性签单一份离散型给付的 $2n$ 年定期寿险，保额为 1 元，其精算现值为

$$A^1_{x:\overline{2n}|}=\sum_{k=0}^{2n-1}v^{k+1}\,{}_{k|}q_x$$

两个式子中都需要通过查找生命表计算 ${}_{k|}q_x$，$k=0,\cdots,n-1$. 为了使这样的过程不必要地重复进行，可以先对公式化简，用生命表函数表示相关概率. 以 $A^1_{x:\overline{n}|}$ 为例，

$$A^1_{x:\overline{n}|}=\sum_{k=0}^{n-1}v^{k+1}\,{}_{k|}q_x=\sum_{k=0}^{n-1}\frac{v^{k+1}d_{x+k}}{l_x}$$

分子、分母同时乘以 v^x，则

$$A^1_{x:\overline{n}|}=\sum_{k=0}^{n-1}\frac{v^{x+k+1}d_{x+k}}{v^x l_x}$$

定义

$$C_x = v^{x+1} d_x \tag{2.10}$$

$$D_x = v^x l_x \tag{2.11}$$

则

$$\begin{aligned} A_{x:\overline{n}|}^{1} &= \frac{1}{D_x} \sum_{k=0}^{n-1} C_{x+k} \\ &= \frac{1}{D_x} \Big(\sum_{k=0}^{\infty} C_{x+k} - \sum_{k=n}^{\infty} C_{x+k} \Big) \\ &= \frac{1}{D_x} \Big(\sum_{k=0}^{\infty} C_{x+k} - \sum_{k=0}^{\infty} C_{x+n+k} \Big) \end{aligned}$$

若此时定义

$$M_x = \sum_{k=0}^{+\infty} C_{x+k} \tag{2.12}$$

则

$$A_{x:\overline{n}|}^{1} = \frac{M_x - M_{x+n}}{D_x} \tag{2.13}$$

且

$$A_{x:\overline{2n}|}^{1} = \frac{M_x - M_{x+2n}}{D_x}$$

此过程中定义的 C_x，D_x 和 M_x 被统称为换算函数. 根据这些换算函数，n 年期生存保险的精算现值也可化简为

$$A_{x:\overline{n}|}^{\ \ 1} = \frac{D_{x+n}}{D_x} \tag{2.14}$$

例 2.2.3　一名 30 岁男性签单了一份 20 年定期寿险，保额为 10 万元，在年利率 3.5% 的假设下计算该保单的精算现值.

解　该保单的精算现值为

$$10^5 A_{30:\overline{20}|}^{1} = 10^5 \times \frac{M_{30} - M_{50}}{D_{30}} = 10^5 \times \frac{75\,194.6 - 66\,877.4}{351\,418.5} \approx 2\,366.75(\text{元})$$

例 2.2.4　一名 x 岁男性签单了一份 2 年定期寿险，保额为 1 元. 设死亡保险金在被保险人死亡所在的年度末给付，且给付额在签单时刻的现值为 Z. 若年利率 $i=0$，且 $q_x = 0.5$，$\text{Var}(Z) = 0.177\,1$，计算该保单的精算现值.

解　依题意

$$
\begin{aligned}
Z &= v^{K(x)+1} I(K(x)<2) \\
&= \begin{cases} v, & K(x)=0 \\ v^2, & K(x)=1 \\ 0, & K(x)\geqslant 2 \end{cases} \\
&= \begin{cases} 1, & K(x)<2 \\ 0, & K(x)\geqslant 2 \end{cases}
\end{aligned}
$$

所以

$$
\mathrm{Var}(Z) = {}_2q_x\, {}_2p_x = (1-p_x p_{x+1}) p_x p_{x+1} = 0.1771
$$

解之得

$$
q_{x+1} = 0.54
$$

该保单的精算现值为

$$
A^1_{x:\overline{2}|} = vq_x + v^2 q_{x+1} = 0.5 + 0.54 = 1.04
$$

2.2.2 连续型给付下的精算现值

连续型给付下 n 年定期寿险的给付如图 2.3 所示，相应的精算现值按如下步骤计算：

1）给付金额依旧为

$$
b = \begin{cases} 1, & T(x)<n \\ 0, & T(x)\geqslant n \end{cases}
$$

相应的给付时刻为 $T(x)$.

2）给付金额的现值为

$$
Z = \begin{cases} v^{T(x)}, & T(x)<n \\ 0, & T(x)\geqslant n \end{cases}
$$

Z 是一个具有混合分布的随机变量.

3）给付金额的现值的数学期望为

$$
E(Z) = \int_0^n v^t f_{T(x)}(t)\,\mathrm{d}t = \int_0^n v^t\, {}_tp_x \mu_x(t)\,\mathrm{d}t = \int_0^n \mathrm{e}^{-\delta t}\, {}_tp_x \mu_x(t)\,\mathrm{d}t
$$

用符号 $\bar{A}^1_{x:\overline{n}|}$ 表示该定期寿险的精算现值，有

$$
\bar{A}^1_{x:\overline{n}|} = E(Z) = \int_0^n \mathrm{e}^{-\delta t}\, {}_tp_x \mu_x(t)\,\mathrm{d}t \tag{2.15}
$$

类似地，在计算 $E(Z)$ 时用 $j\delta$ 替代原有的 δ 进行重算，并将结果记作 ${}^j\bar{A}^1_{x:\overline{n}|}$，则

$$
{}^j\bar{A}^1_{x:\overline{n}|} = \bar{A}^1_{x:\overline{n}|}@j\delta = \int_0^n \mathrm{e}^{-j\delta t}\, {}_tp_x \mu_x(t)\,\mathrm{d}t = E(Z^j) \tag{2.16}
$$

且

$$\mathrm{Var}(Z)={}^2\bar{A}^{1}_{x:\overline{n|}}-(\bar{A}^{1}_{x:\overline{n|}})^2 \tag{2.17}$$

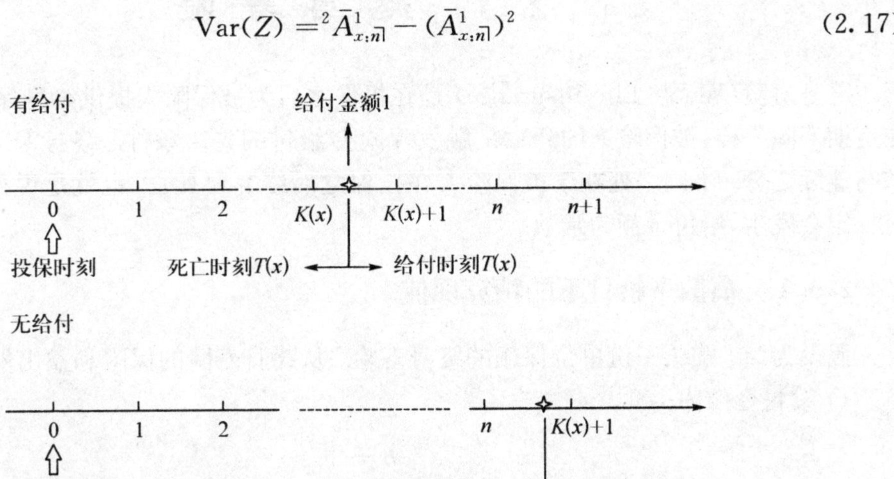

图 2.3　连续型给付下 *n* 年定期寿险的给付示意图

例 2.2.5　证明:连续型给付下 n 年定期寿险(图 2.3)的精算现值,可分解为

$$\bar{A}^{1}_{x:\overline{n|}}=\bar{A}^{1}_{x:\overline{m|}}+A_{x:\overline{m|}}^{\ \ 1}\cdot\bar{A}^{1}_{x+m:\overline{n-m|}} \tag{2.18}$$

其中 m 为满足条件 $0<m<n$ 的整数.

证

$$\begin{aligned}\bar{A}^{1}_{x:\overline{n|}}&=\int_0^n \mathrm{e}^{-\delta t}\ {}_tp_x\mu_x(t)\mathrm{d}t\\&=\int_0^m \mathrm{e}^{-\delta t}\ {}_tp_x\mu_x(t)\mathrm{d}t+\int_m^n \mathrm{e}^{-\delta t}\ {}_tp_x\mu_x(t)\mathrm{d}t\\&=\bar{A}^{1}_{x:\overline{m|}}+\int_m^n \mathrm{e}^{-\delta(m+(t-m))}\ {}_mp_x\ {}_{t-m}p_{x+m}\mu_{x+m}(t-m)\mathrm{d}t\\&=\bar{A}^{1}_{x:\overline{m|}}+\mathrm{e}^{-\delta m}\ {}_mp_x\int_m^n \mathrm{e}^{-\delta(t-m)}\ {}_{t-m}p_{x+m}\mu_{x+m}(t-m)\mathrm{d}t\\&=\bar{A}^{1}_{x:\overline{m|}}+\mathrm{e}^{-\delta m}\ {}_mp_x\int_0^{n-m} \mathrm{e}^{-\delta t}\ {}_tp_{x+m}\mu_{x+m}(t)\mathrm{d}t\\&=\bar{A}^{1}_{x:\overline{m|}}+A_{x:\overline{m|}}^{\ \ 1}\cdot\bar{A}^{1}_{x+m:\overline{n-m|}}\end{aligned}$$

例 2.2.6　若 $\mu(x)=\mu,\ x\geqslant 0$,利息力为常数 δ. 试计算 $\bar{A}^{1}_{x:\overline{n|}}$.

解　因为死亡力与利息力均为常值,所以

$$v^t=\mathrm{e}^{-\delta t},\ {}_tp_x=\mathrm{e}^{-\mu t}$$

相应地

$$\bar{A}^{1}_{x:\overline{n|}}=\int_0^n \mathrm{e}^{-\delta t}\ {}_tp_x\mu_x(t)\mathrm{d}t=\mu\int_0^n \mathrm{e}^{-(\delta+\mu)t}\mathrm{d}t=\frac{\mu(1-\mathrm{e}^{-(\delta+\mu)n})}{\delta+\mu}$$

2.3 终身寿险

终身寿险(Whole Life Insurance)是在投保之后为被保险人提供终身保障的人寿保险. 像定期寿险一样,被保险人的死亡是触发保险金给付的先决条件. 终身寿险的给付也有离散与连续之分. 不同之处在于被保险人在投保之后终究要死亡,也就是说死亡保险金的给付一定会发生,给付金额为常数.

2.3.1 离散型给付下的精算现值

假设为(x)购买一份单位保额的终身寿险. 从终身寿险的保险利益出发,有

1) 给付金额为

$$b = 1$$

在离散型给付下,给付时刻为死亡所在的保单年度末 $K(x)+1$(图 2.4).

2) 给付金额的现值为

$$Z = v^{K(x)+1}$$

Z 是离散型随机变量 $K(x)$ 的函数.

3) Z 的数学期望为

$$E(Z) = \sum_{k=0}^{+\infty} v^{k+1} \cdot P\{K(x)=k\} = \sum_{k=0}^{+\infty} v^{k+1} \cdot {}_{k|}q_x$$

由于极限年龄的存在,上式中的无穷项级数实质为有限项的和

$$E(Z) = \sum_{k=0}^{[\omega]-x} v^{k+1} \cdot {}_{k|}q_x$$

用符号 A_x 表示该终身寿险的精算现值,有

$$A_x = E(Z) = \sum_{k=0}^{+\infty} v^{k+1} \cdot {}_{k|}q_x \tag{2.19}$$

类似地,在计算 $E(Z)$ 时用 $j\delta$ 替代原有的 δ 重算折现因子 v,并将其记作 ${}^{j}A_x$,则

$${}^{j}A_x = \sum_{k=0}^{+\infty} \mathrm{e}^{-j\delta(k+1)} \cdot {}_{k|}q_x = E(Z^j) \tag{2.20}$$

且

$$\mathrm{Var}(Z) = {}^{2}A_x - (A_x)^2 \tag{2.21}$$

利用换算函数式(2.19)还可表示为

$$A_x = \frac{M_x}{D_x} \tag{2.22}$$

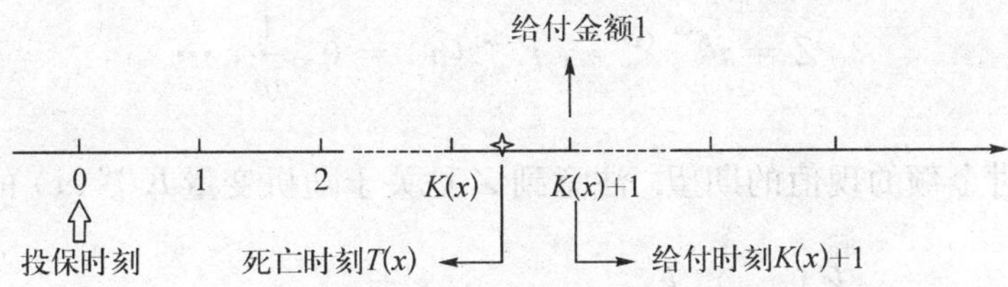

图 2.4　离散型给付下终身寿险的给付示意图

结论 2.3.1　终身寿险的精算现值满足：

$$A_x = vq_x + vp_x A_{x+1} \tag{2.23}$$

以及

$$A_x = A^{1}_{x:\overline{n|}} + A_{x:\overline{n|}}^{\ \ 1} A_{x+n},\ n \in Z^+ \tag{2.24}$$

值得注意的是，给付金额现值的二阶原点矩也有类似的分解，即

$${}^2A_x = {}^2A^{1}_{x:\overline{n|}} + {}^2A_{x:\overline{n|}}^{\ \ 1}\, {}^2A_{x+n},\ n \in Z^+ \tag{2.25}$$

例 2.3.1　根据例 2.2.1 的假设，计算 A_x 和 ${}^2A_x$.

解　根据(2.4) 式和(2.19) 式可知

$$A_x = \lim_{n\to\infty} A^{1}_{x:\overline{n|}} = \lim_{n\to\infty} \frac{1}{2}\left(1-\left(\frac{0.94}{1.06}\right)^n\right) = \frac{1}{2}$$

$${}^2A_x = \lim_{n\to\infty} {}^2A^{1}_{x:\overline{n|}} = \lim_{n\to\infty} \frac{50}{153}\left(1-\left(\frac{0.94}{1.1236}\right)^n\right) = \frac{50}{153}$$

例 2.3.2　假设 $A_{76} = 0.800$，$vp_{76} = 0.9$，$i = 0.03$，计算 A_{77}.

解

$$i = 0.03 \Rightarrow v = (1+i)^{-1} \approx 0.971$$

$$vq_{76} = v - vp_{76} = 0.071$$

根据(2.22) 式

$$A_{76} = vq_{76} + vp_{76} A_{77} \Rightarrow A_{77} = 0.81$$

死亡保险金的离散型给付中除了按年给付外，还有按季度给付、按月给付等方式. 将每个保单年度等间隔分为 m 个区间. 若 $m = 4$，则每个区间表示一个季度；若 $m = 12$，则每个区间表示一个月. 假设为 x 岁的被保险人购买一份单位保额的终身寿险，死亡保险金的给付发生在死亡所在的区间末，则该险种的精算现值记为 $A_x^{(m)}$. $A_x^{(m)}$ 的计算同样可以分为三步：

1) 确定给付金额 $b = 1$；

2) 计算给付金额的现值；该步骤的关键在于根据死亡时刻 $T(x)$ 确定给付时刻 $\frac{[mT(x)]+1}{m}$. 如果记 $K^{(m)}(x) = \frac{[mT(x)]}{m}$，则给付金额 1 在投保时的现值为

$$Z = v^{K^{(m)}(x)+\frac{1}{m}},\ K^{(m)}(x) = 0,\ \frac{1}{m},\ \cdots$$

3) 计算给付金额的现值的期望. 注意到 Z 是关于随机变量 $K^{(m)}(x)$ 的函数,而

$$P\left\{K^{(m)}(x) = \frac{k}{m}\right\} = P\left\{\frac{k}{m} \leqslant T(x) < \frac{k+1}{m}\right\} = {}_{\frac{k}{m}|\frac{1}{m}}q_x,\quad k = 0,\ 1,\ \cdots$$

所以

$$A_x^{(m)} = E(Z) = \sum_{k=0}^{+\infty} v^{\frac{k+1}{m}} \cdot {}_{\frac{k}{m}|\frac{1}{m}}q_x \tag{2.26}$$

为了更好地辨别给付时刻在时间轴上的位置,记 $U(x) = T(x) - K(x)$, $J(x) = [mU(x)]$,则 $J(x)$ 为取值 $0,\ 1,\ \cdots,\ m-1$ 的离散型随机变量,此时死亡所在区间的左右端点可表示为 $K(x) + \frac{J(x)}{m}$ 和 $K(x) + \frac{J(x)+1}{m}$(图 2.5). 此时给付金额的现值又可记作

$$Z = v^{K(x)+\frac{J(x)+1}{m}}$$

相应的期望为

$$A_x^{(m)} = E(Z) = \sum_{k=0}^{+\infty}\sum_{j=0}^{m-1} v^{k+\frac{j+1}{m}} \cdot {}_{k+\frac{j}{m}|\frac{1}{m}}q_x \tag{2.27}$$

结论 2.3.1 在死亡均匀分布的假设下,随机变量 $J(x)$ 服从离散型均匀分布,且

$$A_x^{(m)} = \frac{i}{i^{(m)}}A_x \tag{2.28}$$

证 在死亡均匀分布的假设下,$U(x) \sim U[0,\ 1)$,则

$$\begin{aligned} P\{J(x) = j\} &= P\{j \leqslant mU(x) < j+1\} \\ &= P\left\{\frac{j}{m} \leqslant U(x) < \frac{j+1}{m}\right\} \\ &= \frac{1}{m},\quad j = 0,\ \cdots,\ m-1 \end{aligned} \tag{2.29}$$

又因为 $K(x)$ 与 $U(x)$ 相互独立,所以 $K(x)$ 与 $J(x)$ 也相互独立,有

$$\begin{aligned} P\{K(x) = k,\ J(x) = j\} &= P\{K(x) = k\} \cdot P\{J(x) = j\} \\ &= \frac{1}{m} \cdot {}_{k|}q_x,\quad k = 0,\ 1,\ \cdots;\ j = 0,\ 1,\ \cdots,\ m-1 \end{aligned}$$

故

$$\begin{aligned} A_x^{(m)} &= \sum_{k=0}^{+\infty}\sum_{j=0}^{m-1} v^{k+\frac{j+1}{m}} \cdot {}_{k+\frac{j}{m}|\frac{1}{m}}q_x \\ &= \frac{1}{m}\sum_{k=0}^{+\infty}\sum_{j=0}^{m-1} v^{k+\frac{j+1}{m}} \cdot {}_{k|}q_x \\ &= \frac{1}{m}\sum_{k=0}^{+\infty} v^{k+1} \cdot {}_{k|}q_x \sum_{j=0}^{m-1} v^{\frac{j-m+1}{m}} \\ &= \frac{1}{m} \cdot \frac{v^{\frac{1}{m}-1}(1-v)}{1-v^{\frac{1}{m}}} \sum_{k=0}^{+\infty} v^{k+1} \cdot {}_{k|}q_x \\ &= \frac{i}{i^{(m)}} \sum_{k=0}^{+\infty} v^{k+1} \cdot {}_{k|}q_x \\ &= \frac{i}{i^{(m)}} A_x \end{aligned}$$

将该给付方式应用于 n 年定期寿险可得到类似的结果：

$$A_{x:\overline{n}|}^{1(m)} = \sum_{k=0}^{mn-1} v^{\frac{k+1}{m}} \cdot {}_{\frac{k}{m}|\frac{1}{m}}q_x \tag{2.30}$$

以及死亡均匀分布的假设下

$$A_{x:\overline{n}|}^{1(m)} = \frac{i}{i^{(m)}} A_{x:\overline{n}|}^{1} \tag{2.31}$$

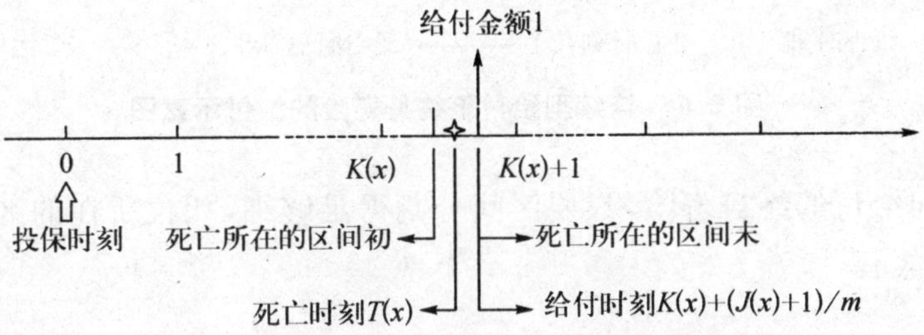

图 2.5　按区间给付的终身寿险的给付示意图

例 2.3.3　30 岁的男性购买一终身寿险，保额为 1 000 元，死亡保险金在被保险人死亡所在的月末给付. 已知实际年利率 $i = 3.5\%$，在 UDD 假设下计算该保单的精算现值.

解　$1\,000A_{30} = 1\,000 \times \dfrac{M_{30}}{D_{30}} = 213.97.$

UDD 假设下，$1\,000A_{30}^{(12)} = 1\,000 \times \dfrac{i}{i^{(12)}} A_{30} = 217.39$

2.3.2　连续型给付下的精算现值

连续型给付下，终身寿险的精算现值的计算步骤如下：

1）确定给付金额 $b = 1$，

2) 因为给付时刻为 $T(x)$(图 2.6),所以给付金额的现值为

$$Z = v^{T(x)}$$

3) Z 的数学期望为

$$E(Z) = \int_0^{+\infty} v^t f_{T(x)}(t)\mathrm{d}t = \int_0^{+\infty} \mathrm{e}^{-\delta t} {}_tp_x\mu_x(t)\mathrm{d}t$$

用符号$\bar{A}_x$ 表示该定期寿险的精算现值,有

$$\bar{A}_x = E(Z) = \int_0^{+\infty} \mathrm{e}^{-\delta t} {}_tp_x\mu_x(t)\mathrm{d}t \tag{2.32}$$

类似地,在计算 $E(Z)$ 时用 $j\delta$ 替代原有的 δ 进行重算,并将结果记作${}^j\bar{A}_x$,则

$${}^j\bar{A}_x = \int_0^{+\infty} \mathrm{e}^{-j\delta t} {}_tp_x\mu_x(t)\mathrm{d}t = E(Z^j) \tag{2.33}$$

且

$$\mathrm{Var}(Z) = {}^2\bar{A}_x - (\bar{A}_x)^2 \tag{2.34}$$

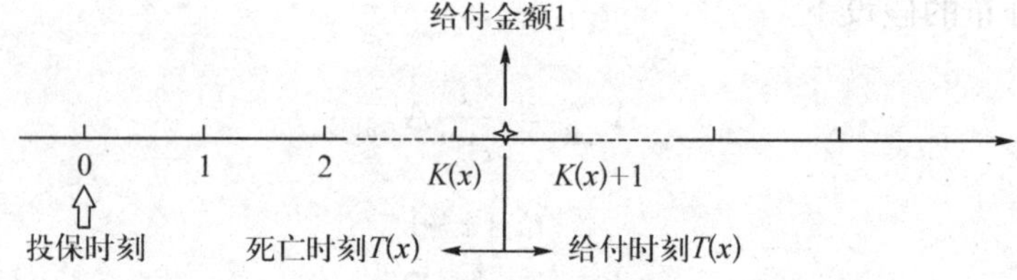

图 2.6 连续型给付下终身寿险的给付示意图

对于按区间给付的终身寿险,只要区间分割得足够细,死亡所在的区间右端点就越接近于死亡时刻,故有

$$\bar{A}_x = \lim_{m\to\infty} A_x^{(m)} \tag{2.35}$$

结论 2.3.2 在死亡均匀分布的假设下,有

$$\bar{A}_x = \frac{i}{\delta}A_x \tag{2.36}$$

证 在死亡均匀分布的假设下,$A_x^{(m)} = \frac{i}{i^{(m)}}A_x$,根据(2.35)式及$\lim_{m\to\infty} i^{(m)} = \delta$,即可得到(2.36)式.

类似地,在死亡均匀分布的假设下

$$\bar{A}^1_{x:\overline{n}|} = \frac{i}{\delta}A^1_{x:\overline{n}|} \tag{2.37}$$

另外,连续型给付下终身寿险的精算现值可分解为

$$\bar{A}_x = \bar{A}^1_{x:\overline{n}|} + A_{x:\overline{n}|}^{\ \ 1} \cdot \bar{A}_{x+n},\ n \in Z^+ \tag{2.38}$$

例 2.3.4　若 $\mu(x) = \mu,\ x \geqslant 0$,利息力为常值 δ. 试计算 $\bar{A}_x$ 和 $^2\bar{A}_x$.

解　因为死亡力与利息力均为常值,所以

$$v^t = \mathrm{e}^{-\delta t}, \quad {}_tp_x = \mathrm{e}^{-\mu t}$$

相应的

$$\bar{A}_x = \int_0^{+\infty} \mathrm{e}^{-\delta t}\ {}_tp_x\mu_x(t)\mathrm{d}t = \mu\int_0^{+\infty} \mathrm{e}^{-(\delta+\mu)t}\mathrm{d}t = \frac{\mu}{\mu+\delta}$$

或者根据例 2.2.1 的结论

$$\bar{A}_x = \lim_{n\to\infty} \bar{A}^1_{x:\overline{n}|} = \lim_{n\to\infty} \frac{\mu(1-\mathrm{e}^{-(\delta+\mu)n})}{\delta+\mu} = \frac{\mu}{\mu+\delta}$$

$$^2\bar{A}_x = \bar{A}_x @ 2\delta = \frac{\mu}{\mu+2\delta}$$

例 2.3.5　假设 (x) 签单一份单位保额的终身寿险,死亡保险金在被保险人死亡时给付. 记给付额的现值为 Z,若 $T(x) \sim U(0, 100)$,利息力 $\delta = 0.06$,试计算(1) Z 的表达式,(2) Z 的期望 $\bar{A}_x$;(3) Z 的方差;(4) 概率 $P\{Z > \bar{A}_x\}$.

解　(1) 因为给付额为 1,且给付发生在被保险人死亡时刻 $T(x)$,所以

$$Z = v^{T(x)} = \mathrm{e}^{-\delta T(x)}$$

(2) 因为 $T(x) \sim U(0, 100)$,所以 $f_{T(x)}(t) = 0.01,\ t \in (0, 100)$

$$\bar{A}_x = E(Z) = \int_0^{\infty} \mathrm{e}^{-\delta t} f_{T(x)}(t)\mathrm{d}t = \int_0^{100} 0.01\mathrm{e}^{-\delta t}\mathrm{d}t = \frac{1-\mathrm{e}^{-6}}{6} \approx 0.166\,254$$

(3) $$^2\bar{A}_x = \bar{A}_x @ 2\delta = \int_0^{100} 0.01\mathrm{e}^{-2\delta t}\mathrm{d}t = \frac{1-\mathrm{e}^{-12}}{12} \approx 0.083\,333$$

$$\mathrm{Var}(Z) = {}^2\bar{A}_x - (\bar{A}_x)^2 = \frac{1-\mathrm{e}^{-12}}{12} - \left(\frac{1-\mathrm{e}^{-6}}{6}\right)^2 \approx 0.055\,693$$

(4) $$P\{Z > \bar{A}_x\} = P\{\mathrm{e}^{-\delta T(x)} > \bar{A}_x\} = P\left\{T(x) < -\frac{\ln \bar{A}_x}{\delta}\right\} = -\frac{\ln \bar{A}_x}{100\delta} \approx 0.299\,040$$

2.4　两全保险

两全保险(Endowment Insurance,又称生死合险)是指无论被保险人在保险期限内死亡,或在保险期限届满之时处于生存状态,保险人都依照保险合同的约定给付保险金的人

寿保险. 虽然该险种像终身寿险一样,一定会有保险金的给付发生,但是根据触发给付的条件不同,可以将保险金分为死亡保险金和生存保险金(两者金额相等,但是只会给付其一),进而按照死亡保险金的给付类型分别计算两全保险的精算现值.

2.4.1 离散型给付下的精算现值

假设为(x)购买一份单位保额的n年期两全保险. 因为保险金的给付一定会发生,但是触发给付的条件不同. 为了区分这一点,将给付金额表示为

$$b=\begin{cases}1, & K(x)=0,\ 1,\ \cdots,\ n-1\\ 1, & K(x)=n,\ n+1,\ \cdots\end{cases}$$

在离散型给付下,死亡保险金的给付时刻为死亡所在的保单年度末$K(x)+1$,生存保险金的给付发生在保险期限届满的n时刻(图2.7),因此给付金额的现值为

$$Z=\begin{cases}v^{K(x)+1}, & K(x)=0,\ 1,\ \cdots,\ n-1\\ v^n, & K(x)=n,\ n+1,\ \cdots\end{cases}$$

离散型随机变量Z的数学期望为

$$E(Z)=\sum_{k=0}^{n-1}v^{k+1}\cdot{}_{k|}q_x+v^n\cdot{}_np_x$$

用符号$A_{x:\overline{n|}}$表示该两全保险的精算现值,有

$$A_{x:\overline{n|}}=E(Z)=\sum_{k=0}^{n-1}v^{k+1}\cdot{}_{k|}q_x+v^n\cdot{}_np_x \tag{2.39}$$

因为(2.39)式右侧两项分别对应n年定期寿险和n年期生存保险的精算现值,所以该式又可记作

$$A_{x:\overline{n|}}=A^1_{x:\overline{n|}}+A_{x:\overline{n|}}^{\ \ 1} \tag{2.40}$$

以及

$$A_{x:\overline{n|}}=\frac{M_x-M_{x+n}+D_{x+n}}{D_x} \tag{2.41}$$

结论2.4.1 根据保险利益分解可得

$$A_{x:\overline{n|}}=A^1_{x:\overline{m|}}+A_{x:\overline{m|}}^{\ \ 1}A_{x+m:\overline{n-m|}} \tag{2.42}$$

其中整数m满足$0<m<n$.

类似地,在计算$E(Z)$时用$j\delta$替代原有的δ重算贴现因子v,并将其记作${}^jA_{x:\overline{n|}}$,则

$${}^jA_{x:\overline{n|}}=\sum_{k=0}^{n-1}\mathrm{e}^{-j\delta(k+1)}\cdot{}_{k|}q_x+\mathrm{e}^{-j\delta n}\cdot{}_np_x=E(Z^j) \tag{2.43}$$

且

$$\mathrm{Var}(Z)={}^2A_{x:\overline{n|}}-(A_{x:\overline{n|}})^2 \tag{2.44}$$

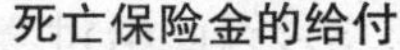

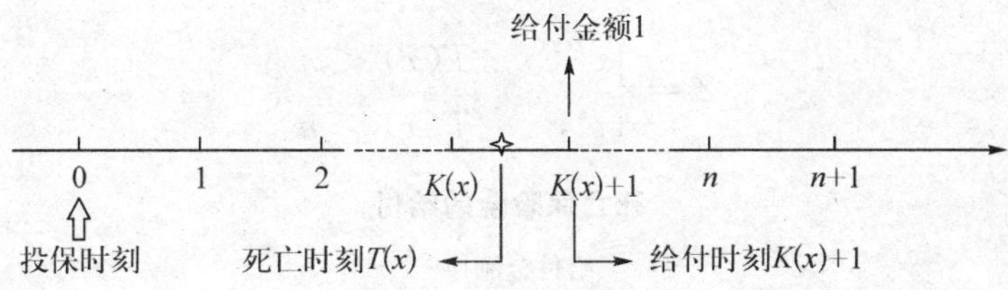

生存保险金的给付

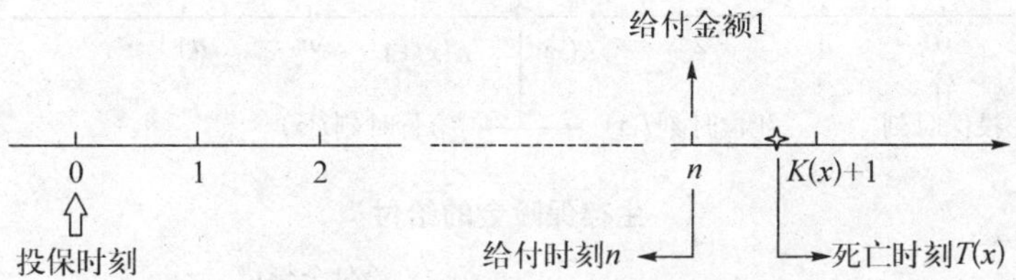

图 2.7　离散型给付下 *n* 年定期两全保险的给付示意图

例 2.4.1　假设 $A_x = 0.25$，$A_{x+20} = 0.40$，$A_{x:\overline{20|}} = 0.55$. 试计算：$A_{x:\overset{1}{\overline{20|}}}$ 和 $A_{x:\overset{1}{\overline{20|}}}$.

解　根据(2.23)式和(2.40)式，有

$$\begin{cases} A_{x:\overline{20|}} = A^1_{x:\overline{20|}} + A_{x:\overset{1}{\overline{20|}}} \\ A_x = A^1_{x:\overline{20|}} + A_{x:\overset{1}{\overline{20|}}} \cdot A_{x+20} \end{cases} \Rightarrow \begin{cases} 0.55 = A^1_{x:\overline{20|}} + A_{x:\overset{1}{\overline{20|}}} \\ 0.25 = A^1_{x:\overline{20|}} + A_{x:\overset{1}{\overline{20|}}} \cdot 0.40 \end{cases}$$

解之得

$$\begin{cases} A^1_{x:\overline{20|}} = 0.05 \\ A_{x:\overset{1}{\overline{20|}}} = 0.5 \end{cases}$$

例 2.4.2　一个 45 岁的人投保终身寿险，保险合同约定：如果这个人在 65 岁之前死亡，保险公司年末赔付 30 000 元；如果这个人在 65 岁之后死亡，保险公司年末赔付 10 000 元. 已知 $A_{45} = 0.25$，$A_{65} = 0.4$，$A_{45:\overline{20|}} = 0.55$，计算该终身寿险的精算现值.

解　$$\begin{cases} A_{45:\overline{20|}} = A^1_{45:\overline{20|}} + A_{45:\overset{1}{\overline{20|}}} \\ A_{45} = A^1_{45:\overline{20|}} + A_{45:\overset{1}{\overline{20|}}} \cdot A_{65} \end{cases} \Rightarrow A^1_{45:\overline{20|}} = 0.05$$

故该终身寿险的精算现值为

$$10\,000A_{45} + 20\,000A^1_{45:\overline{20|}} = 3\,500$$

2.4.2　连续型给付下的精算现值

根据保险利益给出给付金额的表达式

$$b = \begin{cases} 1, & T(x) < n \\ 1, & T(x) \geqslant n \end{cases}$$

在连续型给付下，死亡保险金的给付时刻为死亡所在的保单年度末 $T(x)$，生存保险金的给

付发生在保险期限届满的 n 时刻(图 2.8),因此给付金额的现值为

$$Z=\begin{cases}v^{T(x)}, & T(x)<n\\ v^n, & T(x)\geqslant n\end{cases}$$

死亡保险金的给付

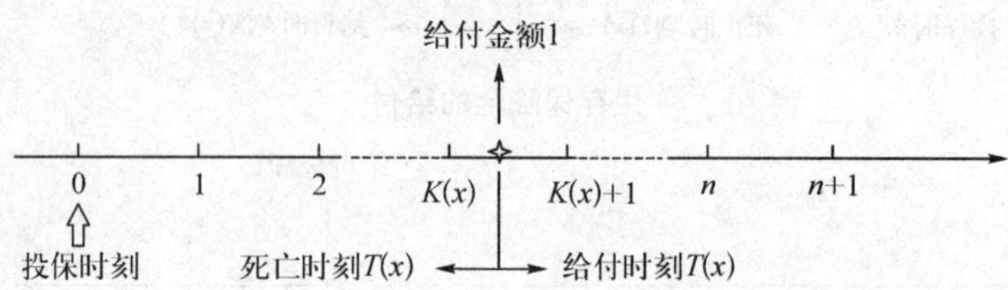

生存保险金的给付

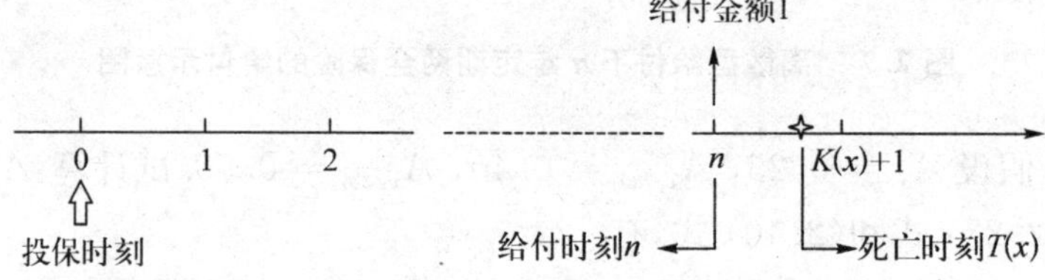

图 2.8 连续型给付下 n 年定期两全保险的给付示意图

相应的数学期望为

$$E(Z)=\int_0^n v^t f_{T(x)}(t)\mathrm{d}t+v^n\cdot {}_np_x=\int_0^n \mathrm{e}^{-\delta t}\ {}_tp_x\mu_x(t)\mathrm{d}t+\mathrm{e}^{-n\delta}\cdot {}_np_x$$

用符号$\bar{A}_{x:\overline{n|}}$ 表示该定期寿险的精算现值,即

$$\bar{A}_{x:\overline{n|}}=E(Z)=\int_0^n \mathrm{e}^{-\delta t}\ {}_tp_x\mu_x(t)\mathrm{d}t+\mathrm{e}^{-n\delta}\cdot {}_np_x \tag{2.45}$$

类似地,在计算 $E(Z)$ 时用 $j\delta$ 替代原有的 δ 进行重算,并将结果记作${}^j\bar{A}_{x:\overline{n|}}$,则

$${}^j\bar{A}_{x:\overline{n|}}=\int_0^n \mathrm{e}^{-j\delta t}\ {}_tp_x\mu_x(t)\mathrm{d}t+\mathrm{e}^{-n\delta j}\cdot {}_np_x=E(Z^j) \tag{2.46}$$

且

$$\mathrm{Var}(Z)={}^2\bar{A}_{x:\overline{n|}}-(\bar{A}_{x:\overline{n|}})^2 \tag{2.47}$$

结论 2.4.1 连续型给付的两全保险的精算现值可以分解为

$$\bar{A}_{x:\overline{n|}}=\bar{A}^1_{x:\overline{n|}}+A_{x:\overline{n|}}^{\ \ 1} \tag{2.48}$$

和

$$\bar{A}_{x:\overline{n|}}=\bar{A}^1_{x:\overline{m|}}+A_{x:\overline{m|}}^{\ \ 1}\,\bar{A}_{x+m:\overline{n-m|}} \tag{2.49}$$

其中整数 m 满足 $0<m<n$.

结论 2.4.2　在死亡均匀分布的假设下

$$\bar{A}_{x:\overline{n}|} = \frac{i}{\delta} A^1_{x:\overline{n}|} + A_{x:\overline{n}|}^{\ \ 1} \tag{2.50}$$

例 2.4.3　已知$\bar{A}^1_{x:\overline{10}|} = 0.4275$，$\delta = 0.055$，$\mu_x(t) = 0.045$，在 UDD 假设下计算$\bar{A}_{x:\overline{10}|}$和 $A_{x:\overline{10}|}$.

解　因为 $\delta = 0.055$，$\mu_x(t) = 0.045$，所以

$$A^{\ \ 1}_{x:\overline{10}|} = e^{-10(\delta+\mu)} = e^{-1}$$

$$\bar{A}_{x:\overline{10}|} = \bar{A}^1_{x:\overline{10}|} + A_{x:\overline{10}|}^{\ \ 1} = 0.4275 + e^{-1} \approx 0.7954$$

$$A_{x:\overline{10}|} = \frac{\delta}{i}\bar{A}^1_{x:\overline{10}|} + A_{x:\overline{10}|}^{\ \ 1} = \frac{0.055 \times 0.4275}{e^{0.055} - 1} + e^{-1} \approx 0.7837$$

例 2.4.4　已知$\bar{A}_x = 0.3$，$\bar{A}_{x+20} = 0.5$，$\bar{A}_{x:\overline{20}|} = 0.48$，计算$\bar{A}^1_{x:\overline{20}|}$.

解　因为

$$\bar{A}_x = \bar{A}^1_{x:\overline{20}|} + A_{x:\overline{20}|}^{\ \ 1}\bar{A}_{x+20} = \bar{A}^1_{x:\overline{20}|} + (\bar{A}_{x:\overline{20}|} - \bar{A}^1_{x:\overline{20}|})\bar{A}_{x+20}$$

所以

$$\bar{A}^1_{x:\overline{20}|} = 2 \times (0.3 - 0.48 \times 0.5) = 0.12$$

2.4.3　精算现值间的关系

比较上述四个险种的保险利益，很明显两全保险的保险利益可以由同期限的生存保险和定期寿险的组合得到. 要获得相同的保险利益必然支付相等的成本，因此三者的精算现值有着下列等价关系

$$A_{x:\overline{n}|} = A^1_{x:\overline{n}|} + A_{x:\overline{n}|}^{\ \ 1},\ \bar{A}_{x:\overline{n}|} = \bar{A}^1_{x:\overline{n}|} + A_{x:\overline{n}|}^{\ \ 1}$$

以连续型给付为例，记单位保额的 n 年期生存保险、定期寿险以及两全保险的给付金额分别为 b_1，b_2 及 b. 显然有

$$b_1 = \begin{cases} 0, & T(x) < n, \\ 1, & T(x) \geqslant n, \end{cases} \quad b_2 = \begin{cases} 1, & T(x) < n, \\ 0, & T(x) \geqslant n, \end{cases} \quad b = \begin{cases} 1, & T(x) < n \\ 1, & T(x) \geqslant n \end{cases}$$

相应的现值为

$$Z_1 = \begin{cases} 0, & T(x) < n, \\ v^n, & T(x) \geqslant n, \end{cases} \quad Z_2 = \begin{cases} v^{T(x)}, & T(x) < n, \\ 0, & T(x) \geqslant n, \end{cases} \quad Z = \begin{cases} v^{T(x)}, & T(x) < n \\ v^n, & T(x) \geqslant n \end{cases}$$

三者关系为 $Z = Z_1 + Z_2$ 和 $Z^2 = Z_1^2 + Z_2^2$，自然有

$$E(Z) = E(Z_1) + E(Z_2)$$

及

$$^2\bar{A}_{x:\overline{n}|} = {}^2A_{x:\overline{n}|}^{\ \ 1} + {}^2\bar{A}_{x:\overline{n}|}^1$$

另一方面，$\mathrm{Var}(Z) = \mathrm{Var}(Z_1) + \mathrm{Var}(Z_2) + 2\mathrm{Cov}(Z_1, Z_2)$，而

$$\begin{aligned}\mathrm{Cov}(Z_1, Z_2) &= E(Z_1Z_2) - E(Z_1)E(Z_2)\\ &= -E(Z_1)E(Z_2)\\ &= -A_{x:\overline{n}|}^{\ \ 1} \cdot \bar{A}_{x:\overline{n}|}^1\end{aligned}$$

因此，

$$\begin{aligned}{}^2\bar{A}_{x:\overline{n}|} - (\bar{A}_{x:\overline{n}|})^2 &= {}^2A_{x:\overline{n}|}^{\ \ 1} - (A_{x:\overline{n}|}^{\ \ 1})^2 + {}^2\bar{A}_{x:\overline{n}|}^1 - (\bar{A}_{x:\overline{n}|}^1)^2 - 2A_{x:\overline{n}|}^{\ \ 1} \cdot \bar{A}_{x:\overline{n}|}^1\\ &= {}^2A_{x:\overline{n}|}^{\ \ 1} + {}^2\bar{A}_{x:\overline{n}|}^1 - (A_{x:\overline{n}|}^{\ \ 1} + \bar{A}_{x:\overline{n}|}^1)^2\end{aligned}$$

2.5 几种延期寿险的精算现值

延期寿险是指自保单签订之后推迟一段时间才进入保险责任期的人寿保险，推迟时间称为延期期限. 相对而言，前四节所分析的自签单之后立即进入保险责任期的险种都属于即期寿险. 因为生存保险是在保险期限届满时发生给付，所以延期的生存保险可以看作保险期限更长（原保险期限＋延期期限）的即期生存保险. 本节我们分析的延期寿险有：延期的定期寿险、延期的终身寿险以及延期的两全保险，并依旧将当前时刻设置为投保时刻.

2.5.1 延期 m 年的 n 年定期寿险

延期 m 年的 n 年定期寿险（m-year Deferred n-year Term Life Insurance）指自投保 m 年后开始计算，n 年内如果被保险人发生了保险责任范围内的死亡，保险人需要给付保险金的人寿保险. 若为 (x) 购买一份单位保额的延期 m 年的 n 年定期寿险，死亡保险金的给付依旧分为两类.

2.5.1.1 离散型给付下的精算现值

根据险种的保险利益，保险人未来给付的金额为

$$b = \begin{cases}1, & K(x) = m, m+1, \cdots, m+n-1\\ 0, & \text{其他}\end{cases}$$

在离散型给付下，死亡保险金的给付时刻为死亡所在的保单年度末 $K(x)+1$（图 2.9），因此给付金额的现值为

$$Z = \begin{cases}v^{K(x)+1}, & K(x) = m, m+1, \cdots, m+n-1\\ 0, & \text{其他}\end{cases}$$

期望值为

$$E(Z) = \sum_{k=m}^{m+n-1} v^{k+1} \cdot {}_{k|}q_x$$

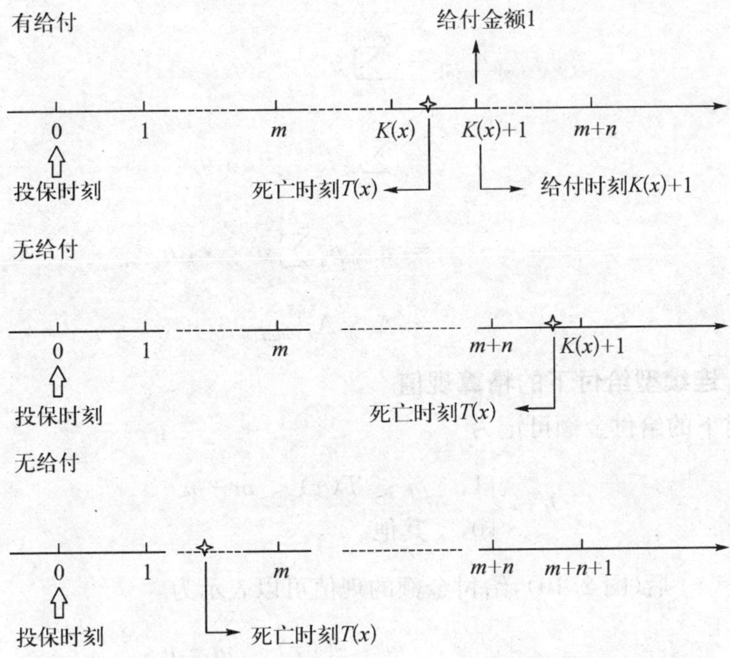

图 2.9　离散型给付下延期 m 年的 n 年定期寿险的给付示意图

用符号 ${}_{m|}A^1_{x:\overline{n}|}$ 表示该定期寿险的精算现值，有

$$ {}_{m|}A^1_{x:\overline{n}|} = E(Z) = \sum_{k=m}^{m+n-1} v^{k+1} \cdot {}_{k|}q_x \tag{2.51}$$

以及换算函数下的

$$ {}_{m|}A^1_{x:\overline{n}|} = \frac{M_{x+m} - M_{x+m+n}}{D_x} \tag{2.52}$$

离散型给付下单位保额的 $m+n$ 年定期寿险的精算现值可分解为

$$\begin{aligned} A^1_{x:\overline{m+n}|} &= \sum_{k=0}^{m+n-1} v^{k+1} \cdot {}_{k|}q_x \\ &= \sum_{k=0}^{m-1} v^{k+1} \cdot {}_{k|}q_x + \sum_{k=m}^{m+n-1} v^{k+1} \cdot {}_{k|}q_x \\ &= A^1_{x:\overline{m}|} + {}_{m|}A^1_{x:\overline{n}|} \end{aligned} \tag{2.53}$$

(2.53) 式表明：$m+n$ 年定期寿险的给付可以分解为投保之后 m 年内的给付(对应 m 年定期寿险)和 m 年之后的 n 年内的给付(对应延期 m 年的 n 年定期寿险)，故两者有着相同的精算现值.

结论 2.5.1　延期 m 年的 n 年定期寿险的精算现值满足

$$ {}_{m|}A^1_{x:\overline{n}|} = A_{x:\overset{\ 1}{\overline{m}|}} A^1_{x+m:\overline{n}|} \tag{2.54}$$

证

$$
\begin{aligned}
{}_{m|}A^{1}_{x:\overline{n}|} &= \sum_{k=m}^{m+n-1} v^{k+1} \cdot {}_{k|}q_x \\
&= \sum_{k=0}^{n-1} v^{m+k+1} \cdot {}_{m+k|}q_x \\
&= v^m\, {}_m p_x \sum_{k=0}^{n-1} v^{k+1} \cdot {}_{k|}q_{x+m} \\
&= A_{x:\overline{m}|}^{\ \ 1} A^{1}_{x+m:\overline{n}|}
\end{aligned}
$$

2.5.1.2 连续型给付下的精算现值

连续型给付下的给付金额可记为

$$
b = \begin{cases} 1, & m \leqslant T(x) < m+n \\ 0, & \text{其他} \end{cases}
$$

确定给付时刻 $T(x)$ 后(图 2.10),给付金额的现值可以表示为

$$
Z = \begin{cases} v^{T(x)}, & m \leqslant T(x) < m+n \\ 0, & \text{其他} \end{cases}
$$

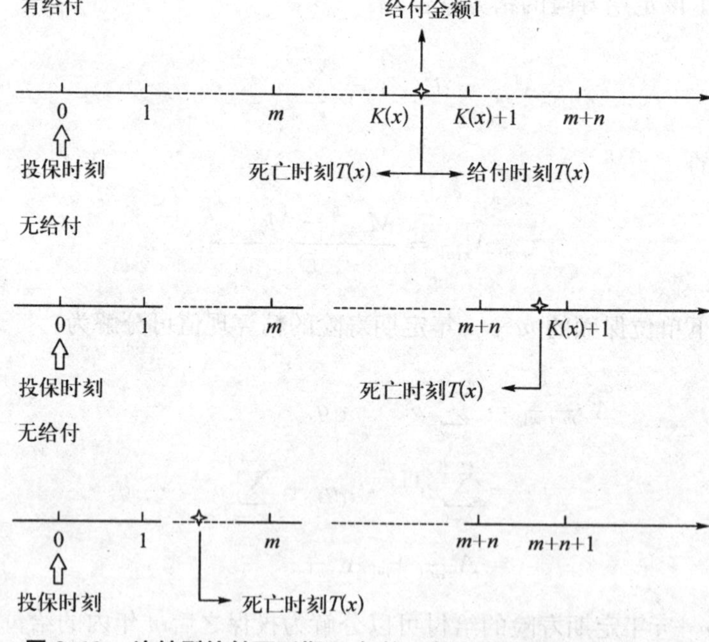

图 2.10　连续型给付下延期 m 年的 n 年定期寿险的给付示意图

数学期望为

$$
E(Z) = \int_m^{m+n} v^t f_{T(x)}(t)\,\mathrm{d}t = \int_m^{m+n} \mathrm{e}^{-\delta t}\ {}_t p_x \mu_x(t)\,\mathrm{d}t
$$

用符号 ${}_{m|}\bar{A}_{x:\overline{n}|}^{1}$ 表示该定期寿险的精算现值，即

$$
{}_{m|}\bar{A}_{x:\overline{n}|}^{1} = E(Z) = \int_{m}^{m+n} \mathrm{e}^{-\delta t}\, {}_{t}p_{x}\mu_{x}(t)\mathrm{d}t \tag{2.55}
$$

例 2.5.1　证明：连续型给付下单位保额的延期 m 年的 n 年定期寿险的精算现值可以表示为

$$
{}_{m|}\bar{A}_{x:\overline{n}|}^{1} = \bar{A}_{x:\overline{m+n}|}^{1} - \bar{A}_{x:\overline{m}|}^{1} \tag{2.56}
$$

以及

$$
{}_{m|}\bar{A}_{x:\overline{n}|}^{1} = A_{x:\overline{m}|}^{\ \ 1}\, \bar{A}_{x+m:\overline{n}|}^{1} \tag{2.57}
$$

证

$$
\begin{aligned}
{}_{m|}\bar{A}_{x:\overline{n}|}^{1} &= \int_{m}^{m+n} \mathrm{e}^{-\delta t}\, {}_{t}p_{x}\mu_{x}(t)\mathrm{d}t \\
&= \int_{0}^{m+n} \mathrm{e}^{-\delta t}\, {}_{t}p_{x}\mu_{x}(t)\mathrm{d}t - \int_{0}^{m} \mathrm{e}^{-\delta t}\, {}_{t}p_{x}\mu_{x}(t)\mathrm{d}t \\
&= \bar{A}_{x:\overline{m+n}|}^{1} - \bar{A}_{x:\overline{m}|}^{1}
\end{aligned}
$$

通过换元

$$
\begin{aligned}
{}_{m|}\bar{A}_{x:\overline{n}|}^{1} &= \int_{m}^{m+n} \mathrm{e}^{-\delta t}\, {}_{t}p_{x}\mu_{x}(t)\mathrm{d}t \\
&= \int_{0}^{n} \mathrm{e}^{-\delta(m+t)}\, {}_{m+t}p_{x}\mu_{x}(m+t)\mathrm{d}t \\
&= {}_{m}p_{x}\mathrm{e}^{-\delta n}\int_{0}^{n} \mathrm{e}^{-\delta t}\, {}_{t}p_{x+m}\mu_{x+m}(t)\mathrm{d}t \\
&= A_{x:\overline{m}|}^{\ \ 1}\, \bar{A}_{x+m:\overline{n}|}^{1}
\end{aligned}
$$

2.5.2　延期 m 年的终身寿险

延期 m 年的终身寿险（m-year Deferred Whole Life Insurance）指自投保 m 年后开始计算，如果被保险人发生了保险责任范围内的死亡，保险人需要给付保险金的人寿保险. 与即期的终身寿险不同，延期的终身寿险不一定会发生死亡保险金的给付，且不发生给付的充要条件是被保险人在延期期限内发生死亡. 若 (x) 签单一份单位保额的延期 m 年的终身寿险，可以分以下两个角度分别计算其精算现值.

1. 离散型给付下的精算现值

离散型给付下，保险人未来给付的金额为

$$
b = \begin{cases} 1, & K(x) = m,\ m+1,\ \cdots \\ 0, & K(x) = 0,\ 1,\ \cdots,\ m-1 \end{cases}
$$

给付时刻则由给付示意图（图 2.11）给出，故给付金额的现值为

$$
Z = \begin{cases} v^{K(x)+1}, & K(x) = m,\ m+1,\ \cdots \\ 0, & K(x) = 0,\ 1,\ \cdots,\ m-1 \end{cases}
$$

相应的期望值为

$$E(Z) = \sum_{k=m}^{+\infty} v^{k+1} \cdot {}_{k|}q_x$$

用符号${}_{m|}A_x$表示该定期寿险的精算现值，有

$$ {}_{m|}A_x = E(Z) = \sum_{k=m}^{+\infty} v^{k+1} \cdot {}_{k|}q_x \tag{2.58}$$

换算函数下有

$$ {}_{m|}A_x = \frac{M_{x+m}}{D_x} \tag{2.59}$$

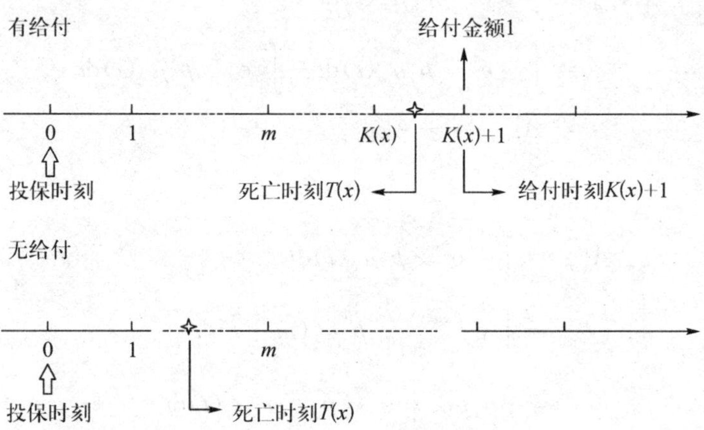

图 2.11　离散型给付下延期 m 年的终身寿险的给付示意图

结论 2.5.2　离散型给付下单位保额的延期 m 年的终身寿险的精算现值可表示为

$$ {}_{m|}A_x = A_x - A^{1}_{x:\overline{m|}} \tag{2.60}$$

以及

$$ {}_{m|}A_x = A_{x:\overline{m|}}^{\ \ 1} A_{x+m} \tag{2.61}$$

例2.5.2　现年20岁的男性购买一份寿险保单，保险利益为：若他在30岁之前死亡，保险人不予以任何给付，若在30岁之后死亡，则在死亡所在年度年末获得保险金10 000元. 在年利率 $i = 3.5\%$ 的假设下，利用换算函数计算该保单的精算现值.

解　根据保险利益可知该保单为延期10年的终身寿险保单，所以

$$10\,000\ {}_{10|}A_{20} = 10\,000 \times \frac{M_{30}}{D_{20}} = 1\,507.62$$

2. 连续型给付下的精算现值

根据图 2.12 所示的给付情况，连续型给付下的给付金额记为

$$b=\begin{cases}1, & T(x)\geqslant m\\ 0, & T(x)<m\end{cases}$$

确定给付时刻 $T(x)$ 后，给付金额的现值可以表示为

$$Z=\begin{cases}v^{T(x)}, & T(x)\geqslant m\\ 0, & T(x)<m\end{cases}$$

数学期望为

$$E(Z)=\int_m^{+\infty}v^t f_{T(x)}(t)\,\mathrm{d}t=\int_m^{+\infty}\mathrm{e}^{-\delta t}\;{}_tp_x\mu_x(t)\,\mathrm{d}t$$

用符号 ${}_{m|}\bar{A}_x$ 表示该定期寿险的精算现值，即

$$_{m|}\bar{A}_x=E(Z)=\int_m^{+\infty}\mathrm{e}^{-\delta t}\;{}_tp_x\mu_x(t)\,\mathrm{d}t \tag{2.62}$$

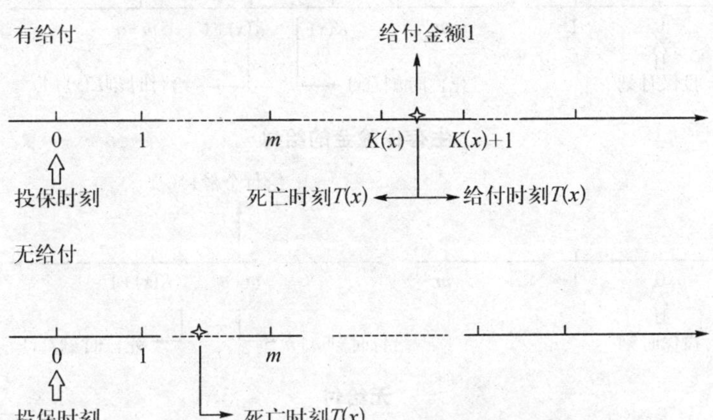

图 2.12　连续型给付下延期 m 年的终身寿险的给付示意图

结论 2.5.3　连续给付下单位保额的延期 m 年的终身寿险的精算现值可表示为

$$_{m|}\bar{A}_x=\bar{A}_x-\bar{A}^{1}_{x:\overline{m}|} \tag{2.63}$$

以及

$$_{m|}\bar{A}_x=A_{x:\overline{m}|}^{\;\;1}\bar{A}_{x+m} \tag{2.64}$$

例 2.5.3　已知 (x) 投保一份延期 m 年的连续型终身寿险，保额为 1. 如死亡力为常数且利息力为 δ，计算该险种的精算现值.

解　$$_{m|}\bar{A}_x=\int_m^{+\infty}\mathrm{e}^{-\delta t}\;{}_tp_x\mu_x(t)\,\mathrm{d}t=\int_m^{+\infty}\mu\mathrm{e}^{-\delta t}\mathrm{e}^{-\mu t}\,\mathrm{d}t=\frac{\mu}{\mu+\delta}\mathrm{e}^{-(\mu+\delta)m}$$

2.5.3　延期 m 年的 n 年期两全保险

延期 m 年的 n 年期两全保险（m-year Deferred n-year Endowment Insurance）指自投保

m 年后开始计算，如果 n 年内被保险人发生了保险责任范围内的死亡，或是 n 年后被保险人依旧生存，保险人都需要给付保险金的人寿保险．与延期的终身寿险相同，延期的两全保险也有可能不给付保险金．若为(x)购买一份单位保额的延期 m 年的 n 年期两全保险，可以根据死亡保险金的给付方式分别计算精算现值．

1．离散型给付下的精算现值

为了区分生存保险金与死亡保险金（图 2.13），将保险人未来给付的金额记为

$$b=\begin{cases}1, & K(x)=m,\ m+1,\ \cdots,\ m+n-1\\ 1, & K(x)=m+n,\ m+n+1,\ \cdots\\ 0, & K(x)=0,\ 1,\ \cdots,\ m-1\end{cases}$$

死亡保险金的给付

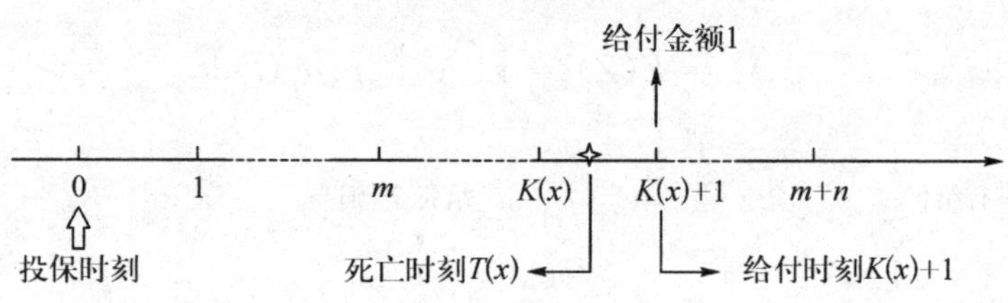

生存保险金的给付

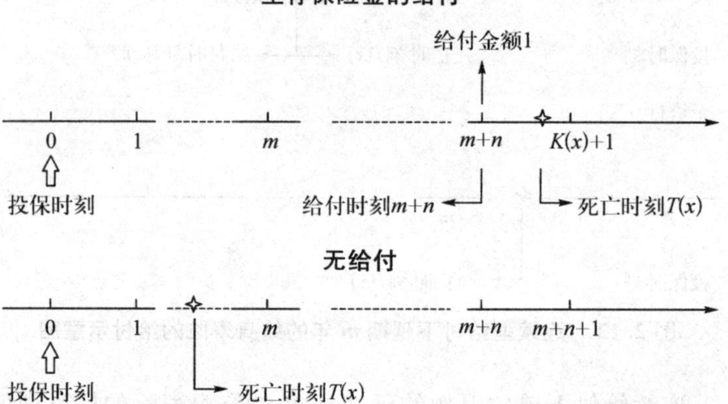

图 2.13　离散型给付下延期 m 年的 n 年两全保险的给付示意图

给付金额的现值为

$$Z=\begin{cases}v^{K(x)+1}, & K(x)=m,\ m+1,\ \cdots,\ m+n-1\\ v^{m+n}, & K(x)=m+n,\ m+n+1,\ \cdots\\ 0, & K(x)=0,\ 1,\ \cdots,\ m-1\end{cases}$$

期望值

$$E(Z)=\sum_{k=m}^{m+n-1} v^{k+1}\cdot {}_{k|}q_x+v^{m+n}\cdot {}_{m+n}p_x$$

用符号 ${}_{m|}A_{x:\overline{n|}}$ 表示该定期寿险的精算现值，有

$$ {}_{m|}A_{x:\overline{n}|} = \sum_{k=m}^{m+n-1} v^{k+1} \cdot {}_{k|}q_x + v^{m+n} \cdot {}_{m+n}p_x \tag{2.65}$$

换算函数下

$$ {}_{m|}A_{x:\overline{n}|} = \frac{M_{x+m} - M_{x+m+n} + D_{x+m+n}}{D_x} \tag{2.66}$$

结论 2.5.4　离散型给付下单位保额的延期 m 年的 n 年两全保险的精算现值可以表示为

$$ {}_{m|}A_{x:\overline{n}|} = A_{x:\overline{m+n}|} - A^{1}_{x:\overline{m}|} \tag{2.67}$$

以及

$$ {}_{m|}A_{x:\overline{n}|} = A_{x:\overline{m}|}^{\ \ 1} A_{x+m:\overline{n}|} \tag{2.68}$$

2. 连续型给付下的精算现值

连续型给付下的给付金额被记为

$$ b = \begin{cases} 1, & m \leqslant T(x) < m+n \\ 1, & T(x) \geqslant m+n \\ 0, & T(x) < m \end{cases}$$

给付金额的现值为

$$ Z = \begin{cases} v^{T(x)}, & m \leqslant T(x) < m+n \\ v^{m+n}, & T(x) \geqslant m+n \\ 0, & T(x) < m \end{cases}$$

数学期望为

$$\begin{aligned} E(Z) &= \int_m^{m+n} v^t f_{T(x)}(t)\,\mathrm{d}t + v^{m+n} \cdot {}_{m+n}p_x \\ &= \int_m^{m+n} \mathrm{e}^{-\delta t}\ {}_tp_x \mu_x(t)\,\mathrm{d}t + v^{m+n} \cdot {}_{m+n}p_x \end{aligned}$$

用符号 ${}_{m|}\bar{A}_{x:\overline{n}|}$ 表示该定期寿险的精算现值，即

$$ {}_{m|}\bar{A}_{x:\overline{n}|} = \int_m^{m+n} \mathrm{e}^{-\delta t}\ {}_tp_x \mu_x(t)\,\mathrm{d}t + v^{m+n} \cdot {}_{m+n}p_x \tag{2.69}$$

结论 2.5.5　连续型给付下单位保额的延期 m 年的 n 年两全保险的精算现值可以表示为

$$ {}_{m|}\bar{A}_{x:\overline{n}|} = \bar{A}_{x:\overline{m+n}|} - \bar{A}^{1}_{x:\overline{m}|} \tag{2.70}$$

以及

$$ {}_{m|}\bar{A}_{x:\overline{n}|} = A_{x:\overline{m}|}^{\ \ 1}\,\bar{A}_{x+m:\overline{n}|} \tag{2.71}$$

死亡保险金的给付

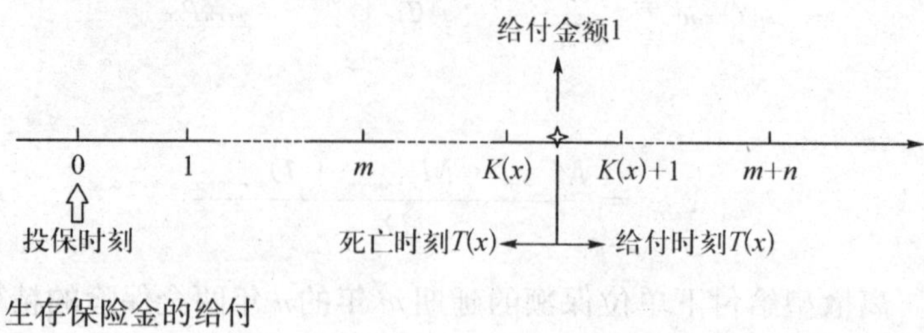

生存保险金的给付

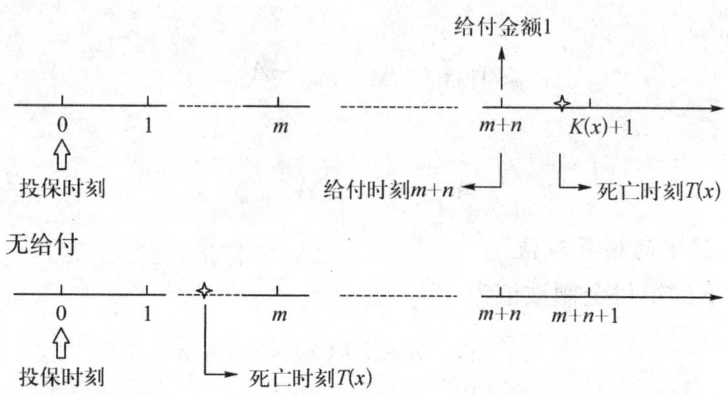

图 2.14　连续型给付下延期 m 年的 n 年两全保险的给付示意图

此外，延期的两全保险的精算现值同样可以表示为定期寿险的精算现值与定期生存保险的精算现值之和

$$
{}_{m|}\bar{A}_{x:\overline{n}|} = {}_{m|}\bar{A}^{1}_{x:\overline{n}|} + A_{x:\overset{\quad 1}{\overline{m+n}|}} \tag{2.72}
$$

(2.72) 式表明：生存保险不存在延期的情况，因为一个延期的生存保险就是一个保险期限更长的生存保险.

2.6　几种变额寿险的精算现值

变额寿险(Variable Benefit Insurance)是相对于等额寿险而言的. 变额一词是强调给付金额会随着被保险人死亡发生的时间而有所不同. 计算变额寿险的精算现值同样是采用前面所提的三个步骤，只是在第一步中需要将给付金额与死亡时间关联起来. 在实务中给付金额的变化往往是有规律的. 本节将以定期寿险为例介绍给付金额随死亡时间的推移递增及递减的两种变化情况.

2.6.1　给付金额递增的定期寿险

给付金额的递增方式有很多，常用的有三种：1) 一年递增一次；2) 一年递增 m 次；3) 年内连续递增(这种递增方式只会出现在连续型给付中). 同样以 x 岁的被保险人为例，假设其签单了一份保额递增的 n 年定期寿险，初始给付金额为 1 元.

1）倘若给付金额一年递增一次，则第一个保单年度内的死亡对应给付 1 元，第二个保单年度内的死亡对应给付 2 元，依次类推，第 n 个保单年度内的死亡对应给付 n 元. 离散给付和连续给付下保险人未来的给付金额分别记为

$$b = K(x) + 1,\ K(x) = 0,\ 1,\ \cdots,\ n-1$$

和

$$b = [T(x)] + 1,\ T(x) < n$$

根据给付发生的时刻(图 2.15 和图 2.16)，两种情况下给付金额的现值分别为

$$Z = (K(x) + 1)v^{K(x)+1},\ K(x) = 0,\ 1,\ \cdots,\ n-1$$

和

$$Z = ([T(x)] + 1)v^{T(x)},\ T(x) < n$$

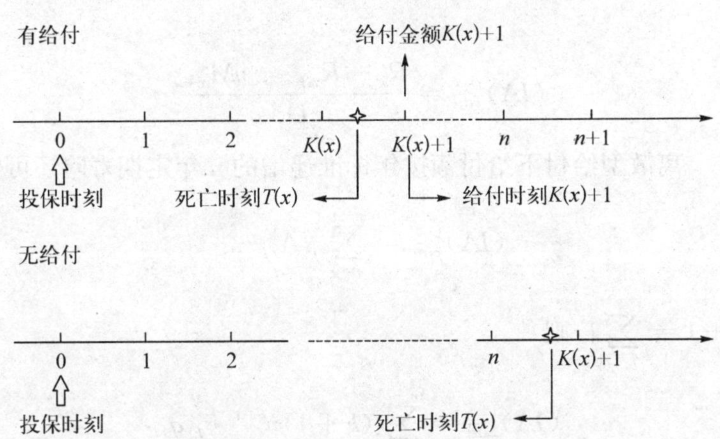

图 2.15　离散型给付下给付额按年标准递增的 n 年定期寿险的给付示意图

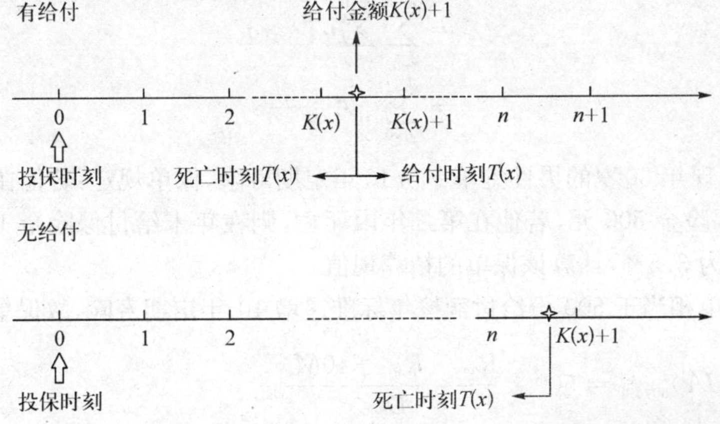

图 2.16　连续型给付下给付额按年标准递增的 n 年定期寿险的给付示意图

相应的数学期望分别记为

$$(IA)_{x:\overline{n}|}^{1}=\sum_{k=0}^{n-1}(k+1)v^{k+1}\cdot{}_{k|}q_{x} \tag{2.73}$$

和

$$\begin{aligned}(I\bar{A})_{x:\overline{n}|}^{1}&=\int_{0}^{n}([t]+1)\,\mathrm{e}^{-\delta t}\,{}_{t}p_{x}\mu_{x}(t)\mathrm{d}t\\&=\sum_{k=0}^{n-1}(k+1)\int_{k}^{k+1}\mathrm{e}^{-\delta t}\,{}_{t}p_{x}\mu_{x}(t)\mathrm{d}t\\&=\sum_{k=0}^{n-1}(k+1)\,{}_{k|}\bar{A}_{x:\overline{1}|}^{1}\end{aligned} \tag{2.74}$$

如果进一步定义换算函数

$$R_{x}=\sum_{k=0}^{+\infty}M_{x+k}, \tag{2.75}$$

则

$$(IA)_{x:\overline{n}|}^{1}=\frac{R_{x}-R_{x+n}-nM_{x+n}}{D_{x}} \tag{2.76}$$

结论 2.6.1 离散型给付下给付额按年标准递增的 n 年定期寿险还可做如下分解

$$(IA)_{x:\overline{n}|}^{1}=\sum_{j=0}^{n-1}{}_{j|}A_{x:\overline{n-j}|}^{1} \tag{2.77}$$

证 令 $k+1=\sum_{j=0}^{k}1$,则

$$\begin{aligned}(IA)_{x:\overline{n}|}^{1}&=\sum_{k=0}^{n-1}(k+1)v^{k+1}\cdot{}_{k|}q_{x}\\&=\sum_{k=0}^{n-1}\Big(\sum_{j=0}^{k}1\Big)v^{k+1}\cdot{}_{k|}q_{x}\\&=\sum_{j=0}^{n-1}\sum_{k=j}^{n-1}v^{k+1}\,{}_{k|}q_{x}\\&=\sum_{j=0}^{n-1}{}_{j|}A_{x:\overline{n-j}|}^{1}\end{aligned}$$

例2.6.1 现年30岁的男性签单一份10年定期寿险,保单规定:若他在第一年内死亡,则在年末给付保险金500元,若他在第二年内死亡,则在年末给付保险金1 000元,以此类推.假设年利率为3.5%,计算该保单的精算现值.

解 该保单相当于500份给付额按年标准递增10年定期寿险,故保单的精算现值为

$$\begin{aligned}500\,(IA)_{30:\overline{10}|}^{1}&=500\times\frac{R_{30}-R_{40}-10M_{40}}{D_{30}}\\&=500\times\frac{3\,119\,383.3-2\,380\,681.1-10\times72\,043.2}{351\,418.5}=26\end{aligned}$$

例2.6.2　现年 30 岁的男性签单一份 10 年定期寿险，保单规定：若他在第一年内死亡，则在年末给付保险金 1 500 元，若他在第二年内死亡，则在年末给付保险金 2 000 元，以此类推. 假设年利率为 3.5%，计算该保单的精算现值.

解　虽然第一个保单年度末的死亡给付为 1 500 元，但是随后年度递增的给付只有 500 元，所以该保单并不能等同于 1 500 份给付额按年标准递增 10 年定期寿险. 对此提取每个保单年度的 1 000 元(1 000 = 1 500 − 500) 给付构成一份等额定期寿险，余下的死亡给付对应于 500 份给付额按年标准递增 10 年定期寿险. 故保单的精算现值为

$$\begin{aligned}&1\,000A^{1}_{30:\overline{10}|}+500\,(IA)^{1}_{30:\overline{10}|}\\&=1\,000\times\frac{M_{30}-M_{40}}{D_{30}}+500\times\frac{R_{30}-R_{40}-10M_{40}}{D_{30}}\\&=1\,000\times\frac{75\,194.6-72\,043.2}{351\,418.5}+500\times\frac{3\,119\,383.3-2\,380\,681.1-10\times72\,043.2}{351\,418.5}\\&=34.96\end{aligned}$$

2) 倘若给付金额一年递增 m 次，则将每个保单年度分为 m 个等间隔的区间($m=12$ 表示按月划分；$m=4$ 表示按季度划分). 在第一个 $1/m$ 年内死亡给付 $1/m$ 元，在第二个 $1/m$ 年内死亡给付 $2/m$ 元，依次类推，在第 mn 个 $1/m$ 年内死亡给付 n 元. 离散型给付和连续型给付下保险人的给付金额为

$$b=K^{(m)}(x)+\frac{1}{m},\ K^{(m)}(x)=0,\ \frac{1}{m},\ \cdots,\ \frac{mn-1}{m}$$

和

$$b=\frac{[mT(x)]+1}{m},\ T(x)<n$$

根据给付发生的时刻(图 2.17 和图 2.18)，两种情况下给付金额的现值分别为

$$Z=\left(K^{(m)}(x)+\frac{1}{m}\right)v^{K^{(m)}(x)+\frac{1}{m}},\ K^{(m)}(x)=0,\ \frac{1}{m},\ \cdots,\ \frac{mn-1}{m}$$

和

$$Z=\frac{[mT(x)]+1}{m}v^{T(x)},\ T(x)<n$$

相应的数学期望分别记为

$$(I^{(m)}A)^{1}_{x:\overline{n}|}=\sum_{k=0}^{mn-1}\frac{k+1}{m}v^{\frac{k+1}{m}}\cdot{}_{\frac{k}{m}|\frac{1}{m}}q_x \tag{2.78}$$

和

$$
\begin{aligned}
(I^{(m)}\bar{A})^1_{x:\overline{n}|} &= \int_0^n \frac{([mt]+1)}{m} e^{-\delta t}\,{}_t p_x \mu_x(t)\,dt \\
&= \sum_{k=0}^{mn-1} \frac{k+1}{m} \int_{k/m}^{(k+1)/m} e^{-\delta t}\,{}_t p_x \mu_x(t)\,dt \\
&= \sum_{k=0}^{mn-1} \frac{k+1}{m}\, {}_{\frac{k}{m}|}\bar{A}^1_{x:\overline{\frac{1}{m}}|}
\end{aligned} \tag{2.79}
$$

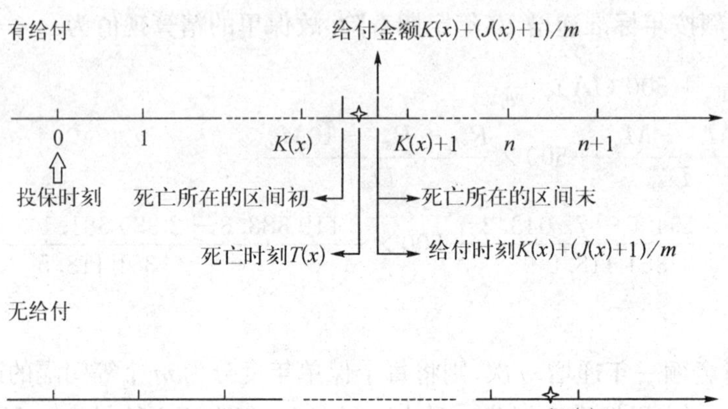

图 2.17 离散型给付下给付额一年递增 m 次的 n 年定期寿险的给付示意图

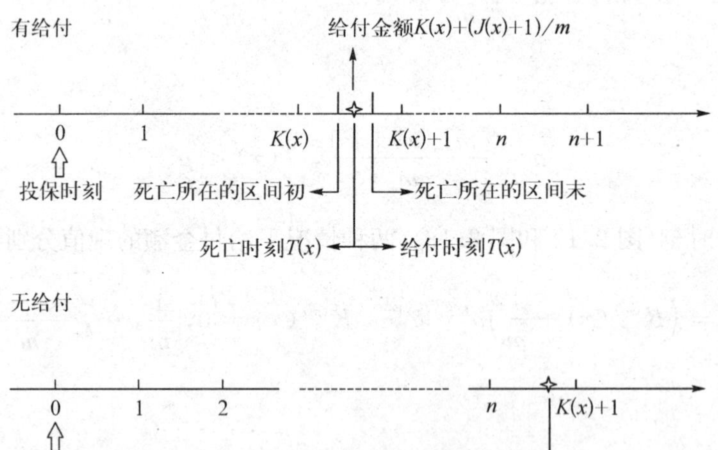

图 2.18 连续型给付下给付额一年递增 m 次的 n 年定期寿险的给付示意图

3）倘若给付金额在年内连续递增，则死亡给付的金额为

$$b = T(x),\ T(x) < n$$

因为给付的时刻为被保险人死亡的时刻(图 2.19)，所以现值为

$$Z = T(x)v^{T(x)}, \ T(x) < n$$

相应的数学期望记为

$$(\bar{I}\bar{A})^1_{x:\overline{n}|} = \int_0^n t\,\mathrm{e}^{-\delta t}\ {}_tp_x\mu_x(t)\mathrm{d}t \tag{2.80}$$

在连续型给付下，第三种递增方式的结果可以看作第二种递增方式的特例($m \to +\infty$)，即

$$(\bar{I}\bar{A})^1_{x:\overline{n}|} = \lim_{m\to\infty}(I^{(m)}\bar{A})^1_{x:\overline{n}|} \tag{2.81}$$

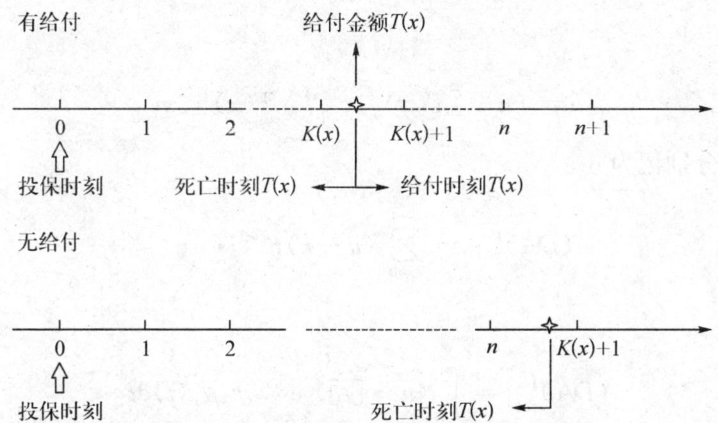

图 2.19　连续型给付下给付额连续递增的 n 年定期寿险的给付示意图

例 2.6.3　若生存人数 $l_x = 10^6\left(1-\dfrac{x}{100}\right)$，$0 \leqslant x \leqslant 100$，利息力 $\delta = 5\%$，求：$(\bar{I}\bar{A})^1_{50:\overline{40}|}$.

解　因为 $l_x = 10^6\left(1-\dfrac{x}{100}\right)$，$0 \leqslant x \leqslant 100$，所以

$$ {}_tp_x = \frac{l_{x+t}}{l_x} = \frac{100-x-t}{100-x}, \ 0 \leqslant t \leqslant 100-x$$

$$f_{T(x)}(t) = -({}_tp_x)' = \frac{1}{100-x}, \ 0 \leqslant t \leqslant 100-x$$

$$(\bar{I}\bar{A})^1_{50:\overline{40}|} = \int_0^{40} t\,\mathrm{e}^{-\delta t} f_{T(50)}(t)\mathrm{d}t = \int_0^{40} 0.02\,t\,\mathrm{e}^{-0.05t}\mathrm{d}t = 8 - 24\mathrm{e}^{-2} = 4.75$$

2.6.2　给付金额递减的定期寿险

给付金额递减的情形与递增类似，这里仅以一年递减一次为例做个说明. 假设 x 岁的被保险人购买了一份给付额按年标准递减的 n 年定期寿险，初始给付金额为 n 元. 倘若被保险人在第一个保单年度内死亡给付 n 元，在第二个保单年度内死亡给付 $n-1$ 元，依次类推，在第 n 个保单年度内死亡给付 1 元. 在离散型给付和连续型给付下保险人未来给付的金额

分别为

$$b = n - K(x),\ K(x) = 0,\ 1,\ \cdots,\ n-1$$

和

$$b = n - [T(x)],\ T(x) < n$$

因为两种情况下给付时刻的不同(图 2.20 和图 2.21),所以给付金额的现值分别为

$$Z = (n - K(x))v^{K(x)+1},\ K(x) = 0,\ 1,\ \cdots,\ n-1$$

和

$$b = (n - [T(x)])v^{T(x)},\ T(x) < n$$

相应的数学期望分别记为

$$(DA)^{1}_{x:\overline{n}|} = \sum_{k=0}^{n-1} (n-k)v^{k+1} \cdot {}_{k|}q_x \tag{2.82}$$

和

$$\begin{aligned}(D\bar{A})^{1}_{x:\overline{n}|} &= \int_0^n (n - [t])\ \mathrm{e}^{-\delta t}\ {}_tp_x\mu_x(t)\mathrm{d}t \\ &= \sum_{k=0}^{n-1}(n-k)\int_k^{k+1} \mathrm{e}^{-\delta t}\ {}_tp_x\mu_x(t)\mathrm{d}t \\ &= \sum_{k=0}^{n-1}(n-k)\ {}_{k|}\bar{A}^{1}_{x:\overline{1}|}\end{aligned} \tag{2.83}$$

特别地,在换算函数下

$$(DA)^{1}_{x:\overline{n}|} = \frac{nM_x - (R_{x+1} - R_{x+n+1})}{D_x} \tag{2.84}$$

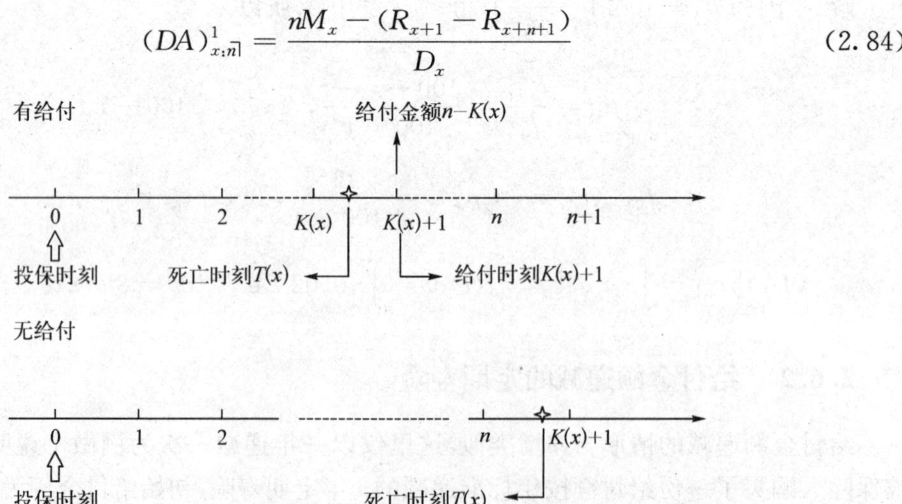

图 2.20 离散型给付下给付额按年标准递减的 n 年定期寿险的给付示意图

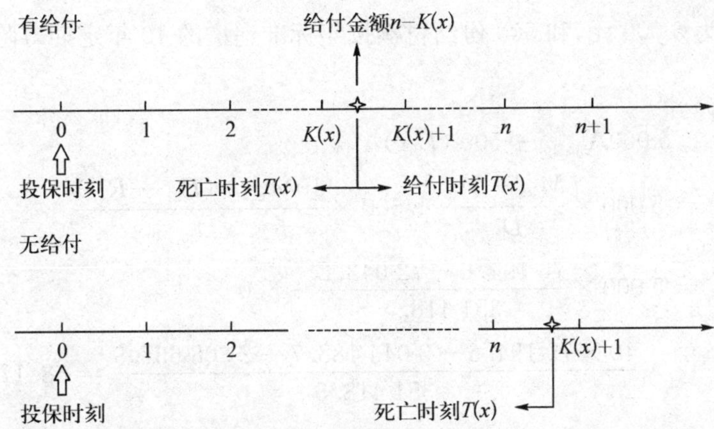

图 2.21　连续型给付下给付额按年标准递减的 n 年定期寿险的给付示意图

结论 2.6.2　给付额按年标准递减的 n 年定期寿险与给付额按年标准递增的 n 年定期寿险的精算现值满足：

$$(IA)^1_{x:\overline{n}|}+(DA)^1_{x:\overline{n}|}=(n+1)A^1_{x:\overline{n}|} \tag{2.85}$$

证

$$\begin{aligned}(IA)^1_{x:\overline{n}|}+(DA)^1_{x:\overline{n}|}&=\sum_{k=0}^{n-1}(k+1)v^{k+1}\cdot{}_{k|}q_x+\sum_{k=0}^{n-1}(n-k)v^{k+1}\cdot{}_{k|}q_x\\&=\sum_{k=0}^{n-1}(n+1)v^{k+1}\cdot{}_{k|}q_x\\&=(n+1)A^1_{x:\overline{n}|}\end{aligned}$$

例 2.6.4　根据下表数据计算 $(DA)^1_{65:\overline{5}|}$.

n	$A^1_{65:\overline{n}|}$	$(IA)^1_{65:\overline{n}|}$
4	0.106	0.250
5	0.133	0.385
6	0.104	0.571

解　根据结论 2.6.2，有

$$(DA)^1_{65:\overline{5}|}=6A^1_{65:\overline{5}|}-(IA)^1_{65:\overline{5}|}=0.413$$

例2.6.5　假设30岁的男性签单一份10年定期寿险，如果被保险人在第一个保单年度内死亡，则在该年末给付死亡保险金 10 000 元，如果被保险人在第二个保单年度内死亡，则在该年末给付死亡保险金 9 500 元，以此类推. 如果年利率为 3.5%，计算该保单的精算现值.

解　因为在第10个保单年度末的死亡给付为5 500元，所以将保单分解为等额的10年

定期寿险，保额为 5 000 元，和 500 份给付额按年标准递增的 10 年定期寿险，故该保单的精算现值为

$$\begin{aligned}
&5\,000A^{1}_{30:\overline{10}|}+500\,(DA)^{1}_{30:\overline{10}|}\\
&=5\,000\times\frac{M_{30}-M_{40}}{D_{30}}+500\times\frac{10M_{30}-(R_{31}-R_{41})}{D_{30}}\\
&=5\,000\times\frac{75\,194.6-72\,043.2}{351\,418.5}+500\\
&\quad\times\frac{10\times75\,194.6-3\,044\,188.7+2\,308\,637.9}{351\,418.5}=68.17
\end{aligned}$$

或者

$$\begin{aligned}
&10\,000A^{1}_{30:\overline{10}|}-500\;{}_{1|}(IA)^{1}_{30:\overline{9}|}\\
&=10\,000\times\frac{M_{30}-M_{40}}{D_{30}}-500\times\frac{R_{31}-R_{40}-9M_{40}}{D_{30}}\\
&=10\,000\times\frac{75\,194.6-72\,043.2}{351\,418.5}-500\\
&\quad\times\frac{3\,044\,188.7-2\,380\,681.1-9\times72\,043.2}{351\,418.5}=68.17
\end{aligned}$$

虽然本节只对变额定期寿险的情况进行了讨论，但同样的方法可以应用于计算变额终身寿险的精算现值（只需取 n 趋于无穷）．需要强调的是，一般对变额终身寿险不考虑保额递减的情形．而对于保额递增的终身寿险相关的精算现值列于表 2.1 中，读者可以自行计算并比较．

表 2.1　保额递增的终身寿险的精算现值

保额递增方式	离散型给付	连续型给付
一年递增一次	$(IA)_x=\sum_{k=0}^{+\infty}(k+1)v^{k+1}\cdot{}_{k\|}q_x$	$(I\bar{A})_x=\sum_{k=0}^{+\infty}(k+1)\int_k^{k+1}\mathrm{e}^{-\delta t}\,{}_tp_x\mu_x(t)\mathrm{d}t$
一年递增 m 次	$(I^{(m)}A)_x=\sum_{k=0}^{+\infty}\frac{k+1}{m}v^{\frac{k+1}{m}}\cdot{}_{\frac{k}{m}\|\frac{1}{m}}q_x$	$(I^{(m)}\bar{A})_x=\sum_{k=0}^{+\infty}\frac{k+1}{m}\int_{k/m}^{(k+1)/m}\mathrm{e}^{-\delta t}\,{}_tp_x\mu_x(t)\mathrm{d}t$
年内连续递增	—	$(\bar{I}\bar{A})_x=\int_0^{+\infty}t\,\mathrm{e}^{-\delta t}\,{}_tp_x\mu_x(t)\mathrm{d}t$

例 2.6.6　(x) 投保一份连续递增的终身寿险，若死亡力为常数，利息力 $\delta=0.06$，$\bar{A}_x=0.4$，计算 $(\bar{I}\bar{A})_x$．

解

$$\bar{A}_x=\frac{\mu}{\mu+\delta}\Rightarrow\mu=0.04$$

$$(\bar{I}\bar{A})_x=\int_0^{\infty}t\,\mu\mathrm{e}^{-(\mu+\delta)t}\mathrm{d}t=4$$

本章小结

1. 精算现值是未来给付金额的现值的期望，是寿险保单费率厘定以及准备金评估的基础. 精算现值的计算可归纳为以下三个步骤：

1）给出未来的给付金额；

2）将给付金额贴现至当前时刻；

3）对给付金额的现值求数学期望.

2. 一次性给付险种的精算现值公式有以下几种。

1）离散型给付下等额即期寿险：

生存保险	定期寿险	终身寿险	两全保险
$A_{x:\overset{1}{\overline{n}\rvert}}=v^n\cdot{}_np_x$	$A^1_{x:\overline{n}\rvert}=\sum_{k=0}^{n-1}v^{k+1}\cdot{}_{k\rvert}q_x$	$A_x=\sum_{k=0}^{+\infty}v^{k+1}\cdot{}_{k\rvert}q_x$	$A_{x:\overline{n}\rvert}=\sum_{k=0}^{n-1}v^{k+1}\cdot{}_{k\rvert}q_x+v^n\cdot{}_np_x$

按区间给付的终身寿险	按区间给付的定期寿险
$A_x^{(m)}=\sum_{k=0}^{+\infty}v^{\frac{k+1}{m}}\cdot{}_{\frac{k}{m}\rvert\frac{1}{m}}q_x$	$A_{x:\overline{n}\rvert}^{1(m)}=\sum_{k=0}^{mn-1}v^{\frac{k+1}{m}}\cdot{}_{\frac{k}{m}\rvert\frac{1}{m}}q_x$

2）离散型给付下等额延期寿险：

延期的定期寿险	延期的终身寿险	延期的两全保险
${}_{m\rvert}A^1_{x:\overline{n}\rvert}=\sum_{k=m}^{m+n-1}v^{k+1}\cdot{}_{k\rvert}q_x$	${}_{m\rvert}A_x=\sum_{k=m}^{+\infty}v^{k+1}\cdot{}_{k\rvert}q_x$	${}_{m\rvert}A_{x:\overline{n}\rvert}=\sum_{k=m}^{m+n-1}v^{k+1}\cdot{}_{k\rvert}q_x+v^{m+n}\cdot{}_{m+n}p_x$

3）离散型给付下变额即期寿险：

标准递增的定期寿险	年递增多次的定期寿险	标准递减的定期寿险
$(IA)^1_{x:\overline{n}\rvert}=\sum_{k=0}^{n-1}(k+1)v^{k+1}\cdot{}_{k\rvert}q_x$	$(I^{(m)}A)^1_{x:\overline{n}\rvert}=\sum_{k=0}^{mn-1}\frac{k+1}{m}v^{\frac{k+1}{m}}\cdot{}_{\frac{k}{m}\rvert\frac{1}{m}}q_x$	$(DA)^1_{x:\overline{n}\rvert}=\sum_{k=0}^{n-1}(n-k)v^{k+1}\cdot{}_{k\rvert}q_x$

4）连续给付下等额即期寿险：

定期寿险	终身寿险	两全保险
$\bar{A}^1_{x:\overline{n}\rvert} = \int_0^n e^{-\delta t}\ {}_tp_x\mu_x(t)\mathrm{d}t$	$\bar{A}_x = \int_0^{+\infty} e^{-\delta t}\ {}_tp_x\mu_x(t)\mathrm{d}t$	$\bar{A}_{x:\overline{n}\rvert} = \int_0^n e^{-\delta t}\ {}_tp_x\mu_x(t)\mathrm{d}t + e^{-n\delta} \cdot {}_np_x$

5）连续型给付下等额延期寿险：

延期的定期寿险	延期的终身寿险	延期的两全保险
${}_{m\rvert}\bar{A}^1_{x:\overline{n}\rvert} = \int_m^{m+n} e^{-\delta t}\ {}_tp_x\mu_x(t)\mathrm{d}t$	${}_{m\rvert}A_x = \sum_{k=m}^{+\infty} v^{k+1} \cdot {}_{k\rvert}q_x$	${}_{m\rvert}\bar{A}_{x:\overline{n}\rvert} = \int_m^{m+n} e^{-\delta t}\ {}_tp_x\mu_x(t)\mathrm{d}t + v^{m+n} \cdot {}_{m+n}p_x$

3）连续型给付下变额即期寿险：

按年标准递减的定期寿险	按年标准递增的定期寿险
$(D\bar{A})^1_{x:\overline{n}\rvert} = \sum_{k=0}^{n-1}(n-k)\int_k^{k+1} e^{-\delta t}\ {}_tp_x\mu_x(t)\mathrm{d}t$	$(I\bar{A})^1_{x:\overline{n}\rvert} = \sum_{k=0}^{n-1}(k+1)\int_k^{k+1} e^{-\delta t}\ {}_tp_x\mu_x(t)\mathrm{d}t$
按区间递增的定期寿险	**连续递增的定期寿险**
$(I^{(m)}\bar{A})^1_{x:\overline{n}\rvert} = \sum_{k=0}^{mn-1}\frac{k+1}{m}\int_{k/m}^{(k+1)/m} e^{-\delta t}\ {}_tp_x\mu_x(t)\mathrm{d}t$	$(\bar{I}\bar{A})^1_{x:\overline{n}\rvert} = \int_0^n t\, e^{-\delta t}\ {}_tp_x\mu_x(t)\mathrm{d}t$

3. 延期寿险的精算现值与即期寿险的精算现值之间可以相互表达.

离散型给付下：

$$ {}_{m\rvert}A^1_{x:\overline{n}\rvert} = A_{x:\overline{m}\rvert}^{\ \ 1} \cdot A^1_{x+m:\overline{n}\rvert} = A^1_{x:\overline{m+n}\rvert} - A^1_{x:\overline{m}\rvert} $$

$$ {}_{m\rvert}A_x = A_{x:\overline{m}\rvert}^{\ \ 1} \cdot A_{x+m} = A_x - A^1_{x:\overline{m}\rvert} $$

$$ {}_{m\rvert}A_{x:\overline{n}\rvert} = A_{x:\overline{m}\rvert}^{\ \ 1} \cdot A_{x+m:\overline{n}\rvert} = A_{x:\overline{m+n}\rvert} - A^1_{x:\overline{m}\rvert} $$

连续型给付下：

$$ {}_{m\rvert}\bar{A}^1_{x:\overline{n}\rvert} = A_{x:\overline{m}\rvert}^{\ \ 1} \cdot \bar{A}^1_{x+m:\overline{n}\rvert} = \bar{A}^1_{x:\overline{m+n}\rvert} - \bar{A}^1_{x:\overline{m}\rvert} $$

$$ {}_{m\rvert}\bar{A}_x = A_{x:\overline{m}\rvert}^{\ \ 1} \cdot \bar{A}_{x+m} = \bar{A}_x - \bar{A}^1_{x:\overline{m}\rvert} $$

$$ {}_{m\rvert}\bar{A}_{x:\overline{n}\rvert} = A_{x:\overline{m}\rvert}^{\ \ 1} \cdot \bar{A}_{x+m:\overline{n}\rvert} = \bar{A}_{x:\overline{m+n}\rvert} - \bar{A}^1_{x:\overline{m}\rvert} $$

4. 死亡均匀分布假设下，离散型给付与连续型给付下同一险种间精算现值的关系

$$ \bar{A}_x = \frac{i}{\delta}A_x,\quad \bar{A}^1_{x:\overline{n}\rvert} = \frac{i}{\delta}A^1_{x:\overline{n}\rvert},\ \bar{A}_{x:\overline{n}\rvert} = \frac{i}{\delta}A^1_{x:\overline{n}\rvert} + A_{x:\overline{n}\rvert}^{\ \ 1} $$

及离散型给付下同一险种、不同给付时刻间精算现值关系

$$A_x^{(m)} = \frac{i}{i^{(m)}} A_x,\ A_{x:\overline{n}|}^{1(m)} = \frac{i}{i^{(m)}} A_{x:\overline{n}|}^1$$

5. 一次性给付险种的精算现值可以通过换算函数进行简单加减运算得到. 常用的换算函数有

$$C_x = v^{x+1} d_x,\ D_x = v^x l_x,\ M_x = \sum_{k=0}^{+\infty} C_{x+k},\ R_x = \sum_{k=0}^{+\infty} M_{x+k}$$

等额即期寿险:

$$A_x = \frac{M_x}{D_x},\ A_{x:\overline{n}|}^1 = \frac{M_x - M_{x+n}}{D_x},\ A_{x:\overline{n}|}^{\ \ 1} = \frac{D_{x+n}}{D_x},\ A_{x:\overline{n}|} = \frac{M_x - M_{x+n} + D_{x+n}}{D_x}$$

等额延期寿险:

$$_{m|}A_x = \frac{M_{x+m}}{D_x},\ _{m|}A_{x:\overline{n}|}^1 = \frac{M_{x+m} - M_{x+m+n}}{D_x},\ _{m|}A_{x:\overline{n}|} = \frac{M_{x+m} - M_{x+m+n} + D_{x+m+n}}{D_x}$$

变额即期寿险:

$$(IA)_x = \frac{R_x}{D_x},\ (IA)_{x:\overline{n}|}^1 = \frac{R_x - R_{x+n} - nM_{x+n}}{D_x},\ (DA)_{x:\overline{n}|}^1 = \frac{nM_x - (R_{x+1} - R_{x+n+1})}{D_x}$$

复习思考题

1. 若 $\mu(x) = \mu,\ x \geqslant 0$,利息力为常值 δ. (x) 签单一份单位保额的 n 年定期寿险,死亡保险金在被保险人死亡所在年末给付. 计算该保单的精算现值.

2. 已知 $q_x = 0.1,\ q_{x+1} = 0.15,\ i = 0.025$. 在死亡均匀分布的假设下,计算 ${}^2A_{x:\overline{2}|}^1$.

3. 一个 20 岁的人投保保额为 1 的终身寿险,Z 为死亡时刻给付额在投保时的现值. 已知 $l_x = 100 - x,\ 0 \leqslant x \leqslant 100,\ \delta = 0.05$,计算 Z 的密度函数在 0.5 处的值,即 $f_Z(0.5)$.

4. (x) 投保保额为 1 的 5 年期两全保险,死亡保险金在被保险人死亡年度末给付. 设 Z 为给付额在投保时的现值,已知: ${}^2A_x = 0.22$, ${}^2A_{x+5} = 0.28$, ${}^2A_{x:\overline{5}|}^1 = 0.5$, $\mathrm{Var}(Z) = 0.09$,求 $A_{x:\overline{5}|}$.

5. (x) 投保一年期两全保险,若其在一年内死亡,则在该年末给付 b 元,否则在年末给付生存保险金 e 元. 记保险人给付额的现值为 Z,计算 Z 的方差.

6. 一个 x 岁的人投保连续给付保额为 1 的终身寿险,已知死亡力函数为常数 μ,利息力为 0.05,精算现值为 0.75. 保险公司经过对风险和利率的重新评估,决定将上述精算假设调整为:死亡力在原来的基础上增加 0.05,利息力不变仍为 0.05. 计算调整假设后的精算现值.

7. (x) 投保一份变额终身寿险,保险金在死亡后立即给付,若给付额满足: $b_{T(x)} = e^{0.05T(x)}$, $\delta = 0.06$, $\mu_x(t) = 0.01$,记给付额的现值为 Z,计算 Z 的期望和方差.

8. 已知 $A_{60}=0.58$，$A^{1}_{60:\overline{1}|}=0.01$，$A_{61}=0.60$. 计算 q_{60}.

9. 已知利息力 $\delta=0.06$，(x) 的死亡力为常值 μ，且完全平均余命为 25，计算 ${}_{10|}\bar{A}_x$.

10. 已知 $A_{x+1}-A_x=0.013$，$v=0.9$，$q_x=0.05$. 计算 A_{x+1}.

11. 一份签发给 x 岁人的10年期生存保险，保额为1元. 若死亡力 $\mu_x(t)=0.01$，$t>0$，利息力 $\delta=0.06$，计算 ${}^{2}A^{\ \ 1}_{x:\overline{10}|}$.

12. 已知 $F(x)=\dfrac{x}{100}$，$0\leqslant x\leqslant 100$，假设 $\delta=0.05$，求 $\bar{A}_{40}$ 和 $\mathrm{Var}(Z)$，其中 Z 为该保险给付金额的现值.

13. 利用换算函数表示下列保单在被保险人 50 岁时签发的保额为 5 000 元的寿险保单，其中死亡保险金的给付发生在死亡年度末，年利率为 3.5%.

(1) 终身寿险；

(2) 20 年定期寿险；

(3) 20 年定期两全保险；

(4) 延期 10 年的终身寿险；

(5) 延期 10 年的 20 年定期寿险；

(6) 延期 10 年的 20 年定期两全保险.

14. 利用换算函数表计算下列精算现值($i=3.5\%$，女性)：

(1) A_{30}，$A^{1}_{30:\overline{50}|}$，$A_{30:\overset{\ 1}{\overline{50}|}}$，$A_{30:\overline{50}|}$；

(2) ${}^{2}A_{30}$，${}^{2}A^{1}_{30:\overline{50}|}$，${}^{2}A_{30:\overline{50}|}$；

(3) $(IA)_{50}$，$(IA)^{1}_{50:\overline{20}|}$，$(DA)^{1}_{50:\overline{20}|}$.

15. 已知利息力 $\delta=0.03$，死亡力为常数 $\mu=0.04$，一 40 岁的人签单了一份 20 年定期的连续型两全保险，保额为 2 000 元，记给该保单付金额的现值为 Z，求(1)$E(Z)$；(2)$\mathrm{Var}(Z)$.

16. 设 40 岁男性投保了 5 年定期寿险，保额为 10 万元，在死亡年度末给付，利用生命表函数计算 $i=3.5\%$ 时的精算现值.

17. 现年 50 岁的男性购买一份寿险保单，保险利益为：若他在未来 20 年内死亡，则受益人在他死亡当年年末获得保险金 8 000 元；若在 20 年后死亡，则获得保险金 10 000 元，利用换算函数表示该保单的精算现值.

18. 某 60 岁的男性购买一份终身寿险，保险利益为：若被保险人在保险期第一年内死亡，则在年末给付保险金 7 000 元，若在第二年内死亡，则在年末给付保险金 7 100 元，以此类推，死亡时间每推迟一年，保险金的数额增加 100 元. 利用换算函数表示该保单的精算现值.

19. 若生存人数 $l_x=1\,000\,000\left(1-\dfrac{x}{100}\right)$，$0\leqslant x\leqslant 100$，利息力 $\delta=3\%$，求：$(\bar{I}\bar{A})_{50}$.

20. 证明：在非整数年龄内死亡概率密度服从均匀分布的假设下，有：

(1) $(I\bar{A})_x=\dfrac{i}{\delta}(IA)_x$；

(2) $(I\bar{A})^{1}_{x:\overline{n}|} = \frac{i}{\delta}(IA)^{1}_{x:\overline{n}|}$;

(3) $(D\bar{A})^{1}_{x:\overline{n}|} = \frac{i}{\delta}(DA)^{1}_{x:\overline{n}|}$.

21. 某现年 50 岁的女性被保险人，投保一份终身寿险，保单规定，若他在第一年内死亡，给付保险金 5 000 元，以后每延迟一年死亡，保险金额增加 100 元，保险金在死亡时立即给付. 假设利率 $i = 3.5\%$，在 UDD 假设下利用换算函数表计算该保单的精算现值.

22. 某现年 50 岁的女性被保险人，投保一份终身寿险，保单规定，若他在第一年内死亡，给付保险金 5 000 元，以后每延迟一年死亡，保险金额增加 100 元，直至保险金达到 7 000 元后保持不变，保险金在死亡时立即给付. 假设利率 $i = 3.5\%$，在 UDD 假设下利用换算函数表计算该保单的精算现值.

23. 假设 30 岁的女性被保险人投保 20 年保额递减的定期寿险，依据保单规定被保险人在第一个保单年度内死亡，在死亡时刻保险人需给付保险金 5 000 元，每延迟一年死亡保险金减少 100 元. 假设利率 $i = 3.5\%$，在 UDD 假设下利用换算函数表计算精算现值.

24. 现年 30 岁的男性被保险人投保一份 20 年定期寿险保单，保单规定保险金的给付发生在被保险人死亡所在的保单年度末. 已知年利率 $i = 3.5\%$，该保单的精算现值为 10 000，求该保单的保险金额.

25. 现年 30 岁的男性被保险人投保一份 20 年定期寿险保单，保单规定保险金的给付发生在被保险人死亡所在的保单年度末，而且后 10 年死亡给付的保险金额是前十年的 1.5 倍. 已知年利率 $i = 3.5\%$，该保单的精算现值为 10 000，求前十年对应的保险金额.

26. 年龄 40 岁的男性购买一份终身寿险. 保单规定：如果被保险人在前 20 年内死亡，则在其死亡所在的保单年度末给付 25 000 元，如果在 20 年后死亡，则给付保险金 P 元. 已知年利率 $i = 3.5\%$，该保单的精算现值为 20 000 元，利用换算函数表求 P 值.

27. 现年 60 岁的男性被保险人投保了某种保额为 10 000 元的终身寿险，已知利率 $i = 3.5\%$，在 UDD 假设下利用换算函数表计算下列不同给付时刻对应的精算现值：

1) 给付发生在死亡所在的保单年度末；

2) 给付发生在死亡所在的季度末；

3) 给付发生在死亡所在的月末；

4) 给付发生在死亡时.

第3章　生存年金的精算现值

生存年金(Life Annuity)是指按照约定的给付金额,在约定期间内以年金的受领人生存为前提所做出的一系列给付. 不同于利息理论中的确定年金,生存年金的给付是有条件的(给付发生与否是不确定的),一旦年金的受领人死亡或者给付期限届满,给付就结束. 本章依旧将当前时刻设置为投保时刻,通过对比生存年金与生存保险的给付特征,归纳生存年金的精算现值的计算步骤.

因为生存年金可被视为由若干个保险期限不同的生存保险构造的保险组合. 所以生存年金的精算现值就等于保险组合中所有生存保险的精算现值之和,具体步骤分解如下:

(1) 任取一时刻 k,确定该时刻的给付金额 b_k;

(2) 计算给付金额在投保时的现值 $b_k v^k$;

(3) 计算给付金额现值的期望 $E(b_k v^k)$;

(4) 就(3) 的结果对所有可能发生给付的时刻进行求和 $\sum_k E(b_k v^k)$.

很明显,前三步是计算生存保险的精算现值,最后一步是对组合中生存保险的精算现值求和. 倘若交换(3) 和(4) 的运算顺序,可得:

(1) 任取一时刻确定该时刻的给付金额 b_k;

(2) 计算给付金额在投保时的现值 $b_k v^k$;

(3) 计算所有给付金额的现值之和 $\sum_k b_k v^k$;

(4) 计算所有给付金额现值之和的期望 $E(\sum_k b_k v^k)$.

变更顺序后的前三步是根据保险利益计算给付金额的现值之和,最后一步是计算现值之和的期望. 上述两种方法分别称为现时支付法和总额支付法.

与前一章的生存保险不同,虽然生存年金的给付是以被保险人处于生存状态为前提,但是给付方式上却像死亡保险金一样分为离散型和连续型. 另外,给付可能是定期的,也可能是终身的;可能是签单后立即开始,也可能是延迟一段时间后才开始,具体可从以下角度对生存年金进行分类.

(1) 按照年金给付的间隔划分,可以分为一年给付一次和一年给付数次的生存年金;

(2) 按照年金的给付的期限划分,可以分为定期生存年金和终身生存年金;

(3) 按照每一给付期内的给付时刻划分,可以分为期初付生存年金和期末付生存年金;

(4) 按照年金启动的时间划分,可以分为即期生存年金和延期生存年金;

(5) 按照每期给付的金额有无变动,可以分为等额生存年金和变额生存年金.

如无特别说明,本书中的生存年金均指年金额为 1 元或给付率为 1 的生存年金,被保险人在购买生存年金时的年龄默认为 x 岁. 另外,在生存年金中单位保额的 n 年期生存保险的精算现值被记为 ${}_nE_x$,即

$$ {}_nE_x = v^n \, {}_np_x $$

3.1　一年给付一次的离散型生存年金

离散型生存年金是指在保险期限内,以被保险人生存为条件,按固定的时间间隔给付年金的人寿保险,通常分为“期初付”和“期末付”两种情形.

3.1.1　期初付终身生存年金

设 (x) 签单了一份年金额为 1 元的终身生存年金,在每个保单年度初期若被保险人处于生存状态,保险人需要按规定给付 1 元,具体如图 3.1 所示.

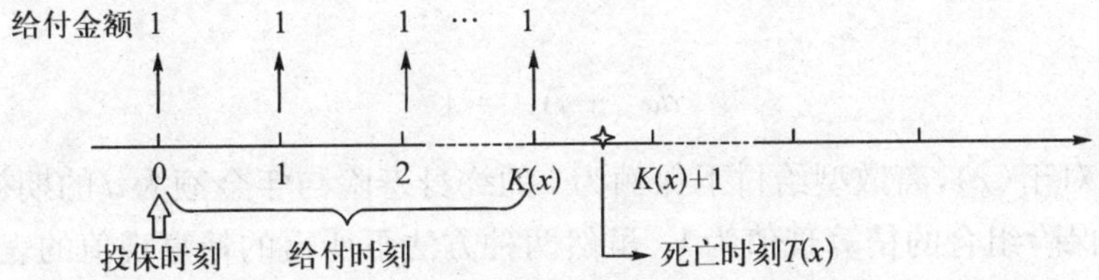

图 3.1　期初付终身生存年金的给付示意图

记该生存年金的精算现值为 $\ddot{a}_x$. 按照现时支付法,精算现值的计算如下:

1) 确定单位保额的 k 年期生存保险的精算现值 $v^k \, {}_kp_x$.

2) 因为每个保单年度初期都有可能发生年金的给付,所以 k 可取 0, 1 等所有非负整数. 故

$$ \ddot{a}_x = \sum_{k=0}^{+\infty} v^k \, {}_kp_x \tag{3.1} $$

例 3.1.1　假设 $l_x = 95 - x$, $0 \leqslant x \leqslant 95$, $i = 0.05$,计算 $\ddot{a}_{92}$.

解　由 $l_x = 95 - x$, $0 \leqslant x \leqslant 95$ 可知,

$$ p_{92} = \frac{l_{93}}{l_{92}} = \frac{2}{3},\ p_{93} = \frac{l_{94}}{l_{93}} = \frac{1}{2},\ p_{94} = 0 $$

所以

$$ \ddot{a}_{92} = 1 + vp_{92} + v^2 p_{93} = 1 + \frac{1}{1.05} \times \frac{2}{3} + \frac{1}{1.05^2} \times \frac{1}{2} \approx 2.088\,435 $$

按照总额支付法，精算现值的计算如下：

1) 依据保险利益，第一笔给付发生在时刻 0(签单时刻)，最后一笔给付发生在被保险人死亡所在的年度初期 $K(x)$. 将从时刻 0 开始到时刻 $K(x)$ 为止的 $K(x)+1$ 笔给付看作一个 $K(x)+1$ 期的期初付年金，记其在时刻 0 的现值为 Y，则

$$Y=\ddot{a}_{\overline{K(x)+1}|}=\frac{1-v^{K(x)+1}}{d}$$

其中 $d=\dfrac{i}{1+i}$，$v^{K(x)+1}$ 可看作离散型给付下单位保额的终身寿险的给付额的现值.

2) 计算 Y 的期望

$$E(Y)=E(\ddot{a}_{\overline{K(x)+1}|})=\frac{1-A_x}{d}$$

从而有

$$\ddot{a}_x=\frac{1-A_x}{d} \tag{3.2}$$

通过移项得

$$d\ddot{a}_x+A_x=1 \tag{3.3}$$

(3.3) 式表明：对于(x)，离散型给付下保额为 1 的终身寿险与年金额为 d 的期初付终身生存年金所构成的保险组合的精算现值为 1. 虽然两种方法下所得的精算现值的表达式不同，但是两者是等价的.

$$\begin{aligned}\ddot{a}_x&=E(\ddot{a}_{\overline{K(x)+1}|})\\&=\sum_{k=0}^{+\infty}\ddot{a}_{\overline{k+1}|}P\{K(x)=k\}\\&=\sum_{k=0}^{+\infty}\ddot{a}_{\overline{k+1}|}\,{}_{k|}q_x\\&=\sum_{k=0}^{+\infty}\sum_{j=0}^{k}v^j\,{}_{k|}q_x\\&=\sum_{j=0}^{+\infty}\left(\sum_{k=j}^{+\infty}v^j\,{}_{k|}q_x\right)\\&=\sum_{j=0}^{+\infty}\left(v^j\sum_{k=j}^{+\infty}{}_{k|}q_x\right)\\&=\sum_{j=0}^{+\infty}v^j\,{}_jp_x\end{aligned}$$

进一步化简(3.1) 式，有

$$\ddot{a}_x=\sum_{k=0}^{+\infty}v^k\,{}_kp_x=\sum_{k=0}^{+\infty}v^k\frac{l_{x+k}}{l_x}=\sum_{k=0}^{+\infty}\frac{v^{x+k}l_{x+k}}{v^xl_x}=\sum_{k=0}^{+\infty}\frac{D_{x+k}}{D_x}$$

其中 $D_x = v^x l_x$ 为第二章定义的换算函数. 若定义

$$N_x = \sum_{k=0}^{\infty} D_{x+k} \tag{3.4}$$

则在换算函数下,期初付终身生存年金的精算现值为

$$\ddot{a}_x = \frac{N_x}{D_x} \tag{3.5}$$

将(3.1) 式中的求和项展开,即可得到迭代公式

$$\begin{aligned}\ddot{a}_x &= 1 + \sum_{k=1}^{+\infty} v^k\ {}_kp_x \\ &= 1 + \sum_{k=0}^{+\infty} v^{k+1}\ {}_{k+1}p_x \\ &= 1 + vp_x \sum_{k=0}^{+\infty} v^k\ {}_kp_{x+1} \\ &= 1 + vp_x\,\ddot{a}_{x+1}\end{aligned} \tag{3.6}$$

例 3.1.2　若 $\ddot{a}_{19} = 25$, $\ddot{a}_{20} = 24.85$,利率 $i = 3\%$,计算 p_{19}.

解

$$\ddot{a}_{19} = 1 + vp_{19}\,\ddot{a}_{20} \Rightarrow p_{19} = \frac{\ddot{a}_{19} - 1}{v\,\ddot{a}_{20}} = 0.994\,768$$

例 3.1.3　30 岁的男性签单一份年金额为 1 000 元的期初付终身生存年金,假设年利率为 3.5%,计算该保单的精算现值.

解　该保单的精算现值为

$$1\,000\,\ddot{a}_{30} = 1\,000 \times \frac{N_{30}}{D_{30}} = 1\,000 \times \frac{8\,669\,483.3}{353\,711.5} = 24\,510.04$$

总额支付法分析了期初付生存年金中所有给付额的现值之和与终身寿险中给付额的现值之间的线性关系,这一结果不仅可以用于计算生存年金的精算现值,还可用于计算生存年金中给付额现值之和的方差.

$$\begin{aligned}\mathrm{Var}(Y) &= \mathrm{Var}(\ddot{a}_{\overline{K(x)+1|}}) \\ &= \mathrm{Var}\left(\frac{1 - v^{K(x)+1}}{d}\right) \\ &= \frac{\mathrm{Var}(v^{K(x)+1})}{d^2} \\ &= \frac{{}^2A_x - (A_x)^2}{d^2}\end{aligned} \tag{3.7}$$

定义 ${}^j\ddot{a}_x$ 为将 δ 替换为 $j\delta$ 后重新计算的期望值,则其结果为

$$^{j}\ddot{a}_x = \sum_{k=0}^{+\infty} v^{jk}\ {}_kp_x \tag{3.8}$$

此时

$$^{2}\ddot{a}_x = \sum_{k=0}^{+\infty} v^{2k}\ {}_kp_x \neq E(Y^2) \tag{3.9}$$

结论 3.1.1 期初付终身生存年金的所有给付额的现值之和的方差满足：

$$\mathrm{Var}(Y) = \frac{2}{d}(\ddot{a}_x - {}^2\ddot{a}_x) + {}^2\ddot{a}_x - (\ddot{a}_x)^2 \tag{3.10}$$

证 因为

$$Y = \frac{1-v^{K(x)+1}}{d} = \frac{1-v^{K(x)+1}}{1-v}$$

且

$$E(Y) = \ddot{a}_x$$

所以

$$\begin{aligned} E(Y^2) &= E\left(\frac{1-v^{K(x)+1}}{d}\right)^2 \\ &= E\left(\frac{1-2v^{K(x)+1}+v^{2(K(x)+1)}}{d^2}\right) \\ &= E\left(\frac{2-2v^{K(x)+1}}{d^2}\right) - E\left(\frac{1-v^{2(K(x)+1)}}{d^2}\right) \\ &= \frac{2}{d}E\left(\frac{1-v^{K(x)+1}}{d}\right) - \frac{1-v^2}{d^2}E\left(\frac{1-v^{2(K(x)+1)}}{1-v^2}\right) \\ &= \frac{2}{d}\ddot{a}_x - \frac{1+v}{d}\,{}^2\ddot{a}_x \end{aligned}$$

所以

$$\begin{aligned} \mathrm{Var}(Y) &= E(Y^2) - (E(Y))^2 \\ &= \frac{2}{d}\ddot{a}_x - \frac{1+v}{d}\,{}^2\ddot{a}_x - (\ddot{a}_x)^2 \\ &= \frac{2}{d}(\ddot{a}_x - {}^2\ddot{a}_x) + {}^2\ddot{a}_x - (\ddot{a}_x)^2 \end{aligned}$$

例3.1.4 在例3.1.1的基础上计算 Var(Y)，其中Y为该生存年金给付额的现值之和.

解 由 $l_x = 95 - x,\ 0 \leqslant x \leqslant 95$ 可知，

$$p_{92} = \frac{l_{93}}{l_{92}} = \frac{2}{3},\ p_{93} = \frac{l_{94}}{l_{93}} = \frac{1}{2},\ p_{94} = 0$$

所以

$$
\begin{aligned}
{}^2A_{92} &= v^2 q_{92} + v^4\ {}_{1|}q_{92} + v^6\ {}_{2|}q_{92} \\
&= \frac{1}{1.05^2}\times\frac{1}{3} + \frac{1}{1.05^4}\times\frac{2}{3}\times\left(1-\frac{1}{2}\right) + \frac{1}{1.05^6}\times\frac{2}{3}\times\frac{1}{2}\times 1 \\
&= 0.825\,316
\end{aligned}
$$

$$
A_{92} = 1 - d\,\ddot{a}_{92} = 1 - \frac{0.05}{1.05}\times 2.088\,435 = 0.900\,551
$$

$$
\mathrm{Var}(Y) = \frac{{}^2A_{92} - (A_{92})^2}{d^2} = (0.825\,316 - 0.900\,551^2)\times\left(\frac{1.05}{0.05}\right)^2 = 6.316\,97
$$

例 3.1.5　(x) 签单一份期初付终身生存年金，年金额为 1. 记给付金额的现值之和为 Y，若 $\ddot{a}_x = 10$，${}^2\ddot{a}_x = 6$，$i = 1/24$，计算 $\mathrm{Var}(Y)$.

解　根据(3.10)式可知，

$$
\begin{aligned}
\mathrm{Var}(Y) &= \frac{2}{d}(\ddot{a}_x - {}^2\ddot{a}_x) + {}^2\ddot{a}_x - (\ddot{a}_x)^2 \\
&= \frac{2\times 25/24}{1/24}(10-6) + 6 - 10^2 = 106
\end{aligned}
$$

例 3.1.6　(x) 签单一份期初付终身生存年金，年金额为 1. 记给付金额的现值之和为 Y，若 i，${}^2A_x$ 和 A_x 均已知，求 $E(Y^2)$.

解　因为

$$
E(Y) = \frac{1-A_x}{d},\quad \mathrm{Var}(Y) = \frac{{}^2A_x - A_x^2}{d^2}
$$

其中 $d = \dfrac{i}{1+i}$，所以

$$
\begin{aligned}
E(Y^2) &= \mathrm{Var}(Y) + (E(Y))^2 \\
&= \frac{{}^2A_x - A_x^2}{d^2} + \left(\frac{1-A_x}{d}\right)^2 \\
&= \frac{({}^2A_x + 1 - 2A_x)(1+i)^2}{i^2}
\end{aligned}
$$

3.1.2　期末付终身生存年金

设(x)签单了一份年金额为 1 元的终身生存年金，在每个保单年度末若被保险人处于生存状态，则保险人需要按规定给付 1 元，具体如图 3.2 所示.

记该生存年金的精算现值为 a_x，按照现时支付法，

1）确定单位保额的 k 年期生存保险的精算现值 $v^k\ {}_kp_x$；

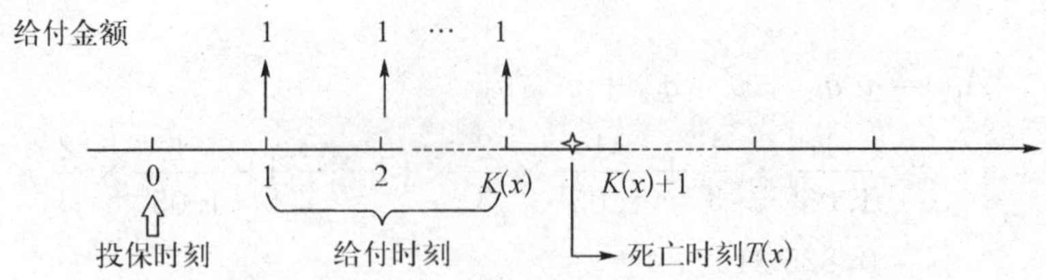

图 3.2　期末付终身生存年金的给付示意图

2）因为每个保单年度末期都有可能发生年金的给付，所以 k 可取 1，2 等所有正整数. 求和得

$$a_x = \sum_{k=1}^{+\infty} v^k {}_kp_x \tag{3.11}$$

按照总额支付法：

1）依据保险利益，最后一笔给付发生在 $K(x)$. 将从时刻 1 开始到时刻 $K(x)$ 为止的 $K(x)$ 笔给付看作一个 $K(x)$ 期期末付年金，记其在时刻 0(签单时刻) 的现值为 Y，则

$$Y = a_{\overline{K(x)}|}$$

2）Y 的期望为

$$E(Y) = E(a_{\overline{K(x)}|}) = E(\ddot{a}_{\overline{K(x)+1}|} - 1) = \ddot{a}_x - 1 \tag{3.12}$$

从而有

$$a_x = \ddot{a}_x - 1 = \frac{v - A_x}{d} \tag{3.13}$$

及

$$a_x = \frac{N_{x+1}}{D_x} \tag{3.14}$$

另外，

$$\begin{aligned} \mathrm{Var}(Y) &= \mathrm{Var}(a_{\overline{K(x)}|}) \\ &= \mathrm{Var}(\ddot{a}_{\overline{K(x)+1}|} - 1) \\ &= \mathrm{Var}(\ddot{a}_{\overline{K(x)+1}|}) \\ &= \frac{{}^2A_x - (A_x)^2}{d^2} \end{aligned} \tag{3.15}$$

该结果与期初付终身生存年金的一致.

3.1.3　期初付 n 年定期生存年金

设(x)签单了一份年金额为1元的n年定期生存年金，在保险期限内的每个保单年度初

期若被保险人处于生存状态,则保险人需要按规定给付 1 元,具体如图 3.3 所示. 记该生存年金的精算现值为$\ddot{a}_{x:\overline{n}|}$,按照现时支付法,有

$$\ddot{a}_{x:\overline{n}|} = \sum_{k=0}^{n-1} v^k \,{}_kp_x \tag{3.16}$$

在换算函数下

$$\ddot{a}_{x:\overline{n}|} = \frac{N_x - N_{x+n}}{D_x} \tag{3.17}$$

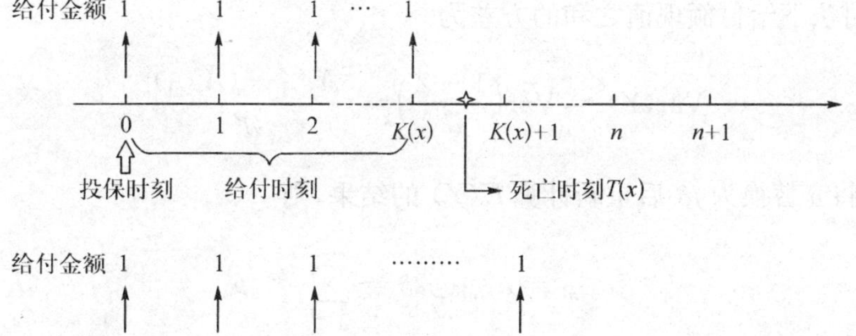

图 3.3　期初付 n 年定期生存年金的给付示意图

结论 3.1.2　如果利率 $i \in (0, 1)$,对于正整数 n, $\ddot{a}_{x:\overline{n}|} \leqslant \ddot{a}_{\overline{n}|}$.

证

$$\ddot{a}_{x:\overline{n}|} = \sum_{k=0}^{n-1} v^k \,{}_kp_x \leqslant \sum_{k=0}^{n-1} v^k = \ddot{a}_{\overline{n}|}$$

按照总额支付法,最后一笔给付发生时刻为 $K(x) \wedge (n-1)$. 所有给付可以表示为期初付定期年金,记其在时刻 0(投保时刻) 的现值为 Y,则

$$Y = \ddot{a}_{\overline{(K(x)+1) \wedge n}|}$$

或者

$$Y = \begin{cases} \ddot{a}_{\overline{K(x)+1}|}, & K(x) = 0, \cdots, n-1 \\ \ddot{a}_{\overline{n}|}, & K(x) = n, n+1, \cdots \end{cases} = \frac{1-Z}{d}$$

其中

$$Z = \begin{cases} v^{K(x)+1}, & K(x) = 0, \cdots, n-1 \\ v^n, & K(x) = n, n+1, \cdots \end{cases}$$

为单位保额下 n 年期两全保险给付金额的现值. 故 Y 的期望为

$$E(Y)=\frac{1-E(Z)}{d}=\frac{1-A_{x:\overline{n}|}}{d}$$

从而有

$$\ddot{a}_{x:\overline{n}|}=\frac{1-A_{x:\overline{n}|}}{d} \tag{3.18}$$

移项后得

$$d\ddot{a}_{x:\overline{n}|}+A_{x:\overline{n}|}=1 \tag{3.19}$$

总额支付法下给付额现值之和的方差为

$$\mathrm{Var}(Y)=\mathrm{Var}\left(\frac{1-Z}{d}\right)=\frac{{}^2A_{x:\overline{n}|}-(A_{x:\overline{n}|})^2}{d^2} \tag{3.20}$$

定义${}^j\ddot{a}_{x:\overline{n}|}$为将$\delta$替换为$j\delta$后重新计算$E(Y)$的结果，则

$${}^2\ddot{a}_{x:\overline{n}|}=\ddot{a}_{x:\overline{n}|}@2\delta=\sum_{k=0}^{n-1}v^{2k}{}_kp_x \tag{3.21}$$

结论 3.1.3 期初付n年定期生存年金中给付额现值之和的方差满足：

$$\mathrm{Var}(Y)=\frac{2}{d}(\ddot{a}_{x:\overline{n}|}-{}^2\ddot{a}_{x:\overline{n}|})+{}^2\ddot{a}_{x:\overline{n}|}-(\ddot{a}_{x:\overline{n}|})^2 \tag{3.22}$$

该结论的证明与结论 3.1.1 类似.

例 3.1.7 假设$A_x=0.24$，$A_{x+20}=0.4$，${}_{20}E_x=0.3$，$d=0.08$，计算$\ddot{a}_{x:\overline{20}|}$.

解 因为${}_{20}E_x$即为第二章的$A_{x:\overset{\ 1}{\overline{20}|}}$，所以

$$A_x=A^1_{x:\overline{20}|}+{}_{20}E_xA_{x+20}\Rightarrow A^1_{x:\overline{20}|}=0.24-0.3\times0.4=0.12$$

$$A_{x:\overline{20}|}=A^1_{x:\overline{20}|}+{}_{20}E_x=0.42$$

根据(3.18)式

$$\ddot{a}_{x:\overline{20}|}=\frac{1-A_{x:\overline{20}|}}{d}=7.25$$

3.1.4 期末付 *n* 年定期生存年金

设(x)签单了一份年金额为1元的n年定期生存年金，在保险期限内的每个保单年度末若被保险处于生存状态，则保险人需要按规定给付1元，具体如图 3.4 所示.

记该生存年金的精算现值为$a_{x:\overline{n}|}$，按照现时支付法，

$$a_{x:\overline{n}|}=\sum_{k=1}^{n}v^k{}_kp_x \tag{3.23}$$

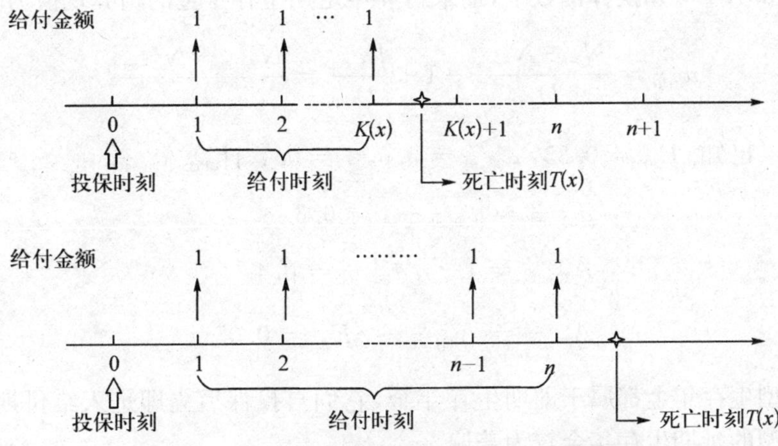

图 3.4　期末付 n 年定期生存年金的给付示意图

按照总额支付法，所有给付可以表示为期末付年金，记其在 0 时刻（投保时刻）的现值为 Y，则

$$Y = a_{\overline{K(x) \wedge n|}}$$

或

$$Y = \begin{cases} a_{\overline{K(x)|}}, & K(x) = 0, \cdots, n-1 \\ a_{\overline{n|}}, & K(x) = n, n+1, \cdots \end{cases}$$

因为

$$\begin{aligned} Y + 1 &= \begin{cases} a_{\overline{K(x)|}} + 1, & K(x) = 0, \cdots, n-1 \\ a_{\overline{n|}} + 1, & K(x) = n, n+1, \cdots \end{cases} \\ &= \begin{cases} \ddot{a}_{\overline{K(x)+1|}}, & K(x) = 0, \cdots, n-1 \\ \ddot{a}_{\overline{n+1|}}, & K(x) = n, n+1, \cdots \end{cases} \\ &= \ddot{a}_{\overline{(K(x)+1) \wedge (n+1)|}} \end{aligned}$$

所以

$$E(Y+1) = \ddot{a}_{x:\overline{n+1|}}$$

故

$$a_{x:\overline{n|}} = E(Y) = \ddot{a}_{x:\overline{n+1|}} - 1$$

结论 3.1.4　n 年定期生存年金的精算现值之间满足

$$a_{x:\overline{n|}} = \ddot{a}_{x:\overline{n|}} - 1 + {}_nE_x \tag{3.24}$$

其中

$${}_nE_x = A_{x:\overline{n|}}^{\ \ \frac{1}{}} = v^n \, {}_np_x$$

根据结论 3.1.4 可知换算函数下，期末付 n 年定期生存年金的精算现值为

$$a_{x:\overline{n}|} = \frac{N_x - N_{x+n}}{D_x} - 1 + \frac{D_{x+n}}{D_x} = \frac{N_{x+1} - N_{x+n+1}}{D_x} \tag{3.25}$$

例 3.1.8 已知 ${}_{10}E_{30} = 0.35$，$a_{30:\overline{9}|} = 5.6$，$i = 0.1$，计算 $A^1_{30:\overline{10}|}$.

解

$$\ddot{a}_{30:\overline{10}|} = a_{30:\overline{9}|} + 1 = 6.6$$

$$A_{30:\overline{10}|} = 1 - d\,\ddot{a}_{30:\overline{10}|} = 0.4$$

$$A^1_{30:\overline{10}|} = A_{30:\overline{10}|} - {}_{10}E_{30} = 0.05$$

上述离散型生存年金都属于即期生存年金，它们自投保后立即进入给付期. 在养老保险实务中离散型的延期生存年金较为普遍.

3.1.5 期初付延期 m 年的终身生存年金

设 (x) 签单了一份年金额为 1 元的终身生存年金，投保 m 年后开始进入给付期，给付期内的每个年度初期若被保险人处于生存状态，保险人需要按规定给付 1 元，具体如图 3.5 所示.

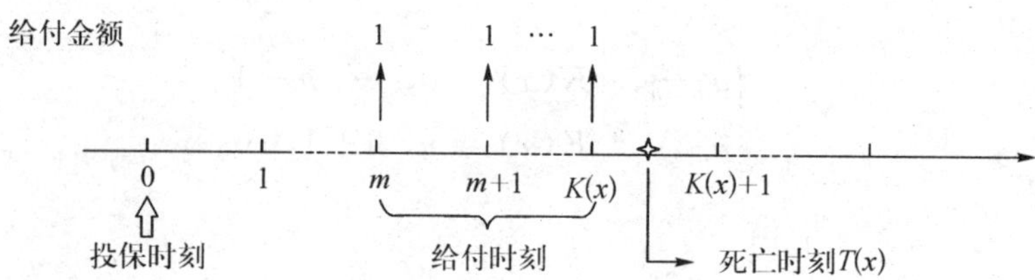

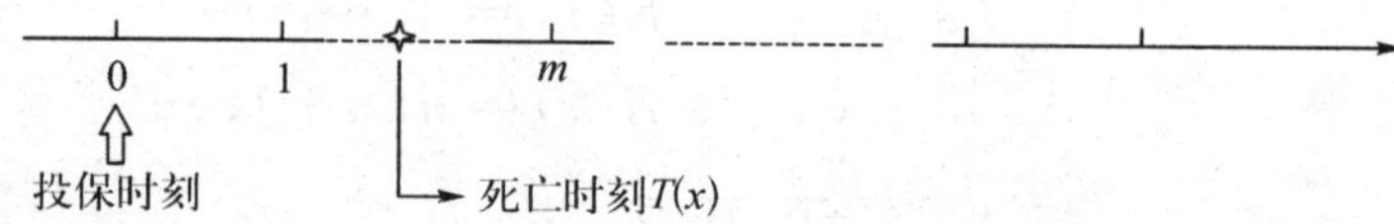

图 3.5 期初付延期 m 年的终身生存年金的给付示意图

记该生存年金的精算现值为 ${}_{m|}\ddot{a}_x$，按照现时支付法，

$${}_{m|}\ddot{a}_x = \sum_{k=m}^{+\infty} v^k\,{}_kp_x \tag{3.26}$$

换算函数下

$${}_{m|}\ddot{a}_x = \frac{N_{x+n}}{D_x} \tag{3.27}$$

按照总额支付法，如果被保险人在投保后的 m 年内死亡，不发生一笔给付；如果在 m 年

后死亡，则第一笔给付发生在 m 时刻，最后一笔给付发生在 $K(x)$ 时刻. 记所有给付额在时刻 0（投保时刻）的现值为 Y，则

$$Y=\begin{cases}0, & K(x)=0,\cdots,m-1\\ \ddot{a}_{\overline{K(x)+1}|}-\ddot{a}_{\overline{m}|}, & K(x)=m,m+1,\cdots\end{cases}$$

或者

$$Y=\ddot{a}_{\overline{K(x)+1}|}-\ddot{a}_{\overline{(K(x)+1)\wedge m}|}$$

于是 Y 的期望为

$$E(Y)=\ddot{a}_x-\ddot{a}_{x:\overline{m}|}$$

故而

$$_{m|}\ddot{a}_x=\ddot{a}_x-\ddot{a}_{x:\overline{m}|} \tag{3.28}$$

(3.28) 式表明期初付终身生存年金可以由期初付的 m 年定期生存年金和延期 m 年的期初付终身生存年金组成，其中延期的期限与定期生存年金的保险期限一致.

结论 3.1.5　延期 m 年的期初付终身生存年金的精算现值满足

$$_{m|}\ddot{a}_x={}_mE_x\cdot\ddot{a}_{x+m}=\frac{A_{x:\overline{m}|}-A_x}{d} \tag{3.29}$$

证　由(3.26) 式可知

$$_{m|}\ddot{a}_x=\sum_{k=m}^{+\infty}v^k\cdot{}_kp_x=\sum_{k=0}^{+\infty}v^{k+m}\cdot{}_{k+m}p_x=v^m\cdot{}_mp_x\cdot\sum_{k=0}^{+\infty}v^k\cdot{}_kp_{x+m}={}_mE_x\cdot\ddot{a}_{x+m}$$

因为

$$\ddot{a}_{x:\overline{m}|}=\frac{1-A_{x:\overline{m}|}}{d},\quad \ddot{a}_x=\frac{1-A_x}{d}$$

根据(3.28) 式有

$$_{m|}\ddot{a}_x=\ddot{a}_x-\ddot{a}_{x:\overline{m}|}=\frac{A_{x:\overline{m}|}-A_x}{d}$$

例 3.1.9　现年 30 岁的男性签单一份生存年金，该年金给予下列给付：

1）在头 2 年内，以其生存为条件在每年初获得 100 元；

2）从第 3 年开始，以其生存为条件在每年初获得 200 元.

假设年利率为 3.5%，根据附录中的换算函数表，计算该生存年金的精算现值.

解　该生存年金可看作期初付 2 年定期生存年金和期初付延期 2 年的终身生存年金的组合，两者的年金额分别为 100 和 200. 所以精算现值为

$$\begin{aligned}100\,\ddot{a}_{30:\overline{2}|}+200\,{}_{2|}\ddot{a}_{30}&=100\times\frac{N_{30}-N_{32}}{D_{30}}+200\times\frac{N_{32}}{D_{30}}\\&=100\times\frac{N_{30}+N_{32}}{D_{30}}=4\,705.43\end{aligned}$$

3.1.6 期末付延期 m 年的终身生存年金

设(x)签单了一份年金额为1个货币单位的终身生存年金，投保 m 年后开始进入给付期，给付期内的每个年度末若被保险人处于生存状态，则保险人需要按规定给付1个货币单位，具体如图3.6所示.

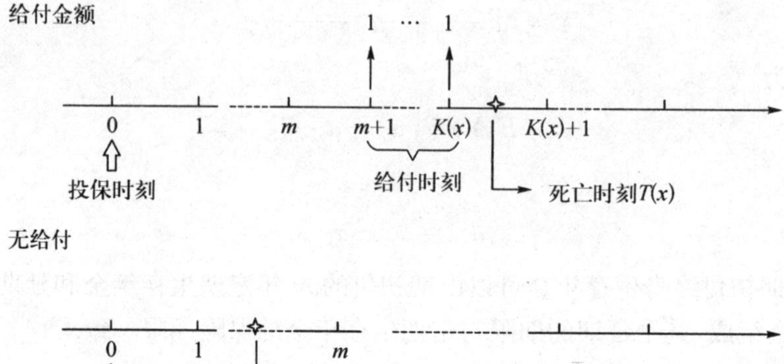

图3.6 期末付延期 m 年的终身生存年金的给付示意图

记该生存年金的精算现值为${}_{m|}a_x$，按照现时支付法，

$$ {}_{m|}a_x = \sum_{k=m+1}^{+\infty} v^k \, {}_kp_x \tag{3.30} $$

按照总额支付法，记所有给付额在0时刻(投保时刻)的现值为Y，则

$$ Y = \begin{cases} 0, & K(x) = 0, \cdots, m-1 \\ a_{\overline{K(x)}|} - a_{\overline{m}|}, & K(x) = m, m+1, \cdots \end{cases} $$

或

$$ Y = a_{\overline{K(x)}|} - a_{\overline{K(x) \wedge m}|} $$

所以

$$ {}_{m|}a_x = E(Y) = a_x - a_{x:\overline{m}|} \tag{3.31} $$

将

$$ a_x = \frac{N_{x+1}}{D_x} \text{ 和 } a_{x:\overline{m}|} = \frac{N_{x+1} - N_{x+m+1}}{D_x} $$

代入(3.31)式，得

$$ {}_{m|}a_x = \frac{N_{x+m+1}}{D_x} \tag{3.32} $$

结论 3.1.6　延期 m 年的期末付终身生存年金的精算现值满足

$$ {}_{m|}a_x = {}_mE_x \cdot a_{x+m} = {}_{m|}\ddot{a}_x - {}_mE_x \tag{3.33} $$

例 3.1.10　证明：

$$ {}_{m|}a_x = \frac{A_{x:\overline{m+1}|} - A_x}{d} \tag{3.34} $$

证　因为

$$ {}_{m|}a_x = a_x - a_{x:\overline{m}|} = \ddot{a}_x - \ddot{a}_{x:\overline{m+1}|} $$

及

$$ \ddot{a}_{x:\overline{m+1}|} = \frac{1 - A_{x:\overline{m+1}|}}{d},\ \ddot{a}_x = \frac{1 - A_x}{d} $$

所以

$$ {}_{m|}a_x = \frac{A_{x:\overline{m+1}|} - A_x}{d} $$

3.1.7　期初付延期 *m* 年的 *n* 年定期生存年金

设(x)签单了一份年金额为 1 元的 n 年定期生存年金，投保 m 年后开始进入给付期，给付期(n 年)内的每个年度初期若被保险人处于生存状态，则保险人需要按规定给付 1 元，具体如图 3.7 所示. 记该生存年金的精算现值为${}_{m|}\ddot{a}_{x:\overline{n}|}$，按照现时支付法

$$ {}_{m|}\ddot{a}_{x:\overline{n}|} = \sum_{k=m}^{m+n-1} v^k\ {}_kp_x \tag{3.35} $$

按照总额支付法，记所有给付在时刻 0(投保时刻)的现值为 Y，则

$$ Y = \begin{cases} 0, & K(x) = 0,\ \cdots,\ m-1 \\ \ddot{a}_{\overline{K(x)+1}|} - \ddot{a}_{\overline{m}|}, & K(x) = m,\ \cdots,\ m+n-1 \\ \ddot{a}_{\overline{m+n}|} - \ddot{a}_{\overline{m}|}, & K(x) = m+n,\ m+n+1,\ \cdots \end{cases} $$
$$ = \ddot{a}_{\overline{(K(x)+1) \wedge (m+n)}|} - \ddot{a}_{\overline{(K(x)+1) \wedge m}|} $$

所以

$$ {}_{m|}\ddot{a}_{x:\overline{n}|} = E(Y) = \ddot{a}_{x:\overline{m+n}|} - \ddot{a}_{x:\overline{m}|} \tag{3.36} $$

类似地可证明

$$ {}_{m|}\ddot{a}_{x:\overline{n}|} = {}_mE_x \cdot \ddot{a}_{x+m:\overline{n}|} = \frac{A_{x:\overline{m}|} - A_{x:\overline{m+n}|}}{d} \tag{3.37} $$

以及

$$ {}_{m|}\ddot{a}_{x:\overline{n}|} = \frac{{}_mE_x - {}_{m|}A_{x:\overline{n}|}}{d} \tag{3.38} $$

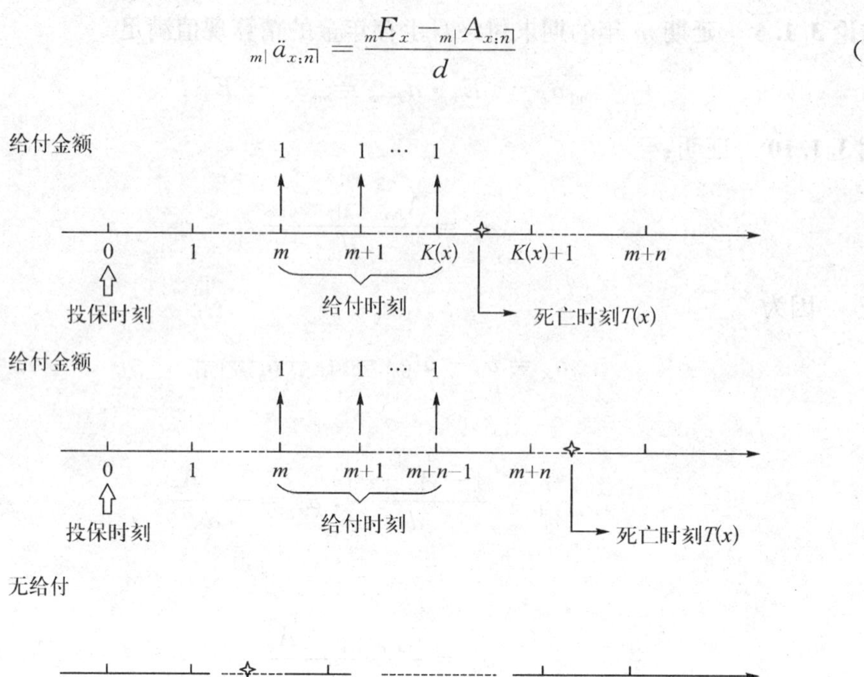

图 3.7　期初付延期 m 年的 n 年定期生存年金的给付示意图

例 3.1.11　已知 ${}_{10}E_{20} = 0.5$，$a_{30:\overline{9}|} = 5.6$，$d = 0.1$，计算 ${}_{10|}A_{20:\overline{10}|}$

解

$$ \ddot{a}_{30:\overline{10}|} = a_{30:\overline{9}|} + 1 = 6.6 $$

$$ {}_{10|}\ddot{a}_{20:\overline{10}|} = {}_{10}E_{20}\ \ddot{a}_{30:\overline{10}|} = 3.3 $$

根据(3.38) 式，有

$$ {}_{10|}\ddot{a}_{20:\overline{10}|} = \frac{{}_{10}E_{20} - {}_{10|}A_{20:\overline{10}|}}{d} $$

解之得

$$ {}_{10|}A_{20:\overline{10}|} = {}_{10}E_{20} - d\ {}_{10|}\ddot{a}_{20:\overline{10}|} = 0.17 $$

3.1.8　期末付延期 m 年的 n 年定期生存年金

设 (x) 签单了一份年金额为 1 个货币单位的 n 年定期生存年金，投保 m 年后开始进入给付期，给付期(n 年) 内的每个年度末若被保险人处于生存状态，则保险人需要按规定给付 1 元，具体如图 3.8 所示.

记该生存年金的精算现值为 ${}_{m|}a_{x:\overline{n}|}$，按照现时支付法，

$$ {}_{m|}a_{x:\overline{n}|} = \sum_{k=m+1}^{m+n} v^k \, {}_k p_x \tag{3.39} $$

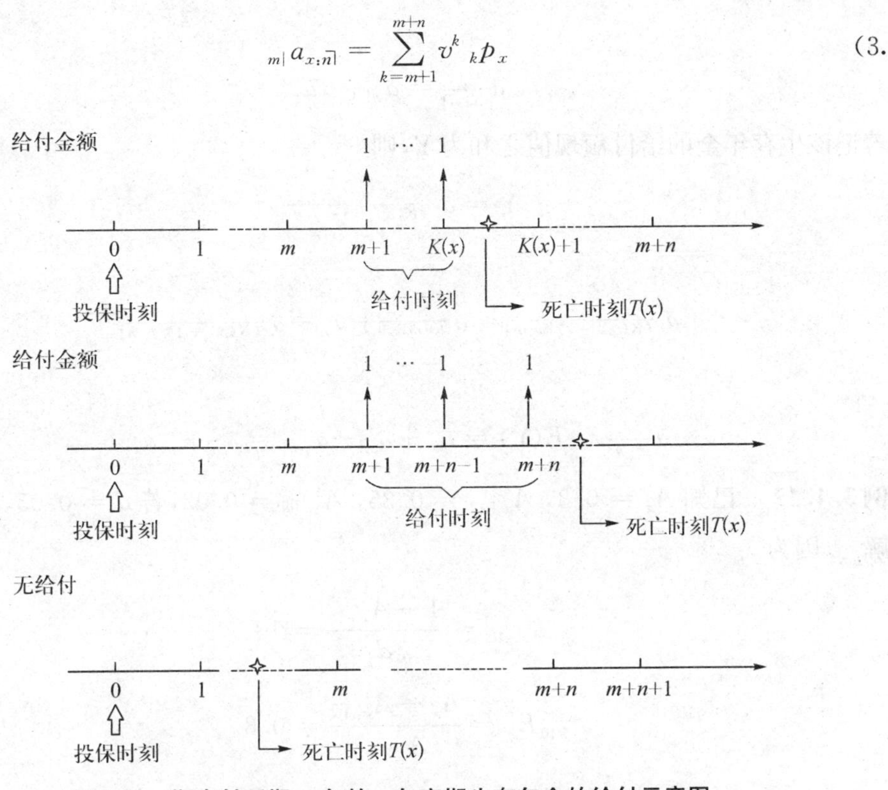

图 3.8　期末付延期 m 年的 n 年定期生存年金的给付示意图

按照总额支付法，记所有给付在时刻 0(投保时刻) 的现值为 Y，则

$$ Y = a_{\overline{K(x) \wedge (m+n)}|} - a_{\overline{K(x) \wedge m}|} $$

所以

$$ {}_{m|}a_{x:\overline{n}|} = E(Y) = a_{x:\overline{m+n}|} - a_{x:\overline{m}|} \tag{3.40} $$

类似地可证明

$$ {}_{m|}a_{x:\overline{n}|} = {}_mE_x \cdot a_{x+m:\overline{n}|} = {}_{m+1|}\ddot{a}_{x:\overline{n}|} = \frac{A_{x:\overline{m+1}|} - A_{x:\overline{m+n+1}|}}{d} \tag{3.41} $$

生存年金的给付是以被保险人的生存为条件的，为了避免被保险人在缴费后不久因死亡而终止给付，保险人设计了含有确定给付的生存年金.

3.1.9　n 年确定给付的终身生存年金

设(x) 签单一份终身生存年金，按以下规定进行给付：(1) 前 n 年内，无论其是否死亡均可在每年初获得 1 元给付；(2) 从第 $n+1$ 年开始，以其生存为条件在每年初获得 1 元给付. 该生存年金被称为期初付 n 年确定给付的终身生存年金，精算现值记为$\ddot{a}_{\overline{x:\overline{n}|}}$. 因为该生存年金可看作期初付 n 年确定年金和期初付延期 n 年的终身生存年金的组合，所以精算现

值为

$$\ddot{a}_{\overline{x:\overline{n}|}} = \ddot{a}_{\overline{n}|} + {}_{n|}\ddot{a}_x \tag{3.42}$$

若记该生存年金的给付额现值之和为 Y,则

$$Y = \ddot{a}_{\overline{(K(x)+1) \vee n}|}$$

因为

$$\ddot{a}_{\overline{(K(x)+1) \vee n}|} = \ddot{a}_{\overline{K(x)+1}|} + \ddot{a}_{\overline{n}|} - \ddot{a}_{\overline{(K(x)+1) \wedge n}|}$$

所以

$$\ddot{a}_{\overline{x:\overline{n}|}} = E(Y) = \ddot{a}_x + \ddot{a}_{\overline{n}|} - \ddot{a}_{x:\overline{n}|} = \ddot{a}_{\overline{n}|} + {}_{n|}\ddot{a}_x \tag{3.43}$$

例 3.1.12 已知 $A_x = 0.3$, $A_{x+10} = 0.35$, $A^1_{x:\overline{10}|} = 0.02$,若 $d = 0.05$,计算$\ddot{a}_{\overline{x:\overline{10}|}}$.

解 因为

$$\ddot{a}_{x+10} = \frac{1 - A_{x+10}}{d} = 13$$

$${}_{10}E_x = \frac{A_x - A^1_{x:\overline{10}|}}{A_{x+10}} = 0.8$$

所以

$${}_{10|}\ddot{a}_x = {}_{10}E_x\, \ddot{a}_{x+10} = 10.4$$

又因为

$$\ddot{a}_{\overline{10}|} = \frac{1 - v^{10}}{d} = 8.025\ 3$$

所以根据(3.43)式,有

$$\ddot{a}_{\overline{x:\overline{10}|}} = \ddot{a}_{\overline{10}|} + {}_{10|}\ddot{a}_x = 18.425\ 3$$

3.2 一年给付 m 次的离散型生存年金

给付频率只是影响给付时刻的表达,并不会改变精算现值的计算方法. 通常来说,一年给付 m 次是指将每年划分成 m 个等间隔的区间,每个区间为一个给付期,同样可以分为期初付和期末付两类.

3.2.1 一年给付 m 次的期初付终身生存年金

设(x) 签单了一份年金额为 1 元的终身生存年金,每个保单年度被划分为 m 个等间隔的区间,在每个区间初期若被保险人处于生存状态,则保险人需要按规定给付 $1/m$ 元(一年

给付 m 次的总和要等于年金额 1)，具体见图 3.9.

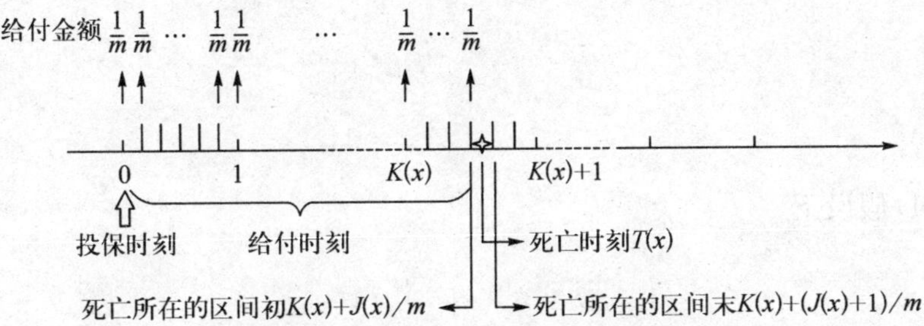

图 3.9　一年给付 m 次的期初付终身生存年金的给付示意图

记该生存年金的精算现值为$\ddot{a}_x^{(m)}$，按照现时支付法：

1) 明确给付额为 $1/m$ 的 t 年期生存保险的精算现值为$\frac{1}{m}v^t\ {}_tp_x$；

2) 因为有可能发生年金给付的时刻分别为 $t=0,\ \frac{1}{m},\ \frac{2}{m},\ \cdots$，所以求和得

$$\ddot{a}_x^{(m)}=\frac{1}{m}\sum_{k=0}^{+\infty}v^{\frac{k}{m}}\ {}_{\frac{k}{m}}p_x \tag{3.44}$$

按照总额支付法，

1) 依据保险利益，最后一笔给付发生在 $K(x)+\frac{J(x)}{m}$(回忆 $J(x)=[m(T(x)-K(x))]$). 将从时刻 0 开始到时刻 $K(x)+\frac{J(x)}{m}$ 为止的给付看作一个一年给付 m 次的 $K(x)+\frac{J(x)+1}{m}$ 期的期初付年金，记其在 0 时刻(投保时刻) 的现值为 Y，则

$$Y=\ddot{a}^{(m)}_{\overline{K(x)+(J(x)+1)/m|}}$$

2) Y 的期望为

$$E(Y)=E(\ddot{a}^{(m)}_{\overline{K(x)+(J(x)+1)/m|}})=E\left(\frac{1-v^{K(x)+\frac{J(x)+1}{m}}}{d^{(m)}}\right)=\frac{1-A_x^{(m)}}{d^{(m)}}$$

从而有

$$\ddot{a}_x^{(m)}=\frac{1-A_x^{(m)}}{d^{(m)}} \tag{3.45}$$

通过移项可以得到

$$d^{(m)}\ddot{a}_x^{(m)}+A_x^{(m)}=1 \tag{3.46}$$

回忆在 UDD 假设下

$$A_x^{(m)} = \frac{i}{i^{(m)}} A_x$$

而

$$d\,\ddot{a}_x + A_x = 1$$

因此,在 UDD 假设下

$$1 = d^{(m)}\,\ddot{a}_x^{(m)} + \frac{i}{i^{(m)}}(1 - d\,\ddot{a}_x)$$

所以

$$\ddot{a}_x^{(m)} = \frac{id}{i^{(m)}d^{(m)}}\,\ddot{a}_x - \frac{i - i^{(m)}}{i^{(m)}d^{(m)}}$$

倘若记

$$\alpha(m) = \frac{id}{i^{(m)}d^{(m)}},\ \beta(m) = \frac{i - i^{(m)}}{i^{(m)}d^{(m)}}$$

则

$$\ddot{a}_x^{(m)} = \alpha(m)\,\ddot{a}_x - \beta(m) \tag{3.47}$$

若令换算函数

$$N^{(m)} = \alpha(m)N_x - \beta(m)D_x \tag{3.48}$$

则

$$\ddot{a}_x^{(m)} = \frac{N^{(m)}}{D_x} \tag{3.49}$$

例 3.2.1 (x) 签单一份按月给付的期初付终身生存年金,每次给付额为 100 元. 已知年利率 $i = 0.06$, $\ddot{a}_x = 13.266\,8$,在死亡均匀分布的假设下计算该保单的精算现值.

解 因为每月给付 100 元,所以年给付总和为 1 200 元,相应的精算现值为

$$1\,200\,\ddot{a}_x^{(12)} = 1\,200 \times (\alpha(12)\,\ddot{a}_x - \beta(12))$$

因为

$$\alpha(12) = \frac{i \cdot d}{i^{(12)} \cdot d^{(12)}} = 1.000\,28,\ \beta(12) = \frac{i - i^{(12)}}{i^{(12)} \cdot d^{(12)}} = 0.468\,12$$

其中

$$d = \frac{i}{1+i},\quad i^{(12)} = 12((1+i)^{\frac{1}{12}} - 1),\quad d^{(12)} = 12(1 - (1+i)^{-\frac{1}{12}})$$

所以

$$1\,200\,\ddot{a}_x^{(12)} = 1\,200 \times (1.000\,28 \times 13.266\,8 - 0.468\,12) = 15\,362.87$$

不难发现，一年给付多次的生存年金的精算现值比一年给付一次的要复杂很多. 尽管在死亡均匀分布的假设下，$\ddot{a}_x^{(m)}$ 的计算已经得到了一定程度的简化，但是其中 $\alpha(m)$ 和 $\beta(m)$ 的计算依旧复杂. 对此可以考虑利用线性插值进行近似计算.

首先，将一年给付 m 次的期初付终身生存年金分解为 m 个一年给付一次的期初付延期终身生存年金，即

$$\ddot{a}_x^{(m)} = \frac{1}{m}({}_{0|}\ddot{a}_x + {}_{\frac{1}{m}|}\ddot{a}_x + {}_{\frac{2}{m}|}\ddot{a}_x + \cdots + {}_{\frac{m-1}{m}|}\ddot{a}_x) = \frac{1}{m}\sum_{j=0}^{m-1} {}_{\frac{j}{m}|}\ddot{a}_x$$

其次，因为 ${}_{0|}\ddot{a}_x = \ddot{a}_x - 0$，${}_{1|}\ddot{a}_x = a_x = \ddot{a}_x - 1$，利用线性插值近似计算 ${}_{\frac{j}{m}|}\ddot{a}_x$，有

$${}_{\frac{j}{m}|}\ddot{a}_x \approx \ddot{a}_x - \frac{j}{m},\ j = 1, \cdots, \frac{m-1}{m}$$

最后，

$$\ddot{a}_x^{(m)} = \frac{1}{m}\sum_{j=0}^{m-1} {}_{\frac{j}{m}|}\ddot{a}_x \approx \frac{1}{m}\sum_{j=0}^{m-1}\left(\ddot{a}_x - \frac{j}{m}\right) = \ddot{a}_x - \frac{m-1}{2m} \tag{3.50}$$

对于足够大的 m，$\ddot{a}_x^{(m)}$ 还可进一步近似计算为

$$\ddot{a}_x^{(m)} \approx \ddot{a}_x - \frac{1}{2} \tag{3.51}$$

例 3.2.2　对例 3.2.1 给出近似计算结果.

解　根据(3.50) 式，有近似结果

$$1\,200\,\ddot{a}_x^{(12)} \approx 1\,200\left(\ddot{a}_x - \frac{11}{24}\right) = 15\,370.16$$

根据(3.50) 式，有近似结果

$$1\,200\,\ddot{a}_x^{(12)} \approx 1\,200\left(\ddot{a}_x - \frac{1}{2}\right) = 15\,320.16$$

3.2.2　一年给付 m 次的期末付终身生存年金

设 (x) 签单了一份年金额为 1 元的终身生存年金，每个保单年度被划分为 m 个等间隔的区间，在每个区间末期若被保险人处于生存状态，则保险人需要按规定给付 $1/m$ 元(一年给付 m 次的总和要等于年金额 1)，具体如图 3.10 所示.

记该生存年金的精算现值为 $a_x^{(m)}$，按照现时支付法，

$$a_x^{(m)} = \frac{1}{m}\sum_{k=1}^{+\infty} v^{\frac{k}{m}}\ {}_{\frac{k}{m}}p_x \tag{3.52}$$

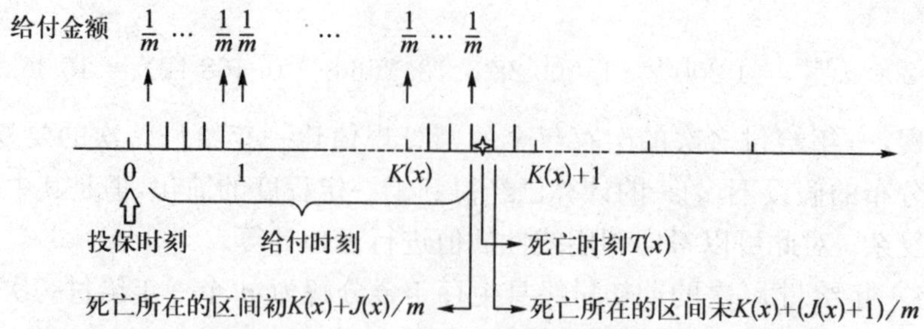

图 3.10　一年给付 m 次的期末付终身生存年金的给付示意图

与期初付生存年金相比，有

$$a_x^{(m)} = \ddot{a}_x^{(m)} - \frac{1}{m} \tag{3.53}$$

故在死亡均匀分布的假设下，

$$a_x^{(m)} = \alpha(m)\,\ddot{a}_x - \beta(m) - \frac{1}{m} \tag{3.54}$$

近似计算的结果为

$$a_x^{(m)} = \ddot{a}_x - \frac{m+1}{2m} \tag{3.55}$$

3.2.3　一年给付 m 次的期初付 n 年定期生存年金

设(x)签单了一份年金额为1元的n年定期生存年金，每个保单年度被划分为m个等间隔的区间，在每个区间初期若被保险人处于生存状态，则保险人需要按规定给付 $1/m$ 元，具体如图 3.11 所示. 记该生存年金的精算现值为$\ddot{a}_{x:\overline{n}|}^{(m)}$，按照现时支付法，

$$\ddot{a}_{x:\overline{n}|}^{(m)} = \frac{1}{m}\sum_{k=0}^{mn-1} v^{\frac{k}{m}}\ {}_{\frac{k}{m}}p_x \tag{3.56}$$

结论 3.2.1　在死亡均匀分布的假设下，

$$\ddot{a}_{x:\overline{n}|}^{(m)} = \alpha(m)\,\ddot{a}_{x:\overline{n}|} - \beta(m)(1 - {}_nE_x) \tag{3.57}$$

证

$$\ddot{a}_{x:\overline{n}|}^{(m)} = \ddot{a}_x^{(m)} - {}_nE_x\,\ddot{a}_{x+n}^{(m)}$$

在死亡均匀分布的假设下，

$$\ddot{a}_x^{(m)} = \alpha(m)\,\ddot{a}_x - \beta(m)$$

且

$$\ddot{a}_{x+n}^{(m)} = \alpha(m)\,\ddot{a}_{x+n} - \beta(m)$$

所以

$$\begin{aligned}\ddot{a}_{x:\overline{n}|}^{(m)} &= [\alpha(m)\,\ddot{a}_x - \beta(m)] - {}_nE_x[\alpha(m)\,\ddot{a}_{x+n} - \beta(m)] \\ &= \alpha(m)(\ddot{a}_x - {}_nE_x\,\ddot{a}_{x+n}) - \beta(m)(1 - {}_nE_x) \\ &= \alpha(m)\,\ddot{a}_{x:\overline{n}|} - \beta(m)(1 - {}_nE_x)\end{aligned}$$

近似计算的结果为

$$\ddot{a}_{x:\overline{n}|}^{(m)} = \ddot{a}_{x:\overline{n}|} - \frac{m-1}{2m}(1 - {}_nE_x) \tag{3.58}$$

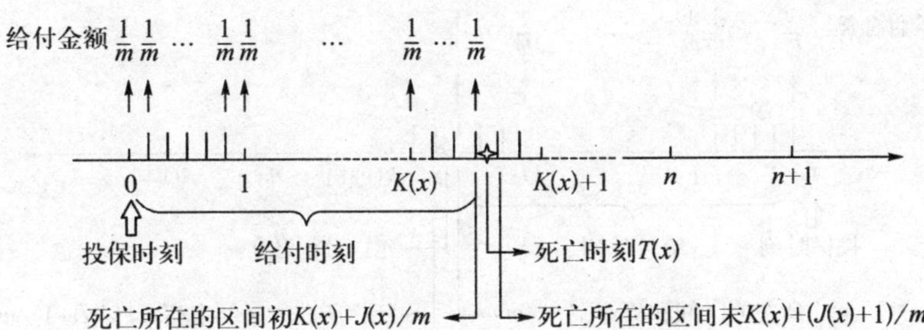

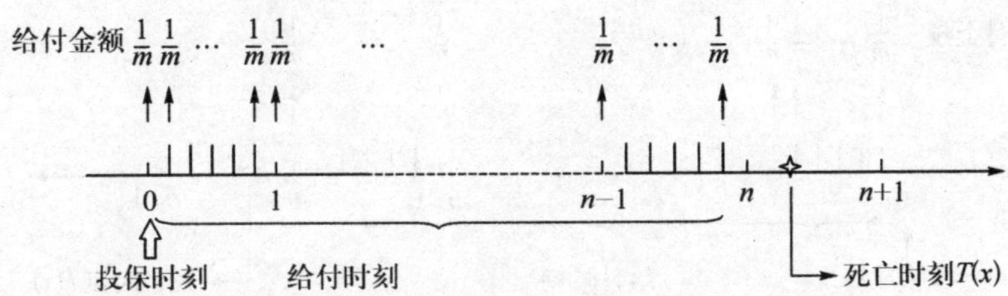

图 3.11　一年给付 m 次的期初付 n 年定期生存年金的给付示意图

例 3.2.3　已知 $A_{x:\overline{n}|}^{1} = 0.014\,19$，${}_nE_x = 0.547\,33$，$i = 0.05$，假定 UDD 假设成立，计算 $\ddot{a}_{x:\overline{n}|}^{(4)}$.

解

$$A_{x:\overline{n}|} = A_{x:\overline{n}|}^{1} + {}_nE_x = 0.561\,52$$

$$\ddot{a}_{x:\overline{n}|} = \frac{1 - A_{x:\overline{n}|}}{d} = 9.208\,08$$

$$i^{(4)} = 4 \times ((1+i)^{\frac{1}{4}} - 1) = 0.049\,089$$

$$d^{(4)} = 4 \times (1 - (1+i)^{-\frac{1}{4}}) = 0.048\,494$$

$$d = 1 - (1+i)^{-1} = 0.047\,619$$

$$\alpha(4) = \frac{i \cdot d}{i^{(4)} \cdot d^{(4)}},\ \beta(4) = \frac{i - i^{(4)}}{i^{(4)} \cdot d^{(4)}}$$

$$\ddot{a}_{x:\overline{n}|}^{(4)} = \alpha(4)\,\ddot{a}_{x:\overline{n}|} - \beta(4)(1 - {}_nE_x) = 9.315\,485$$

3.2.4　一年给付 *m* 次的期末付 *n* 年定期生存年金

设(x)签单了一份年金额为1元的n年定期生存年金，每个保单年度被划分为m个等间隔的区间，在每个区间末若被保险人处于生存状态，保险人需要按规定给付$1/m$元，具体见图3.12. 记该生存年金的精算现值为$a_{x:\overline{n}|}^{(m)}$，按照现时支付法，

$$\ddot{a}_{x:\overline{n}|}^{(m)} = \frac{1}{m}\sum_{k=1}^{mn} v^{\frac{k}{m}}\,{}_{\frac{k}{m}}p_x \tag{3.59}$$

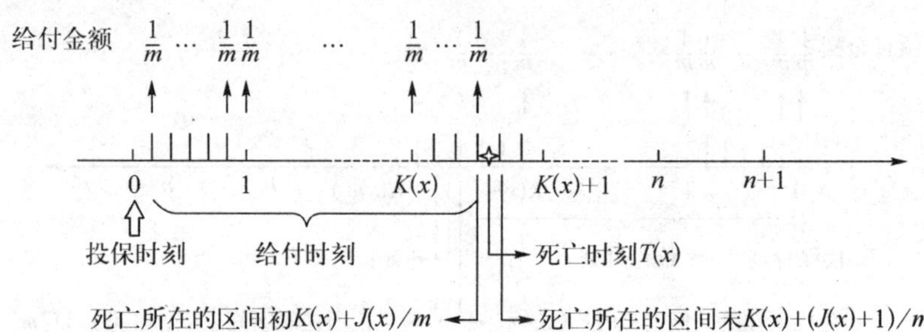

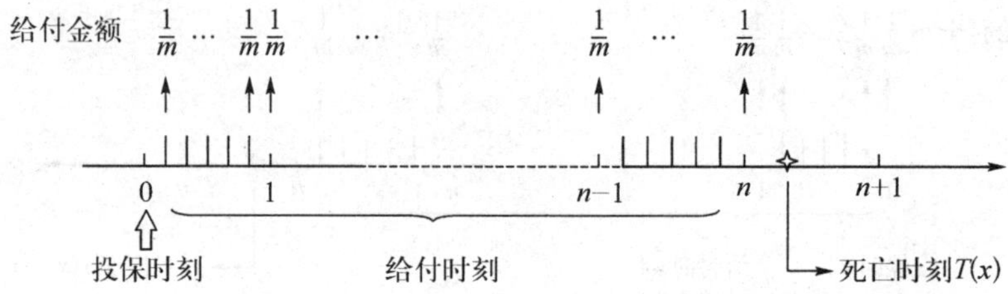

图3.12　一年给付 *m* 次的期末付 *n* 年定期生存年金的给付示意图

3.2.5　一年给付 *m* 次的延期生存年金

计算一年给付m次的延期生存年金的精算现值的方法与前面的一致. 设签单时被保险人x岁，年金额为1元，则

(1) 一年给付m次的延期h年的期初付终身生存年金的精算现值记为${}_{h|}\ddot{a}_x^{(m)}$，有

$${}_{h|}\ddot{a}_x^{(m)} = \frac{1}{m}\sum_{k=0}^{+\infty} v^{h+\frac{k}{m}}\,{}_{h+\frac{k}{m}}p_x \tag{3.60}$$

且

$${}_{h|}\ddot{a}_x^{(m)} = {}_hE_x \cdot \ddot{a}_{x+h}^{(m)} = \ddot{a}_x^{(m)} - \ddot{a}_{x:\overline{h}|}^{(m)} \tag{3.61}$$

死亡均匀分布的假设下，

$$ {}_{h|}\ddot{a}_x^{(m)} = {}_hE_x \cdot \ddot{a}_{x+h}^{(m)} = \alpha(m)\ {}_{h|}\ddot{a}_x - \beta(m)\ {}_hE_x \tag{3.62} $$

近似计算的结果为

$$ {}_{h|}\ddot{a}_x^{(m)} = {}_{h|}\ddot{a}_x - \frac{(m-1)}{2m} \cdot {}_hE_x \tag{3.63} $$

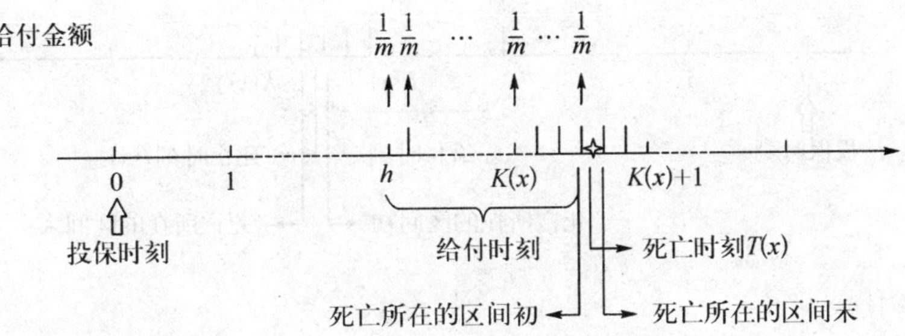

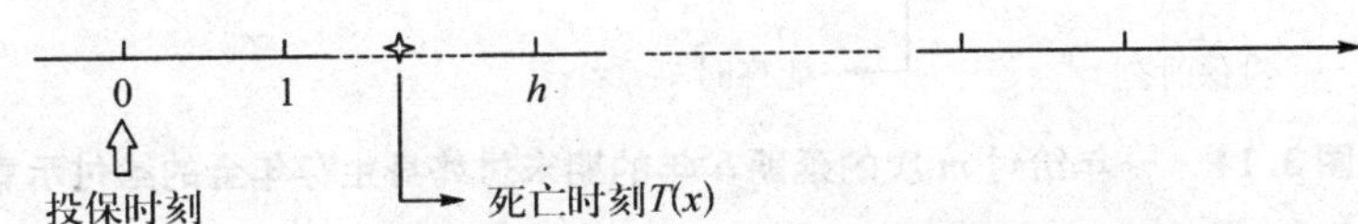

图 3.13　一年给付 m 次的延期 h 年的期初付终身生存年金的给付示意图

例 3.2.4　某 50 岁的男性购买一份延期终身生存年金，保单规定在其 60 岁后每月月初给付 1 000 元. 已知年利率 $i = 5\%$，利用换算函数计算该保单的精算现值.

解

$$ d = \frac{i}{1+i} = 0.047\,619 $$

$$ i^{(12)} = 12((1+i)^{\frac{1}{12}} - 1) = 0.048\,889 $$

$$ d^{(12)} = 12(1 - (1+i)^{-\frac{1}{12}}) = 0.048\,691 $$

1) $1\,000 \times 12\ {}_{10|}\ddot{a}_{50}^{(12)} \approx 12\,000[\alpha(12)\ {}_{10|}\ddot{a}_{50} - \beta(12)\ {}_{10}E_{50}]$

$$ = 12\,000\left[\frac{i-d}{i^{(12)}d^{(12)}} \cdot \frac{N_{60}}{D_{50}} - \frac{i-i^{(12)}}{i^{(12)}d^{(12)}} \cdot \frac{D_{60}}{D_{50}}\right] $$

$$ = 134\,644.1 $$

2) $1\,000 \times 12\ {}_{10|}\ddot{a}_{50}^{(12)} \approx 12\,000\left[\frac{N_{60}}{D_{50}} - \frac{12-1}{2 \times 12} \cdot \frac{D_{60}}{D_{50}}\right] = 134\,684.21.$

(2) 一年给付 m 次的延期 h 年的期末付终身生存年金的精算现值记为 ${}_{h|}a_x^{(m)}$，有

$$ {}_{h|}a_x^{(m)} = \frac{1}{m}\sum_{k=1}^{+\infty} v^{h+\frac{k}{m}}\ {}_{h+\frac{k}{m}}p_x \tag{3.64} $$

且

$$ {}_{h|}a_x^{(m)} = {}_hE_x \cdot a_{x+h}^{(m)} = a_x^{(m)} - a_{x:\overline{h}|}^{(m)} \tag{3.65} $$

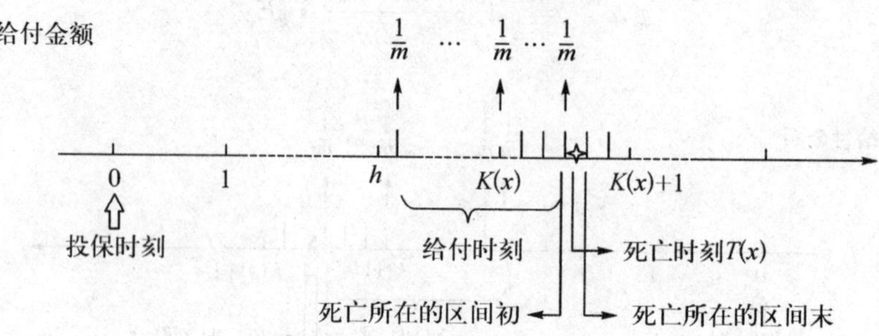

无给付

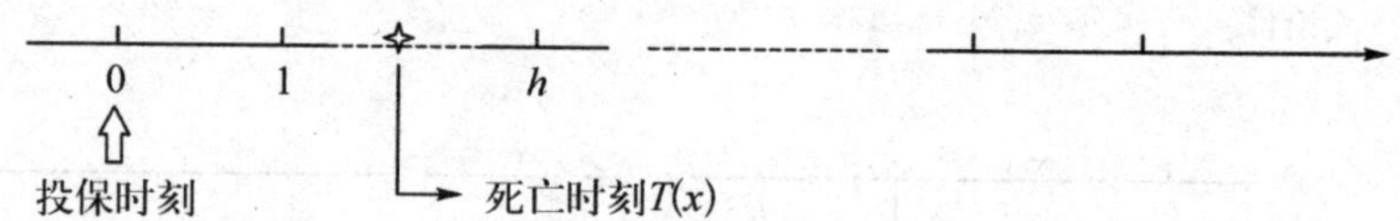

图 3.14　一年给付 m 次的延期 h 年的期末付终身生存年金的给付示意图

（3）一年给付 m 次的延期 h 年的期初付 n 年定期生存年金的精算现值记为 ${}_{h|}\ddot{a}_{x:\overline{n}|}^{(m)}$，有

$$ {}_{h|}\ddot{a}_{x:\overline{n}|}^{(m)} = \frac{1}{m}\sum_{k=0}^{mn-1} v^{h+\frac{k}{m}}\ {}_{h+\frac{k}{m}}p_x \tag{3.66} $$

且

$$ {}_{h|}\ddot{a}_{x:\overline{n}|}^{(m)} = {}_hE_x \cdot \ddot{a}_{x+h:\overline{n}|}^{(m)} = \ddot{a}_{x:\overline{h+n}|}^{(m)} - \ddot{a}_{x:\overline{h}|}^{(m)} \tag{3.67} $$

UDD 假设下，

$$ {}_{h|}\ddot{a}_{x:\overline{n}|}^{(m)} = {}_hE_x \cdot \ddot{a}_{x+h:\overline{n}|}^{(m)} = \alpha(m)\ {}_{h|}\ddot{a}_{x:\overline{n}|} - \beta(m)({}_hE_x - {}_{h+n}E_x) \tag{3.68} $$

（4）一年给付 m 次的延期 h 年的期末付 n 年定期生存年金的精算现值记为 ${}_{h|}a_{x:\overline{n}|}^{(m)}$，有

$$ {}_{h|}a_{x:\overline{n}|}^{(m)} = \frac{1}{m}\sum_{k=1}^{mn} v^{h+\frac{k}{m}}\ {}_{h+\frac{k}{m}}p_x \tag{3.69} $$

且

$$ {}_{h|}a_{x:\overline{n}|}^{(m)} = {}_hE_x \cdot a_{x+h:\overline{n}|}^{(m)} = a_{x:\overline{h+n}|}^{(m)} - a_{x:\overline{h}|}^{(m)} \tag{3.70} $$

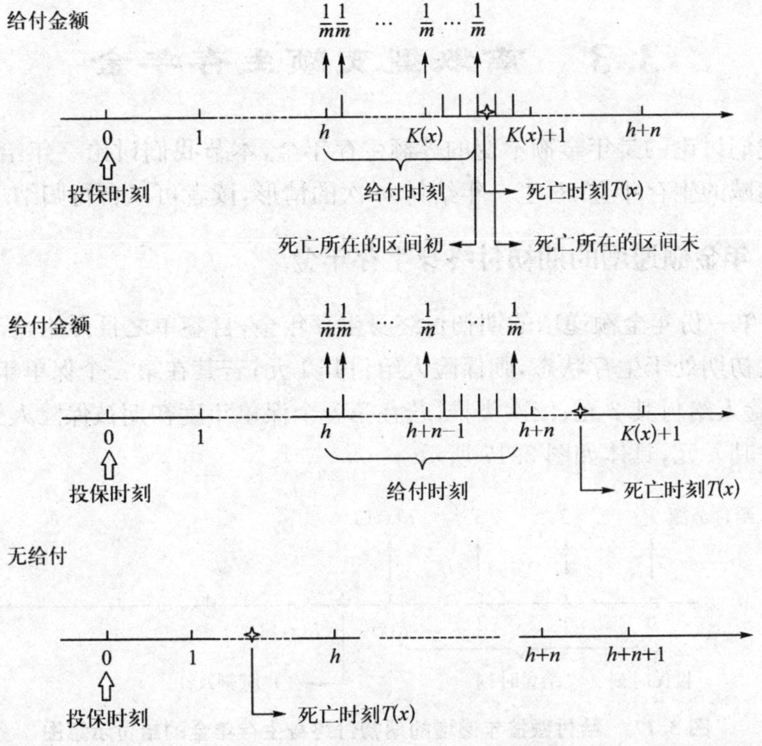

图 3.15　一年给付 m 次的延期 h 年的期初付 n 年定期生存年金的给付示意图

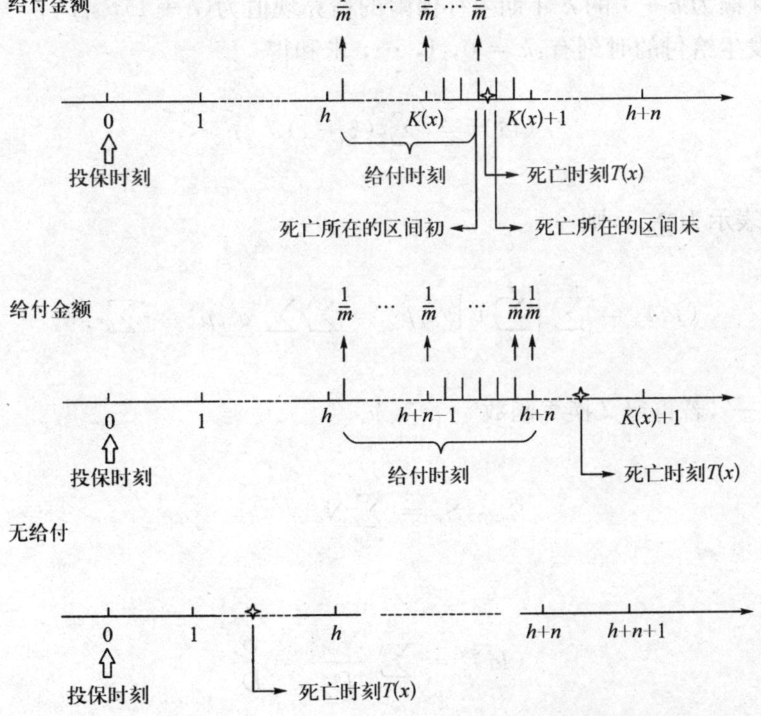

图 3.16　一年给付 m 次的延期 h 年的期末付 n 年定期生存年金的给付示意图

3.3 离散型变额生存年金

前两节我们讨论的是年金额不变的等额生存年金，本节我们讨论一年给付一次的标准递增和标准递减的生存年金. 对于一年给付 m 次的情形，读者可以自行归纳.

3.3.1 年金额递增的期初付终身生存年金

设(x)签单一份年金额递增的期初付终身生存年金，自签单之日开始，若被保险人在第一个保单年度初期处于生存状态，则保险人给付其1元；若其在第二个保单年度初期处于生存状态，则保险人给付其2元；依次类推，若在第 k 个保单年度初期被保险人处于生存状态，则保险人给付其 k 元，具体如图 3.17 所示.

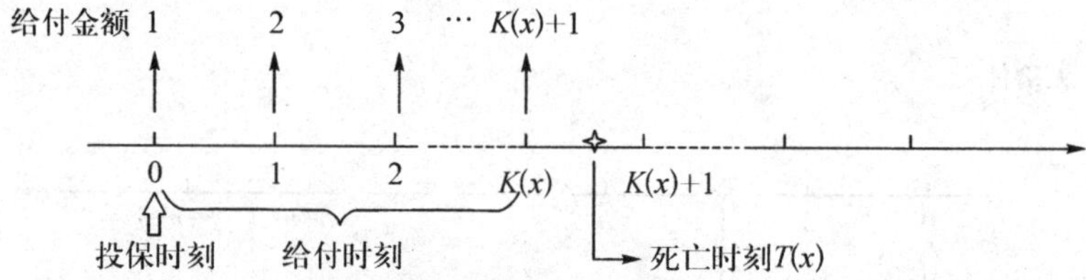

图 3.17 给付额按年递增的期初付终身生存年金的给付示意图

记该生存年金的精算现值为$(I\ddot{a})_x$. 根据现时支付法，有

1) 明确保额为 $k+1$ 的 k 年期生存保险的精算现值为$(k+1)v^k\,{}_kp_x$；

2) 可能发生给付的时刻有：$k=0,1,\cdots$，求和得

$$(I\ddot{a})_x=\sum_{k=0}^{+\infty}(k+1)v^k\,{}_kp_x \tag{3.71}$$

如果将 $k+1$ 表示为$\sum\limits_{j=0}^{k}1$，则

$$(I\ddot{a})_x=\sum_{k=0}^{+\infty}\left(\sum_{j=0}^{k}1\right)v^k\,{}_kp_x=\sum_{j=0}^{+\infty}\sum_{k=j}^{+\infty}v^k\,{}_kp_x=\sum_{j=0}^{+\infty}{}_{j|}\ddot{a}_x \tag{3.72}$$

因为${}_{j|}\ddot{a}_x=\dfrac{N_{x+j}}{D_x}$，若再定义换算函数

$$S_x=\sum_{j=0}^{\infty}N_{x+j} \tag{3.73}$$

则有

$$(I\ddot{a})_x=\sum_{j=0}^{+\infty}\frac{N_{x+j}}{D_x}=\frac{S_x}{D_x} \tag{3.74}$$

若采用总额支付法，则所有给付额的现值之和 Y 可表示为

$$Y=(I\ddot{a})_{\overline{K(x)+1}|}=\frac{\ddot{a}_{\overline{K(x)+1}|}-(K(x)+1)v^{K(x)+1}}{d}$$

由此

$$(I\ddot{a})_x=E(Y)=E\left(\frac{\ddot{a}_{\overline{K(x)+1}|}-(K(x)+1)v^{K(x)+1}}{d}\right)=\frac{\ddot{a}_x-(IA)_x}{d} \tag{3.75}$$

移项得

$$d(I\ddot{a})_x+(IA)_x=\ddot{a}_x \tag{3.76}$$

例 3.3.1　某 65 岁男性购买了一份期初付终身生存年金，保单规定：第一年给付的年金额为 5 000 元，之后每年增加 500 元，在年利率为 $i=3.5\%$ 的条件下，利用换算函数表计算其精算现值.

解　$$4\,500\,\ddot{a}_{65}+500\,(I\ddot{a})_{65}=4\,500\times\frac{N_{65}}{D_{65}}+500\times\frac{R_{65}}{D_{65}}=71\,612.16$$

3.3.2　年金额递增的期末付终身生存年金

设 (x) 签单一份年金额递增的期末付终身生存年金，自签单之日开始，若被保险人在第一个保单年度末处于生存状态，则保险人给付其 1 元；若其在第二个保单年度末处于生存状态，则保险人给付其 2 元；依次类推，若在第 k 个保单年度末被保险人处于生存状态，则保险人给付其 k 元，具体如图 3.18 所示. 记该生存年金的精算现值为 $(Ia)_x$，根据现时支付法，有

$$(Ia)_x=\sum_{k=1}^{+\infty}kv^k\,{}_kp_x \tag{3.77}$$

与年金额递增的期初付终身生存年金相比较，

$$(Ia)_x=(I\ddot{a})_x-\ddot{a}_x \tag{3.78}$$

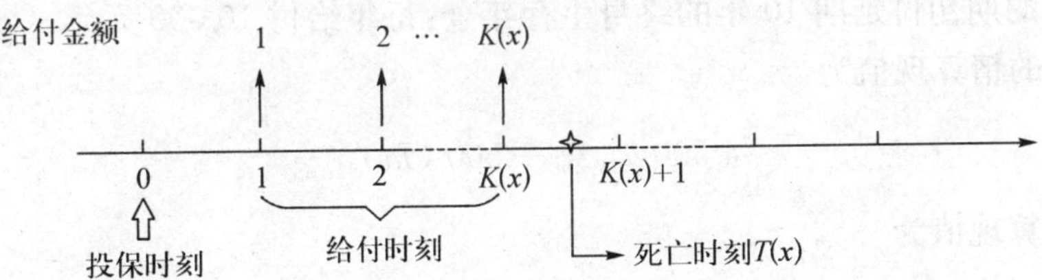

图 3.18　给付额按年递增的期末付终身生存年金的给付示意图

3.3.3　年金额递增的期初付 n 年定期生存年金

设 (x) 签单一份年金额递增的期初付 n 年定期生存年金，自签单之日开始，若被保险人在第一个保单年度初期处于生存状态，则保险人给付其 1 元；若其在第二个保单年度初期处于生存状态，则保险人给付其 2 元；依次类推，若在第 n 个保单年度初期被保险人处于生存

状态，则保险人给付其n元，具体如图3.19所示. 记该生存年金的精算现值为$(I\ddot{a})_{x:\overline{n}|}$. 根据现时支付法，有

$$(I\ddot{a})_{x:\overline{n}|}=\sum_{k=0}^{n-1}(k+1)v^k\ {}_kp_x \tag{3.79}$$

换算函数下

$$(I\ddot{a})_{x:\overline{n}|}=\frac{S_x-S_{x+n}-nN_{x+n}}{D_x} \tag{3.80}$$

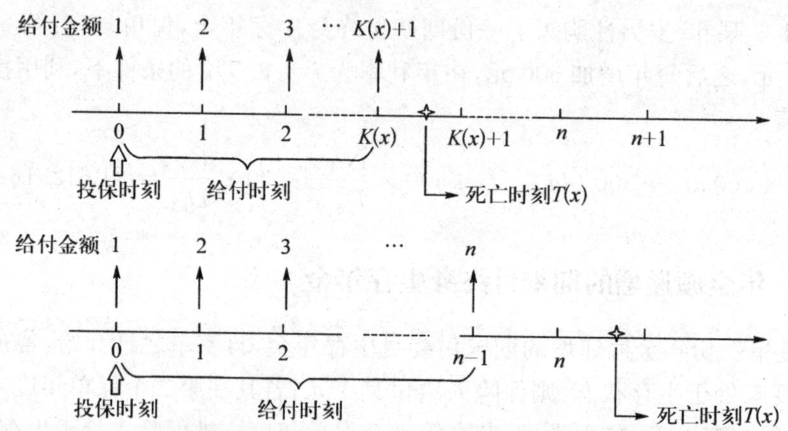

图3.19　给付额按年递增的期初付n年定期生存年金的给付示意图

例3.3.2　某65岁男性购买了一份期初付终身生存年金，保单规定：第一年给付的年金额为5 000元，之后每年增加500元，直至达到10 000元后就保持不变. 在年利率为$i=3.5\%$的条件下，利用换算函数表计算其精算现值.

解　该保单可分解为

(1) 变额的期初付10年定期生存年金：第一年给付额为5 000元，之后每年增加500元；

(2) 等额的期初付延期10年的终身生存年金：每年给付10 000元.

其中(1)的精算现值为

$$4\,500\,\ddot{a}_{65:\overline{10}|}+500\,(I\ddot{a})_{65:\overline{10}|}$$

(2)的精算现值为

$$10\,000\ {}_{10|}\ddot{a}_{65}$$

所以该保单的精算现值为

$$\begin{aligned}&4\,500\,\ddot{a}_{65:\overline{10}|}+500\,(I\ddot{a})_{65:\overline{10}|}+10\,000\ {}_{10|}\ddot{a}_{65}\\&=4\,500\times\frac{N_{65}-N_{75}}{D_{65}}+500\times\frac{S_{65}-S_{75}-10N_{75}}{D_{65}}+10\,000\times\frac{N_{75}}{D_{65}}\\&=124\,272.04\end{aligned}$$

3.3.4　年金额递增的期末付 n 年定期生存年金

设(x)签单一份年金额递增的期末付 n 年定期生存年金，自签单之日开始，若被保险人在第一个保单年度末保险人处于生存状态，则保险人给付其1元；若其在第二个保单年度末保险人处于生存状态，则保险人给付其2元；依次类推，若在第 n 个保单年度末被保险人保险人处于生存状态，则保险人给付其 n 元，具体见图 3.20. 记该生存年金的精算现值为 $(Ia)_{x:\overline{n}|}$，根据现时支付法，有

$$(Ia)_{x:\overline{n}|}=\sum_{k=1}^{n}kv^k\ {}_kp_x \tag{3.81}$$

通过添项、减项得

$$(Ia)_{x:\overline{n}|}=(I\ddot{a})_{x:\overline{n+1}|}-\ddot{a}_{x:\overline{n+1}|} \tag{3.82}$$

换算函数下

$$(Ia)_{x:\overline{n}|}=\frac{S_{x+1}-S_{x+n+1}-nN_{x+n+1}}{D_x} \tag{3.83}$$

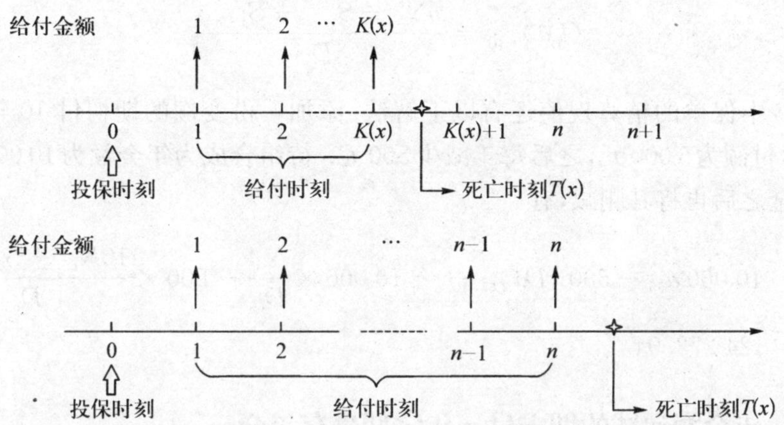

图 3.20　给付额按年递增的期末付 n 年定期生存年金的给付示意图

3.3.5　年金额递减的期初付 n 年定期生存年金

设(x)签单一份年金额递减的期初付 n 年定期生存年金，自签单之日开始，若被保险人在第一个保单年度初期处于生存状态，则保险人给付其 n 元；若其在第二个保单年度初期处于生存状态，则保险人给付其 $n-1$ 元；依次类推，若在第 n 个保单年度初期被保险人处于生存状态，则保险人给付其1元，具体见图 3.21.

记该生存年金的精算现值为$(D\ddot{a})_{x:\overline{n}|}$. 根据现时支付法，

$$(D\ddot{a})_{x:\overline{n}|}=\sum_{k=0}^{n-1}(n-k)v^k\ {}_kp_x=\sum_{k=0}^{n-1}\ddot{a}_{x:\overline{n-k}|} \tag{3.84}$$

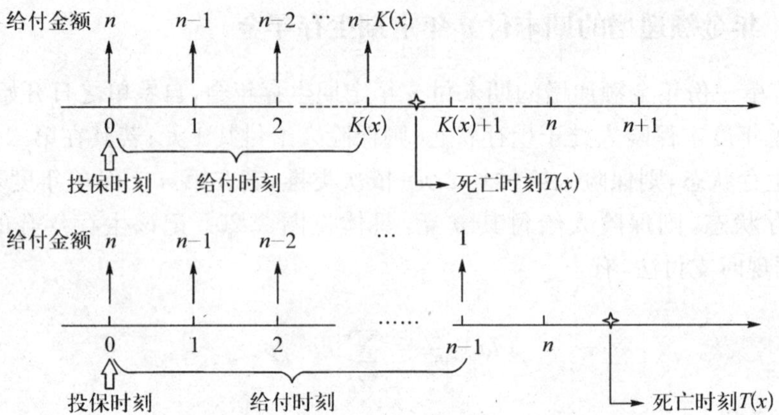

图 3.21　给付额按年递减的期初付 n 年定期生存年金的给付示意图

很明显，

$$(I\ddot{a})_{x:\overline{n}|} + (D\ddot{a})_{x:\overline{n}|} = (n+1)\,\ddot{a}_{x:\overline{n}|} \tag{3.85}$$

所以换算函数下

$$(D\ddot{a})_{x:\overline{n}|} = \frac{nN_x - S_{x+1} + S_{x+n+1}}{D_x} \tag{3.86}$$

例 3.3.2 中保单的精算现值还有以下解法：添加一份变额的期初付 10 年定期生存年金：第一年给付额为5 000元，之后每年减少500元．待组合成为年金额为10 000元的期初付终身生存年金之后再将其删减，有

$$\begin{aligned} 10\,000\,\ddot{a}_{65} - 500\,(D\ddot{a})_{65:\overline{10}|} &= 10\,000 \times \frac{N_{65}}{D_{65}} - 500 \times \frac{10N_{65} - S_{66} + S_{76}}{D_{65}} \\ &= 124\,272.04 \end{aligned}$$

3.3.6　年金额递减的期末付 n 年定期生存年金

假设(x)签单一份年金额递减的期末付 n 年定期生存年金，自签单之日开始，若被保险人在第一个保单年度末处于生存状态，则保险人给付其 n 元；若其在第二个保单年度末处于生存状态，则保险人给付其 $n-1$ 元；依次类推，若在第 n 个保单年度末被保险人处于生存状态，则保险人给付其 1 元，具体如图 3.22 所示．

记该生存年金的精算现值为$(Da)_{x:\overline{n}|}$．根据现时支付法，

$$(Da)_{x:\overline{n}|} = \sum_{k=1}^{n}(n-k+1)v^k\,{}_kp_x = \sum_{k=1}^{n} a_{x:\overline{n-k+1}|} \tag{3.87}$$

类似地

$$(Ia)_{x:\overline{n}|} + (Da)_{x:\overline{n}|} = (n+1)a_{x:\overline{n}|} \tag{3.88}$$

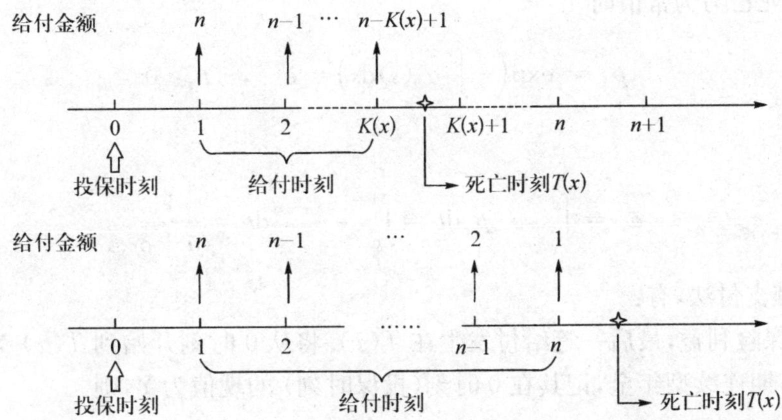

图 3.22　给付额按年递减的期末付 n 年定期生存年金的给付示意图

换算函数下

$$(Da)_{x:\overline{n}|}=\frac{nN_{x+1}-S_{x+2}+S_{x+n+2}}{D_x}\tag{3.89}$$

3.4　连续型生存年金

当3.2节中的给付频率趋于无穷大时,离散型的生存年金就转化为了连续型生存年金(即保险期限内只要被保险人处于生存状态就时时刻刻进行支付). 连续型生存年金在保险实务中并不存在,但是在给付频率足够大时,实际的精算现值计算复杂,此时可以利用连续型生存年金的精算现值进行替代. 另外,若生存年金存在给付调整时,也可以通过连续型生存年金的原理来计算调整额.

3.4.1　连续型终身生存年金

假设一份连续型终身生存年金的被保险人为 x 岁,年金的给付率为1. 记该生存年金的精算现值为$\bar{a}_x$,按照现时支付法,

1) 可能发生年金给付的时刻 $t\in[0,\infty)$.

2) 因为年金的给付率为1,所以$[t,t+\Delta t)$ 瞬间付的金额为 Δt,对应一个保额为 Δt 的 t 年期的生存保险,精算现值为$\Delta t\cdot v^t\ {}_tp_x$

3) 考虑到 t 的取值范围以及 $\Delta t\to 0$,所以

$$\bar{a}_x=\int_0^{+\infty}v^t\ {}_tp_x\mathrm{d}t\tag{3.90}$$

结论 3.4.1　当死亡力为常值 μ 时

$$\bar{a}_x=\frac{1}{\mu+\delta}\tag{3.91}$$

证　当死亡力为常值时

$$ {}_tp_x = \exp\left(-\int_0^t \mu_x(s)\mathrm{d}s\right) = \mathrm{e}^{-\mu t}, \quad t \geqslant 0 $$

所以

$$ \bar{a}_x = \int_0^{+\infty} v^t\, {}_tp_x \mathrm{d}t = \int_0^{+\infty} \mathrm{e}^{-(\mu+\delta)t} \mathrm{d}t = \frac{1}{\mu+\delta} $$

按照总额支付法,有:

1) 依据保险利益,最后一笔给付发生在 $T(x)$. 将从 0 时刻开始到 $T(x)$ 为止的给付看作一个 $T(x)$ 期连续型年金,记其在 0 时刻(投保时刻)的现值为 Y,则

$$ Y = \bar{a}_{\overline{T(x)}|} $$

2) Y 的期望为

$$ E(Y) = E(\bar{a}_{\overline{T(x)}|}) = E\left(\frac{1-v^{T(x)}}{\delta}\right) = \frac{1-\bar{A}_x}{\delta} $$

从而有

$$ \bar{a}_x = \frac{1-\bar{A}_x}{\delta} \tag{3.92} $$

通过移项可以得到

$$ \delta \bar{a}_x + \bar{A}_x = 1 \tag{3.93} $$

因为在 UDD 假设下

$$ \bar{A}_x = \frac{i}{\delta} A_x $$

而

$$ d\ddot{a}_x + A_x = 1 $$

所以

$$ \bar{a}_x = \frac{\delta - i(1-d\ddot{a}_x)}{\delta^2} \tag{3.94} $$

在 UDD 假设不成立的情况下,连续型终身生存年金的精算现值还可通过取极限求得

$$ \bar{a}_x = \lim_{m\to\infty} \ddot{a}_x^{(m)} = \lim_{m\to\infty} a_x^{(m)} \tag{3.95} $$

此外,终身生存年金中给付额现值之和的方差为

$$ \mathrm{Var}(Y) = \mathrm{Var}\left(\frac{1-v^{T(x)}}{\delta}\right) = \frac{{}^2\bar{A}_x - \bar{A}_x^2}{\delta^2} \tag{3.96} $$

例 3.4.1　已知(x)购买了一份给付率为 1 的连续型终身生存年金，记该生存年金的给付金额的现值之和为 Y，若 $\mu=\delta=0.05$，计算(1) $\bar{a}_x$ 和 $^2\bar{a}_x$，(2) $P\{\bar{a}_{\overline{T(x)}|}>\bar{a}_x\}$.

解　根据结论 3.4.1，有

$$\bar{a}_x=\frac{1}{\mu+\delta}=\frac{1}{0.1}=10$$

$$^2\bar{a}_x=\bar{a}_x@2\delta=\frac{1}{\mu+2\delta}=\frac{1}{0.15}=\frac{20}{3}$$

$$\begin{aligned}P\{\bar{a}_{\overline{T(x)}|}>\bar{a}_x\}&=P\left\{\frac{1-v^{T(x)}}{\delta}>10\right\}\\&=P\{e^{-\delta T(x)}<1-10\delta\}\\&=P\left\{T(x)>\frac{\ln(1-10\delta)}{-\delta}\right\}\\&=\exp\left\{\frac{\mu}{\delta}\ln(1-10\delta)\right\}\\&=1-10\delta=0.5\end{aligned}$$

例 3.4.2　(x)投保一份连续给付的终身生存年金，给付率为 1，若死亡力为常数且与利息力相等，$\bar{a}_x=12.5$，计算 $\mathrm{Var}(Y)$.

解　根据结论 3.4.1，有

$$\bar{a}_x=\frac{1}{\mu+\delta}=12.5\ \Rightarrow\ \mu=\delta=0.04$$

$$\bar{A}_x=\frac{\mu}{\mu+\delta}=\frac{1}{2}$$

$$^2\bar{A}_x=\bar{A}_x@2\delta=\frac{\mu}{\mu+2\delta}=\frac{1}{3}$$

$$\mathrm{Var}(Y)=\frac{^2\bar{A}_x-\bar{A}_x^2}{\delta^2}=52.08$$

3.4.2　连续型 n 年定期生存年金

假设一份连续型 n 年定期生存年金的被保险人为 x 岁，年金的给付率为 1. 记该生存年金的精算现值为$\bar{a}_{x:\overline{n}|}$，按照现时支付法，有

$$\bar{a}_{x:\overline{n}|}=\int_0^n v^t\ {}_tp_x\,\mathrm{d}t \tag{3.97}$$

按照总额支付法，将所有给付在 0 时刻(投保时刻) 的现值记为 Y，则

$$Y=\bar{a}_{\overline{T(x)\wedge n}|}=\frac{1-v^{T(x)\wedge n}}{\delta}$$

从而有

$$\bar{a}_{x:\overline{n}|} = E(Y) = \frac{1-\bar{A}_{x:\overline{n}|}}{\delta} \tag{3.98}$$

通过移项可以得到

$$\delta \bar{a}_{x:\overline{n}|} + \bar{A}_{x:\overline{n}|} = 1 \tag{3.99}$$

进一步计算 Y 的方差，有

$$\mathrm{Var}(Y) = \mathrm{Var}\left(\frac{1-v^{T(x)\wedge n}}{\delta}\right) = \frac{{}^2\bar{A}_{x:\overline{n}|} - (\bar{A}_{x:\overline{n}|})^2}{\delta^2} \tag{3.100}$$

例3.4.3 假设常值死亡力 $\mu=0.05$，10年期连续型生存年金的给付额现值之和为 Y. 若利息力 $\delta=0.1$，计算 Y 的期望和方差.

解

$$\bar{a}_{x:\overline{10}|} = \int_0^{10} v^t\ {}_tp_x \mathrm{d}t = \int_0^{10} \mathrm{e}^{-(\mu+\delta)t}\mathrm{d}t = \frac{20}{3}(1-\mathrm{e}^{-1.5}) = 5.179\,132$$

$${}^2\bar{A}_{x:\overline{10}|} = \int_0^{10} \mu \mathrm{e}^{-(2\delta+\mu)t}\mathrm{d}t + \mathrm{e}^{-10(2\delta+\mu)} = 0.2+0.8\mathrm{e}^{-2.5} = 0.265\,668$$

$$\bar{A}_{x:\overline{10}|} = 1-\delta\bar{a}_{x:\overline{10}|} = \frac{1}{3}+\frac{2}{3}\mathrm{e}^{-1.5} = 0.482\,087$$

$$\mathrm{Var}(Y) = \frac{{}^2\bar{A}_{x:\overline{10}|} - (\bar{A}_{x:\overline{10}|})^2}{\delta^2} = 100\times\left(\frac{8}{90}+0.8\mathrm{e}^{-2.5}-\frac{4}{9}\mathrm{e}^{-3}-\frac{4}{9}\mathrm{e}^{-1.5}\right) = 3.326\,034$$

3.4.3 连续型延期 h 年的终身生存年金

假设一份连续型延期 h 年的终身生存年金的被保险人为 x 岁，年金的给付率为 1. 记该生存年金的精算现值为 ${}_{h|}\bar{a}_x$，按照现时支付法，有

$${}_{h|}\bar{a}_x = \int_h^{+\infty} v^t\ {}_tp_x \mathrm{d}t \tag{3.101}$$

将所有给付在时刻 0(投保时刻) 的现值记为 Y，则

$$Y = \bar{a}_{\overline{T(x)}|} - \bar{a}_{\overline{T(x)\wedge h}|}$$

相应的

$$E(Y) = E(\bar{a}_{\overline{T(x)}|} - \bar{a}_{\overline{T(x)\wedge h}|}) = \bar{a}_x - \bar{a}_{x:\overline{h}|}$$

所以

$${}_{h|}\bar{a}_x = \bar{a}_x - \bar{a}_{x:\overline{h}|} = {}_hE_x \cdot \bar{a}_{x+h} \tag{3.102}$$

例3.4.4 假设死亡力与利息力均为常值，计算 ${}_{h|}\bar{a}_x$.

解　根据现时支付法

$$_{h|}\bar{a}_x=\int_h^{+\infty}v^t\ _tp_x\mathrm{d}t=\int_h^{+\infty}\mathrm{e}^{-(\mu+\delta)t}\mathrm{d}t=\frac{\mathrm{e}^{-(\mu+\delta)h}}{\mu+\delta}$$

例3.4.5　已知$\bar{A}_x=0.6$，$\bar{A}_{x:\overline{10|}}=0.8$，$\delta=0.02$，计算$_{10|}\bar{a}_x$.

解　根据(3.102)式，有

$$_{10|}\bar{a}_x=\bar{a}_x-\bar{a}_{x:\overline{10|}}=\frac{\bar{A}_{x:\overline{10|}}-\bar{A}_x}{\delta}=10$$

3.4.4　连续型延期h年的n年定期生存年金

假设一份连续型延期h年的n年定期生存年金的被保险人为x岁，年金的给付率为1. 记该生存年金的精算现值为$_{h|}\bar{a}_{x:\overline{n|}}$，按照现时支付法，有

$$_{h|}\bar{a}_{x:\overline{n|}}=\int_h^{h+n}v^t\ _tp_x\mathrm{d}t \tag{3.103}$$

将所有给付在时刻0(投保时刻)的现值记为Y，则

$$Y=\begin{cases}0, & T(x)<h\\ \bar{a}_{\overline{T(x)|}}-\bar{a}_{\overline{h|}}, & h\leqslant T(x)<h+n=\bar{a}_{\overline{T(x)\wedge(h+n)|}}-\bar{a}_{\overline{T(x)\wedge h|}}\\ \bar{a}_{\overline{h+n|}}-\bar{a}_{\overline{h|}}, & T(x)\geqslant h+n\end{cases}$$

所以

$$_{h|}\bar{a}_{x:\overline{n|}}=E(Y)=\bar{a}_{x:\overline{h+n|}}-\bar{a}_{x:\overline{h|}}=\ _hE_x\cdot\bar{a}_{x+h:\overline{n|}} \tag{3.104}$$

3.4.5　连续型n年确定给付的终身生存年金

设(x)签单一份终身生存年金，给付率为1，按以下规定进行给付：1) 前n年内，无论其是否死亡均可获得给付；2) 从第$n+1$年开始，以其生存为条件获得给付. 该生存年金被称为连续型n年确定给付的终身生存年金，精算现值记为$\bar{a}_{\overline{\overline{x:\overline{n|}}}}$，有

$$\bar{a}_{\overline{\overline{x:\overline{n|}}}}=\bar{a}_{\overline{n|}}+\ _{n|}\bar{a}_x \tag{3.105}$$

若记该生存年金的给付现值之和为Y，则

$$Y=\bar{a}_{\overline{T(x)\vee n|}}=\bar{a}_{\overline{T(x)|}}+\bar{a}_{\overline{n|}}-\bar{a}_{\overline{T(x)\wedge n|}}$$

相应的期望为

$$\bar{a}_{\overline{\overline{x:\overline{n|}}}}=E(Y)=\bar{a}_x+\bar{a}_{\overline{n|}}-\bar{a}_{x:\overline{n|}}=\bar{a}_{\overline{n|}}+\ _{n|}\bar{a}_x$$

例3.4.6　已知$A_x=0.3$，$A_{x+10}=0.35$，$A^1_{x:\overline{10|}}=0.02$，若$d=0.05$，在UDD假设下计算$\bar{a}_{\overline{\overline{x:\overline{10|}}}}$.

解　根据总额支付法，有

$$\bar{a}_{x+10}=\frac{1-\bar{A}_{x+10}}{\delta}=\frac{1-\dfrac{i}{\delta}A_{x+10}}{\delta}=12.49$$

$${}_{10}E_x=\frac{A_x-A^1_{x:\overline{10}|}}{A_{x+10}}=0.8$$

$${}_{10|}\bar{a}_x={}_{10}E_x\,\bar{a}_{x+10}=9.992$$

又因为

$$\bar{a}_{\overline{10}|}=\frac{1-v^{10}}{\delta}=7.82$$

所以

$$\bar{a}_{\overline{\overline{x:\overline{10}|}}}=\bar{a}_{\overline{10}|}+{}_{10|}\bar{a}_x=17.812$$

前几类生存年金的精算现值均在给付率为常量函数下计算所的. 对于其他类型的给付率函数,我们也可以类似求解.

3.4.6 年度递增的连续型生存年金

年度递增的连续型终身生存年金对应的给付率函数为 $g(t)=[t+1]$. 假设一份年度递增的连续型终身生存年金的被保险人为 x 岁,精算现值记为$(I\bar{a})_x$. 按照现时支付法,有

$$\begin{aligned}(I\bar{a})_x&=\int_0^{+\infty}[t+1]v^t\,{}_tp_x\,\mathrm{d}t\\&=\sum_{k=0}^{+\infty}\int_k^{k+1}(k+1)v^t\,{}_tp_x\,\mathrm{d}t\\&=\sum_{k=0}^{+\infty}(k+1)\,{}_kE_x\int_0^1 v^s\,{}_sp_{x+k}\,\mathrm{d}s\\&=\sum_{k=0}^{+\infty}(k+1)\,{}_kE_x\,\bar{a}_{x+k:\overline{1}|}\end{aligned}\tag{3.106}$$

在相同的给付率函数下,一份年度递增的连续型 n 年定期生存年金的被保险人为 x 岁,记该生存年金的精算现值为$(I\bar{a})_{x:\overline{n}|}$,有

$$\begin{aligned}(I\bar{a})_{x:\overline{n}|}&=\int_0^n[t+1]v^t\,{}_tp_x\,\mathrm{d}t\\&=\sum_{k=0}^{n-1}\int_k^{k+1}(k+1)v^t\,{}_tp_x\,\mathrm{d}t\end{aligned}\tag{3.107}$$

3.4.7 连续递增的终身生存年金

连续递增的终身生存年金对应的给付率函数为 $g(t)=t$. 假设一份连续递增的终身生存年金的被保险人为 x 岁,精算现值记为$(\bar{I}\bar{a})_x$. 按照现时支付法,

$$(\bar{I}\bar{a})_x = \int_0^{+\infty} tv^t\ {}_tp_x \mathrm{d}t \tag{3.108}$$

按照总额支付法，记所有给付额在时刻0（投保时刻）的现值之和为Y，则

$$Y = (\bar{I}\bar{a})_{\overline{T(x)}|} = \frac{\bar{a}_{\overline{T(x)}|} - T(x)v^{T(x)}}{\delta}$$

从而有

$$(\bar{I}\bar{a})_x = E(Y) = \frac{\bar{a}_x - (\bar{I}\bar{A})_x}{\delta} \tag{3.109}$$

通过移项可以得到

$$\delta(\bar{I}\bar{a})_x + (\bar{I}\bar{A})_x = \bar{a}_x \tag{3.110}$$

例3.4.7　已知$\mu(x)=0.03$，$\delta=0.02$，计算$(I\bar{a})_x$和$(\bar{I}\bar{a})_x$.

解

$$\begin{aligned}(I\bar{a})_x &= \int_0^{\infty} [t+1]v^t\ {}_tp_x \mathrm{d}t \\ &= \sum_{k=0}^{\infty}\int_k^{k+1} (k+1)v^t\ {}_tp_x \mathrm{d}t \\ &= \sum_{k=0}^{\infty} \frac{(k+1)(\mathrm{e}^{-k(\mu+\delta)} - \mathrm{e}^{-(k+1)(\mu+\delta)})}{\mu+\delta} \\ &= \frac{1}{\mu+\delta}\sum_{k=0}^{\infty}\mathrm{e}^{-k(\mu+\delta)} = \frac{1}{(\mu+\delta)(1-\mathrm{e}^{-(\mu+\delta)})}\end{aligned}$$

$$(\bar{I}\bar{a})_x = \int_0^{\infty} tv^t\ {}_tp_x \mathrm{d}t = \int_0^{\infty} t\ \mathrm{e}^{-0.05t}\mathrm{d}t = 400$$

对相同的给付率函数，一份年度递增的连续型n年定期生存年金的精算现值被记为$(\bar{I}\bar{a})_{x:\overline{n}|}$，类似地，有

$$(\bar{I}\bar{a})_{x:\overline{n}|} = \int_0^{n} tv^t\ {}_tp_x \mathrm{d}t \tag{3.111}$$

例3.4.8　已知$\mu(x)=0.03$，$\delta=0.02$，计算$(I\bar{a})_{x:\overline{2}|}$和$(\bar{I}\bar{a})_{x:\overline{2}|}$.

解　根据定义

$$\begin{aligned}(I\bar{a})_{x:\overline{2}|} &= \int_0^{2} [t+1]v^t\ {}_tp_x \mathrm{d}t \\ &= \sum_{k=0}^{1}\int_k^{k+1} (k+1)v^t\ {}_tp_x \mathrm{d}t \\ &= \frac{(1-\mathrm{e}^{-(\mu+\delta)}) + 2(\mathrm{e}^{-(\mu+\delta)} - \mathrm{e}^{-2(\mu+\delta)})}{\mu+\delta}\end{aligned}$$

$$= 20(1 + e^{-0.05} - 2e^{-0.1})$$

$$= 2.831\,092$$

$$(\bar{I}\bar{a})_{x:\overline{2}|} = \int_0^2 tv^t\ {}_tp_x\,\mathrm{d}t = \int_0^2 t\ e^{-0.05t}\mathrm{d}t = 400 - 440e^{-0.1} = 1.871\,536$$

3.5 比例期初生存年金和完全期末生存年金

实务中离散型年金强调在事先约定的时点对被保险人处于生存状态这一事实做出给付行为，然而每一笔给付行为实质对应的是被保险人存活过相应的给付周期. 举例来说，对于期初付的终身生存年金，在 k 时刻的给付应当对应被保险人存活过区间 $[k, k+1)$. 倘若若被保险人在该区间内发生了死亡($k \leqslant T(x) < k+1$)，则应当归还保险人一部分给付额，该部分金额对应于尚未活过的子区间 $[T(x), k+1)$. 这种死亡时刻返还部分给付额的年金，称之为比例期初生存年金. 同样的道理，对于按年给付的期末付生存年金，如果被保险人在年中某个时刻发生了死亡，则保险人应当针对其在最后一年内存活过一段时间的事实，给付一定的金额. 这种在死亡时刻额外给付受益人一定数额的生存年金，称之为完全期末生存年金. 接下来，我们以一年给付 m 次的生存年金为例，说明这两种生存年金精算现值的计算，以及给付调整数额.

3.5.1 比例期初生存年金

为了确定被保险人返还的数额，将每个给付期($1/m$ 年) 期初的给付额 $1/m$ 以连续年金的方式分摊至整个给付期. 注意到该连续年金在期初的现值要等于 $1/m$，故而可以求出其对应的给付率. 记给付率为 r，则

$$\frac{1}{m} = r \cdot \bar{a}_{\overline{\frac{1}{m}}|} \Rightarrow r = \frac{1}{m\bar{a}_{\overline{\frac{1}{m}}|}} = \frac{\delta}{d^{(m)}} \tag{3.112}$$

因此，从死亡至死亡所在的区间末的时间长度为

$$K^{(m)}(x) + \frac{1}{m} - T(x)$$

该区间对应的给付额在死亡时的现值为

$$\frac{\delta}{d^{(m)}} \cdot \bar{a}_{\overline{K^{(m)}(x)+\frac{1}{m}-T(x)}|}$$

在投保时的现值为

$$\frac{\delta}{d^{(m)}} \cdot \bar{a}_{\overline{K^{(m)}(x)+\frac{1}{m}-T(x)}|} \cdot v^{T(x)}$$

回忆一年给付 m 次的期初付终身生存年金的所有给付现值为

$$\ddot{a}^{(m)}_{\overline{K^{(m)}(x)+\frac{1}{m}}|}$$

所以，相应的比例期初生存年金的所有给付现值

$$
\begin{aligned}
Y &= \ddot{a}^{(m)}_{\overline{K^{(m)}(x)+\frac{1}{m}}|} - \frac{\delta}{d^{(m)}} \cdot \bar{a}_{\overline{K^{(m)}(x)+\frac{1}{m}-T(x)}|} \cdot v^{T(x)} \\
&= \frac{1-v^{K^{(m)}(x)+1/m}}{d^{(m)}} - \frac{\delta}{d^{(m)}} \cdot \frac{1-v^{K^{(m)}(x)+1/m-T(x)}}{\delta} \cdot v^{T(x)} \\
&= \frac{1-v^{K^{(m)}(x)+1/m}}{d^{(m)}} - \frac{1-v^{K^{(m)}(x)+1/m-T(x)}}{d^{(m)}} \cdot v^{T(x)} \\
&= \frac{1-v^{K^{(m)}(x)+1/m} - v^{T(x)} + v^{K^{(m)}(x)+1/m}}{d^{(m)}} \\
&= \frac{1-v^{T(x)}}{d^{(m)}} = \frac{\delta}{d^{(m)}} \cdot \bar{a}_{\overline{T(x)}|}
\end{aligned}
$$

该项比例期初生存年金的精算现值记为 $\ddot{a}_x^{\{m\}}$，则

$$\ddot{a}_x^{\{m\}} = E(Y) = \frac{\delta}{d^{(m)}} \bar{a}_x \tag{3.113}$$

及

$$\mathrm{Var}(Y) = \frac{{}^2A_x - (A_x)^2}{(d^{(m)})^2} \tag{3.114}$$

类似地，可以推导出

$$\ddot{a}_{x:\overline{n}|}^{\{m\}} = \frac{\delta}{d^{(m)}} \bar{a}_{x:\overline{n}|} \tag{3.115}$$

特别地，在 UDD 假设下，

$$\ddot{a}_x^{\{m\}} = \ddot{a}_x^{(m)} - \frac{i}{d^{(m)}}\left(\frac{1}{\delta} - \frac{1}{i^{(m)}}\right)A_x \tag{3.116}$$

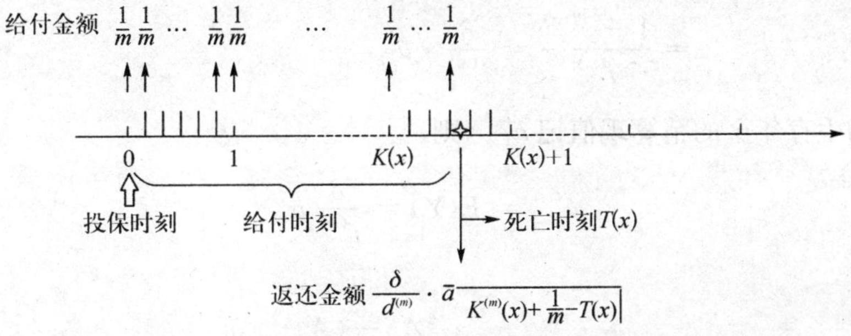

图 3.25　比例期初生存年金的给付示意图

3.5.2 完全期末生存年金

为了确定额外给付的数额,我们将每个给付周期($1/m$ 年)期末的给付额 $1/m$ 以连续年金的方式分摊至整个给付周期. 注意到该连续年金在期末的终值要等于 $1/m$,故而可以求出其对应的给付率. 记给付率为 r,则

$$\frac{1}{m}=r\cdot \bar{s}_{\overline{\frac{1}{m}}|}\Rightarrow r=\frac{1}{m\,\bar{s}_{\overline{\frac{1}{m}}|}}=\frac{\delta}{i^{(m)}} \tag{3.117}$$

因此,从死亡至死亡所在的区间初的时间长度为

$$T(x)-K^{(m)}(x)$$

该区间对应的给付额在死亡时的终值为

$$\frac{\delta}{i^{(m)}}\cdot \bar{s}_{\overline{T(x)-K^{(m)}(x)}|}$$

在投保时的现值为

$$\frac{\delta}{i^{(m)}}\cdot \bar{s}_{\overline{T(x)-K^{(m)}(x)}|}\cdot v^{T(x)}$$

回忆一年给付 m 次的期末付终身生存年金的所有给付现值为

$$a^{(m)}_{\overline{K^{(m)}(x)}|}$$

所以,相应的完全期末生存年金的所有给付现值

$$\begin{aligned}
Y &= a^{(m)}_{\overline{K^{(m)}(x)}|}+\frac{\delta}{i^{(m)}}\cdot \bar{s}_{\overline{T(x)-K^{(m)}(x)}|}\cdot v^{T(x)}\\
&=\frac{1-v^{K^{(m)}(x)}}{i^{(m)}}+\frac{\delta}{i^{(m)}}\cdot\frac{v^{K^{(m)}(x)-T(x)}-1}{\delta}\cdot v^{T(x)}\\
&=\frac{1-v^{K^{(m)}(x)}}{i^{(m)}}-\frac{1-v^{K^{(m)}(x)-T(x)}}{i^{(m)}}\cdot v^{T(x)}\\
&=\frac{1-v^{K^{(m)}(x)}-v^{T(x)}+v^{K^{(m)}(x)}}{i^{(m)}}\\
&=\frac{1-v^{T(x)}}{i^{(m)}}=\frac{\delta}{i^{(m)}}\cdot \bar{a}_{\overline{T(x)}|}
\end{aligned}$$

该项比例期初生存年金的精算现值记 $\mathring{a}_x^{(m)}$,则

$$\mathring{a}_x^{(m)}=E(Y)=\frac{\delta}{i^{(m)}}\bar{a}_x \tag{3.118}$$

及

$$\mathrm{Var}(Y)=\frac{{}^2A_x-(A_x)^2}{(i^{(m)})^2} \tag{3.119}$$

类似地，也可以推导出

$$\mathring{a}^{(m)}_{x:\overline{n}|}=\frac{\delta}{i^{(m)}}\,\bar{a}_{x:\overline{n}|} \tag{3.120}$$

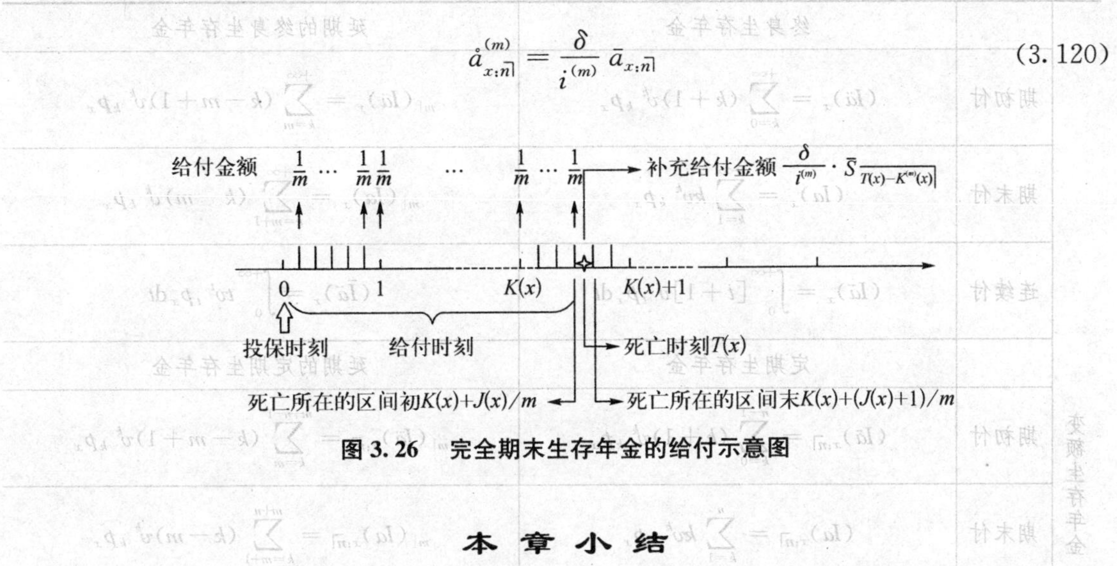

图 3.26　完全期末生存年金的给付示意图

本 章 小 结

1. 生存年金是以被保险人生存为给付条件的人寿保险，可以通过现时支付法和总额支付法求解精算现值.

2. 生存年金的精算现值如下.

定额生存年金		终身生存年金	延期的终身生存年金
	期初付	$\ddot{a}_x=\sum_{k=0}^{+\infty}v^k\,{}_kp_x$	${}_{m\vert}\ddot{a}_x=\sum_{k=m}^{+\infty}v^k\,{}_kp_x$
	期末付	$a_x=\sum_{k=1}^{+\infty}v^k\,{}_kp_x$	${}_{m\vert}a_x=\sum_{k=m+1}^{+\infty}v^k\,{}_kp_x$
	连续付	$\bar{a}_x=\int_0^{+\infty}v^t\,{}_tp_x\,\mathrm{d}t$	${}_{m\vert}\bar{a}_x=\int_m^{+\infty}v^t\,{}_tp_x\,\mathrm{d}t$
		定期生存年金	延期的定期生存年金
	期初付	$\ddot{a}_{x:\overline{n}\vert}=\sum_{k=0}^{n-1}v^k\,{}_kp_x$	${}_{m\vert}\ddot{a}_{x:\overline{n}\vert}=\sum_{k=m}^{m+n-1}v^k\,{}_kp_x$
	期末付	$a_{x:\overline{n}\vert}=\sum_{k=1}^{n}v^k\,{}_kp_x$	${}_{m\vert}a_{x:\overline{n}\vert}=\sum_{k=m+1}^{m+n}v^k\,{}_kp_x$
	连续付	$\bar{a}_{x:\overline{n}\vert}=\int_0^{n}v^t\,{}_tp_x\,\mathrm{d}t$	${}_{m\vert}\bar{a}_{x:\overline{n}\vert}=\int_m^{m+n}v^t\,{}_tp_x\,\mathrm{d}t$
		一年给付多次的终身生存年金	一年给付多次的定期生存年金
	期初付	$\ddot{a}_x^{(m)}=\frac{1}{m}\sum_{k=0}^{+\infty}v^{\frac{k}{m}}\,{}_{\frac{k}{m}}p_x$	$\ddot{a}_{x:\overline{n}\vert}^{(m)}=\frac{1}{m}\sum_{k=0}^{nm-1}v^{\frac{k}{m}}\,{}_{\frac{k}{m}}p_x$

续表

		终身生存年金	延期的终身生存年金
变额生存年金	期初付	$(I\ddot{a})_x=\sum_{k=0}^{+\infty}(k+1)v^k\,{}_kp_x$	${}_{m\vert}(I\ddot{a})_x=\sum_{k=m}^{+\infty}(k-m+1)v^k\,{}_kp_x$
	期末付	$(Ia)_x=\sum_{k=1}^{+\infty}kv^k\,{}_kp_x$	${}_{m\vert}(Ia)_x=\sum_{k=m+1}^{+\infty}(k-m)v^k\,{}_kp_x$
	连续付	$(I\bar{a})_x=\int_0^{+\infty}[t+1]v^t\,{}_tp_x\,\mathrm{d}t$	$(\bar{I}\bar{a})_x=\int_0^{+\infty}tv^t\,{}_tp_x\,\mathrm{d}t$
		定期生存年金	延期的定期生存年金
	期初付	$(I\ddot{a})_{x:\overline{n}\vert}=\sum_{k=0}^{n-1}(k+1)v^k\,{}_kp_x$	${}_{m\vert}(I\ddot{a})_{x:\overline{n}\vert}=\sum_{k=m}^{m+n-1}(k-m+1)v^k\,{}_kp_x$
	期末付	$(Ia)_{x:\overline{n}\vert}=\sum_{k=1}^{n}kv^k\,{}_kp_x$	${}_{m\vert}(Ia)_{x:\overline{n}\vert}=\sum_{k=m+1}^{m+n}(k-m)v^k\,{}_kp_x$
	连续付	$(I\bar{a})_{x:\overline{n}\vert}=\int_0^n[t+1]v^t\,{}_tp_x\,\mathrm{d}t$	${}_{m\vert}(I\bar{a})_{x:\overline{n}\vert}=\int_m^{m+n}[t-m+1]v^t\,{}_tp_x\,\mathrm{d}t$
	连续付	$(\bar{I}\bar{a})_{x:\overline{n}\vert}=\int_0^n tv^t\,{}_tp_x\,\mathrm{d}t$	${}_{m\vert}(\bar{I}\bar{a})_{x:\overline{n}\vert}=\int_m^{m+n}(t-m)v^t\,{}_tp_x\,\mathrm{d}t$
	期初付	$(D\ddot{a})_{x:\overline{n}\vert}=\sum_{k=0}^{n-1}(n-k)v^k\,{}_kp_x$	${}_{m\vert}(D\ddot{a})_{x:\overline{n}\vert}=\sum_{k=m}^{m+n-1}(n-k+m)v^k\,{}_kp_x$
	期末付	$(Da)_{x:\overline{n}\vert}=\sum_{k=1}^{n}(n-k+1)v^k\,{}_kp_x$	${}_{m\vert}(Da)_{x:\overline{n}\vert}=\sum_{k=m+1}^{m+n}(n-k+m+1)v^k\,{}_kp_x$

3. 生存年金的精算现值与一次性给付险种的精算现值之间的关系如下.

		终身生存年金	延期的终身生存年金
定额生存年金	期初付	$\ddot{a}_x=\dfrac{1-A_x}{d}$	${}_{m\vert}\ddot{a}_x=\dfrac{A_{x:\overline{m}\vert}-A_x}{d}$
	期末付	$a_x=\dfrac{v-A_x}{d}$	${}_{m\vert}a_x=\dfrac{A_{x:\overline{m+1}\vert}-A_x}{d}$
	连续付	$\bar{a}_x=\dfrac{1-\bar{A}_x}{\delta}$	${}_{m\vert}\bar{a}_x=\dfrac{\bar{A}_{x:\overline{m}\vert}-\bar{A}_x}{\delta}$
		定期生存年金	延期的定期生存年金
	期初付	$\ddot{a}_{x:\overline{n}\vert}=\dfrac{1-A_{x:\overline{n}\vert}}{d}$	${}_{m\vert}\ddot{a}_{x:\overline{n}\vert}=\dfrac{A_{x:\overline{m}\vert}-A_{x:\overline{m+n}\vert}}{d}$

续表

		定期生存年金	延期的定期生存年金
定额生存年金	期末付	$a_{x:\overline{n}\mid}=\dfrac{v-A_{x:\overline{n}\mid}^{\ 1}-vA_{x:\overline{n}\mid}^{\ \ 1}}{d}$	${}_{m\mid}a_{x:\overline{n}\mid}=\dfrac{A_{x:\overline{m+1}\mid}-A_{x:\overline{m+n+1}\mid}}{d}$
	连续付	$\bar{a}_{x:\overline{n}\mid}=\dfrac{1-\bar{A}_{x:\overline{n}\mid}}{\delta}$	${}_{m\mid}\bar{a}_{x:\overline{n}\mid}=\dfrac{\bar{A}_{x:\overline{m}\mid}-\bar{A}_{x:\overline{m+n}\mid}}{\delta}$
		一年给付多次的终身生存年金	一年给付多次的定期生存年金
	期初付	$\ddot{a}_x^{(m)}=\dfrac{1-A_x^{(m)}}{d^{(m)}}$	$\ddot{a}_{x:\overline{n}\mid}^{(m)}=\dfrac{1-A_{x:\overline{n}\mid}^{(m)}}{d^{(m)}}$
		终身生存年金	延期的终身生存年金
变额生存年金	期初付	$(I\ddot{a})_x=\dfrac{1-A_x-d(IA)_x}{d^2}$	${}_{m\mid}(I\ddot{a})_x={}_mE_x\,\dfrac{1-A_{x+m}-d(IA)_{x+m}}{d^2}$
	期末付	$(Ia)_x=\dfrac{v-vA_x-d(IA)_x}{d^2}$	${}_{m\mid}(Ia)_x={}_mE_x\,\dfrac{v-vA_{x+m}-d(IA)_{x+m}}{d^2}$

4. 生存年金的精算现值与换算函数间的关系如下.

		终身生存年金	延期的终身生存年金
定额生存年金	期初付	$\ddot{a}_x=\dfrac{N_x}{D_x}$	${}_{m\mid}\ddot{a}_x=\dfrac{N_{x+m}}{D_x}$
	期末付	$a_x=\dfrac{N_{x+1}}{D_x}$	${}_{m\mid}a_x=\dfrac{N_{x+m+1}}{D_x}$
		定期生存年金	延期的定期生存年金
	期初付	$\ddot{a}_{x:\overline{n}\mid}=\dfrac{N_x-N_{x+n}}{D_x}$	${}_{m\mid}\ddot{a}_{x:\overline{n}\mid}=\dfrac{N_{x+m}-N_{x+m+n}}{D_x}$
	期末付	$a_{x:\overline{n}\mid}=\dfrac{N_{x+1}-N_{x+n+1}}{D_x}$	${}_{m\mid}a_{x:\overline{n}\mid}=\dfrac{N_{x+m+1}-N_{x+m+n+1}}{D_x}$
		一年给付多次的终身生存年金	一年给付多次的定期生存年金
	期初付	$\ddot{a}_x^{(m)}=\dfrac{N_x^{(m)}}{D_x}$	$\ddot{a}_{x:\overline{n}\mid}^{(m)}=\dfrac{N_x^{(m)}-N_{x+n}^{(m)}}{D_x}$
		终身生存年金	延期的终身生存年金
变额生存年金	期初付	$(I\ddot{a})_x=\dfrac{S_x}{D_x}$	${}_{m\mid}(I\ddot{a})_x=\dfrac{S_{x+m}}{D_x}$
	期末付	$(Ia)_x=\dfrac{S_{x+1}}{D_x}$	${}_{m\mid}(Ia)_x=\dfrac{S_{x+m+1}}{D_x}$

续表

		定期生存年金	延期的定期生存年金
变额生存年金	期初付	$(I\ddot{a})_{x:\overline{n}\mid}=\dfrac{S_x-S_{x+n}-nN_{x+n}}{D_x}$	${}_{m\mid}(I\ddot{a})_{x:\overline{n}\mid}=\dfrac{S_{x+m}-S_{x+m+n}-nN_{x+m+n}}{D_x}$
	期末付	$(Ia)_{x:\overline{n}\mid}=\dfrac{S_{x+1}-S_{x+n+1}-nN_{x+n+1}}{D_x}$	${}_{m\mid}(Ia)_{x:\overline{n}\mid}=\dfrac{S_{x+m+1}-S_{x+m+n+1}-nN_{x+m+n+1}}{D_x}$
	期初付	$(D\ddot{a})_{x:\overline{n}\mid}=\dfrac{nN_x-S_{x+1}+S_{x+n+1}}{D_x}$	${}_{m\mid}(D\ddot{a})_{x:\overline{n}\mid}=\dfrac{nN_{x+m}-S_{x+m+1}+S_{x+m+n+1}}{D_x}$
	期末付	$(Da)_{x:\overline{n}\mid}=\dfrac{nN_{x+1}-S_{x+2}+S_{x+n+2}}{D_x}$	${}_{m\mid}(Da)_{x:\overline{n}\mid}=\dfrac{nN_{x+m+1}-S_{x+m+2}+S_{x+m+n+2}}{D_x}$

5. 给付金额现值 Y 的方差如下.

1) 终身生存年金.

期初付

$$Y=\ddot{a}_{\overline{K(x)+1}\mid}=\frac{1-v^{K(x)+1}}{d}=\frac{1-Z}{d}$$

$$\mathrm{Var}(Y)=\frac{{}^2A_x-(A_x)^2}{d^2}=\frac{2}{d}(\ddot{a}_x-{}^2\ddot{a}_x)+{}^2\ddot{a}_x-(\ddot{a}_x)^2$$

其中 ${}^2\ddot{a}_x=E(Y)_{\delta换作2\delta}\neq E(Y^2)$.

连续付

$$Y=\bar{a}_{\overline{T(x)}\mid}=\frac{1-v^{T(x)}}{\delta}=\frac{1-Z}{\delta}$$

$$\mathrm{Var}(Y)=\frac{{}^2\bar{A}_x-(\bar{A}_x)^2}{d^2}=\frac{2}{d}(\bar{a}_x-{}^2\bar{a}_x)+{}^2\bar{a}_x-(\bar{a}_x)^2$$

其中 ${}^2\bar{a}_x=E(Y)_{\delta换作2\delta}\neq E(Y^2)$.

2) n 年定期生存年金.

期初付

$$Y=\ddot{a}_{\overline{K(x)+1}\mid}I_{(K(x)<n)}+\ddot{a}_{\overline{n}\mid}I_{(K(x)\geqslant n)}=\frac{1-Z}{d}$$

其中 $Z=v^{K(x)+1}I_{(K(x)<n)}+v^nI_{(K(x)\geqslant n)}$

$$\mathrm{Var}(Y)=\frac{{}^2A_{x:\overline{n}\mid}-(A_{x:\overline{n}\mid})^2}{d^2}=\frac{2}{d}(\ddot{a}_{x:\overline{n}\mid}-{}^2\ddot{a}_{x:\overline{n}\mid})+{}^2\ddot{a}_{x:\overline{n}\mid}-(\ddot{a}_{x:\overline{n}\mid})^2$$

其中 ${}^2\ddot{a}_{x:\overline{n}\mid}=E(Y)_{\delta换作2\delta}\neq E(Y^2)$.

连续付

$$Y=\bar{a}_{\overline{T(x)}|}I_{(T(x)<n)}+\ddot{a}_{\overline{n}|}I_{(T(x)\geqslant n)}=\frac{1-Z}{\delta}$$

其中 $Z=v^{T(x)}I_{(T(x)<n)}+v^{n}I_{(T(x)\geqslant n)}$

$$\mathrm{Var}(Y)=\frac{{}^{2}\bar{A}_{x:\overline{n}|}-(\bar{A}_{x:\overline{n}|})^{2}}{\delta^{2}}=\frac{2}{\delta}\left(\bar{a}_{x:\overline{n}|}-{}^{2}\bar{a}_{x:\overline{n}|}\right)+{}^{2}\bar{a}_{x:\overline{n}|}-(\bar{a}_{x:\overline{n}|})^{2}$$

其中 ${}^{2}\bar{a}_{x:\overline{n}|}=E(Y)_{\delta\text{换作}2\delta}\neq E(Y^{2})$.

复习思考题

1. 一位年龄为 50 岁的男性购买了一份生存年金，年金额为 50 000 元，在年利率为 $i=3.5\%$ 的条件下，利用换算函数表计算精算现值.

1) 期初付 20 年定期生存年金；

2) 期末付 20 年定期生存年金；

3) 期初付终身生存年金；

4) 期末付终身生存年金；

5) 60 岁开始支付的期初付 20 年定期生存年金；

6) 60 岁开始支付的期末付 20 年定期生存年金；

7) 60 岁开始支付的期初付终身生存年金；

8) 60 岁开始支付的期末付终身生存年金.

2. 已知 $A_{60}=2A_{40}$，$\ddot{a}_{40}=3\ddot{a}_{60}$，计算 A_{40}.

3. 某 60 岁女性签单了一份终身生存年金，该生存年金自 61 岁开始进行年初给付，精算现值为 5 000. 在年利率为 $i=3.5\%$ 的条件下，利用换算函数表计算年金额.

4. 已知 $1\,000A_{x:\overline{n}|}=563$，$1\,000A_{x}=129$，$d=0.057$，$1\,000\,{}_{n}E_{x}=543$. 试求 ${}_{n|}a_{x}$.

5. 已知被保险人为女性，年利率为 $i=3.5\%$，利用换算函数表计算下列精算现值：

1) $\ddot{a}_{60}$；　2) $\ddot{a}_{60:\overline{20}|}$；　3) ${}_{20|}\ddot{a}_{40}$；4) ${}_{20|}\ddot{a}_{40:\overline{20}|}$.

6. (x) 签单一份期初付的 30 年定期生存年金. 已知 $i=0.05$，${}_{30}p_{x}=0.7$，${}^{2}A^{1}_{x:\overline{30}|}=0.069\,4$，$A^{1}_{x:\overline{30}|}=0.144\,3$. 若记给付金额的现值为 Y，求 $E(Y^{2})$.

7. 50岁的男性投保了延期10年的8年定期生存年金，年金额为5 000元. 已知年利率为 $i=3.5\%$，分别计算期初给付与期末给付的精算现值.

8. 60岁女性被保险人投保一份年末付年金额为10 000元的终身生存年金，假设年利率为 $i=3.5\%$，利用换算函数表计算该生存年金的精算现值.

9. 某 50 岁的男性购买一份延期终身生存年金，保单规定在其 60 岁后每月月初给付 1 000元. 已知年利率 $i=3.5\%$，在 UDD 假设下利用换算函数计算该保单的精算现值.

10. 某 60 岁女性投保一份终身生存年金，已知利率为 $i=3.5\%$，利用换算函数近似计算下列险种的精算现值：

1) 每月初给付，每次给付 1 000 元；

2) 每月末给付，每次给付 1 000 元；

3) 每季度初给付，每次给付 3 000 元；

4) 每季度末给付，每次给付 3 000 元.

11. 某人现年 60 岁，其子女为他购买了即期终身生存年金，保单规定第一年支付保险金额 6 000 元，以后每年递增 100 元，直到他 80 岁时，保险金额保持不变. 年金在期初给付，试用精算符号表示该生存年金的精算现值.

12. 某60岁女性投保生存年金，在年利率为 $i=3.5\%$ 的条件下，在UDD假设下利用换算函数表计算下列精算现值：

1) $\ddot{a}_{60}^{(4)}$；

2) $\ddot{a}_{60:\overline{30}|}^{(4)}$.

13. 某 50 岁男性投保延期 10 年的期初付终身生存年金，年金额为 12 000 元. 已知年利率为 $i=3.5\%$，在 UDD 假设下，分别计算按年给付、按半年给付、按季度给付和按月给付对应的精算现值.

14. 假设被保险人为女性，在年利率为 $i=3.5\%$ 的条件下，计算：

1) a_{20}；

2) $\ddot{a}_{20}$；

3) $(I\ddot{a})_{20:\overline{20}|}$；

4) $(D\ddot{a})_{20:\overline{20}|}$；

5) $(Ia)_{20}$；

6) ${}_{20|}\ddot{a}_{20}$.

15. 某40岁男性购买了一份保单，保单规定：若被保险人在20年内死亡，则立即给付保险金 10 000 元，若活过 20 年，则每年年初给付 10 000 元的生存年金，直至死亡为止. 在年利率为 $i=3.5\%$ 的条件下，利用换算函数表计算该保单的精算现值.

16. 某 65 岁男性购买了一份期初付终身生存年金，保单规定：第一年给付的年金额为 5 000元，之后每年增加500元，在年利率为 $i=3.5\%$ 的条件下，利用换算函数表计算其精算现值.

17. 某 65 岁男性购买了一份期初付终身生存年金，保单规定：第一年给付的年金额为 5 000元，之后每年增加500元，直至达到10 000元后就保持不变. 在年利率为 $i=3.5\%$ 的条件下，利用换算函数表计算其精算现值.

18. 假设死亡力为常数 $\mu=0.02$，年金中的利息力 $\delta=0.03$，求：1) 连续型终身生存年金的精算现值 $\bar{a}_x$；2) 连续型终身生存年金给付金额现值 $\bar{a}_{\overline{T(x)}|}$ 的标准差；3) $\bar{a}_{\overline{T(x)}|}$ 超过 $\bar{a}_x$ 的概率.

19. 假设死亡力为常数 $\mu=0.02$，年金中的利息力 $\delta=0.03$，求：1) 连续型延期 10 年的终身生存年金的精算现值；2) 连续型延期 10 年的 20 年定期生存年金的精算现值.

20. 假定寿命 $\omega=100$ 的 De Moivre 分布，利息力 $\delta=0.05$，计算 $\bar{a}_{30}$.

21. 证明:1) $\bar{a}_x \approx \ddot{a}_x - \frac{1}{2}$;2) $\bar{a}_x \approx a_x + \frac{1}{2}$;3) $\bar{a}_x \approx \frac{N_x + N_{x+1}}{2D_x}$.

22. 证明:在非整数年龄内死亡密度为均匀分布的条件下,有

$$\bar{a}_x = \frac{1}{\delta}\left[1 - \frac{d}{\delta}\ddot{a}_x + \frac{i}{\delta}a_x\right]$$

23. 已知 $\mu_x(t) = -\frac{0.24}{\ln 0.4}$, $t \geqslant 0$, $\delta = 0.03$,计算 $P\{\bar{a}_{\overline{T(x)}|} > 2\}$.

24. (x) 签单了一份期初付的年金额为 1 的终身生存年金,已知 $q_x = 0.01$, $q_{x+1} = 0.05$, $i = 5\%$, $\ddot{a}_{x+1} = 6.951$. 如果 p_{x+1} 的值增加 0.03,试计算该年金的精算现值的增加数.

25. 设:$\bar{a}_x = 10$, ${}^2\bar{a}_x = 7.375$, $\mathrm{Var}(\bar{a}_{\overline{T}|}) = 50$,试求:$\delta$, $\bar{A}_x$ 和 ${}^2\bar{A}_x$.

26. 若生存函数 $s(x) = 1 - \frac{x}{100}$, $0 \leqslant x \leqslant 100$,年利率 $i = 4\%$.

(1) 设40岁的人投保年金额为 1 的终身生存年金,Y_1 为连续给付下所有给付金额在投保时刻的现值,利用精算符号表示 $E(Y_1)$ 和 $\mathrm{Var}(Y_1)$,并完成计算.

(2) 设40岁的人投保年金额为 1 的30年定期生存年金,Y_2 为连续给付下所有给付金额在投保时刻的现值,利用精算符号表示 $E(Y_2)$ 和 $\mathrm{Var}(Y_2)$,并完成计算.

27. 设:$\delta = 0.05$, $\bar{A}_x = 0.06$ 和 ${}^2\bar{A}_x = 0.01$,求$\bar{a}_x$, ${}^2\bar{a}_x$及 $\mathrm{Var}(\bar{a}_{\overline{T}|})$.

28. 在 UDD 假设下,证明:

1) $\bar{a}_x = \frac{d}{\delta}\ddot{a}_x - \frac{i-\delta}{\delta^2}A_x = \frac{id}{\delta^2}\ddot{a}_x - \frac{i-\delta}{\delta^2}$;

2) $\bar{a}_{x:\overline{n}|} = \frac{d}{\delta}\ddot{a}_{x:\overline{n}|} - \frac{i-\delta}{\delta^2}A^1_{x:\overline{n}|} = \frac{id}{\delta^2}\ddot{a}_{x:\overline{n}|} - \frac{i-\delta}{\delta^2}(1 - {}_nE_x)$.

29. 在 UDD 假设下,证明:

1) $\delta\bar{a}_x + \frac{i}{\delta}A_x = 1$;

2) $i^{(m)}a_x^{(m)} = \frac{i}{i^{(m)}}a_x + \frac{(1+i)(d^{(m)}-d)}{i^{(m)}d^{(m)}}A_x$;

3) $a_x^{(m)} = \alpha(m)a_x + \frac{d^{(m)}-d}{i^{(m)}d^{(m)}}$.

30. 证明:当 m 很大时,有下列近似结论:

1) $\lim\limits_{m\to\infty}\ddot{a}_x^{(m)} = \bar{a}_x$;

2) $\lim\limits_{m\to\infty}\ddot{a}_{x:\overline{n}|}^{(m)} = \bar{a}_{x:\overline{n}|}$.

第 4 章　净保费理论

寿险保费作为投保人转移风险所付出的代价分为净保费和附加保费两部分. 从保险人的角度来看,附加保费用于机构的经营管理;净保费则用于未来的保险金给付,在计算过程中只考虑利率和死亡率因素,不考虑费用问题. 本章仅讨论净保费的计算,并依旧将当前时刻设置为投保时刻.

保费缴纳的方式通常有两种:趸缴和期缴. 趸缴强调的是保费在投保时一次性缴纳;期缴则允许保险人设置缴费期并给出缴费频率(据此确定缴费期内的各个缴费时点),在缴费时点只要被保险人处于生存状态,投保人就需要缴纳一定数额的保费. 若无特别说明的情况下,默认缴费期为保险期限. 净保费的确定原则有很多,实务中常用的是平衡准则(又称等价原则),即对保险人来说,未来净保费收入要与未来给付金额相等. 由于两者发生的时刻不同,且含有不确定性,所以比较的实质是两者的精算现值,即

$$\text{未来净保费收入的精算现值} = \text{未来给付金额的精算现值}$$

关于平衡准则还有另一种理解. 因为计算精算现值的最后一步是求期望,所以上式可以改写为

$$E(\text{未来净保费收入的现值}) = E(\text{未来给付金额的现值})$$

通过交换计算顺序,有

$$E(\text{未来给付金额的现值} - \text{未来净保费收入的现值}) = 0$$

很明显,未来给付金额的现值与未来净保费收入的现值之差是保险人未来的损失在签单时刻的价值,我们称其为签单损失量并记为${}_0L_x$,于是

$${}_0L_x = \text{未来给付金额的现值} - \text{未来净保费收入的现值}$$

相应的平衡准则可表示为

$$E({}_0L_x) = 0$$

4.1　趸缴净保费

一次性缴纳的净保费被称为趸缴净保费. 因为趸缴净保费发生在投保时刻,所以趸缴

净保费的精算现值就是其本身. 根据平衡准则,有

$$\text{趸缴净保费} = \text{未来给付金额的精算现值} \tag{4.1}$$

4.1.1 一次性给付险种的趸缴净保费

以即期险种为例,设(x)签单一份离散型给付下保额为1元的终身寿险. 根据(4.1)式,该保单的趸缴净保费为

$$A_x = \sum_{k=0}^{\infty} v^{k+1}{}_{k|}q_x$$

利用生命表函数进行化简,得

$$l_x A_x = \sum_{k=0}^{\infty} v^{k+1} d_{x+k} \tag{4.2}$$

上式表明:在 x 岁时生存的 l_x 个个体每人支付 A_x 元趸缴净保费购买保额为 1 元的终身寿险,总的净保费收入与按死亡预期给付给受益人的保险金的现值总额相等. 因为根据死亡预期统计的第 $k+1$ 个保单年度末给付的死亡保险金等于该保单年度内死亡的人数 d_{x+k},$k=0,1,\cdots$. 所以将各个保单年度末的给付额折现到投保时刻,金额为$\sum_{k=0}^{\infty} v^{k+1} d_{x+k}$ 元.

类似地,由 $A_x = vq_x + vp_x A_{x+1}$ 化简得到

$$l_x A_x(1+i) = d_x + l_{x+1} A_{x+1} \tag{4.3}$$

该式表明:l_x 个年龄为 x 岁的被保险人每人支付 A_x 元趸缴净保费组成的基金以年利率 i 累积一年后的本利和为 $l_x A_x(1+i)$,除去支付当年的死亡保险金 d_x 外,剩余部分可供生存着的 l_{x+1} 个个体投保终身寿险(每人缴费 A_{x+1}).

无论是单个保单还是保单组合,只要保险利益相同,则保单或保单组合在同一时刻的成本也相同. 例如

$$A_x = A^{1}_{x:\overline{n}|} + {}_{n|}A_x$$

表明用于购买终身寿险的趸缴净保费 A_x 可以分为两部分,一部分(金额 $A^{1}_{x:\overline{n}|}$)用来购买 n 年定期寿险,另一部分(金额${}_{n|}A_x$)用来购买延期 n 年的终身寿险,所获得的保险利益与终身寿险一致. 对于延期 n 年的终身寿险还有

$${}_{n|}A_x = A_{x:\overline{n}|}^{\ \ 1} A_{x+n}$$

可将其解释为:用于购买延期 n 年的终身寿险的趸缴净保费可以用来购买保额为 A_{x+n} 的 n 年期生存保险获得相同的保险利益. 因为自投保之日开始,如果被保险人在 n 年之后(即 $x+n$ 岁)处于生存状态,则可将获得的生存保险金 A_{x+n} 元用于购买一份保额为1的即期终身寿险(图 4.1 和图 4.2).

通过上式左右两端的比较,有

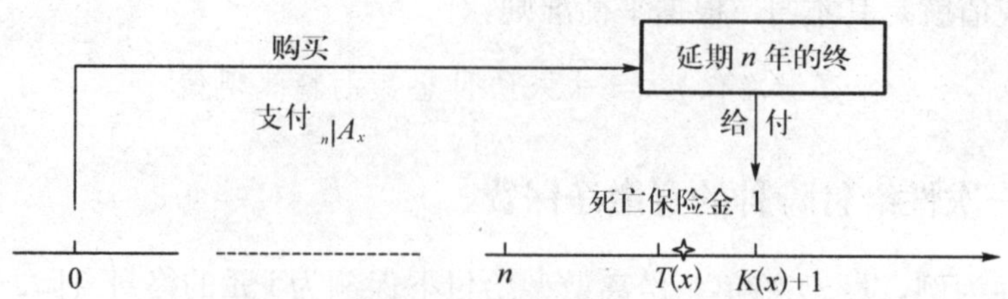

图 4.1　延期 n 年的终身寿险给付示意图

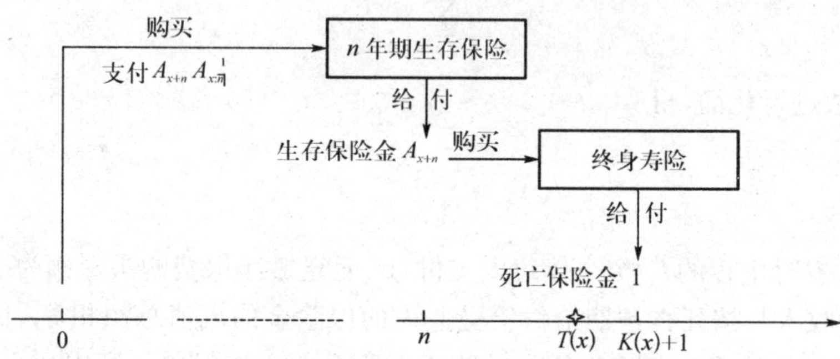

图 4.2　保险组合的给付示意图

$$_{n|}A_x \neq A_{x+n} \tag{4.4}$$

该不等式表明：即便是保险利益相同的保单，在不同时点购买的价格也是不等的. 左侧是在被保险人 x 岁时购买所需支付的趸缴净保费；右侧是在被保险人 $x+n$ 岁时购买所需支付的趸缴净保费.

4.1.2　生存年金的趸缴净保费

设(x)签单一份年金额为 1 的期初付终身生存年金，根据(4.1)式该生存年金的趸缴净保费为

$$\ddot{a}_x = \sum_{k=0}^{\infty} v^k \,_k p_x$$

利用生命表函数展开得

$$l_x \ddot{a}_x = \sum_{k=0}^{\infty} v^k l_{x+k} \tag{4.5}$$

(4.5)式表明：l_x 个 x 岁的人，每人缴纳 $\ddot{a}_x$ 元购买年金额为 1 元的期初付终身生存年金，总的净保费收入等于未来给付支出的现值总额. 所有给付的金额可以按照保单年度统计：根据死亡预期，在第 $k+1$ 个保单年度初有 l_{x+k} 人处于生存状态，需支付 l_{x+k} 元，$k=0, 1, \cdots$. 统一折现至投保时刻，金额为 $\sum\limits_{k=0}^{\infty} v^k l_{x+k}$.

期初付终身生存年金和离散给付下的终身寿险的精算现值之间满足

$$d\ddot{a}_x + A_x = 1$$

该式表明:(x) 可以用 1 元钱购买一个保险组合,其中 A_x 元用于购买单位保额的终身寿险,而剩余的 $d\ddot{a}_x$ 元则用来购买年金额为 d 的期初付终身生存年金. 该保险组合提供的保险利益为:自投保之日开始,每个保单年度初期,若被保险人生存,则可领取 d 元;一旦被保险人死亡,则在死亡所在年末由受益人获得 1 元的死亡保险金.

从趸缴净保费的表达式上看,利率和死亡率是影响人寿保险的费率厘定的主要因素. 图 4.3 和图 4.4 分别给出了 10 岁、30 岁和 50 岁的男性签单千元保额的终身寿险和年金额为 1 的期初付终身生存年金所需缴纳的趸缴净保费随利率变化的趋势. 在相同利率下,不同年龄个体所缴纳的趸缴净保费因为在保险期限内死亡率的不同而有所差异. 随着利率的增长,无论是终身寿险还是终身生存年金的趸缴净保费都会降低,且利率的变化对年龄较小的被保险人影响更大.

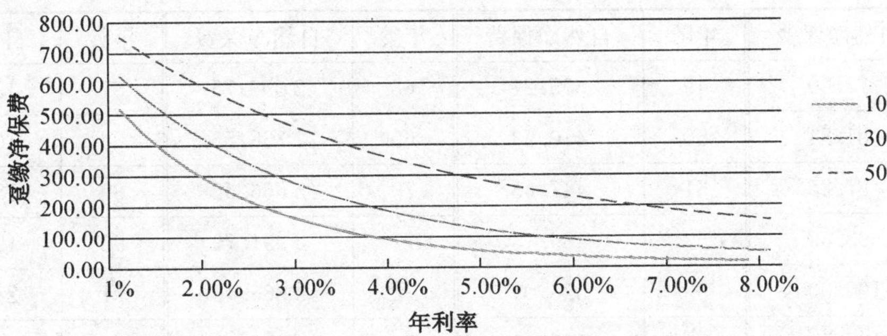

图 4.3　不同利率下的终身寿险的趸缴净保费曲线

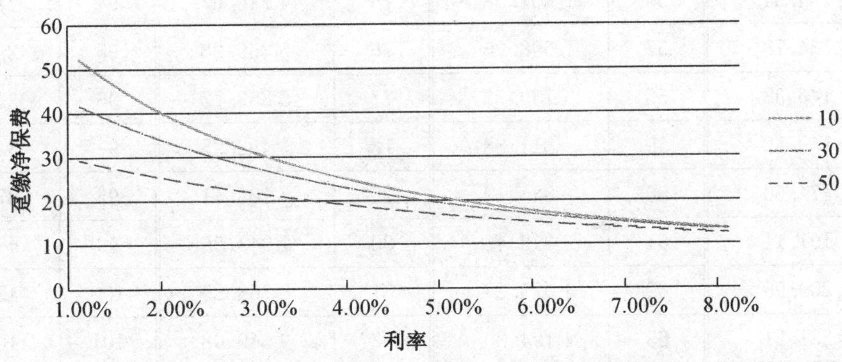

图 4.4　不同利率下的终身生存年金的趸缴净保费曲线

4.2　期缴净保费

期缴净保费,是以被保险人生存为前提进行分期缴纳的净保费. 因为缴费方式与生存年金的给付完全一致,所以可以按照生存年金的方式计算精算现值. 自然净保费是一种期缴净保费，其实质是将原保险分解为一个个一年定期寿险，保险人在每个保单年度初期根据被保险人在该保单年度的预定死亡概率来厘定当年的费率，进而收取当年的净保费. 表 4.1 为某 30 岁男性投保一份保额为 10 万元的终身寿险，在不同年龄缴纳的数额不等的自然净保费. 自然保费在实务中不常见，主要是有以下两方面的原因.

1）自然保费的缴纳方式会导致被保险人在年老最需要保险保障的时候却无法承担保费. 正如表 4.1 所显示的，成年人在投保终身寿险后每年缴纳的自然保费会随年龄而增长，而且这一增长在老年时期更为剧烈.

2）自然保费的缴纳方式会导致逆选择. 因为只有身体健康状态不好的人才会坚持选择投保，此时经验生命表中的死亡率会低于被保险人的实际死亡率，从而导致保费收入不足以支付保险金.

相比之下，将死亡风险的成本平均摊至整个缴费期间的均衡净保费克服了上述不足.

表 4.1　终身寿险的自然净保费　　单位：元

年龄	自然净保费	年龄	自然净保费	年龄	自然净保费	年龄	自然净保费
30	77.00	49	375.27	68	2 095.75	87	15 201.35
31	81.84	50	410.53	69	2 358.55	88	16 580.58
32	87.25	51	447.63	70	2 656.52	89	18 072.08
33	93.33	52	486.18	71	2 991.79	90	19 687.44
34	100.00	53	526.09	72	3 365.41	91	21 437.00
35	107.34	54	567.05	73	3 778.26	92	23 328.60
36	115.56	55	608.89	74	4 231.50	93	25 366.09
37	124.64	56	651.88	75	4 726.67	94	27 548.70
38	134.78	57	698.26	76	5 266.28	95	29 870.53
39	146.38	58	750.72	77	5 853.72	96	32 321.64
40	159.52	59	811.88	78	6 492.95	97	34 888.99
41	174.30	60	885.12	79	7 188.41	98	37 558.16
42	191.11	61	972.46	80	7 943.96	99	40 314.69
43	209.95	62	1 075.27	81	8 763.29	100	43 144.35
44	231.21	63	1 194.20	82	9 649.08	101	46 033.53
45	254.98	64	1 330.53	83	10 604.25	102	48 969.08
46	281.45	65	1 485.89	84	11 631.69	103	51 937.97
47	310.43	66	1 663.00	85	12 735.94	104	54 927.25
48	341.84	67	1 865.12	86	13 923.19	105	96 618.36

均衡净保费是一种典型的期缴净保费，均衡二字不仅要求每期缴纳的金额要相等，而且还要求相邻两次缴费的时间间隔要一致. 因为均衡净保费的缴纳是以被保险人生存为条

件的(与等额生存年金的给付条件相似)，所以精算现值可以表示为

$$\text{均衡净保费收入的精算现值} = \text{均衡净保费} \times \text{相应生存年金的精算现值} \tag{4.6}$$

其中生存年金的年金额或给付率为 1. 求解均衡净保费有

$$\begin{aligned}\text{均衡净保费} &= \frac{\text{该险种的精算现值}}{\text{缴费期内生存年金的精算现值}} \\ &= \frac{\text{该险种的趸缴净保费}}{\text{缴费期内生存年金的趸缴净保费}}\end{aligned} \tag{4.7}$$

因为生存年金可以根据给付方式分为离散型和连续型两种，所以均衡净保费的缴纳也有离散与连续之分. 将保费缴纳方式与保险给付方式相结合，可以将人寿保险模型分为如下三种.

1. 完全离散模型

完全离散，强调净保费的缴纳和保险金的给付都是离散的. 具体来说，均衡净保费按照期初付生存年金的方式来缴纳，所购保险中死亡保险金的给付是离散的，生存年金的给付也是离散的.

2. 完全连续模型

完全连续，强调净保费的缴纳和保险金的给付都是连续的. 具体来说，均衡净保费按照连续型生存年金的方式缴纳，所购保险中死亡保险金的给付或生存年金的给付也是连续的. 该模型在保险实务中并不存在，但是具有重要的理论意义.

3. 半连续模型

半连续，强调净保费的缴纳是离散的，保险金的给付是连续的，即按照期初付生存年金的方式缴纳均衡净保费，死亡保险金的给付发生在死亡时刻.

另外，各类人寿模型中的险种都可以按照缴费期限的长短分为普通和限期缴费两种. 普通缴费是默认缴费期限与保险期限一致，限期缴费则是另外设置不同于保险期限的缴费期. 对于延期寿险来说，一般把延期期限默认为缴费期.

4.3　完全离散模型下的均衡净保费

4.3.1　终身寿险

假设(x)签单一份保额为 1 的完全离散的终身寿险，相应的均衡净保费记为 P_x，可按如下步骤进行计算：

首先，沿用第 2 章中符号 Z 表示给付金额在签单时刻的现值，有

$$Z = v^{K(x)+1}$$

其次，因为缴费期限与保险期限一致，所以均衡净保费的缴纳与期初付终身生存年金的给付方式一致，从而得到均衡净保费的现值

$$P_x \cdot Y = P_x \cdot \ddot{a}_{\overline{K(x)+1}|}$$

其中符号 Y 表示年金额为 1 的 $K(x)+1$ 期期初付年金的现值.

再次,计算保险人在签单时的损失量

$$_0L_x = Z - P_x \cdot Y = v^{K(x)+1} - P_x \cdot \ddot{a}_{\overline{K(x)+1}|} \tag{4.8}$$

最后,根据平衡准则有

$$E(_0L_x) = 0 \Rightarrow A_x - P_x \cdot \ddot{a}_x = 0$$

所以均衡净保费为

$$P_x = \frac{A_x}{\ddot{a}_x} \tag{4.9}$$

利用前两章定义的换算函数进行表达,有

$$P_x = \frac{M_x}{N_x} \tag{4.10}$$

对 $_0L_x$ 做进一步化简

$$_0L_x = \left(1 + \frac{P_x}{d}\right) v^{K(x)+1} - \frac{P_x}{d} \tag{4.11}$$

故签单损失量的方差为

$$\begin{aligned} \mathrm{Var}(_0L_x) &= \left(1 + \frac{P_x}{d}\right)^2 \mathrm{Var}(v^{K(x)+1}) \\ &= \left(1 + \frac{A_x}{d\,\ddot{a}_x}\right)^2 ({}^2A_x - (A_x)^2) \\ &= \frac{{}^2A_x - (A_x)^2}{(d\,\ddot{a}_x)^2} \end{aligned} \tag{4.12}$$

注意到 $E(_0L_x) = 0$,所以 $\mathrm{Var}(_0L_x)$ 也可以由 $E(_0L_x^2)$ 求得.

结论 4.3.1 终身寿险的均衡保费可由终身寿险的趸缴净保费或终身生存年金的趸缴净保费表示如下

$$P_x = \frac{dA_x}{1 - A_x} = \frac{1}{\ddot{a}_x} - d \tag{4.13}$$

签单损失量的方差也可表示为

$$\mathrm{Var}(_0L_x) = \frac{{}^2A_x - (A_x)^2}{(1 - A_x)^2} \tag{4.14}$$

证 因为 $d\ddot{a}_x + A_x = 1$,所以将 $\ddot{a}_x = (1 - A_x)/d$ 和 $A_x = 1 - d\ddot{a}_x$ 分别代入(4.9)式

中即可得(4.13)式. 将 $d\ddot{a}_x = 1 - A_x$ 代入(4.12)式可得(4.14)式.

例 4.3.1　假设 $_{k|}q_x = c(0.96)^{k+1}$，$k = 0, 1, \cdots$. 若 $i = 6\%$，试计算：P_x 和 $\mathrm{Var}(_0L_x)$.

解　由

$$\sum_{k=0}^{\infty} {}_{k|}q_x = 1 \Rightarrow c = \frac{1-0.96}{0.96} = \frac{1}{24}$$

且

$$A_x = \sum_{k=0}^{\infty} v^{k+1}{}_{k|}q_x = \frac{1}{24}\sum_{k=0}^{\infty} 1.06^{-(k+1)} \times 0.96^{k+1} = \frac{1}{24} \times \frac{\frac{0.96}{1.06}}{1-\frac{0.96}{1.06}} = 0.4$$

根据(4.13)式

$$P_x = \frac{dA_x}{1-A_x} = \frac{0.06}{1.06} \times \frac{0.4}{1-0.4} \approx 0.0377$$

类似地

$$^2A_x = \sum_{k=0}^{\infty} v^{2(k+1)}{}_{k|}q_x = \frac{1}{24}\sum_{k=0}^{\infty}\left(\frac{0.96}{1.06^2}\right)^{k+1} = \frac{1}{24} \times \frac{\frac{0.96}{1.06^2}}{1-\frac{0.96}{1.06^2}} \approx 0.2445$$

所以

$$\mathrm{Var}(_0L_x) = \frac{^2A_x - (A_x)^2}{(1-A_x)^2} \approx 0.2347$$

假设 (x) 签单一份保额为 1 的限期 h 年缴费的完全离散的终身寿险，相应的均衡净保费记为 $_hP_x$. 因为给付金额与缴费期限无关，所以给付金额的现值依旧是

$$Z = v^{K(x)+1}$$

均衡净保费的现值为

$$_hP_x \cdot Y = {}_hP_x \cdot \ddot{a}_{\overline{(K(x)+1) \wedge h|}}$$

根据平衡准则有

$$A_x = {}_hP_x \cdot \ddot{a}_{x:\overline{h|}}$$

所以均衡净保费为

$$_hP_x = \frac{A_x}{\ddot{a}_{x:\overline{h|}}} \tag{4.15}$$

该结果同样可以用换算函数表达

$$ {}_{h}P_{x} = \frac{M_{x}}{N_{x} - N_{x+h}} \tag{4.16} $$

例 4.3.2 根据例 4.3.1 的已知条件,计算单位保额的限期 10 年缴费的完全离散的终身寿险的年均衡净保费${}_{10}P_{x}$,并将其与上一题的结论进行比较.

解 根据例 4.3.1 的结论有${}_{j|}q_{x} = \frac{1}{24} \times (0.96)^{j+1}$, $j = 0, 1, \cdots$ 及 $A_{x} = 0.4$,所以

$$ {}_{k}p_{x} = \sum_{j=k}^{\infty} {}_{j|}q_{x} = \frac{25}{24} \times (0.96)^{k+1}, \ k = 0, 1, \cdots $$

及

$$ \ddot{a}_{x:\overline{10|}} = \sum_{k=0}^{9} v^{k} {}_{k}p_{x} = \sum_{k=0}^{9} \left(\frac{0.96}{1.06}\right)^{k} = \frac{1 - \left(\frac{0.96}{1.06}\right)^{10}}{1 - \frac{0.96}{1.06}} \approx 6.6649 $$

根据(4.13)式 有

$$ {}_{10}P_{x} = \frac{A_{x}}{\ddot{a}_{x:\overline{10|}}} \approx 0.06 $$

该值明显大于上一题中的 $P_{x}(0.0377)$,这表明对同一险种而言,在诸如年龄、保险期限等其他因素不变的情况下,缴费期限越短,均衡净保费越大.

4.3.2 *n* 年定期寿险

假设(x)签单一份保额为 1 的完全离散的 n 年定期寿险,相应的均衡净保费记为 $P^{1}_{x:\overline{n|}}$. 按照同样的方法可以得到保险人在签单时的损失量

$$ {}_{0}L_{x} = Z - P^{1}_{x:\overline{n|}} \cdot Y $$

其中 $Z = \begin{cases} v^{K(x)+1}, & K(x) = 0, 1, \cdots, n-1, \\ 0, & K(x) = n, n+1, \cdots, \end{cases}$ $Y = \ddot{a}_{\overline{(K(x)+1) \wedge n|}}$. 根据平衡准则,可得年均衡净保费

$$ P^{1}_{x:\overline{n|}} = \frac{A^{1}_{x:\overline{n|}}}{\ddot{a}_{x:\overline{n|}}} \tag{4.17} $$

及换算函数下的

$$ P^{1}_{x:\overline{n|}} = \frac{M_{x} - M_{x+n}}{N_{x} - N_{x+n}} \tag{4.18} $$

倘若限期 h 年$(h \leqslant n)$缴清所有保费,则均衡净保费记为${}_{h}P^{1}_{x:\overline{n|}}$. 保险人在签单时的损失量为

$$_0L_x = Z - {}_hP^1_{x:\overline{n}|} \cdot Y$$

其中 Z 保持不变，$Y = \ddot{a}_{\overline{(K(x)+1)\wedge h}|}$. 根据平衡准则 $E({}_0L_x) = 0$，有

$$_hP^1_{x:\overline{n}|} = \frac{A^1_{x:\overline{n}|}}{\ddot{a}_{x:\overline{h}|}} \tag{4.19}$$

及换算函数下

$$_hP^1_{x:\overline{n}|} = \frac{M_x - M_{x+n}}{N_x - N_{x+h}} \tag{4.20}$$

例 4.3.3　一名30岁男性签单了一份完全离散的20年定期寿险，保额为10万元，缴费期限为10年，在年利率3.5%的假设下计算该保单的年均衡净保费.

解　该保单的年均衡净保费为

$$10^5\ {}_{10}P^1_{30:\overline{20}|} = 10^5 \times \frac{M_{30} - M_{50}}{N_{30} - N_{40}} = 10^5 \times \frac{75\,194.6 - 66\,877.4}{8\,168\,336.1 - 5\,155\,586.9} \approx 276.07(\text{元})$$

例 4.3.4　(x) 购买一份完全离散的定期寿险，保险期限为2年，保额为1. 已知 $q_x = 0.1$，$q_{x+1} = 0.2$，$d = 0.1$，计算签单损失量的方差.

解　因为在计算定期寿险的签单损失量的方差方面没有特定的公式，所以将签单损失量视为普通的随机变量，据其分布求解方差. 2年定期寿险的签单损失量为

$$\begin{aligned}
_0L_x &= v^{K(x)+1} I_{(K(x)<2)} - P^1_{x:\overline{2}|} \cdot \ddot{a}_{\overline{(K(x)+1)\wedge 2}|} \\
&= \begin{cases} v^{K(x)+1} - P^1_{x:\overline{2}|} \cdot \ddot{a}_{\overline{K(x)+1}|}, & K(x) \leqslant 1 \\ -P^1_{x:\overline{2}|} \cdot \ddot{a}_{\overline{2}|}, & K(x) \geqslant 2 \end{cases} \\
&= \begin{cases} v - P^1_{x:\overline{2}|} \cdot \ddot{a}_{\overline{1}|}, & K(x) = 0 \\ v^2 - P^1_{x:\overline{2}|} \cdot \ddot{a}_{\overline{2}|}, & K(x) = 1 \\ -P^1_{x:\overline{2}|} \cdot \ddot{a}_{\overline{2}|}, & K(x) \geqslant 2 \end{cases}
\end{aligned}$$

因为 $q_x = 0.1$，$q_{x+1} = 0.2$，$d = 0.1$，所以

$$v = 0.9,\ \ddot{a}_{\overline{2}|} = 1 + v = 1.9$$

$$A^1_{x:\overline{2}|} = vq_x + v^2 q_{x+1} = 0.235\,8$$

$$\ddot{a}_{x:\overline{2}|} = 1 + vp_x = 1.81$$

均衡净保费为

$$P^1_{x:\overline{2}|} = \frac{A^1_{x:\overline{2}|}}{\ddot{a}_{x:\overline{2}|}} = 0.130\,3$$

代入签单损失量的表达式中，有

$$
{}_0L_x = \begin{cases} 0.7696, & K(x)=0 \\ 0.5624, & K(x)=1 \\ -0.2476, & K(x)\geqslant 2 \end{cases}
$$

计算二阶矩

$$
E({}_0L_x^2) = 0.7696^2 q_x + 0.5624^2 p_x q_{x+1} + (-0.2476)^2 p_x p_{x+1} = 0.1603
$$

4.3.3 *n* 年定期生存保险

假设(x) 签单一份保额为1的完全离散的 n 年定期生存保险，相应的均衡净保费记为 $P_{x:\overset{\ 1}{\overline{n|}}}$. 如果限期 h 年缴清保费，则均衡净保费记为${}_hP_{x:\overset{\ 1}{\overline{n|}}}$. 依据平衡准则，两种情形下的年均衡净保费分别为

$$
P_{x:\overset{\ 1}{\overline{n|}}} = \frac{A_{x:\overset{\ 1}{\overline{n|}}}}{\ddot{a}_{x:\overline{n|}}} \tag{4.21}
$$

和

$$
{}_hP_{x:\overset{\ 1}{\overline{n|}}} = \frac{A_{x:\overset{\ 1}{\overline{n|}}}}{\ddot{a}_{x:\overline{h|}}} \tag{4.22}
$$

或利用换算函数表示为

$$
P_{x:\overset{\ 1}{\overline{n|}}} = \frac{D_{x+n}}{N_x - N_{x+n}} \tag{4.23}
$$

和

$$
{}_hP_{x:\overset{\ 1}{\overline{n|}}} = \frac{D_{x+n}}{N_x - N_{x+h}} \tag{4.24}
$$

结论 4.3.2 限期 h 年缴清保费的终身寿险的均衡净保费满足

$$
{}_hP_x = P^1_{x:\overline{h|}} + P_{x:\overset{\ 1}{\overline{h|}}} \cdot A_{x+h} \tag{4.25}
$$

回忆 $A_x = A^1_{x:\overline{h|}} + A_{x:\overset{\ 1}{\overline{h|}}} \cdot A_{x+h}$，两边同时除以$\ddot{a}_{x:\overline{h|}}$ 即可得该结论.

4.3.4 *n* 年定期两全保险

假设(x) 签单一份保额为1的完全离散的 n 年定期两全保险，相应的均衡净保费记为 $P_{x:\overline{n|}}$. 保险人在签单时的损失量为

$$
{}_0L_x = Z - P_{x:\overline{n|}} \cdot Y = v^{(K(x)+1)\wedge n} - P_{x:\overline{n|}} \cdot \ddot{a}_{\overline{(K(x)+1)\wedge n|}}
$$

根据平衡准则，年均衡净保费为

$$
P_{x:\overline{n|}} = \frac{A_{x:\overline{n|}}}{\ddot{a}_{x:\overline{n|}}} \tag{4.26}
$$

换算函数下

$$P_{x:\overline{n}|}=\frac{M_x-M_{x+n}+D_{x+n}}{N_x-N_{x+n}} \tag{4.27}$$

回忆关系式 $d\ddot{a}_{x:\overline{n}|}+A_{x:\overline{n}|}=1$,可将 $P_{x:\overline{n}|}$ 用 $A_{x:\overline{n}|}$ 或 $\ddot{a}_{x:\overline{n}|}$ 单独表示为

$$P_{x:\overline{n}|}=\frac{dA_{x:\overline{n}|}}{1-A_{x:\overline{n}|}}=\frac{1}{\ddot{a}_{x:\overline{n}|}}-d \tag{4.28}$$

因为签单损失量又可记作

$${}_0L_x=\left(1+\frac{P_{x:\overline{n}|}}{d}\right)Z-\frac{P_{x:\overline{n}|}}{d} \tag{4.29}$$

所以签单损失量的方差为

$$\mathrm{Var}({}_0L_x)=\frac{{}^2A_{x:\overline{n}|}-(A_{x:\overline{n}|})^2}{(d\,\ddot{a}_{x:\overline{n}|})^2}=\frac{{}^2A_{x:\overline{n}|}-(A_{x:\overline{n}|})^2}{(1-A_{x:\overline{n}|})^2} \tag{4.30}$$

对于保额为1的完全离散的限期 h 年缴费的 n 年定期两全保险,相应的均衡净保费记为${}_hP_{x:\overline{n}|}$. 根据平衡准则,有

$${}_hP_{x:\overline{n}|}=\frac{A_{x:\overline{n}|}}{\ddot{a}_{x:\overline{h}|}} \tag{4.31}$$

及换算函数下

$${}_hP_{x:\overline{n}|}=\frac{M_x-M_{x+n}+D_{x+n}}{N_x-N_{x+h}} \tag{4.32}$$

由于 $A_{x:\overline{n}|}=A^1_{x:\overline{n}|}+A_{x:\overset{\;1}{\overline{n}|}}$,所以

$$P_{x:\overline{n}|}=P^1_{x:\overline{n}|}+P_{x:\overset{\;1}{\overline{n}|}} \tag{4.33}$$

类似地,

$${}_hP_{x:\overline{n}|}={}_hP^1_{x:\overline{n}|}+{}_hP_{x:\overset{\;1}{\overline{n}|}} \tag{4.34}$$

例 4.3.5　已知${}_{10}E_{30}=0.36$, $a_{30:\overline{9}|}=5.6$, $i=0.1$,计算则 $P_{30:\overline{10}|}$ 和 $P^1_{30:\overline{10}|}$.

解

$$\ddot{a}_{30:\overline{10}|}=a_{30:\overline{9}|}+1=6.6$$

$$P_{30:\overline{10}|}=\frac{1}{\ddot{a}_{30:\overline{10}|}}-d=\frac{5}{33}-\frac{1}{11}=\frac{2}{33}$$

$$P_{30:\overset{\;1}{\overline{10}|}}=\frac{{}_{10}E_{30}}{\ddot{a}_{30:\overline{10}|}}=\frac{3}{55}$$

$$P^1_{30:\overline{10}|} = P_{30:\overline{10}|} - P_{30:\overset{1}{\overline{10}|}} = \frac{1}{165}$$

例 4.3.6 已知 ${}_{15}P_{45} = 0.038$，$P_{45:\overline{15}|} = 0.056$，$A_{60} = 0.625$，计算 $P^1_{45:\overline{15}|}$.

解

$$ {}_{15}P_{45} = P^1_{45:\overline{15}|} + P_{45:\overset{1}{\overline{15}|}} \cdot A_{60} = 0.038$$

$$P_{45:\overline{15}|} = P^1_{45:\overline{15}|} + P_{45:\overset{1}{\overline{15}|}} = 0.056$$

$$\Rightarrow P^1_{45:\overline{15}|} = 0.008$$

4.3.5 延期 h 年的期初付生存年金

假设(x)签单一份年金额为1的完全离散的延期h年的期初付终身生存年金，相应的均衡净保费记为$P({}_{h|}\ddot{a}_x)$，计算步骤如下：

首先，延期h年的期初付终身生存年金对应的给付金额的现值为

$$Z = \ddot{a}_{\overline{(K(x)+1)}|} - \ddot{a}_{\overline{(K(x)+1)\wedge h}|}$$

其次，延期期限即是缴费期限，所以均衡净保费的现值为

$$P({}_{h|}\ddot{a}_x) \cdot Y = P({}_{h|}\ddot{a}_x) \cdot \ddot{a}_{\overline{(K(x)+1)\wedge h}|}$$

最后，根据平衡准则有

$$P({}_{h|}\ddot{a}_x) = \frac{{}_{h|}\ddot{a}_x}{\ddot{a}_{x:\overline{h}|}} \tag{4.35}$$

及

$$P({}_{h|}\ddot{a}_x) = \frac{N_{x+h}}{N_x - N_{x+h}} \tag{4.36}$$

类似地，完全离散的延期h年的期初付n年定期生存年金的均衡净保费$P({}_{h|}\ddot{a}_{x:\overline{n}|})$为

$$P({}_{h|}\ddot{a}_{x:\overline{n}|}) = \frac{{}_{h|}\ddot{a}_{x:\overline{n}|}}{\ddot{a}_{x:\overline{h}|}} \tag{4.37}$$

及

$$P({}_{h|}\ddot{a}_{x:\overline{n}|}) = \frac{N_{x+h} - N_{x+h+n}}{N_x - N_{x+h}} \tag{4.38}$$

完全离散模型下，变额寿险的均衡净保费也可由平衡准则计算得到.

例 4.3.7 45岁的男性购买了一份离散型给付的寿险，保单规定：若其在第一个保单年度内死亡，给付金额8 000元，之后逐年减少500元. 当金额减少到零时，合同终止. 若要求保费在5年内缴清，年利率$i = 4\%$，利用换算函数表计算年缴均衡净保费.

解 假设年缴均衡净保费为P，依据平衡准则建立等式：

$$P\ddot{a}_{45:\overline{5}|} = 500\,(DA)^{1}_{45:\overline{16}|} \Rightarrow P = 500 \times \frac{(DA)^{1}_{45:\overline{16}|}}{\ddot{a}_{45:\overline{5}|}} = 500 \times \frac{16M_{45} - R_{46} + R_{62}}{N_{45} - N_{50}} = 49.22$$

4.4　完全连续模型下的均衡净保费

4.4.1　均衡净保费的计算

假设(x)签单一份保额为 1 的完全离散的终身寿险，相应的均衡净保费记为$\bar{P}(\bar{A}_x)$. 因为死亡保险金的给付发生在被保险人的死亡时刻，所以在签单时刻的现值为

$$Z = v^{T(x)}$$

缴费期内所有均衡净保费在签单时刻的现值为

$$\bar{P}(\bar{A}_x)\cdot Y = \bar{P}(\bar{A}_x)\cdot \bar{a}_{\overline{T(x)}|}$$

故签单损失量为

$$_{0}L_x = Z - \bar{P}(\bar{A}_x)\cdot Y = v^{T(x)} - \bar{P}(\bar{A}_x)\cdot \bar{a}_{\overline{T(x)}|} \tag{4.39}$$

根据平衡准则

$$\bar{P}(\bar{A}_x) = \frac{\bar{A}_x}{\bar{a}_x} \tag{4.40}$$

利用$\bar{A}_x + \delta\bar{a}_x = 1$的关系，均衡净保费的表达式还可变形为

$$\bar{P}(\bar{A}_x) = \frac{\delta\bar{A}_x}{1-\bar{A}_x} = \frac{1}{\bar{a}_x} - \delta \tag{4.41}$$

如果将缴费期限限制为 h 年，相应的均衡净保费记为$_{h}\bar{P}(\bar{A}_x)$，有

$$_{h}\bar{P}(\bar{A}_x) = \frac{\bar{A}_x}{\bar{a}_{x:\overline{h}|}} \tag{4.42}$$

按照同样的方法可以在完全连续模型的框架下计算其他险种的均衡净保费，表 4.1 总结了部分险种的结果.

表 4.1　完全连续模型下部分险种的均衡净保费

险　种	给付金额的现值 Z	均衡净保费的现值 $P\cdot Y$	均衡净保费
n 年定期寿险	$v^{T(x)} I_{(T(x)<n)}$	$\bar{P}(\bar{A}^{1}_{x:\overline{n}|})\cdot \bar{a}_{\overline{T(x)\wedge n}|}$	$\bar{P}(\bar{A}^{1}_{x:\overline{n}|}) = \frac{\bar{A}^{1}_{x:\overline{n}|}}{\bar{a}_{x:\overline{n}|}}$
限期 h 年缴费的 n 年定期寿险	$v^{T(x)} I_{(T(x)<n)}$	$_{h}\bar{P}(\bar{A}^{1}_{x:\overline{n}|})\cdot \bar{a}_{\overline{T(x)\wedge h}|}$	$_{h}\bar{P}(\bar{A}^{1}_{x:\overline{n}|}) = \frac{\bar{A}^{1}_{x:\overline{n}|}}{\bar{a}_{x:\overline{h}|}}$

续表

险　种	给付金额的现值 Z	均衡净保费的现值 $P \cdot Y$	均衡净保费
n 年定期两全保险	$v^{T(x)\wedge n}$	$\bar{P}(\bar{A}_{x:\overline{n}\rvert})\cdot\bar{a}_{\overline{T(x)\wedge n}\rvert}$	$\bar{P}(\bar{A}_{x:\overline{n}\rvert})=\dfrac{\bar{A}_{x:\overline{n}\rvert}}{\bar{a}_{x:\overline{n}\rvert}}$
限期 h 年缴费的 n 年定期两全保险	$v^{T(x)\wedge n}$	${}_h\bar{P}(\bar{A}_{x:\overline{n}\rvert})\cdot\bar{a}_{\overline{T(x)\wedge h}\rvert}$	${}_h\bar{P}(\bar{A}_{x:\overline{n}\rvert})=\dfrac{\bar{A}_{x:\overline{n}\rvert}}{\bar{a}_{x:\overline{h}\rvert}}$
延期 h 年的终身生存年金	$\bar{a}_{\overline{T(x)}\rvert}-\bar{a}_{\overline{T(x)\wedge h}\rvert}$	$\bar{P}({}_{h\mid}\bar{a}_x)\cdot\bar{a}_{\overline{T(x)\wedge h}\rvert}$	$P({}_{h\mid}\bar{a}_x)=\dfrac{{}_{h\mid}\bar{a}_x}{\bar{a}_{x:\overline{h}\rvert}}$
延期 h 年的 n 年定期生存年金	$\bar{a}_{\overline{T(x)\wedge(h+n)}\rvert}-\bar{a}_{\overline{T(x)\wedge h}\rvert}$	$\bar{P}({}_{h\mid}\bar{a}_{x:\overline{n}\rvert})\cdot\bar{a}_{\overline{T(x)\wedge h}\rvert}$	$\bar{P}({}_{h\mid}\bar{a}_{x:\overline{n}\rvert})=\dfrac{{}_{h\mid}\bar{a}_{x:\overline{n}\rvert}}{\bar{a}_{x:\overline{h}\rvert}}$

例 4.4.1　设生存人数 $l_x=1-\dfrac{x}{100}$，$0\leqslant x\leqslant 100$，$\delta=0.05$，试求 40 岁的人投保完全连续的终身寿险的均衡净保费.

解　由生存人数的表达式可知 x 岁人的剩余寿命 $T(x)\sim U[0,\ 100-x]$，所以

$$f_{T(40)}(t)=\frac{1}{60},\ 0\leqslant t<60$$

相应地

$$\bar{A}_{40}=\int_0^{60}v^t f_{T(40)}(t)\mathrm{d}t=\int_0^{60}\frac{1}{60}\mathrm{e}^{-0.05t}\mathrm{d}t=0.316\,7$$

$$\bar{P}(\bar{A}_{40})=\frac{\bar{A}_{40}}{\bar{a}_{40}}=\frac{\delta\bar{A}_{40}}{1-\bar{A}_{40}}=0.023\,2$$

结论 4.4.1　若死亡力满足 $\mu(x)=\mu\ (x\geqslant 0)$，且利息力也为常数 δ，则 $\bar{P}(\bar{A}_x)=\mu$.

证　若 $\mu(x)=\mu\ (x\geqslant 0)$，则

$$\bar{A}_x=\frac{\mu}{\mu+\delta}\quad 及\quad \bar{a}_x=\frac{1}{\mu+\delta}$$

所以

$$\bar{P}(\bar{A}_x)=\frac{\bar{A}_x}{\bar{a}_x}=\frac{\dfrac{\mu}{\mu+\delta}}{\dfrac{1}{\mu+\delta}}=\mu$$

因为在死亡力为常数的假设下

$$\bar{A}^1_{x:\overline{n}\rvert}=\int_0^n\mu\,\mathrm{e}^{-\delta t}\mathrm{e}^{-\mu t}\mathrm{d}t,\ \bar{a}_{x:\overline{n}\rvert}=\int_0^n\mathrm{e}^{-\delta t}\mathrm{e}^{-\mu t}\mathrm{d}t$$

两者正好互为倍数关系，通过约分得到

$$\bar{P}(\bar{A}^1_{x:\overline{n}|})=\frac{\bar{A}^1_{x:\overline{n}|}}{\bar{a}_{x:\overline{n}|}}=\mu$$

该结论表明：在死亡力为常值的假设下，定期寿险的均衡净保费与保险期限无关. 需要注意的是，在常数死亡力假设下，定期寿险的趸缴净保费与保险期限有关.

另外，因为$\bar{A}_{x:\overline{n}|}+\delta\bar{a}_{x:\overline{n}|}=1$，所以两全保险的均衡净保费还可表示为

$$\bar{P}(\bar{A}_{x:\overline{n}|})=\frac{\delta\bar{A}_{x:\overline{n}|}}{1-\bar{A}_{x:\overline{n}|}}=\frac{1}{\bar{a}_{x:\overline{n}|}}-\delta \tag{4.43}$$

4.4.2　签单损失量的方差

签单损失量是保险人的潜在损失在签单时刻的价值，其方差可以用来刻画实际损失量的波动幅度. 以终身寿险为例，将签单损失量做进一步的化简

$$\begin{aligned}{}_0L_x&=v^{T(x)}-\bar{P}(\bar{A}_x)\cdot\bar{a}_{\overline{T(x)}|}\\&=v^{T(x)}-\bar{P}(\bar{A}_x)\cdot\frac{1-v^{T(x)}}{\delta}\\&=\left(1+\frac{\bar{P}(\bar{A}_x)}{\delta}\right)v^{T(x)}-\frac{\bar{P}(\bar{A}_x)}{\delta}\end{aligned} \tag{4.44}$$

得到关于给付额的现值的线性组合，此时签单损失量的方差与给付额的现值的方差呈倍数关系，即

$$\mathrm{Var}({}_0L_x)=\left(1+\frac{\bar{P}(\bar{A}_x)}{\delta}\right)^2\mathrm{Var}(v^{T(x)})$$

因为

$$\delta\bar{a}_x+\bar{A}_x=1\Rightarrow 1+\frac{\bar{P}(\bar{A}_x)}{\delta}=\frac{1}{\delta\bar{a}_x}$$

所以

$$\mathrm{Var}({}_0L_x)=\frac{{}^2\bar{A}_x-(\bar{A}_x)^2}{(\delta\bar{a}_x)^2}=\frac{{}^2\bar{A}_x-(\bar{A}_x)^2}{(1-\bar{A}_x)^2} \tag{4.45}$$

类似的方法还可用于两全保险中. 因为两全保险的签单损失量可以化简为

$$\begin{aligned}{}_0L_x&=v^{T(x)\wedge n}-\bar{P}(\bar{A}_{x:\overline{n}|})\cdot\bar{a}_{\overline{T(x)\wedge n}|}\\&=v^{T(x)\wedge n}-\bar{P}(\bar{A}_{x:\overline{n}|})\cdot\frac{1-v^{T(x)\wedge n}}{\delta}\\&=\left(1+\frac{\bar{P}(\bar{A}_{x:\overline{n}|})}{\delta}\right)v^{T(x)\wedge n}-\frac{\bar{P}(\bar{A}_{x:\overline{n}|})}{\delta}\end{aligned}$$

所以

$$\mathrm{Var}({}_0L_x)=\frac{{}^2\bar{A}_{x:\overline{n}|}-(\bar{A}_{x:\overline{n}|})^2}{(\delta\bar{a}_{x:\overline{n}|})^2}=\frac{{}^2\bar{A}_{x:\overline{n}|}-(\bar{A}_{x:\overline{n}|})^2}{(1-\bar{A}_{x:\overline{n}|})^2}\tag{4.46}$$

化简过程中用到了$\bar{A}_{x:\overline{n}|}+\delta\bar{a}_{x:\overline{n}|}=1$.

例 4.4.2 (x) 投保一份完全连续的终身寿险,保额为 1 元. 若死亡力为常数且与利息力相等,$\bar{a}_x=12.5$,计算签单损失量的方差

解 因为死亡力为常数且与利息力相等,所以

$$\bar{a}_x=\frac{1}{\mu+\delta}=12.5\quad\Rightarrow\quad\mu=\delta=0.04$$

$$\bar{A}_x=\frac{\mu}{\mu+\delta}=\frac{1}{2}$$

$${}^2\bar{A}_x=\bar{A}_x@2\delta=\frac{\mu}{\mu+2\delta}=\frac{1}{3}$$

记签单损失量为${}_0L_x$,根据(4.46)式有

$$\mathrm{Var}(Y)=\frac{{}^2\bar{A}_x-(\bar{A}_x)^2}{(\delta\bar{a}_x)^2}=1/3$$

例 4.4.3 (x) 投保一份完全连续的终身寿险,保额为 1 元. 在利息力$\delta=0.06$的假设下,该保单的趸缴净保费为 0.4 元,签单损失量的方差为 0.25. 如果保持利息力不变,将每期保费增加至原均衡净保费的 150%,重新计算签单损失量的方差.

解 因为$\bar{A}_x=0.4$,所以均衡净保费

$$\bar{P}(\bar{A}_x)=\frac{\delta\bar{A}_x}{1-\bar{A}_x}=0.04$$

根据均衡净保费计算的签单损失量的方差满足

$$\mathrm{Var}(Y)=\frac{{}^2\bar{A}_x-(\bar{A}_x)^2}{(1-\bar{A}_x)^2}=\frac{{}^2\bar{A}_x-0.16}{0.36}=0.25\Rightarrow{}^2\bar{A}_x=0.25$$

记增加后的保费为 P',在该保费下签单损失量的方差为

$$\mathrm{Var}({}_0L'_x)=\left(1+\frac{P'}{\delta}\right)^2\mathrm{Var}(v^{T(x)})=\left(1+\frac{P'}{\delta}\right)^2({}^2\bar{A}_x-(\bar{A}_x)^2)$$

将 $P'=1.5\times\bar{P}(\bar{A}_x)=0.06$ 代入得

$$\mathrm{Var}({}_0L'_x)=4\times(0.25-0.16)=0.36$$

4.5 半连续模型下的均衡净保费

假设(x)签单一份保额为 1 的半连续的终身寿险,相应的均衡净保费记为$P(\bar{A}_x)$. 据其计算的签单损失量为

$$_0L_x = Z - P(\bar{A}_x)\cdot Y$$

其中$Z = v^{T(x)}$, $Y = \ddot{a}_{\overline{K(x)+1}|}$. 根据平衡准则

$$P(\bar{A}_x) = \frac{\bar{A}_x}{\ddot{a}_x} \tag{4.47}$$

类似地,保额为 1 的限期 h 年缴费的半连续的终身寿险的均衡净保费记为${}_hP(\bar{A}_x)$,有

$${}_hP(\bar{A}_x) = \frac{\bar{A}_x}{\ddot{a}_{x:\overline{h}|}} \tag{4.48}$$

按照同样的方法,表 4.3 总结了平衡准则下n年定期寿险和n年期两全保险的均衡净保费表达式.

表 4.3 单位保额下 n 年定期寿险和 n 年期两全保险的均衡净保费表达式

险种	n 年定期寿险	限期 h 年缴费的 n 年定期寿险	n 年期两全保险	限期 h 年缴费的 n 年期两全保险
均衡净保费	$P(\bar{A}^1_{x:\overline{n}|}) = \frac{\bar{A}^1_{x:\overline{n}|}}{\ddot{a}_{x:\overline{n}|}}$	${}_hP(\bar{A}^1_{x:\overline{n}|}) = \frac{\bar{A}^1_{x:\overline{n}|}}{\ddot{a}_{x:\overline{h}|}}$	$P(\bar{A}_{x:\overline{n}|}) = \frac{\bar{A}_{x:\overline{n}|}}{\ddot{a}_{x:\overline{n}|}}$	${}_hP(\bar{A}_{x:\overline{n}|}) = \frac{\bar{A}_{x:\overline{n}|}}{\ddot{a}_{x:\overline{h}|}}$

结论 4.5.1 如果相邻整数年龄间 UDD 假设成立,则有

$$P(\bar{A}_x) = \frac{i}{\delta}P_x,\ {}_hP(\bar{A}_x) = \frac{i}{\delta}\,{}_hP_x$$

$$P(\bar{A}^1_{x:\overline{n}|}) = \frac{i}{\delta}P^{\ 1}_{x:\overline{n}|},\ {}_hP(\bar{A}^1_{x:\overline{n}|}) = \frac{i}{\delta}\,{}_hP^1_{x:\overline{n}|}$$

以及

$$P(\bar{A}_{x:\overline{n}|}) = \frac{i}{\delta}P^1_{x:\overline{n}|} + P_{x:\overline{n}|}^{\ \ 1},\ {}_hP(\bar{A}_{x:\overline{n}|}) = \frac{i}{\delta}\,{}_hP^1_{x:\overline{n}|} + {}_hP_{x:\overline{n}|}^{\ \ 1}$$

证 在相邻整数年龄间的 UDD 假设下,有

$$\bar{A}_x = \frac{i}{\delta}A_x,\quad \bar{A}^1_{x:\overline{n}|} = \frac{i}{\delta}A_{x:\overline{n}|}$$

以及

$$\bar{A}_{x:\overline{n}|} = \frac{i}{\delta} A^{1}_{x:\overline{n}|} + A_{x:\overline{n}|}^{\ \ 1}$$

将其代入均衡净保费的表达式中即可得到上述结论. 例如：

$$_{h}P(\bar{A}_{x:\overline{n}|}) = \frac{\bar{A}_{x:\overline{n}|}}{\ddot{a}_{x:\overline{h}|}} = \frac{i}{\delta} \cdot \frac{A^{1}_{x:\overline{n}|}}{\ddot{a}_{x:\overline{h}|}} + \frac{A_{x:\overline{n}|}^{\ \ 1}}{\ddot{a}_{x:\overline{h}|}} = \frac{i}{\delta}\ {}_{h}P^{1}_{x:\overline{n}|} + {}_{h}P_{x:\overline{n}|}^{\ \ 1}$$

例 4.5.1 年龄为 25 岁的人,签订了一份保险金额为 1 000 元的半连续的终身寿险保单,已知 $P_{25} = 0.004\,1$,预定年利率为 $i = 6\%$,在 UDD 假设下,计算该保单的均衡净保费.

解 在 UDD 假设下,

$$1\,000P(\bar{A}_{25}) = \frac{i}{\delta} \cdot 1\,000P_{25} \approx 4.22$$

例 4.5.2 已知 $A_{x:\overline{n}|}^{\ \ 1} = 0.5$, $A_{x:\overline{n}|} = 0.55$, $i = 0.25$,在 UDD 假设下计算 $P(\bar{A}_{x:\overline{n}|})$

解

$$\ddot{a}_{x:\overline{n}|} = \frac{1 - A_{x:\overline{n}|}}{d} = 2.25$$

$$A^{1}_{x:\overline{n}|} = A_{x:\overline{n}|} - A_{x:\overline{n}|}^{\ \ 1} = 0.05$$

$$P^{1}_{x:\overline{n}|} = \frac{0.05}{2.25} = \frac{1}{45},\ P_{x:\overline{n}|}^{\ \ 1} = \frac{10}{45} = \frac{2}{9}$$

在 UDD 假设下

$$P(\bar{A}_{x:\overline{n}|}) = \frac{i}{\delta} P^{1}_{x:\overline{n}|} + P_{x:\overline{n}|}^{\ \ 1} = 0.247\,1$$

4.6 一年缴费 *m* 次的均衡净保费

保险实务中,期缴保费通常是一年 m 次,每次为年缴总额的 $1/m$. 因为离散型缴费只存在于完全离散的和半连续的人寿保险模型中,所以在增加了缴费频率后,均衡净保费的计算需要做以下修改.

4.6.1 完全离散模型下一年缴费 *m* 次的均衡净保费

1. 终身寿险

假设 (x) 签单一份保额为 1 的完全离散的终身寿险,保费每年缴纳 m 次. 记该保单的年均衡净保费为 $P_x^{(m)}$,则每期缴纳金额为 $\frac{1}{m}P_x^{(m)}$. 根据平衡准则有

$$P_x^{(m)} \cdot \ddot{a}_x^{(m)} = A_x$$

从而得到

$$P_x^{(m)} = \frac{A_x}{\ddot{a}_x^{(m)}} \tag{4.49}$$

类似地,还可以得到以下险种的年均衡净保费.

2. 限期 h 年缴费的终身寿险

$$_hP_x^{(m)} = \frac{A_x}{\ddot{a}_{x:\overline{h}|}^{(m)}} \tag{4.50}$$

3. n 年定期寿险

$$P_{x:\overline{n}|}^{1(m)} = \frac{A_{x:\overline{n}|}^{1}}{\ddot{a}_{x:\overline{n}|}^{(m)}} \tag{4.51}$$

4. 限期 h 年缴费的 n 年定期寿险

$$_hP_{x:\overline{n}|}^{1(m)} = \frac{A_{x:\overline{n}|}^{1}}{\ddot{a}_{x:\overline{h}|}^{(m)}} \tag{4.52}$$

5. n 年定期生存保险

$$P_{x:\overline{n}|}^{(m)1} = \frac{A_{x:\overline{n}|}^{\ \ 1}}{\ddot{a}_{x:\overline{n}|}^{(m)}} \tag{4.53}$$

6. 限期 h 年缴费的 n 年定期生存保险

$$_hP_{x:\overline{n}|}^{(m)1} = \frac{A_{x:\overline{n}|}^{\ \ 1}}{\ddot{a}_{x:\overline{h}|}^{(m)}} \tag{4.54}$$

7. n 年定期两全保险

$$P_{x:\overline{n}|}^{(m)} = \frac{A_{x:\overline{n}|}}{\ddot{a}_{x:\overline{n}|}^{(m)}} \tag{4.55}$$

8. 限期 h 年缴费的 n 年定期两全保险

$$_hP_{x:\overline{n}|}^{(m)} = \frac{A_{x:\overline{n}|}}{\ddot{a}_{x:\overline{h}|}^{(m)}} \tag{4.56}$$

9. 延期 h 年的期初付终身生存年金

$$P^{(m)}({}_{h|}\ddot{a}_x) = \frac{{}_{h|}\ddot{a}_x}{\ddot{a}_{x:\overline{h}|}^{(m)}} \tag{4.57}$$

10. 延期 h 年的期初付 n 年定期生存年金.

$$P^{(m)}({}_{h|}\ddot{a}_{x:\overline{n}|})=\frac{{}_{h|}\ddot{a}_{x:\overline{n}|}}{\ddot{a}^{(m)}_{x:\overline{h}|}} \tag{4.58}$$

4.6.2 半连续模型下一年缴费 m 次的均衡净保费

1. 终身寿险

假设(x)签单一份保额为1的半连续的普通终身寿险,保费每年缴纳m次. 记该保险的均衡净保费为$P^{(m)}(\bar{A}_x)$,则每期缴纳金额为$\frac{1}{m}P^{(m)}(\bar{A}_x)$. 根据平衡准则有

$$P^{(m)}(\bar{A}_x)\cdot\ddot{a}^{(m)}_x=\bar{A}_x$$

从而得到

$$P^{(m)}(\bar{A}_x)=\frac{\bar{A}_x}{\ddot{a}^{(m)}_x} \tag{4.59}$$

并且在UDD假设下,

$$P^{(m)}(\bar{A}_x)=\frac{i}{\delta}P^{(m)}_x \tag{4.60}$$

类似地,我们还可以得到如下结论.

2. 限期 h 年缴费的终身寿险

$${}_hP^{(m)}(\bar{A}_x)=\frac{\bar{A}_x}{\ddot{a}^{(m)}_{x:\overline{h}|}}\overset{\text{UDD}}{=}\frac{i}{\delta}\,{}_hP^{(m)}_x \tag{4.61}$$

3. n 年定期寿险

$$P^{(m)}(\bar{A}^1_{x:\overline{n}|})=\frac{\bar{A}^1_{x:\overline{n}|}}{\ddot{a}^{(m)}_{x:\overline{n}|}}\overset{\text{UDD}}{=}\frac{i}{\delta}P^{1(m)}_{x:\overline{n}|} \tag{4.62}$$

4. 限期 h 年缴费的 n 年定期寿险

$${}_hP^{(m)}(\bar{A}^1_{x:\overline{n}|})=\frac{\bar{A}^1_{x:\overline{n}|}}{\ddot{a}^{(m)}_{x:\overline{h}|}}\overset{\text{UDD}}{=}\frac{i}{\delta}\,{}_hP^{1(m)}_{x:\overline{n}|} \tag{4.63}$$

5. n 年定期两全保险

$$P^{(m)}(\bar{A}_{x:\overline{n}|})=\frac{\bar{A}_{x:\overline{n}|}}{\ddot{a}^{(m)}_{x:\overline{n}|}}\overset{\text{UDD}}{=}\frac{i}{\delta}P^{1(m)}_{x:\overline{n}|}+P^{(m)1}_{x:\overline{n}|} \tag{4.64}$$

6. 限期 h 年缴费的 n 年定期两全保险

$${}_hP^{(m)}(\bar{A}_{x:\overline{n}|})=\frac{\bar{A}_{x:\overline{n}|}}{\ddot{a}^{(m)}_{x:\overline{h}|}}\overset{\text{UDD}}{=}\frac{i}{\delta}\,{}_hP^{1(m)}_{x:\overline{n}|}+{}_hP^{(m)1}_{x:\overline{n}|} \tag{4.65}$$

7. 延期 h 年的终身生存年金

$$P^{(m)}({}_{h|}\bar{a}_x) = \frac{{}_{h|}\bar{a}_x}{\ddot{a}^{(m)}_{x:\overline{h}|}} \tag{4.66}$$

8. 延期 h 年的 n 年定期生存年金

$$P^{(m)}({}_{h|}\bar{a}_{x:\overline{n}|}) = \frac{{}_{h|}\bar{a}_{x:\overline{n}|}}{\ddot{a}^{(m)}_{x:\overline{h}|}} \tag{4.67}$$

例 4.6.1　25 岁的男性被保险人投保了完全离散的 35 年期的定期寿险，保额为 10 000 元，保费在每月月初缴纳，如果年利率 $i = 3.5\%$，利用换算函数计算 1) 普通月缴净保费；2) 限期 10 年缴清的月缴净保费.

解　(1) $$10\,000P^{1(12)}_{25:\overline{35}|} = 10\,000 \times \frac{A^1_{25:\overline{35}|}}{\ddot{a}^{(12)}_{25:\overline{35}|}} = 10\,000 \times \frac{\dfrac{M_{25}-M_{60}}{D_{25}}}{\ddot{a}_{25:\overline{35}|} - \dfrac{11}{24}\left(1-\dfrac{D_{60}}{D_{25}}\right)}$$

$$= 10\,000 \times \frac{M_{25}-M_{60}}{N_{25}-N_{60}-\dfrac{11}{24}(D_{25}-D_{60})} = 21.44$$

月缴净保费为

$$\frac{10\,000}{12}P^{1(12)}_{25:\overline{35}|} = 1.79$$

(2) $$10\,000\,{}_{10}P^{1(12)}_{25:\overline{35}|} = 10\,000 \times \frac{A^1_{25:\overline{35}|}}{\ddot{a}^{(12)}_{25:\overline{10}|}} = 10\,000 \times \frac{\dfrac{M_{25}-M_{60}}{D_{25}}}{\ddot{a}_{25:\overline{10}|} - \dfrac{11}{24}\left(1-\dfrac{D_{35}}{D_{25}}\right)}$$

$$= 10\,000 \times \frac{M_{25}-M_{60}}{N_{25}-N_{35}-\dfrac{11}{24}(D_{25}-D_{35})} = 50.67$$

月缴净保费为

$$\frac{10\,000}{12}\,{}_{10}P^{1(12)}_{25:\overline{35}|} = 4.22$$

如果允许根据被保险人的死亡时间在死亡时刻做出部分净保费的返还，在平衡准则的框架下，应当从比例期初生存年金的角度来计算净保费收入的精算现值，将上述各式的分母替换为相应的比例期初生存年金的精算现值.

本 章 小 结

1. 人寿保险保费作为投保人转移风险所付出的代价分为净保费和附加保费两部分，其中的净保费用于未来的保险金给付. 用于确定净保费的平衡准则是保险人的支出与收入的

平衡,是精算意义下的平衡.具体表示为

$$未来净保费收入的精算现值 = 未来给付金额的精算现值$$

该等式还可以用签单损失量来表达,有

$$E({}_0L_x) = 0$$

其中签单损失量${}_0L_x$ 的计算如下

$${}_0L_x = 未来给付金额的现值 - 未来净保费收入的现值$$

签单损失量反映的是保险人未来给付不足风险在签单时刻的价值,为了更好地评估该风险,需要掌握能够刻画签单损失量分布的工具,例如,期望和方差等.

2. 在平衡准则下,

$$趸缴净保费 = 该险种的精算现值$$

$$均衡净保费 = \frac{该险种的精算现值}{缴费期内相应的生存年金的精算现值}$$

3. 人寿保险模型可根据保险金的给付方式和保费的缴纳方式分为完全离散型、完全连续型和半连续型.在UDD假设下,半连续的寿险的均衡净保费与完全离散的寿险的均衡净保费在数值上存在一定的关系.

复习思考题

1. 设100个相互独立的 x 岁的被保险人投保单位保额的终身寿险,死亡保险金在被保险人死亡时刻给付.已知死亡力 $\mu_x(t) = 0.04$, $t \geqslant 0$,利息力 $\delta = 0.06$,计算:(1) 趸缴净保费能够支付每个被保险人死亡保险金的概率;(2) 以趸缴的方式缴纳数额多少才能保证其能够支付每个被保险人死亡保险金的概率达到95%.

2. 保险公司向(25) 签发了100份相互独立的完全连续的两全保险保单,该保险的保额为1 000元,保险期限为40年.已知${}^2\bar{A}_{25:\overline{40|}} = 0.024\,44$, $\bar{A}_{25:\overline{40|}} = 0.124\,55$,年利率为6%,试利用正态近似计算使得保险未来损失为正的概率为5% 的年均衡净保费.

3. 已知:$P_{31} = 0.04$, $p_{30} = 0.90$, $d = 0.06$,求 P_{30}.

4. 在精算平衡原理下,L 为单位保额、全连续型的终身寿险的损失随机变量.已知 $E(v^{2T(x)}) = 0.34$, $E(v^{T(x)}) = 0.40$. 试求 $\mathrm{Var}(L)$.

5. 已知:$\ddot{a}_{30:\overline{10|}} = 14.22$, $P_{30:\overline{10|}} = 0.085$, $P_{20} = 0.048\,9$,求 d 和$\ddot{a}_{20}$.

6. 已知${}_{20}P_{25} = 0.042$, $P_{25:\overline{40|}} = 0.046$, $A_{45} = 0.64$, 试求 $P^{1}_{25:\overline{20|}}$ 和 $P_{25:\overset{1}{\overline{20|}}}$.

7. 已知 $d = 5\%$, $\ddot{a}_x = 1.68$,试在UDD假设下计算 $\bar{P}(\bar{A}_x)$.

8. 已知 $P^{1}_{x:\overline{n|}} = 0.01$, ${}_nP_x = 0.03$, $P_{x:\overline{n|}} = 0.042$, $d = 2\%$, 试求$\ddot{a}_{x+n}$.

9. 设生存人数 $l_x = 1 - \dfrac{x}{100}$, $0 \leqslant x \leqslant 100$, $\delta = 0.05$,试计算:(1)40 岁的人投保完全连续的单位保额的终身寿险的均衡净保费,(2)40 岁的人投保完全连续型限期20年缴清保费的单位保额终身寿险的均衡净保费.

10. 设生存人数 $l_x = 1 - \dfrac{x}{100}$，$0 \leqslant x \leqslant 100$，$\delta = 0.05$. 已知 40 岁的人投保完全连续的单位保额的终身寿险，计算保险人签单损失量的方差.

11. (x) 购买完全连续的延期 10 年的终身寿险，保额为 1. 已知 $\mu_x(t) = 0.04$，$t \geqslant 0$，$\delta = 0.06$，计算该保单的年均衡净保费.

12. 已知：$\dfrac{P^{1(12)}_{x:\overline{20}|}}{P^{1}_{x:\overline{20}|}} = 1.03$，$P^{(12)}_{x:\overline{20}|} = 0.412$，求 $P_{x:\overline{20}|}$.

13. 已知：$P^{1}_{30:\overline{10}|} = 0.005$，$P_{40} = 0.034$，$P_{30:\overline{10}|} = 0.029$，$d = 0.06$，求 A_{30}.

14. 已知：${}_{15}P_{45} = 0.038$，$P_{45:\overset{1}{\overline{15}|}} = 0.0192$，$A_{60} = 0.0625$，求 $P_{45:\overline{15}|}$.

15. (x) 投保保额为 1 的完全离散的 10 年期保险，每年初均衡缴费，若被保险人在 10 年末仍生存，则不计利息返还所有保费. 已知 $A_{x:\overset{1}{\overline{10}|}} = 0.47$，$A^{1}_{x:\overline{10}|} = 0.13$，$d = 0.05$. 计算年均衡净保费.

16. 45 岁的男性购买了一份离散型给付的寿险，保单规定：若其在第一个保单年度内死亡，给付金额 8 000 元，之后逐年减少 500 元. 当金额减少到零时，合同终止. 若要求保费在 5 年内缴清，年利率 $i = 3.5\%$，利用换算函数表计算年缴均衡净保费.

17. 某 40 岁的男性投保一份离散给付的终身寿险，保额为 20 万元. 已知利率 $i = 3.5\%$，使用换算函数表计算以下净保费：1) 趸缴净保费；2) 均衡净保费；3) 限期 10 年缴清的均衡净保费.

18. 证明：对于限期 h 年缴费的 n 年定期两全保险，在 UDD 假设下有

$$ {}_hP^{(m)}(\bar{A}_{x:\overline{n}|}) \overset{\text{UDD}}{=} \frac{i}{\delta}\, {}_hP^{1(m)}_{x:\overline{n}|} + {}_hP^{(m)1}_{x:\overline{n}|} $$

19. 45 岁的男性购买一份 15 年期的完全离散的两全保险，保额为 30 000 元，利率为 3.5%，试求：1) 趸缴净保费；2) 均衡净保费；3) 限期 5 年缴清的均衡净保费.

20. 25 岁的男性购买一份延期 10 年的完全离散的终身保险，保额为 100 000 元，利率为 3.5%，试求：1) 趸缴净保费；2) 均衡净保费.

21. 20 岁的男性购买一份完全离散的终身保险，保单规定：若其在第一年死亡，给付金额 30 000 元，之后逐年增加 100 元，利率为 3.5%，试求：1) 趸缴净保费；2) 均衡净保费；3) 限期 10 年缴清的均衡净保费.

22. 30 岁的男性购买一份 20 年缴费的完全离散的终身保险，保额为 5 000 元. 保单规定：前 10 年的保费是后 10 年保费的 2 倍，利率为 3.5%，试求：前 10 年的均衡净保费.

23. 40 岁的男性购买一份限期 10 年缴清的完全离散的终身保险，保单规定：若其在 10 年内死亡，给付保险金 10 000 元并返还已缴净保费(不计利息)；若其在 10 年后死亡，则只给付死亡保险金 10 000 元. 利率为 3.5%，试求：均衡净保费.

24. 25 岁的男性购买一份完全离散的终身保险，保额为 25 000 元，利率为 3.5%，试求：1) 月缴均衡净保费；2) 限期 10 年缴清的月缴均衡净保费.

第5章　责任准备金

第4章我们介绍了厘定费率所使用的平衡准则，并定义了保险人在签单时的损失量

$$ {}_0L_x = \text{未来给付金额的现值} - \text{未来净保费收入的现值} $$

以30岁的女性投保一份保额为1 000元的完全离散的终身寿险为例，签单损失量为

$$ {}_0L_{30} = 1\,000(v^{K(30)+1} - P_{30} \cdot \ddot{a}_{\overline{K(30)+1}|}) $$

根据平衡准则，即 $E({}_0L_{30}) = 0$ 得到均衡净保费为

$$ 1\,000P_{30} = 1\,000 \times \frac{A_{30}}{\ddot{a}_{30}} = 9.21 $$

假设被保险人在第一个保单年度内并没有发生死亡，再次评估保险人在第一个保单年度末的损失量，有

$$ {}_1L_{30} = 1\,000(v^{K(30)} - P_{30} \cdot \ddot{a}_{\overline{K(30)}|}) $$

以及

$$ \begin{aligned} E({}_1L_{30} \mid K(30) \geqslant 1) &= 1\,000E(v^{K(30)} - P_{30} \cdot \ddot{a}_{\overline{K(30)}|} \mid K(30) \geqslant 1) \\ &= 1\,000(A_{31} - P_{30} \cdot \ddot{a}_{31}) = 8.74 > 0 \end{aligned} $$

注意到第一个保单年度末保险人的损失量的条件期望大于零！该结果表明：从第一个保单年度末看，未来均衡净保费收入不足以抵消未来保险金的给付. 这就要求保险人从精算现值的角度评估两者的差距，并从已收取的净保费中提留出这部分金额用于弥补未来可能发生的损失，这部分金额就被称为该项保险在第一个保单年度末的责任准备金.

定义寿险保单在评估时刻 t 的责任准备金为

$$ {}_tV = E({}_tL \mid \text{时刻 } t \text{ 保单有效}) $$

其中 ${}_tL$ 为保险人未来损失在评估时刻的价值. 特别地，对任意的寿险保单，只要是通过平衡准则确定净保费，那么签单时刻的责任准备金都为零（即 ${}_0V = 0$）.

本章将当前时刻设定为准备金评估时刻，分别对完全离散、完全连续以及半连续等模型下几类人寿保险的责任准备金进行介绍.

5.1　完全离散模型下的责任准备金

因为完全离散模型下缴费时点发生在固定时刻，通常为保单年度初，所以本节将评估时刻分为保单年度末和保单年度内的其他时刻进行讨论．单独讨论保单年度末的责任准备金是出于以下三方面的原因：① 从保单年度末看，下一个保单年度初的净保费属于未来保费收入，且该笔保费的缴纳是必然事件；② 从未来保险金给付时刻（或缴费时刻）到保单年度末为给付周期（或缴费周期）的整数倍，更容易计算损失量的条件期望；③ 其他时刻的责任准备金可以由评估时点所在的保单年度末的责任准备金辅助计算得到．

5.1.1　终身寿险的责任准备金

5.1.1.1　保单年度末的责任准备金

假设(x)签单一份保额为1元的完全离散的终身寿险，均衡净保费为

$$P_x = \frac{A_x}{\ddot{a}_x}$$

以该保费为基础计算的第$h(h=1,2,\cdots)$个保单年度末的损失量为

$$_hL_x = v^{K(x)+1-h} - P_x \cdot \ddot{a}_{\overline{K(x)+1-h}|} \tag{5.1}$$

记第h个保单年度末的净准备净为$_hV_x$，根据定义有

$$\begin{aligned} {}_hV_x &= E({}_hL_x \mid K(x) \geqslant h) \\ &= E(v^{K(x)+1-h} - P_x \cdot \ddot{a}_{\overline{K(x)+1-h}|} \mid K(x) \geqslant h) \end{aligned}$$

其中$\{K(x)\geqslant h\}$表示事件“第h个保单年度末保单依旧有效”．在处理条件期望之前，我们先介绍一个引理．

引理5.1.1　对非负函数$g(\cdot)$，有

$$E\{g(T(x)) \mid K(x)\geqslant h\} = E\{g(T(x+h)+h)\}$$

若$E\{g(T(x))^2 \mid K(x)\geqslant h\}<\infty$，则

$$\mathrm{Var}\{g(T(x)) \mid K(x)\geqslant h\} = \mathrm{Var}\{g(T(x+h)+h)\}$$

证　因为随机事件$\{K(x)\geqslant h\}$等价于$\{T(x)\geqslant h\}$，且可表示为$\{I_{\{K(x)\geqslant h\}}=1\}$，所以只需证明

$$E\{g(T(x))I_{\{K(x)\geqslant h\}} \mid I_{\{K(x)\geqslant h\}}=1\} = E\{g(T(x+h)+h)\}$$

注意到

$$\begin{aligned} E\{g(T(x))I_{\{K(x)\geqslant h\}}\} &= E\{g(T(x))I_{\{K(x)\geqslant h\}} \mid I_{\{K(x)\geqslant h\}}=1\}P\{I_{\{K(x)\geqslant h\}}=1\} \\ &= E\{g(T(x))I_{\{K(x)\geqslant h\}} \mid I_{\{K(x)\geqslant h\}}=1\}\,{}_hp_x \end{aligned}$$

且

$$E\{g(T(x))I_{\{K(x)\geqslant h\}}\}=E\{g(T(x))I_{\{T(x)\geqslant h\}}\}$$
$$=\int_0^{+\infty} g(t)I_{\{t\geqslant h\}}\ {}_tp_x\mu_x(t)\mathrm{d}t$$
$$=\int_h^{+\infty} g(t)\ {}_tp_x\mu(x+t)\mathrm{d}t$$
$$=\int_0^{+\infty} g(t+h)\ {}_{t+h}p_x\mu(x+t+h)\mathrm{d}t$$
$$={}_hp_x\int_0^{+\infty} g(t+h)\ {}_tp_{x+h}\mu_{x+h}(t)\mathrm{d}t$$
$$={}_hp_xE\{g(T(x+h)+h)\}$$

因为 $E\{g(T(x))^2 \mid K(x)\geqslant h\}<\infty$,所以

$$\mathrm{Var}\{g(T(x))\mid K(x)\geqslant h\}=E\{g^2(T(x))\mid K(x)\geqslant h\}-\{E\{g(T(x))\mid K(x)\geqslant h\}\}^2$$
$$=E\{g^2(T(x+h)+h)\}-\{E\{g(T(x+h)+h)\}\}^2$$
$$=\mathrm{Var}\{g(T(x+h)+h)\}$$

根据引理 5.1.1,终身寿险的责任准备可化简为无条件期望

$$ {}_hV_x=E(v^{K(x+h)+1}-P_x\cdot \ddot{a}_{\overline{K(x+h)+1}|})$$
$$=A_{x+h}-P_x\cdot\ddot{a}_{x+h} \tag{5.2}$$

因为在评估时刻被保险人为 $x+h$ 岁,所以该结果表明:评估时刻的责任准备金等于未来给付金额(在评估时刻)的精算现值减去未来净保费收入(在评估时刻)的精算现值,我们称其为未来法公式(图 5.1).

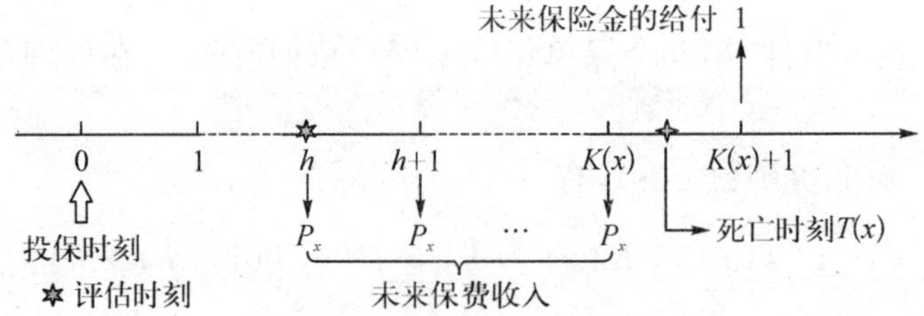

图 5.1　终身寿险下保险人未来的保费收入与给付支出

进一步地有

$$\mathrm{Var}({}_hL_x\mid K(x)\geqslant h)=\mathrm{Var}(v^{K(x)+1-h}-P_x\cdot\ddot{a}_{\overline{K(x)+1-h}|}\mid K(x)\geqslant h)$$
$$=\mathrm{Var}\left\{\left(1+\frac{P_x}{d}\right)\cdot v^{K(x)+1-h}\middle| K(x)\geqslant h\right\}$$
$$=\left(1+\frac{P_x}{d}\right)^2\mathrm{Var}\{v^{K(x)+1-h}\mid K(x)\geqslant h\}$$
$$=\frac{{}^2A_{x+h}-(A_{x+h})^2}{(d\ddot{a}_x)^2} \tag{5.3}$$

在前几章定义的换算函数下，式(5.2)还可表示为

$$ {}_hV_x = \frac{M_{x+h}}{D_{x+h}} - \frac{M_x}{N_x} \cdot \frac{N_{x+h}}{D_{x+h}} \tag{5.4} $$

图 5.2 给出了千元保额的终身寿险的责任准备金在不同评估时刻的价值，其中被保险人为新生婴儿.

例 5.1.1　一名 30 岁男性签单了一份终身寿险，保额为 10 万元，在年利率 3.5% 的假设下计算该保单在第 10 年末的责任准备金.

解　该保单在第 10 年末的责任准备金为

$$ \begin{aligned} 10^5\,{}_{10}V_{30} &= 10^5 \times (A_{40} - P_{30} \cdot \ddot{a}_{40}) \\ &= 10^5 \times \left(\frac{M_{40}}{D_{40}} - \frac{M_{30}}{N_{30}} \times \frac{N_{40}}{D_{40}}\right) \\ &\approx 9\,977.33(\text{元}) \end{aligned} $$

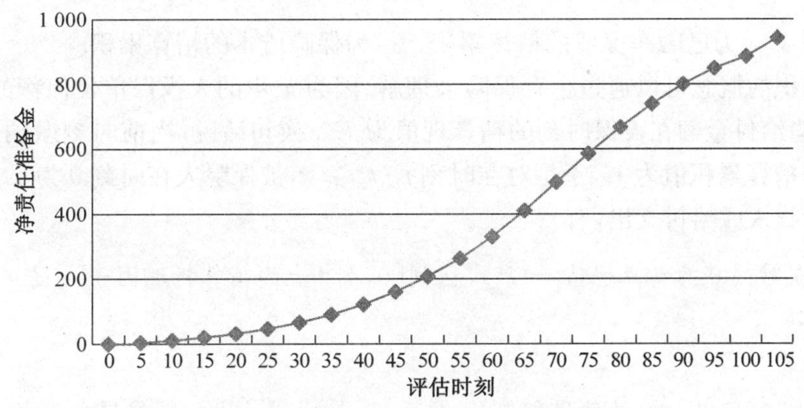

图 5.2　终身寿险的责任准备金

净保费是由保险人的净保费收入和给付金额的支出之间的精算平衡关系所得到的，这里的平衡不仅体现在签单时刻，在保险期间内的任意时刻这样的平衡关系都存在. 以终身寿险为例，对于任意时刻 $t(t \geqslant 0)$，有

缴费期内所有净保费在时刻 t 的精算价值 = 保险期内的所有给付额在时刻 t 的精算价值

其中的精算价值又根据净保费收入与给付支出的发生时刻与 t 的先后顺序被分为精算累积值和精算现值. 所以展开为

已缴纳的净保费在时刻 t 的精算累积值 + 未来的净保费在时刻 t 的精算现值
= 以往的保险给付在时刻 t 的精算累积值 + 未来的保险给付在时刻 t 的精算现值

移项后得

未来保险给付在时刻 t 的精算现值 − 未来净保费在时刻 t 的精算现值

= 已缴纳净保费在时刻 t 的精算累积值 − 以往保险给付在时刻 t 的精算累积值

所以评估时刻的责任准备金也等于已缴纳净保费(在评估时刻)的精算累积值减去以往保险给付(在评估时刻)的精算累积值,我们称其为过去法公式.

在过去法公式下,(x) 投保的单位保额的完全离散型终身寿险在第 h 个保单年度末的责任准备金还可表示为

$$ {}_hV_x = \frac{P_x \cdot \ddot{a}_{x:\overline{h}|}}{{}_hE_x} - \frac{A^1_{x:\overline{h}|}}{{}_hE_x} \tag{5.5}$$

其中${}_hE_x$ 为前 h 年的精算折现因子,$1/{}_hE_x$ 为前 h 年的精算累积因子.因为$\ddot{a}_{x:\overline{h}|}$ 和 $A^1_{x:\overline{h}|}$ 分别是(x) 投保的年金额为 1 的期初付 h 年定期生存年金和 h 年定期寿险在投保时刻的精算现值(趸缴净保费),所以记$\ddot{s}_{x:\overline{h}|} = \ddot{a}_{x:\overline{h}|}/{}_hE_x$ 和${}_h\kappa_x = A^1_{x:\overline{h}|}/{}_hE_x$ 分别为对应寿险的精算累积值,则(5.5)式还可写作

$$ {}_hV_x = P_x \cdot \ddot{s}_{x:\overline{h}|} - {}_h\kappa_x \tag{5.6}$$

式中的 $P_x \cdot \ddot{s}_{x:\overline{h}|}$ 为已缴净保费的精算累积,${}_h\kappa_x$ 为保险成本的精算累积.

精算累积的概念可以通过生存保险来理解.因为 x 岁的人投保单位保额的 n 年期生存保险,该保险给付金额在投保时刻的精算现值为${}_nE_x$.换句话说,当前时刻缴纳的净保费${}_nE_x$ 在 n 年末的精算累积值为 1.于是对在时刻 t_1($t_1 \geqslant 0$,被保险人在时刻 0 为 x 岁)发生的 P 元的净保费收入或给付支出,有

P 在时刻 0 的精算现值 $= P \times$ 区间$[0, t_1]$上的精算折现因子 $= P \cdot {}_{t_1}E_x$

和

P 在时刻 t_2($t_2 \geqslant t_1$)的精算累积值 $= P \times$ 区间$[t_1, t_2]$上的精算累积因子 $= \dfrac{P}{{}_{t_2-t_1}E_{x+t_1}}$

又或者

P 在时刻 t_2($t_2 \geqslant t_1$)的精算累积值

$= P$ 在时刻 0 的精算现值 $\times$ 区间$[0, t_2]$上的精算累积因子 $= \dfrac{P \cdot {}_{t_1}E_x}{{}_{t_2}E_x}$

两种方法相比,人寿保险的未到期责任准备金更多的是采用未来法计提.因为未来给付是寿险公司的法律责任,如果未来的死亡率、利率和费用率朝着不利于保险人的方向变动时,寿险公司仍然需要按合同规定进行给付,此时按照过去法提存的责任准备金会显得不足.未来法的技术要求比过去法高,所提存的责任准备金也更充足,但也要求精算师对寿险公司的现状、未来发展的趋势以及外部环境有充分的认识.

考虑更一般的情况:在 x 岁签单的单位保额终身寿险,保费于每年年初缴纳,第 j 个保单年度初期缴纳的净保费为π_{j-1},$j = 1, 2, \cdots$.保额在死亡所在的保单年度末给付,第 j 个

保单年度死亡保险金为 b_j，$j=1, 2, \cdots$. 则根据未来法计算的第 h 个保单年度末的责任准备金为

$$ {}_hV=\sum_{j=0}^{+\infty} b_{h+j+1} v^{j+1}\ {}_{j|}q_{x+h}-\sum_{j=0}^{+\infty} \pi_{h+j} v^j\ {}_jp_{x+h} \tag{5.7} $$

结论 5.1.1　(5.7) 式中的责任准备金满足递推关系

$$ {}_hV=vb_{h+1}q_{x+h}-\pi_h+v\cdot{}_{h+1}V\cdot p_{x+h} \tag{5.8} $$

证　因为

$$ {}_hL=\begin{cases} b_{h+1}v-\pi_h, & K(x)=h \\ v_{h+1}L-\pi_h, & K(x)>h \end{cases} $$

所以

$$ \begin{aligned} {}_hV &= E({}_hL \mid K(x)\geqslant h) \\ &= (b_{h+1}v-\pi_h)\cdot P\{K(x)=h \mid K(x)\geqslant h\} \\ &\quad + E(v\cdot{}_{h+1}L-\pi_h \mid K(x)\geqslant h+1)\cdot P\{K(x)\geqslant h+1 \mid K(x)\geqslant h\} \\ &= (b_{h+1}v-\pi_h)\cdot\frac{{}_{h|}q_x}{{}_hp_x}+(v\cdot{}_{h+1}V-\pi_h)\cdot\frac{{}_{h+1}p_x}{{}_hp_x} \\ &= (b_{h+1}v-\pi_h)\cdot q_{x+h}+(v\cdot{}_{h+1}V-\pi_h)\cdot p_{x+h} \\ &= vb_{h+1}q_{x+h}-\pi_h+v\cdot{}_{h+1}V\cdot p_{x+h} \end{aligned} $$

例 5.1.2　已知 ${}_9V_x+P_x={}_{10}V_x=0.1$，$i=0.025$，计算 q_{x+9}.

解　由 (5.8) 式可知

$$ {}_9V_x=vq_{x+9}-P_x+v\cdot{}_{10}V_x\cdot p_{x+9} $$

因为 ${}_9V_x+P_x={}_{10}V_x=0.1$，所以

$$ 0.1=vq_{x+9}+0.1vp_{x+9}=0.1v+0.9vq_{x+9} $$

所以

$$ q_{x+9}=\frac{0.1\times(1+0.025)-0.1}{0.9}=0.0028 $$

对于限期缴费的寿险，在计算责任准备金之前需要先判断评估时刻是否处于缴费期内. 倘若是在缴费期结束后评估准备金，那么未来保费收入的精算现值必然为零，未来法公式中仅剩被减数一项.

假设 (x) 签单一份保额为 1 的完全离散的终身寿险，限期 m 年缴清保费，均衡净保费为

$$ {}_mP_x=\frac{A_x}{\ddot{a}_{x:\overline{m|}}} $$

在 $K(x)\geqslant h$ 条件下 ${}_hL_x$ 的表达式分两种情况讨论. 当 $h<m$ 时，有

$$
{}_hL_x=\begin{cases}v^{K(x)+1-h}-{}_mP_x\cdot\ddot{a}_{\overline{K(x)+1-h}|}, & K(x)=h,\cdots,m-1\\ v^{K(x)+1-h}-{}_mP_x\cdot\ddot{a}_{\overline{m-h}|}, & K(x)\geqslant m\end{cases}
$$

条件数学期望为

$$
E({}_hL_x\mid K(x)\geqslant h)=A_{x+h}-{}_mP_x\cdot\ddot{a}_{x+h:\overline{m-h}|}
$$

当 $h\geqslant m$ 时,有

$$
{}_hL_x=v^{K(x)+1-h}
$$

条件数学期望为

$$
E({}_hL_x\mid K(x)\geqslant h)=A_{x+h}
$$

因此,在第 h 个保单年度末的责任准备金为

$$
{}_h^mV_x=\begin{cases}A_{x+h}-{}_mP_x\cdot\ddot{a}_{x+h:\overline{m-h}|}, & h<m\\ A_{x+h}, & h\geqslant m\end{cases}\tag{5.9}
$$

此外,过去法下限期 m 年缴清保费的终身寿险的责任准备金为

$$
{}_h^mV_x=\begin{cases}{}_mP_x\cdot\ddot{s}_{x:\overline{h}|}-{}_h\kappa_x, & h<m\\ {}_mP_x\cdot\dfrac{\ddot{a}_{x:\overline{m}|}}{{}_hE_x}-{}_h\kappa_x, & h\geqslant m\end{cases}
$$

$$
=\begin{cases}{}_mP_x\cdot\ddot{s}_{x:\overline{h}|}-{}_h\kappa_x, & h<m\\ A_x/{}_hE_x-{}_h\kappa_x, & h\geqslant m\end{cases}\text{。}\tag{5.10}
$$

式中,${}_h\kappa_x$ 为保险成本的精算累积.

例5.1.3 已知 ${}_{15}P_{45}=0.038$, $P_{45:\overline{15}|}=0.056$, $A_{60}=0.625$, ${}_{20}P_{45}=0.032$,计算 ${}_{15}^{10}V_{45}$ 和 ${}_{15}^{20}V_{45}$.

解 由未来法可知

$$
{}_{15}^{10}V_{45}=A_{60}=0.625
$$

由例 4.3.6 可知 $P^1_{45:\overline{15}|}=0.008$ 和 $P_{45:\overset{1}{\overline{15}|}}=P_{45:\overline{15}|}-P^1_{45:\overline{15}|}=0.048$,有

$$
{}_{15}\kappa_{45}=\frac{A^1_{45:\overline{15}|}}{{}_{15}E_{45}}=\frac{P^1_{45:\overline{15}|}}{P_{45:\overset{1}{\overline{15}|}}}=\frac{1}{6}
$$

因为

$$
\ddot{s}_{45:\overline{15}|}=\frac{\ddot{a}_{45:\overline{15}|}}{{}_{15}E_{45}}=\frac{1}{P_{45:\overset{1}{\overline{15}|}}}=\frac{1\,000}{48}
$$

所以根据过去法

$$ {}_{15}^{20}V_{45} = {}_{20}P_{45}\, \ddot{s}_{45:\overline{15}|} - {}_{15}\kappa_{45} = \frac{2}{3} - \frac{1}{6} = \frac{1}{2} $$

5.1.1.2　责任准备金的其他形式

由于 $\dfrac{A_{x+h}}{\ddot{a}_{x+h}} = P_{x+h}$，所以第 h 个保单年度末的责任准备金还可化简为

$$ {}_hV_x = P_{x+h}\,\ddot{a}_{x+h} - P_x\,\ddot{a}_{x+h} = (P_{x+h} - P_x)\,\ddot{a}_{x+h} \tag{5.11} $$

和

$$ {}_hV_x = A_{x+h} - P_x \frac{A_{x+h}}{P_{x+h}} = \left(1 - \frac{P_x}{P_{x+h}}\right) A_{x+h} \tag{5.12} $$

以上两个准备金计算公式分别被称为保费差公式和缴清保险公式. 因为计算准备金所使用的三项工具 P, A, $\ddot{a}$ 彼此关联且可以相互表示，例如

$$ P_x = \frac{1}{\ddot{a}_x} - d = \frac{dA_x}{1 - A_x} $$

$$ \ddot{a}_x = \frac{1 - A_x}{d} = \frac{1}{P_x + d} $$

$$ A_x = 1 - d\,\ddot{a}_x = \frac{P_x}{P_x + d} $$

所以终身寿险的责任准备金可由单一工具表达.

结论 5.1.1　对于终身寿险的责任准备金，以下公式均成立

$$ {}_hV_x = \frac{A_{x+h} - A_x}{1 - A_x} \tag{5.13} $$

$$ {}_hV_x = 1 - \frac{\ddot{a}_{x+h}}{\ddot{a}_x} \tag{5.14} $$

$$ {}_hV_x = \frac{P_{x+h} - P_x}{P_{x+h} + d} \tag{5.15} $$

证　将 $P_x = \dfrac{dA_x}{1 - A_x}$, $\ddot{a}_{x+h} = \dfrac{1 - A_{x+h}}{d}$ 代入(5.2)式有

$$ {}_hV_x = A_{x+h} - P_x \cdot \ddot{a}_{x+h} = A_{x+h} - \frac{dA_x}{1 - A_x} \cdot \frac{1 - A_{x+h}}{d} = \frac{A_{x+h} - A_x}{1 - A_x} $$

其他两项结论可以类似证明.

例 5.1.4　若 $1 - A_{60} = A_{60} - A_{50} = A_{50} - A_{40}$，计算 ${}_{10}V_{40}$, ${}_{20}V_{40}$.

解　因为 $1 - A_x = d\,\ddot{a}_x$，所以由已知可得

$$d\ddot{a}_{60}=d\ddot{a}_{50}-d\ddot{a}_{60}=d\ddot{a}_{40}-d\ddot{a}_{50}$$

解之得

$$\ddot{a}_{60}=0.5\,\ddot{a}_{50}, \quad \ddot{a}_{40}=1.5\,\ddot{a}_{50}$$

将结果代入(5.9)式,得

$$_{10}V_{40}=1-\frac{\ddot{a}_{50}}{\ddot{a}_{40}}=\frac{1}{3}, \quad _{20}V_{40}=1-\frac{\ddot{a}_{60}}{\ddot{a}_{40}}=\frac{2}{3}$$

结论 5.1.2 在死亡力为常数 μ 的假设下, $_hV_x=0$.

证 在死亡力为常数 μ 的假设下, $_hp_x=\mathrm{e}^{-\mu h}$,所以

$$_hV_x=1-\frac{\ddot{a}_{x+h}}{\ddot{a}_x}=1-\frac{\sum_{k=0}^{\infty}v^h\mathrm{e}^{-\mu h}}{\sum_{k=0}^{\infty}v^h\mathrm{e}^{-\mu h}}=0$$

结论 5.1.3 若(x)以趸缴净保费购买单位保额的终身寿险,保险金在被保险人死亡所在年度末给付,则在第 $h(h=1, 2, \cdots)$ 个保单年度末的责任准备金为

$$_hV_x=A_{x+h}$$

5.1.1.3 其他时刻的责任准备金

假设(x)签单一份保额为 1 的完全离散的终身寿险,均衡净保费为

$$P_x=\frac{A_x}{\ddot{a}_x}$$

定义第 $h+1(h=0, 1, \cdots)$ 个保单年度初期的责任准备金为该保单年度开始时已缴纳过净保费的责任准备金,将其记作 $_{h+1}(IV)_x$,则有

$$_{h+1}(IV)_x={}_hV_x+P_x \tag{5.16}$$

假如保单在时刻 $h+s(h=0, 1, \cdots; s\in(0, 1))$ 依旧有效,则此刻保险人的损失量为

$$_{h+s}L_x=\begin{cases}v^{1-s}, & K(x)=h\\ v^{1-s}\cdot{}_{h+1}L_x, & K(x)>h\end{cases}$$

其中

$$_{h+1}L_x=v^{K(x)-h}-P_x\cdot\ddot{a}_{\overline{K(x)-h}|}$$

因此,在时刻 $h+s$ 的责任准备金为

$$\begin{aligned}_{h+s}V_x&=E({}_{h+s}L_x \mid T(x)\geqslant h+s)\\&=v^{1-s}\cdot P\{K(x)=h \mid T(x)\geqslant h+s\}\\&\quad+v^{1-s}\cdot{}_{h+1}V_x\cdot P\{K(x)\geqslant h+1 \mid T(x)\geqslant h+s\}\end{aligned}$$

$$= v^{1-s} \cdot \frac{{}_{h+s|1-s}q_x}{{}_{h+s}p_x} + v^{1-s} \cdot {}_{h+1}V_x \cdot \frac{{}_{h+1}p_x}{{}_{h+s}p_x}$$

$$= v^{1-s} \cdot {}_{1-s}q_{x+h+s} + v^{1-s} \cdot {}_{h+1}V_x \cdot {}_{1-s}p_{x+h+s} \tag{5.17}$$

若相邻整数年龄间的死亡服从均匀分布，则

$$\begin{aligned} {}_{h+s}V_x &= v^{1-s} \cdot {}_{1-s}q_{x+h+s} + v^{1-s} \cdot {}_{h+1}V_x \cdot {}_{1-s}p_{x+h+s} \\ &= v^{1-s} \cdot \frac{{}_{s|1-s}q_{x+h}}{{}_{s}p_{x+h}} + v^{1-s} \cdot {}_{h+1}V_x \cdot \frac{p_{x+h}}{{}_{s}p_{x+h}} \\ &= v^{1-s} \cdot \frac{q_{x+h} - {}_{s}q_{x+h}}{{}_{s}p_{x+h}} + v^{1-s} \cdot {}_{h+1}V_x \cdot \frac{p_{x+h}}{{}_{s}p_{x+h}} \\ &= v^{1-s} \cdot \frac{(1-s)q_{x+h}}{{}_{s}p_{x+h}} + v^{1-s} \cdot {}_{h+1}V_x \cdot \frac{p_{x+h}}{{}_{s}p_{x+h}} \end{aligned}$$

回忆迭代公式

$${}_{h}V_x = vq_{x+h} - P_x + v \cdot {}_{h+1}V_x \cdot p_{x+h}$$

有

$${}_{h+s}V_x = \frac{(1-s)({}_{h}V_x + P_x) + svp_{x+h}\,{}_{h+1}V_x}{{}_{s}E_{x+h}} \tag{5.18}$$

特别地，当 i 很小且 ${}_{s}p_{x+h}$ 近似为 1 时，有

$${}_{h+s}V_x \approx (1-s)({}_{h}V_x + P_x) + s\,{}_{h+1}V_x \tag{5.19}$$

考虑更一般的情况：在 x 岁签单的单位保额终身寿险，保费于每年年初缴纳，第 j 个保单年度初期缴纳的净保费为 π_{j-1}，$j = 1, 2, \cdots$. 保额在死亡所在的保单年度末给付，第 j 个保单年度死亡保险金为 b_j，$j = 1, 2, \cdots$. 则时刻 $h+s$ 的责任准备金为

$${}_{h+s}V = v^{1-s} \cdot b_{h+1} \cdot {}_{1-s}q_{x+h+s} + v^{1-s} \cdot {}_{h+1}V \cdot {}_{1-s}p_{x+h+s} \tag{5.20}$$

而且满足递推关系

$$v^s \cdot {}_{s}p_{x+h} \cdot {}_{h+s}V = ({}_{h}V + \pi_h)\frac{{}_{s|1-s}q_{x+h}}{q_{x+h}} + {}_{h+1}V \cdot v \cdot p_{x+h}\left(1 - \frac{{}_{s|1-s}q_{x+h}}{q_{x+h}}\right) \tag{5.21}$$

特别地，在 UDD 假设下，有

$$v^s \cdot {}_{s}p_{x+h} \cdot {}_{h+s}V = ({}_{h}V + \pi_h)(1-s) + {}_{h+1}V \cdot v \cdot p_{x+h} \cdot s \tag{5.22}$$

5.1.2　其他寿险的责任准备金

根据未来法，完全离散模型下其他寿险的责任准备金如下.

1. n 年定期寿险

$$
{}_hV^{1}_{x:\overline{n}|}=\begin{cases}A^{\ 1}_{x+h:\overline{n-h}|}-P^{1}_{x:\overline{n}|}\cdot\ddot{a}_{x+h:\overline{n-h}|}, & h<n\\ 0, & h=n\end{cases}
$$

2. n 年定期生存保险

$$
{}_hV_{x:\overline{n}|}^{\ \ 1}=\begin{cases}A_{x+h:\overline{n-h}|}^{\ \ \ \ 1}-P_{x:\overline{n}|}^{\ \ 1}\cdot\ddot{a}_{x+h:\overline{n-h}|}, & h<n\\ 1, & h=n\end{cases}
$$

3. n 年定期两全保险

$$
{}_hV_{x:\overline{n}|}=\begin{cases}A_{x+h:\overline{n-h}|}-P_{x:\overline{n}|}\cdot\ddot{a}_{x+h:\overline{n-h}|}, & h<n\\ 1, & h=n\end{cases}
$$

4. 限期 m 年缴费的 n 年定期两全保险

$$
{}^{m}_{h}V_{x:\overline{n}|}=\begin{cases}A_{x+h:\overline{n-h}|}-{}_mP_{x:\overline{n}|}\cdot\ddot{a}_{x+h:\overline{m-h}|}, & h<m<n\\ A_{x+h:\overline{n-h}|}, & m\leqslant h<n\\ 1, & h=n\end{cases}
$$

5. 延期 n 年的期初付终身生存年金

$$
{}_hV({}_{n|}\ddot{a}_x)=\begin{cases}{}_{n-h|}\ddot{a}_{x+h}-P({}_{n|}\ddot{a}_x)\cdot\ddot{a}_{x+h:\overline{n-h}|}, & h<n\\ \ddot{a}_{x+h}, & h\geqslant n\end{cases}
$$

对于 n 年定期两全保险,同样可由未来法得到以下公式.

1) 保费差公式

$$
{}_hV_{x:\overline{n}|}=(P_{x+h:\overline{n-h}|}-P_{x:\overline{n}|})\,\ddot{a}_{x+h:\overline{n-h}|}
$$

2) 缴清保费公式

$$
{}_hV_{x:\overline{n}|}=\left(1-\frac{P_{x:\overline{n}|}}{P_{x+h:\overline{n-h}|}}\right)A_{x+h:\overline{n-h}|}
$$

3) 其他公式

$$
{}_hV_{x:\overline{n}|}=\frac{A_{x+h:\overline{n-h}|}-A_{x:\overline{n}|}}{1-A_{x:\overline{n}|}} \tag{5.23}
$$

$$
{}_hV_{x:\overline{n}|}=1-\frac{\ddot{a}_{x+h:\overline{n-h}|}}{\ddot{a}_{x:\overline{n}|}} \tag{5.24}
$$

$$
{}_hV_{x:\overline{n}|}=\frac{P_{x+h:\overline{n-h}|}-P_{x:\overline{n}|}}{P_{x+h:\overline{n-h}|}+d} \tag{5.25}
$$

此外,过去法下 n 年定期两全保险的责任准备金为

$$ {}_hV_{x:\overline{n}|} = P_{x:\overline{n}|} \cdot \ddot{s}_{x:\overline{h}|} - {}_h\kappa_x, \; h < n \tag{5.26} $$

其中,$P_{x:\overline{n}|} \cdot \ddot{s}_{x:\overline{h}|}$ 为已缴净保费的精算累积,${}_h\kappa_x$ 为保险成本的精算累积.

例 5.1.5 假设(x)投保单位保额的n年期两全保险,缴纳均衡净保费.记第$h(h \leqslant n)$个保单年度末的损失量为${}_hL$,计算$\mathrm{Var}({}_hL \mid K(x) \geqslant h)$.

解 当$h = n$时,${}_hL = 1$. 所以$\mathrm{Var}({}_hL) = 0$.

当$h < n$时,有

$$ {}_hL = \begin{cases} v^{K(x)-h+1} - P_{x:\overline{n}|}\,\ddot{a}_{\overline{K(x)-h+1}|}, & K(x) = h, h+1, \cdots, n-1 \\ v^{n-h} - P_{x:\overline{n}|}\,\ddot{a}_{\overline{n-h}|}, & K(x) \geqslant n \end{cases} $$

根据引理 5.1.1,有

$$ \mathrm{Var}({}_hL \mid K(x) \geqslant h) = \mathrm{Var}({}_hL') $$

其中

$$ {}_hL' = \begin{cases} v^{K(x+h)+1} - P_{x:\overline{n}|}\,\ddot{a}_{\overline{K(x+h)+1}|}, & K(x+h) = 0, 1, \cdots, n-h-1 \\ v^{n-h} - P_{x:\overline{n}|}\,\ddot{a}_{\overline{n-h}|}, & K(x+h) \geqslant n-h \end{cases} $$

若记

$$ Z = \begin{cases} v^{K(x+h)+1}, & K(x+h) = 0, 1, \cdots, n-h-1 \\ v^{n-h}, & K(x+h) \geqslant n-h \end{cases} $$

和

$$ Y = \begin{cases} \ddot{a}_{\overline{K(x+h)+1}|}, & K(x+h) = 0, 1, \cdots, n-h-1 \\ \ddot{a}_{\overline{n-h}|}, & K(x+h) \geqslant n-h \end{cases} $$

则

$$ Y = \frac{1-Z}{d} $$

且

$$ {}_hL' = Z - P_{x:\overline{n}|}Y = \left(1 + \frac{P_{x:\overline{n}|}}{d}\right)Z - \frac{P_{x:\overline{n}|}}{d} $$

所以

$$ \mathrm{Var}({}_hL \mid K(x) \geqslant h) = \left(1 + \frac{P_{x:\overline{n}|}}{d}\right)^2 \mathrm{Var}(Z) = \left(1 + \frac{P_{x:\overline{n}|}}{d}\right)^2 \left({}^2A_{x+h:\overline{n-h}|} - (A_{x+h:\overline{n-h}|})^2\right) $$

再根据 $P_{x:\overline{n}|} = \dfrac{1}{\ddot{a}_{x:\overline{n}|}} - d$ 得

$$\mathrm{Var}({}_hL \mid K(x) \geqslant h) = \frac{{}^2A_{x+h:\overline{n-h}|} - (A_{x+h:\overline{n-h}|})^2}{(d\,\ddot{a}_{x:\overline{n}|})^2} = \frac{{}^2A_{x+h:\overline{n-h}|} - (A_{x+h:\overline{n-h}|})^2}{(1-A_{x:\overline{n}|})^2}$$

例 5.1.6 (x) 投保一份完全离散的 3 年期两全保险,保额为 1 000 元. 已知 $q_x = 0.1$, $i = 0.025$, $P_{x:\overline{3}|} = 0.42$,计算 $1\,000({}_2V_{x:\overline{3}|} - {}_1V_{x:\overline{3}|})$.

解 ${}_2V_{x:\overline{3}|} = A_{x+2:\overline{1}|} - P_{x:\overline{3}|}\,\ddot{a}_{x+2:\overline{1}|} = v - 0.42 = 0.555\,61$

$${}_1V_{x:\overline{3}|} = P_{x:\overline{3}|}\,\ddot{s}_{x:\overline{1}|} - {}_1\kappa_x = \frac{0.42 - vq_x}{vp_x} = \frac{0.42\times 1.025 - 0.1}{0.9} = 0.367\,22$$

所以

$$1\,000({}_2V_{x:\overline{3}|} - {}_1V_{x:\overline{3}|}) = 555.61 - 367.22 = 188.39$$

5.2 完全连续模型下的责任准备金

5.2.1 终身寿险

假设(x) 签单一份保额为 1 元的完全连续的终身寿险,均衡净保费为

$$\bar{P}(\bar{A}_x) = \frac{\bar{A}_x}{\bar{a}_x}$$

在时刻 t 的损失量为

$${}_tL_x = v^{T(x)-t} - \bar{P}(\bar{A}_x)\cdot \bar{a}_{\overline{T(x)-t}|}$$

在 $T(x) \geqslant t$ 条件下 ${}_tL_x$ 的数学期望

$$\begin{aligned} E({}_tL_x \mid T(x) \geqslant t) &= E(v^{T(x)-t} - \bar{P}(\bar{A}_x)\cdot \bar{a}_{\overline{T(x)-t}|} \mid T(x) \geqslant t) \\ &= \bar{A}_{x+t} - \bar{P}(\bar{A}_x)\cdot \bar{a}_{x+t} \end{aligned}$$

记时刻 t 的责任准备金为 ${}_t\bar{V}(\bar{A}_x)$,则

$${}_t\bar{V}(\bar{A}_x) = \bar{A}_{x+t} - \bar{P}(\bar{A}_x)\cdot \bar{a}_{x+t} \tag{5.27}$$

进一步有

$$\begin{aligned} \mathrm{Var}({}_tL_x \mid T(x) \geqslant t) &= \mathrm{Var}(v^{T(x)-t} - \bar{P}(\bar{A}_x)\cdot \bar{a}_{\overline{T(x)-t}|} \mid T(x) \geqslant t) \\ &= \mathrm{Var}\left\{\left(1+\frac{\bar{P}(\bar{A}_x)}{\delta}\right)\cdot v^{T(x)-t} \,\middle|\, T(x) \geqslant t\right\} \\ &= \left(1+\frac{\bar{P}(\bar{A}_x)}{\delta}\right)^2 \mathrm{Var}\{v^{T(x)-t} \mid T(x) \geqslant t\} \\ &= \frac{{}^2\bar{A}_{x+t} - (\bar{A}_{x+t})^2}{(\delta\bar{a}_x)^2} \end{aligned} \tag{5.28}$$

例 5.2.1　假设 (x) 签单一份保额为 1 的完全连续的终身寿险，在时刻 t 的损失量记为 ${}_tL_x$，在死亡力为常值 μ 的假设下，计算 ${}_t\bar{V}(\bar{A}_x)$ 和 $\mathrm{Var}({}_tL_x \mid T(x) \geqslant t)$.

解　在死亡力为常值 μ 的假设下，$\bar{A}_{x+t} = \dfrac{\mu}{\mu+\delta}$，$\bar{a}_{x+t} = \dfrac{1}{\mu+\delta}$，$\bar{P}(\bar{A}_x) = \mu$，所以有

$$
{}_t\bar{V}(\bar{A}_x) = \bar{A}_{x+t} - \bar{P}(\bar{A}_x) \cdot \bar{a}_{x+t} = 0
$$

又因为 ${}^2\bar{A}_{x+t} = \dfrac{\mu}{\mu+2\delta}$，所以

$$
\begin{aligned}
\mathrm{Var}({}_tL_x \mid T(x) \geqslant t) &= \frac{{}^2\bar{A}_{x+t} - (\bar{A}_{x+t})^2}{(\delta\bar{a}_x)^2} \\
&= \frac{\dfrac{\mu}{\mu+2\delta} - \left(\dfrac{\mu}{\mu+\delta}\right)^2}{\left(\dfrac{\delta}{\mu+\delta}\right)^2} \\
&= \frac{\mu(\mu+\delta)^2 - \mu^2(\mu+2\delta)}{\delta^2(\mu+2\delta)} \\
&= \frac{\mu}{\mu+2\delta}
\end{aligned}
$$

例 5.2.2　假设 (x) 签单一份保额为 1 的完全连续的终身寿险，在时刻 t 的损失量记为 ${}_tL_x$，已知 $\mathrm{Var}({}_0L_x) = 0.2$，${}^2\bar{A}_x = 0.3$，$\bar{A}_{x+20} = 0.7$，$\delta = 0.05$，计算 ${}_{20}\bar{V}(\bar{A}_x)$.

解　因为 ${}^2\bar{A}_x = 0.3$，且

$$
\mathrm{Var}({}_0L_x) = \frac{{}^2\bar{A}_x - (\bar{A}_x)^2}{(1-\bar{A}_x)^2} = 0.2
$$

所以 $\bar{A}_x = 0.5$ 及

$$
\bar{P}(\bar{A}_x) = \frac{\delta\bar{A}_x}{1-\bar{A}_x} = 0.05
$$

$$
\begin{aligned}
{}_{20}\bar{V}(\bar{A}_x) &= \bar{A}_{x+20} - \bar{P}(\bar{A}_x)\,\bar{a}_{x+20} \\
&= \bar{A}_{x+20} - \bar{P}(\bar{A}_x)\,\frac{1-\bar{A}_{x+20}}{\delta} \\
&= 0.7 - 0.05 \times 0.3 \times 20 = 0.4
\end{aligned}
$$

对于完全连续型中的限期缴费寿险，在评估责任准备金时也要分情况讨论. 假设 (x) 签单一份保额为 1 元的完全离散的终身寿险，限期 m 年缴清保费，均衡净保费为

$$
{}_m\bar{P}(\bar{A}_x) = \frac{\bar{A}_x}{\bar{a}_{x:\overline{m|}}}
$$

在 $T(x) \geqslant t$ 条件下 ${}_tL_x$ 的表达式分两种情况讨论：当 $t < m$ 时，有

$$
{}_tL_x = \begin{cases} v^{T(x)-h} - {}_m\bar{P}(\bar{A}_x) \cdot \bar{a}_{\overline{T(x)-h}|}, & T(x) < m \\ v^{T(x)-h} - {}_m\bar{P}(\bar{A}_x) \cdot \bar{a}_{\overline{m-h}|}, & T(x) \geqslant m \end{cases}
$$

条件数学期望为

$$
E({}_tL_x \mid T(x) \geqslant t) = \bar{A}_{x+t} - {}_m\bar{P}(\bar{A}_x) \cdot \bar{a}_{x+t:\overline{m-t}|}
$$

当 $t \geqslant m$ 时，有

$$
{}_tL_x = v^{T(x)-t}
$$

条件数学期望为

$$
E({}_tL_x \mid T(x) \geqslant t) = \bar{A}_{x+t}
$$

因此，时刻 t 的责任准备金为

$$
{}^m_t\bar{V}(\bar{A}_x) = \begin{cases} \bar{A}_{x+t} - {}_m\bar{P}(\bar{A}_x) \cdot \bar{a}_{x+t:\overline{m-t}|}, & t < m \\ \bar{A}_{x+t}, & t \geqslant m \end{cases} \tag{5.29}
$$

考虑更一般的情况：在 x 岁时签单的单位保额完全连续的终身寿险，限期 m 年缴清净保费. 保险金在死亡时给付，若死亡时刻为 r 则死亡保险金为 b_r，$r \geqslant 0$. 时刻 s 的净保费缴费率为 π_s，$s \geqslant 0$. 证明：该保单在时刻 t 的责任准备金为

$$
{}_t\bar{V} = \begin{cases} \int_0^\infty b_{r+t} v^r {}_rp_{x+t} \mu_{x+t}(r)\,\mathrm{d}r - \int_0^{m-t} {}_sp_{x+t} \pi_{t+s} v^s\,\mathrm{d}s, & t < m \\ \int_0^\infty b_{r+t} v^r {}_rp_{x+t} \mu_{x+t}(r)\,\mathrm{d}r, & t \geqslant m \end{cases}
$$

证 在 $T(x) \geqslant t$ 的条件下，保险人在时刻 t 的损失量为

$$
{}_tL = \begin{cases} b_{T(x)} v^{T(x)-t} - \int_0^{(m-t)\wedge(T(x)-t)} \pi_{t+s} v^s\,\mathrm{d}s, & t < m \\ b_{T(x)} v^{T(x)-t}, & t \geqslant m \end{cases}
$$

根据定义时刻 t 的责任准备金为

$$
{}_t\bar{V} = E({}_tL \mid T(x) \geqslant t) = E({}_tL')
$$

其中

$$
{}_tL' = \begin{cases} b_{T(x+t)+t} v^{T(x+t)} - \int_0^{(m-t)\wedge T(x+t)} \pi_{t+s} v^s\,\mathrm{d}s, & t < m \\ b_{T(x+t)+t} v^{T(x+t)}, & t \geqslant m \end{cases}
$$

所以时刻 t 的责任准备金为

$$
{}_t\bar{V}=\begin{cases}\int_0^{\infty}b_{r+t}v^r\,{}_rp_{x+t}\mu_{x+t}(r)\mathrm{d}r-\int_0^{\infty}\left(\int_0^{(m-t)\wedge r}\pi_{t+s}v^s\mathrm{d}s\right){}_rp_{x+t}\mu_{x+t}(r)\mathrm{d}r, & t<m\\ \int_0^{\infty}b_{r+t}v^r\,{}_rp_{x+t}\mu_{x+t}(r)\mathrm{d}r, & t\geqslant m\end{cases}
$$

因为

$$
\begin{aligned}
&\int_0^{\infty}\left(\int_0^{(m-t)\wedge r}\pi_{t+s}v^s\mathrm{d}s\right){}_rp_{x+t}\mu_{x+t}(r)\mathrm{d}r\\
=&\int_0^{m-t}\left(\int_0^{r}\pi_{t+s}v^s\mathrm{d}s\right){}_rp_{x+t}\mu_{x+t}(r)\mathrm{d}r+\int_{m-t}^{\infty}\left(\int_0^{m-t}\pi_{t+s}v^s\mathrm{d}s\right){}_rp_{x+t}\mu_{x+t}(r)\mathrm{d}r\\
=&\int_0^{m-t}\left(\int_s^{m-t}{}_rp_{x+t}\mu_{x+t}(r)\mathrm{d}r\right)\pi_{t+s}v^s\mathrm{d}s+\left(\int_0^{m-t}\pi_{t+s}v^s\mathrm{d}s\right)\left(\int_{m-t}^{\infty}{}_rp_{x+t}\mu_{x+t}(r)\mathrm{d}r\right)\\
=&\int_0^{m-t}{}_{s|m-t-s}q_{x+t}\pi_{t+s}v^s\mathrm{d}s+{}_{m-t}p_{x+t}\int_0^{m-t}\pi_{t+s}v^s\mathrm{d}s\\
=&\int_0^{m-t}({}_sp_{x+t}-{}_{m-t}p_{x+t})\pi_{t+s}v^s\mathrm{d}s+{}_{m-t}p_{x+t}\int_0^{m-t}\pi_{t+s}v^s\mathrm{d}s\\
=&\int_0^{m-t}{}_sp_{x+t}\pi_{t+s}v^s\mathrm{d}s
\end{aligned}
$$

所以

$$
{}_t\bar{V}=\begin{cases}\int_0^{\infty}b_{r+t}v^r\,{}_rp_{x+t}\mu_{x+t}(r)\mathrm{d}r-\int_0^{m-t}{}_sp_{x+t}\pi_{t+s}v^s\mathrm{d}s, & t<m\\ \int_0^{\infty}b_{r+t}v^r\,{}_rp_{x+t}\mu_{x+t}(r)\mathrm{d}r, & t\geqslant m\end{cases}
$$

特别地，当缴费期限与保险期限一致时（即 $m\rightarrow\infty$）有

$$
{}_t\bar{V}=\int_0^{\infty}b_{r+t}v^r\,{}_rp_{x+t}\mu_{x+t}(r)\mathrm{d}r-\int_0^{\infty}{}_sp_{x+t}\pi_{t+s}v^s\mathrm{d}s
$$

5.2.2　其他寿险

按照未来法，完全连续模型下的其他寿险的责任准备金可归纳为：

1. n 年定期寿险

$$
{}_t\bar{V}(\bar{A}^1_{x:\overline{n}|})=\begin{cases}\bar{A}^{\,1}_{x+t:\overline{n-t}|}-\bar{P}(\bar{A}^1_{x:\overline{n}|})\cdot\bar{a}_{x+t:\overline{n-t}|}, & t<n\\ 0, & t=n\end{cases}\tag{5.30}
$$

2. n 年期两全保险

$$
{}_t\bar{V}(\bar{A}_{x:\overline{n}|})=\begin{cases}\bar{A}_{x+t:\overline{n-t}|}-\bar{P}(\bar{A}_{x:\overline{n}|})\cdot\bar{a}_{x+t:\overline{n-t}|}, & t<n\\ 1, & t=n\end{cases}\tag{5.31}
$$

3. 限期 m 年缴费的 n 年定期两全保险

$$
{}_t^m\bar{V}(\bar{A}_{x:\overline{n}|}) = \begin{cases} \bar{A}_{x+t:\overline{n-t}|} - {}_m\bar{P}(\bar{A}_{x:\overline{n}|}) \cdot \bar{a}_{x+t:\overline{m-t}|}, & t < m < n \\ \bar{A}_{x+t:\overline{n-t}|}, & m \leqslant t < n \\ 1, & t = n \end{cases} \tag{5.32}
$$

4. 延期 n 年的期初付终身生存年金

$$
{}_t\bar{V}({}_{n|}\bar{a}_x) = \begin{cases} {}_{n-t|}\bar{a}_{x+t} - \bar{P}({}_{n|}\bar{a}_x) \cdot \bar{a}_{x+t:\overline{n-t}|}, & t < n \\ \bar{a}_{x+t}, & t \geqslant n \end{cases} \tag{5.33}
$$

n 年期两全保险与终身寿险一样,在计算评估时刻损失量的条件方差时有特殊的结论.

例 5.2.3 (x) 签单一份单位保额的完全连续的 n 年期两全保险,缴纳均衡净保费. 记第时刻 t 的损失量为 ${}_tL$,1) 给出 ${}_tL$ 的表达式;2) 证明:

$$
\mathrm{Var}({}_tL \mid T(x) \geqslant t) = \frac{{}^2\bar{A}_{x+t:\overline{n-t}|} - (\bar{A}_{x+t:\overline{n-t}|})^2}{(\delta \bar{a}_{x:\overline{n}|})^2} = \frac{{}^2\bar{A}_{x+t:\overline{n-t}|} - (\bar{A}_{x+t:\overline{n-t}|})^2}{(1-\bar{A}_{x:\overline{n}|})^2}, \ t < n
$$

解

$$
{}_tL = \begin{cases} v^{(T(x)\wedge n)-t} - \bar{P}(\bar{A}_{x:\overline{n}|}) \cdot \bar{a}_{\overline{(T(x)\wedge n)-t}|}, & t < n \\ 1, & t = n \end{cases}
$$

其中,$\bar{P}(\bar{A}_{x:\overline{n}|})$ 为 n 年期两全保险的均衡净保费.

因此,当 $t = n$ 时,$\mathrm{Var}({}_tL \mid T(x) \geqslant t) = 0$. 当 $t < n$ 时,根据引理 5.1.1 的结论

$$
\begin{aligned}
\mathrm{Var}({}_tL \mid T(x) \geqslant t) &= \mathrm{Var}(v^{T(x+t)\wedge(n-t)} - \bar{P}(\bar{A}_{x:\overline{n}|}) \cdot \bar{a}_{\overline{T(x+t)\wedge(n-t)}|}) \\
&= \mathrm{Var}\left(v^{T(x+t)\wedge(n-t)} - \bar{P}(\bar{A}_{x:\overline{n}|}) \cdot \frac{1-v^{T(x+t)\wedge(n-t)}}{\delta}\right) \\
&= \left(1 + \frac{\bar{P}(\bar{A}_{x:\overline{n}|})}{\delta}\right)^2 \mathrm{Var}(v^{T(x+t)\wedge(n-t)}) \\
&= \left(1 + \frac{\bar{P}(\bar{A}_{x:\overline{n}|})}{\delta}\right)^2 ({}^2\bar{A}_{x+t:\overline{n-t}|} - (\bar{A}_{x+t:\overline{n-t}|})^2)
\end{aligned}
$$

因为

$$
\bar{P}(\bar{A}_{x:\overline{n}|}) = \frac{\bar{A}_{x:\overline{n}|}}{\bar{a}_{x:\overline{n}|}} \quad 且 \quad \bar{A}_{x:\overline{n}|} + \delta \bar{a}_{x:\overline{n}|} = 1
$$

所以

$$
1 + \frac{\bar{P}(\bar{A}_{x:\overline{n}|})}{\delta} = \frac{1}{\delta \bar{a}_{x:\overline{n}|}} = \frac{1}{1-\bar{A}_{x:\overline{n}|}}
$$

例 5.2.4　(30) 签单一份完全连续的延期 10 年的终身生存年金. 已知 $l_x = 80 - x$, $0 \leqslant x \leqslant 80$, $i = 0$,求第 5 个保单年度末的责任准备金.

解　因为 $l_x = 80 - x$, $0 \leqslant x \leqslant 80$, $i = 0$,所以

$$ {}_tp_{30} = \frac{50 - t}{50},\ t \leqslant 50 $$

根据平衡准则

$$ {}_{10|}\bar{a}_{30} = \int_{10}^{50} v^t\ {}_tp_{30}\,\mathrm{d}t = 40 - 24 = 16 $$

$$ \bar{a}_{30:\overline{10|}} = \int_{0}^{10} v^t\ {}_tp_{30}\,\mathrm{d}t = 10 - 1 = 9 $$

$$ \bar{P}({}_{10|}\bar{a}_{30}) = \frac{{}_{10|}\bar{a}_{30}}{\bar{a}_{30:\overline{10|}}} = \frac{16}{9} $$

且

$$ {}_tp_{35} = \frac{45 - t}{45},\ t \leqslant 45 $$

$$ {}_{5|}\bar{a}_{35} = \int_{5}^{45} v^t\ {}_tp_{35}\,\mathrm{d}t = 40 - \frac{200}{9} = \frac{160}{9} $$

$$ \bar{a}_{35:\overline{5|}} = \int_{0}^{5} v^t\ {}_tp_{35}\,\mathrm{d}t = 5 - \frac{25}{90} = \frac{425}{90} $$

所以

$$ {}_5\bar{V}({}_{10|}\bar{a}_{30}) = {}_{5|}\bar{a}_{35} - \bar{P}({}_{10|}\bar{a}_{30})\,\bar{a}_{35:\overline{5|}} = 9.38 $$

5.2.3　责任准备金的其他形式

完全连续模型下的寿险责任准备金均可由过去法计算,例如,终身寿险的责任准备金为

$$ {}_t\bar{V}(\bar{A}_x) = \bar{P}(\bar{A}_x) \cdot \bar{s}_{x:\overline{t|}} - {}_t\bar{\kappa}_x \tag{5.34} $$

其中 $\bar{s}_{x:\overline{t|}} = \bar{a}_{x:\overline{t|}} / {}_tE_x$, ${}_t\bar{\kappa}_x = \bar{A}^{\ 1}_{x:\overline{n|}}$. n 年期两全保险的责任准备金也可表达为

$$ {}_t\bar{V}(\bar{A}_{x:\overline{n|}}) = \bar{P}(\bar{A}_{x:\overline{n|}}) \cdot \bar{s}_{x:\overline{t|}} - {}_t\bar{\kappa}_x \tag{5.35} $$

需要特别注意的是,在限期缴费的情况下,缴费期内和缴费期外责任准备金的公式不同. 例如:过去法下限期 m 年缴清保费的终身寿险的责任准备金为

$$ {}^m_t\bar{V}(\bar{A}_x) = \begin{cases} {}_m\bar{P}(\bar{A}_x) \cdot \bar{s}_{x:\overline{t|}} - {}_t\bar{\kappa}_x, & t < m \\ {}_m\bar{P}(\bar{A}_x) \cdot \dfrac{\bar{a}_{x:\overline{m|}}}{{}_tE_x} - {}_t\bar{\kappa}_x, & t \geqslant m \end{cases} $$

$$= \begin{cases} {}_m\bar{P}(\bar{A}_x) \cdot \bar{s}_{x:\overline{t}|} - {}_t\bar{\kappa}_x, & t < m \\ \bar{A}_x / {}_tE_x - {}_t\bar{\kappa}_x, & t \geqslant m \end{cases} \tag{5.36}$$

式中，${}_t\bar{\kappa}_x$ 为保险成本的精算累积.

除了过去法给出的准备金表达式外，终身寿险和两全保险的责任准备金还可根据未来法进行各种变形，包括

保费差公式

$${}_t\bar{V}(\bar{A}_x) = (\bar{P}(\bar{A}_{x+t}) - \bar{P}(\bar{A}_x))\,\bar{a}_{x+t} \tag{5.37}$$

$${}_t\bar{V}(\bar{A}_{x:\overline{n}|}) = (\bar{P}(\bar{A}_{x+t:\overline{n-t}|}) - \bar{P}(\bar{A}_{x:\overline{n}|}))\,\bar{a}_{x+t:\overline{n-t}|} \tag{5.38}$$

缴清保险公式

$${}_t\bar{V}(\bar{A}_x) = \left(1 - \frac{\bar{P}(\bar{A}_x)}{\bar{P}(\bar{A}_{x+t})}\right)\bar{A}_{x+t} \tag{5.39}$$

$${}_t\bar{V}(\bar{A}_{x:\overline{n}|}) = \left(1 - \frac{\bar{P}(\bar{A}_{x:\overline{n}|})}{\bar{P}(\bar{A}_{x+t:\overline{n-t}|})}\right)\bar{A}_{x+t:\overline{n-t}|} \tag{5.40}$$

及

$${}_t\bar{V}(\bar{A}_x) = \frac{\bar{A}_{x+t} - \bar{A}_x}{1 - \bar{A}_x},\ {}_t\bar{V}(\bar{A}_{x:\overline{n}|}) = \frac{\bar{A}_{x+t:\overline{n-t}|} - \bar{A}_{x:\overline{n}|}}{1 - \bar{A}_{x:\overline{n}|}} \tag{5.41}$$

$${}_t\bar{V}(\bar{A}_x) = 1 - \frac{\bar{a}_{x+t}}{\bar{a}_x},\ {}_t\bar{V}(\bar{A}_{x:\overline{n}|}) = 1 - \frac{\bar{a}_{x+t:\overline{n-t}|}}{\bar{a}_{x:\overline{n}|}} \tag{5.42}$$

$${}_t\bar{V}(\bar{A}_x) = \frac{\bar{P}(\bar{A}_{x+t}) - \bar{P}(\bar{A}_x)}{\bar{P}(\bar{A}_{x+t}) + \delta},\ {}_t\bar{V}(\bar{A}_{x:\overline{n}|}) = \frac{\bar{P}(\bar{A}_{x+t:\overline{n-t}|}) - \bar{P}(\bar{A}_{x:\overline{n}|})}{\bar{P}(\bar{A}_{x+t:\overline{n-t}|}) + \delta} \tag{5.43}$$

接下来我们以终身寿险为例，了解准备金大小与评估时刻的关系. 假设在 x 岁时签单的单位保额完全连续的终身寿险，缴纳均衡净保费. 保险金在死亡时给付，若死亡时刻为 r，则死亡保险金为 b_r，$r \geqslant 0$. 时刻 s 的净保费缴费率为 π_s，$s \geqslant 0$. 因为该保单在时刻 t 的责任准备金

$${}_t\bar{V} = \begin{cases} \int_0^\infty b_{r+t} v^r\, {}_rp_{x+t}\mu_{x+t}(r)\,\mathrm{d}r - \int_0^{m-t} {}_sp_{x+t}\pi_{t+s} v^s\,\mathrm{d}s, & t < m \\ \int_0^\infty b_{r+t} v^r\, {}_rp_{x+t}\mu_{x+t}(r)\,\mathrm{d}r, & t \geqslant m \end{cases}$$

当 $t < m$ 时，令 $u = r + t$，$w = s + t$，两边对 t 求导，得

$$
\begin{aligned}
\frac{\mathrm{d}_t\overline{V}}{\mathrm{d}t} &= \frac{\mathrm{d}}{\mathrm{d}t}\Big(\int_0^{\infty} b_{r+t}v^r\ {}_rp_{x+t}\mu_{x+t}(r)\mathrm{d}r - \int_0^{m-t} {}_sp_{x+t}\pi_{t+s}v^s\mathrm{d}w\Big) \\
&= \frac{\mathrm{d}}{\mathrm{d}t}\Big(\frac{1}{v^t\ {}_tp_x}\Big(\int_t^{\infty} b_uv^u\ {}_up_x\mu_x(u)\mathrm{d}u - \int_t^m {}_wp_x\pi_wv^w\mathrm{d}w\Big)\Big) \\
&= \frac{\mathrm{d}}{\mathrm{d}t}\Big(\frac{1}{v^t\ {}_tp_x}\Big)\Big(\int_t^{\infty} b_uv^u\ {}_up_x\mu_x(u)\mathrm{d}u - \int_t^m {}_wp_x\pi_wv^w\mathrm{d}w\Big) \\
&\quad + \frac{1}{v^t\ {}_tp_x}\frac{\mathrm{d}}{\mathrm{d}t}\Big(\int_t^{\infty} b_uv^u\ {}_up_x\mu_x(u)\mathrm{d}u - \int_t^m {}_wp_x\pi_wv^w\mathrm{d}w\Big) \\
&= \frac{(\delta+\mu_x(t))v^t\ {}_tp_x}{(v^t\ {}_tp_x)^2}\Big(\int_t^{\infty} b_uv^u\ {}_up_x\mu_x(u)\mathrm{d}u - \int_t^m {}_wp_x\pi_wv^w\mathrm{d}w\Big) \\
&\quad + \frac{-b_tv^t\ {}_tp_x\mu_x(t) + {}_tp_x\pi_wv^t}{v^t\ {}_tp_x} \\
&= (\delta+\mu_x(t))_t\overline{V} + \pi_w - b_t\,\mu_x(t)
\end{aligned}
$$

当 $t > m$ 时,令 $u = r+t$, 两边对 t 求导,得

$$
\begin{aligned}
\frac{\mathrm{d}_t\overline{V}}{\mathrm{d}t} &= \frac{\mathrm{d}}{\mathrm{d}t}\Big(\int_0^{\infty} b_{r+t}v^r\ {}_rp_{x+t}\mu_{x+t}(r)\mathrm{d}r\Big) \\
&= \frac{\mathrm{d}}{\mathrm{d}t}\Big(\frac{1}{v^t\ {}_tp_x}\Big(\int_t^{\infty} b_uv^u\ {}_up_x\mu_x(u)\mathrm{d}u\Big)\Big) \\
&= \frac{\mathrm{d}}{\mathrm{d}t}\Big(\frac{1}{v^t\ {}_tp_x}\Big)\Big(\int_t^{\infty} b_uv^u\ {}_up_x\mu_x(u)\mathrm{d}u\Big) + \frac{1}{v^t\ {}_tp_x}\frac{\mathrm{d}}{\mathrm{d}t}\Big(\int_t^{\infty} b_uv^u\ {}_up_x\mu_x(u)\mathrm{d}u\Big) \\
&= \frac{(\delta+\mu_x(t))v^t\ {}_tp_x}{(v^t\ {}_tp_x)^2}\Big(\int_t^{\infty} b_uv^u\ {}_up_x\mu_x(u)\mathrm{d}u\Big) - \frac{b_tv^t\ {}_tp_x\mu_x(t)}{v^t\ {}_tp_x} \\
&= (\delta+\mu_x(t))_t\overline{V} - b_t\,\mu_x(t)
\end{aligned}
$$

求导的结果给出了时刻 t 的责任准备金变化率的组成.

5.3 半连续模型下的责任准备金

5.3.1 终身寿险

假设(x) 签单一份保额为 1 元的半连续的终身寿险,均衡净保费为

$$P(\bar{A}_x) = \frac{\bar{A}_x}{\ddot{a}_x}$$

在第 $h(h = 1, 2, \cdots)$ 个保单年度末的损失量为

$${}_hL_x = v^{T(x)-h} - P(\bar{A}_x)\cdot \ddot{a}_{\overline{K(x)+1-h}|}$$

在 $K(x)\geqslant h$ 条件下 ${}_hL_x$ 的条件数学期望

$$E({}_hL_x \mid K(x)\geqslant h)=E(v^{T(x)-h}-P(\bar{A}_x)\cdot \ddot{a}_{\overline{K(x)+1-h}|} \mid K(x)\geqslant h)$$
$$=E(v^{T(x+h)}-P(\bar{A}_x)\cdot \ddot{a}_{\overline{K(x+h)+1}|})$$

记第 h 个保单年度末的净准备净为 ${}_hV(\bar{A}_x)$，则

$${}_hV(\bar{A}_x)=E({}_hL_x \mid K(x)\geqslant h)=\bar{A}_{x+h}-P(\bar{A}_x)\cdot \ddot{a}_{x+h} \tag{5.44}$$

结论 5.3.1　在 UDD 假设下，有

$${}_hV(\bar{A}_x)=\frac{i}{\delta}\,{}_hV_x \tag{5.45}$$

证　因为在 UDD 假设下，有

$$\bar{A}_{x+h}=\frac{i}{\delta}A_{x+h} \quad 和 \quad P(\bar{A}_x)=\frac{i}{\delta}P_x$$

将它们代入(5.44)式，有

$${}_hV(\bar{A}_x)=\frac{i}{\delta}(A_{x+h}-P_x\cdot \ddot{a}_{x+h})=\frac{i}{\delta}\,{}_hV_x$$

例 5.3.1　35 岁的男性投保 1 元的半连续的终身寿险，假设利率为 3.5%，在 UDD 假设下计算下列准备金：1) ${}_{10}V(\bar{A}_{35})$，2) ${}^{5}_{10}V(\bar{A}_{35})$，3) ${}^{10}_{5}V(\bar{A}_{35})$.

解　1)

$${}_{10}V_{35}=A_{45}-P_{35}\,\ddot{a}_{45}=\frac{M_{45}}{D_{45}}-\frac{M_{35}}{N_{35}}\cdot\frac{N_{45}}{D_{45}}=0.119\,569$$

$${}_{10}V(\bar{A}_{35})=\frac{i}{\delta}\,{}_{10}V_{35}=0.121\,649$$

2)

$${}^{5}_{10}V_{35}=A_{45}=\frac{M_{45}}{D_{45}}=0.340\,050$$

$${}^{5}_{10}V(\bar{A}_{35})=\frac{i}{\delta}\,{}^{5}_{10}V_{35}=0.345\,967$$

3)

$${}^{10}_{5}V_{35}=A_{40}-{}_{10}P_{35}\,\ddot{a}_{40:\overline{5}|}=\frac{M_{40}}{D_{40}}-\frac{M_{35}}{N_{35}-N_{45}}\cdot\frac{N_{40}-N_{45}}{D_{40}}=0.156\,128$$

$${}^{10}_{5}V(\bar{A}_{35})=\frac{i}{\delta}\,{}^{10}_{5}V_{35}=0.158\,844$$

5.3.2　其他寿险

因为责任准备金的计算原理都相同，所以半连续模型下其他寿险的责任准备金可归纳如下：

1) n 年定期寿险

$$ {}_hV(\bar{A}^1_{x:\overline{n}|}) = \begin{cases} \bar{A}^1_{x+h:\overline{n-h}|} - P(\bar{A}^1_{x:\overline{n}|}) \cdot \ddot{a}_{x+h:\overline{n-h}|}, & h < n \\ 0, & h = n \end{cases} \tag{5.46} $$

2) n 年期两全保险

$$ {}_hV(\bar{A}_{x:\overline{n}|}) = \begin{cases} \bar{A}_{x+h:\overline{n-h}|} - P(\bar{A}_{x:\overline{n}|}) \cdot \ddot{a}_{x+h:\overline{n-h}|}, & h < n \\ 1, & h = n \end{cases} \tag{5.47} $$

3) 限期 m 年缴费的终身寿险

$$ {}^m_hV(\bar{A}_x) = \begin{cases} \bar{A}_{x+h} - {}_mP(\bar{A}_x) \cdot \ddot{a}_{x+h:\overline{m-h}|}, & h < m \\ \bar{A}_{x+h}, & h \geqslant m \end{cases} \tag{5.48} $$

4) 限期 m 年缴费的 n 年定期寿险($m < n$)

$$ {}^m_hV(\bar{A}^1_{x:\overline{n}|}) = \begin{cases} \bar{A}^{\ 1}_{x+h:\overline{n-h}|} - {}_mP(\bar{A}^1_{x:\overline{n}|}) \cdot \ddot{a}_{x+h:\overline{m-h}|}, & h < m \\ \bar{A}^{\ 1}_{x+h:\overline{n-h}|}, & m \leqslant h < n \\ 0, & h = n \end{cases} \tag{5.49} $$

5) 期 m 年缴费的 n 年定期两全保险

$$ {}^m_hV(\bar{A}_{x:\overline{n}|}) = \begin{cases} \bar{A}_{x+h:\overline{n-h}|} - {}_mP(\bar{A}_{x:\overline{n}|}) \cdot \ddot{a}_{x+h:\overline{m-h}|}, & h < m < n \\ \bar{A}_{x+h:\overline{n-h}|}, & m \leqslant h < n \\ 1, & h = n \end{cases} \tag{5.50} $$

6) 延期 n 年的期初付终身生存年金

$$ {}_hV({}_{n|}\bar{a}_x) = \begin{cases} {}_{n-h|}\bar{a}_{x+h} - P({}_{n|}\bar{a}_x) \cdot \ddot{a}_{x+h:\overline{n-h}|}, & h < n \\ \bar{a}_{x+h}, & h \geqslant n \end{cases} \tag{5.51} $$

另外，在 UDD 假设下

$$ {}^m_hV(\bar{A}_x) = \frac{i}{\delta}\,{}^m_hV_x,\ {}_hV(\bar{A}^1_{x:\overline{n}|}) = \frac{i}{\delta}\,{}_hV^1_{x:\overline{n}|},\ {}^m_hV(\bar{A}^1_{x:\overline{n}|}) = \frac{i}{\delta}\,{}^m_hV^1_{x:\overline{n}|} $$

以及

$$ {}_hV(\bar{A}_{x:\overline{n}|}) = \frac{i}{\delta}\,{}_hV^1_{x:\overline{n}|} + {}_hV_{x:\overline{n}|}^{\ \ 1},\ {}^m_hV(\bar{A}_{x:\overline{n}|}) = \frac{i}{\delta}\,{}^m_hV^1_{x:\overline{n}|} + {}^m_hV_{x:\overline{n}|}^{\ \ 1} $$

5.4 一年缴费 m 次的责任准备金

保险实务中,更常见的是一年缴费多次情况.根据未来法公式,一年缴费 m 次的完全离散寿险模型、半连续寿险模型中各险种在第 h 个保单年度末的责任准备金为

1. 终身寿险

$$ {}_hV_x^{(m)} = A_{x+h} - P_x^{(m)} \cdot \ddot{a}_{x+h}^{(m)} \tag{5.52}$$

及

$$ {}_hV^{(m)}(\bar{A}_x) = \bar{A}_{x+h} - P^{(m)}(\bar{A}_x) \cdot \ddot{a}_{x+h}^{(m)} \tag{5.53}$$

2. n 年定期寿险

$$ {}_hV_{x:\overline{n}|}^{1(m)} = \begin{cases} A_{x+h:\overline{n-h}|}^{1} - P_{x:\overline{n}|}^{1(m)} \cdot \ddot{a}_{x+h:\overline{n-h}|}^{(m)}, & h<n \\ 0, & h=n \end{cases} \tag{5.54}$$

及

$$ {}_hV^{(m)}(\bar{A}_{x:\overline{n}|}^{1}) = \begin{cases} \bar{A}_{x+h:\overline{n-h}|}^{1} - P^{(m)}(\bar{A}_{x:\overline{n}|}^{1}) \cdot \ddot{a}_{x+h:\overline{n-h}|}^{(m)}, & h<n \\ 0, & h=n \end{cases} \tag{5.55}$$

3. n 年期两全保险

$$ {}_hV^{(m)}(\bar{A}_{x:\overline{n}|}) = \begin{cases} \bar{A}_{x+h:\overline{n-h}|} - P_{x:\overline{n}|}^{(m)} \cdot \ddot{a}_{x+h:\overline{n-h}|}^{(m)}, & h<n \\ 1, & h=n \end{cases} \tag{5.56}$$

及

$$ {}_hV^{(m)}(\bar{A}_{x:\overline{n}|}) = \begin{cases} \bar{A}_{x+h:\overline{n-h}|} - P^{(m)}(\bar{A}_{x:\overline{n}|}) \cdot \ddot{a}_{x+h:\overline{n-t}|}^{(m)}, & h<n \\ 1, & h=n \end{cases} \tag{5.57}$$

4. 延期 n 年的期初付终身生存年金

$$ {}_hV^{(m)}({}_{n|}\ddot{a}_x) = \begin{cases} {}_{n-h|}\ddot{a}_{x+h} - P^{(m)}({}_{n|}\ddot{a}_x) \cdot \ddot{a}_{x+h:\overline{n-t}|}^{(m)}, & h<n \\ \ddot{a}_{x+h}, & h\geqslant n \end{cases} \tag{5.58}$$

及

$$ {}_hV^{(m)}({}_{n|}\bar{a}_x) = \begin{cases} {}_{n-h|}\bar{a}_{x+h} - P^{(m)}({}_{n|}\bar{a}_x) \cdot \ddot{a}_{x+h:\overline{n-t}|}^{(m)}, & h<n \\ \bar{a}_{x+h}, & h\geqslant n \end{cases} \tag{5.59}$$

结论 5.4.1 若整数年龄间 UDD 假设成立,则有

$$ {}_hV_x^{(m)} = (1+P_x^{(m)}\beta(m))\,{}_hV_x \tag{5.60}$$

证　若整数年龄间 UDD 假设成立，则有

$$
\begin{aligned}
{}_hV_x^{(m)} &= A_{x+h} - P_x^{(m)} \cdot \ddot{a}_{x+h}^{(m)} \\
&= A_{x+h} - P_x \frac{\ddot{a}_x}{\alpha(m)\,\ddot{a}_x - \beta(m)}(\alpha(m)\,\ddot{a}_{x+h} - \beta(m)) \\
&= A_{x+h} - P_x \frac{(\alpha(m)\,\ddot{a}_x - \beta(m))\,\ddot{a}_{x+h} - \beta(m)(\ddot{a}_x - \ddot{a}_{x+h})}{\alpha(m)\,\ddot{a}_x - \beta(m)} \\
&= A_{x+h} - P_x\left(\ddot{a}_{x+h} - \beta(m)\frac{\ddot{a}_x - \ddot{a}_{x+h}}{\alpha(m)\,\ddot{a}_x - \beta(m)}\right) \\
&= {}_hV_x + \frac{P_x}{\ddot{a}_x^{(m)}}\beta(m)(\ddot{a}_x - \ddot{a}_{x+h}) \\
&= {}_hV_x + P_x^{(m)}\beta(m)\left(1 - \frac{\ddot{a}_{x+h}}{\ddot{a}_x}\right) \\
&= {}_hV_x + P_x^{(m)}\beta(m)\,{}_hV_x \\
&= (1 + P_x^{(m)}\beta(m))\,{}_hV_x
\end{aligned}
$$

例 5.4.1　40 岁男性投保保额为 1 万元的完全离散的终身寿险，已知年利率为 3.5%，在 UDD 假设下，利用换算函数近似计算下列情形下第 10 年末的责任准备金：1) 保费在每月初缴纳；2)20 年限期缴清且每月初缴纳.

解　在 UDD 假设下，

$$
\ddot{a}_x^{(m)} \approx \ddot{a}_x - \frac{m-1}{2m},\ \ddot{a}_{x:\overline{n}|}^{(m)} \approx \ddot{a}_{x:\overline{n}|} - \frac{m-1}{2m}(1 - {}_nE_x)
$$

1)

$$
P_{40}^{(12)} = \frac{A_{40}}{\ddot{a}_{40}^{(12)}} \approx \frac{A_{40}}{\ddot{a}_{40} - \dfrac{11}{24}} = \frac{M_{40}}{N_{40} - \dfrac{11}{24}D_{40}} = 0.014\,3
$$

$$
\begin{aligned}
{}_{10}V_{40}^{(12)} &= A_{50} - P_{40}^{(12)}\,\ddot{a}_{50}^{(12)} \\
&\approx A_{50} - P_{40}^{(12)}\left(\ddot{a}_{50} - \frac{11}{24}\right) \\
&= \frac{M_{50}}{D_{50}} - P_{40}^{(12)}\left(\frac{N_{50}}{D_{50}} - \frac{11}{24}\right) \\
&= 0.143\,282
\end{aligned}
$$

$$
10\,000\,{}_{10}V_{40}^{(12)} = 1\,432.82
$$

2)

$$
{}_{20}P_{40}^{(12)} = \frac{A_{40}}{\ddot{a}_{40:\overline{20}|}^{(12)}} \approx \frac{A_{40}}{\ddot{a}_{40:\overline{20}|} - \dfrac{11}{24}(1 - {}_{20}E_{40})}
$$

$$
= \frac{M_{40}}{N_{40} - N_{60} - \dfrac{11}{24}(D_{40} - D_{60})} = 0.020\,7
$$

$$
\begin{aligned}
{}_{10}^{20}V_{40}^{(12)} &= A_{50} - {}_{20}P_{40}^{(12)}\ \ddot{a}_{50:\overline{10|}}^{(12)} \\
&\approx A_{50} - {}_{20}P_{40}^{(12)}\left(\ddot{a}_{50:\overline{10|}} - \frac{11}{24}(1 - {}_{10}E_{50})\right) \\
&= \frac{M_{50}}{D_{50}} - {}_{20}P_{40}^{(12)}\left(\frac{N_{50}-N_{60}}{D_{50}} - \frac{11}{24}\left(1-\frac{D_{60}}{D_{50}}\right)\right) \\
&= 0.221\,610
\end{aligned}
$$

$$
10\,000{}_{10}^{20}V_{40}^{(12)} = 2\,216.1
$$

本章小结

1. 寿险保单的责任准备金：从已收取的净保费中提留出用于弥补未来可能发生的损失的金额，用公式表示为

$$
{}_tV = E({}_tL \mid t\text{ 时刻保单有效})
$$

其中 t 为评估时刻，${}_tL$ 为保险人未来损失在评估时刻的价值.

2. 寿险保单的责任准备金可以通过过去法和未来法进行计算.

过去法：责任准备金 = 已缴纳净保费的精算累积值 − 以往保险给付的精算累积值

未来法：责任准备金 = 未来给付金额的精算现值 − 未来净保费收入的精算现值

3. 寿险保单的责任准备金可以按照完全离散模型、完全连续模型和半连续模型分别进行讨论. 对于离散缴费的情况下，分数年龄上的责任准备金的计算可以归纳为：

首先，在评估时点保单依旧有效的前提下，将被保险人可能的死亡时间分为两个区间：评估时点至其所在的保单年度末、评估时点所在的保单年度之后；

其次，分别计算两种情形出现的条件概率；

再次，分别计算两种情形下的评估时点的责任准备金；

最后，对两种情形下的责任准备金进行概率加权.

4. 完全离散模型下，各寿险的责任准备金可利用换算函数进行计算.

(1) 终身寿险：

$$
{}_kV_x = \frac{M_{x+k}N_x - M_xN_{x+k}}{N_xD_{x+k}}
$$

(2) 定期寿险：

$$
{}_kV_{x:\overline{n|}}^{1} = \begin{cases} \dfrac{M_{x+k}-M_{x+n}}{D_{x+k}} - \dfrac{M_x - M_{x+n}}{N_x - N_{x+n}} \cdot \dfrac{N_{x+k}-N_{x+n}}{D_{x+k}}, & k < n \\ 0, & k = n \end{cases}
$$

(3) 生存保险：

$$
{}_kV_{x:\overline{n|}}^{\ \ 1} = \begin{cases} \dfrac{D_{x+n}}{D_{x+k}} \cdot \dfrac{N_x - N_{x+k}}{N_x - N_{x+n}}, & k < n \\ 1, & k = n \end{cases}
$$

(4) 两全保险：

$$
{}_kV_{x:\overline{n}|}=\begin{cases}\dfrac{M_{x+k}-M_{x+n}+D_{x+n}}{D_{x+k}}-\dfrac{M_x-M_{x+n}+D_{x+n}}{N_x-N_{x+n}}\cdot\dfrac{N_{x+k}-N_{x+n}}{D_{x+k}}, & k<n\\ 1, & k=n\end{cases}
$$

(5) 限期缴费的终身寿险：

$$
{}_k^mV_x=\begin{cases}\dfrac{M_{x+k}}{D_{x+k}}-\dfrac{M_n}{D_{x+k}}\cdot\dfrac{N_{x+k}-N_{x+m}}{N_x-N_{x+m}}, & k<m\\ \dfrac{M_{x+n}}{D_{x+k}}, & k\geqslant m\end{cases}
$$

(6) 限期 m 年缴费的 n 年期两全保险：

$$
{}_k^mV_{x:\overline{n}|}=\begin{cases}\dfrac{M_{x+k}-M_{x+n}+D_{x+n}}{D_{x+k}}-\dfrac{M_x-M_{x+n}+D_{x+n}}{N_x-N_{x+m}}\cdot\dfrac{N_{x+k}-N_{x+m}}{D_{x+k}}, & k<m\\ \dfrac{M_{x+k}-M_{x+n}+D_{x+n}}{D_{x+k}}, & m\leqslant k<n\\ 1, & k=m\end{cases}
$$

(7) 延期 n 年的终身生存年金：

$$
{}_kV({}_{n|}\ddot{a}_x)=\begin{cases}\dfrac{N_{x+n}}{D_{x+k}}\cdot\dfrac{N_x-N_{x+k}}{N_x-N_{x+n}}, & k<n\\ \dfrac{N_{x+n}}{D_{x+k}}, & k\geqslant n\end{cases}
$$

5. UDD假设下,半连续模型下部分寿险的责任准备金可转化为至完全离散下进行计算.

$$
{}_hV(\bar{A}_x)=\frac{i}{\delta}\,{}_hV_x,\ {}_h^mV(\bar{A}_x)=\frac{i}{\delta}\,{}_h^mV_x,\ {}_hV(\bar{A}^1_{x:\overline{n}|})=\frac{i}{\delta}\,{}_hV_{x:\overline{n}|}^{\ \ 1},\ {}_h^mV(\bar{A}^1_{x:\overline{n}|})=\frac{i}{\delta}\,{}_h^mV^1_{x:\overline{n}|}
$$

以及

$$
{}_hV(\bar{A}_{x:\overline{n}|})=\frac{i}{\delta}\,{}_hV^1_{x:\overline{n}|}+{}_hV_{x:\overline{n}|}^{\ \ 1},\quad {}_h^mV(\bar{A}_{x:\overline{n}|})=\frac{i}{\delta}\,{}_h^mV^1_{x:\overline{n}|}+{}_h^mV_{x:\overline{n}|}^{\ \ 1}
$$

复习思考题

1. 已知 ${}_{10}V_{25}=0.1$，${}_{20}V_{25}=0.28$. 试计算 ${}_{10}V_{35}$.

2. 已知 $P_x=0.012\,12$，${}_{20}P_x=0.015\,08$，$P^1_{x:\overline{10}|}=0.069\,42$，${}_{10}^{20}V_x=0.156\,9$. 试求 ${}_{10}V_x$.

3. (35) 签单了一份完全连续的20年延期的终身生存年金,已知死亡服从De Moivre假设,$\omega=75$，$i=0$. 计算该生存年金在第 10 年年末以及第 30 年年末的责任准备金.

4. 已知 $A_{50}=0.249$，$A_{70}=0.569$，试求${}_{20}V_{50}$.

5. 已知${}_t\bar{k}_x$，${}_tE_x$ 和$\bar{A}_{x+t}$. 试求${}_t\overline{V}(\bar{A}_x)$.

6. 已知 $i=4\%$，${}_{23}^{20}V_{15}=0.6$，$p_{38}=0.9$，试计算${}_{24}^{20}V_{15}$.

7. 给出${}_{10}\overline{V}(\bar{A}_{35})$ 的未来法和过去法的计算公式.

8. 给出${}_{10}^{5}\overline{V}(\bar{A}_{35:\overline{20|}})$ 的未来法和过去法的计算公式.

9. 35 岁的男性投保 1 元的完全离散型终身寿险，假设利率为 3.5%，利用换算函数计算下列准备金：1) ${}_5V_{35}$，2) ${}_{10}V_{35}$，3) ${}_{20}V_{35}$.

10. 30 岁的人投保一份完全连续型的终身寿险，若 $\delta=0.05$，${}_tp_{30}=\mathrm{e}^{-0.05t}$，$\bar{A}_{40}=0.667$，$\bar{A}_{50}=0.800$. 求：1) ${}_0\overline{V}(\bar{A}_{30})$，2) ${}_{10}\overline{V}(\bar{A}_{30})$，3) ${}_{20}\overline{V}(\bar{A}_{30})$.

11. 已知${}_5V_{50}=0.45$，$P_{55}=10$，$d=0.05$，求 A_{50}.

12. 已知 $P_x=0.02$，$P_{x:\overline{10|}}^{1}=0.08$，${}_{10}V_x=0.10$，$P_{x:\overline{n|}}=0.028$. 试计算：${}_{10}V_{x:\overline{n|}}$.

13. 证明：当 $k<h$ 时，在 UDD 假设下

$$ {}_k^hV_x^{(m)}\approx {}_k^hV_x+\frac{m-1}{2m}\,{}_hP_x^{(m)}\;{}_k^hV_{x:\overline{h|}}^{1} $$

14. 已知：${}_5V_{40:\overline{10|}}=0.080$，$A_{40:\overline{10|}}=0.05$. 试计算 $A_{45:\overline{5|}}$.

15. 已知：$P_{25}-P_{20}=0.03$，$\ddot{a}_{25}=10.28$，求${}_5V_{20}$.

16. 用换算函数表计算下列准备金，其中被保险人为男性，年利率为 3.5%.

1) ${}_{10}V_{35:\overline{30|}}$，2) ${}_{10}V_{35:\overline{30|}}^{1}$.

17. 已知年利率为 3.5%，被保险人为男性，在死亡均匀分布假设下，求下列责任准备金：1) ${}_{10}V(\bar{A}_{35})$；2) ${}_{10}V^{(12)}(\bar{A}_{35:\overline{20|}})$.

18. 某 30 岁的男性购买了一份限期 20 年缴清的完全离散型终身寿险，前 10 年的保费是后 10 年保费的两倍，保险金为 5 000 元，已知利率为 3.5%，求：1) 第五年年末的责任准备金；2) 第 15 年年末的责任准备金；3) 第 25 年年末的责任准备金.

第6章　毛保费与修正准备金

保险实务中投保人缴纳的或者保险人收取的保费被称为毛保费. 毛保费主要包含两部分:净保费和附加保费. 净保费作为保险给付的成本是毛保费中的主要部分,关于净保费的计算在前几章中已经介绍过了. 附加保费是用于支付保险经营中发生的费用以及为保险人带来合理的利润的部分. 在确定净保费时使用过的等价原则,同样可以用于确定毛保费,即

毛保费的精算现值 = 给付金额的精算现值 + 保险费用与利润附加的精算现值

本章主要讨论保险费用的精算现值的确定.

6.1　保险费用

保险费用指因保险业务而发生的费用. 根据不同的角度可以对保险费用进行分类.

1. 按费用支出的用途分类

1) 业务获得费用. 销售费用(包括代理人佣金和广告费)、分类费用(如体检费用等)、签单和记录费用(新保单制作与记录)等.

2) 保单维持费用. 保费收取与记账、受益人更换和报单选择权准备、与保单持有人通讯联系等.

3) 一般费用. 调查与研究费用、精算和一般法律服务、一般会计费用(包括工资、佣金、水电费)、保费税等.

4) 理赔费用. 索赔调查和法律辩护、保险金支付费等.

2. 按相关性分类

1) 与保费相关的费用. 按照保费的一定比例提取的费用,如代理人的佣金、税金、广告费等.

2) 与保额相关的费用. 按照保险金额的一定比例提取的费用,如理赔费用、维持费用、体检费用等.

3) 与保单相关的费用. 与保单的数量有关的费用,如体检费用、维持费用等.

3. 按费用发生的时间分类

1) 初年度费用. 第一个保单年度支出的费用.

2) 续年度费用. 除第一个保单年度外后续每个年度支出的费用.

表 6.1　保险费用分配表

费用类型	初年度			续年度			
	每张保单	每 1 000 元保额	保费百分比	每张保单	每 1 000 元保额	各年度的费用百分比 2～9	各年度的费用百分比 10 以上
1. 获得费用							
(1) 销售费用							
佣金	—	—	60	—	—	7.0	4.0
销售部的费用	—	—	25	—	—	2.5	1.0
其他销售费用	12.5	4.00	—	—	—	—	—
(2) 分类费用	18.00	0.50	—	—	—	—	—
(3) 签单和记录	4.00	—	—	—	—	—	—
2. 维持费用	2.00	0.25	—	2.00	0.25	—	—
3. 一般费用							
(1) (2)(3)	4.00	0.25		4.00	0.25	—	—
(4) 保费税			2			2.0	2.0
总计(1，2，3 项)	40.5	5.00	87	6.00	0.50	11.5	7.0
4. 理赔费用	每张保单 20.00 元，另外每 1 000 元保额 0.10 元						

6.2　毛保费的计算

当不考虑利润附加时，有

$$\text{毛保费的精算现值} = \text{给付金额的精算现值} + \text{保险费用的精算现值} \tag{6.1}$$

例 6.2.1　(x) 签单一份保额为 5 万元的半连续的终身寿险. 假设保险费用的分配如表 6.1 所示，试推导该保险的年均衡毛保费.

解　设该保险的年均衡毛保费为 G. 作为普通的半连续的终身寿险，需按照期初付终身生存年金的方式缴纳毛保费，故而毛保费的精算现值为 $G\ddot{a}_x$. 根据第二章终身寿险的精算现值的计算有：给付金额的精算现值为 $50\,000\bar{A}_x$. 保险费用的精算现值根据费用支出分别计算：

1. 理赔费用的精算现值. 理赔费用是在理赔时发生的，因此精算现值为

$$(20 + 0.1 \times 50)\bar{A}_x$$

2. 除理赔费用外其他保险费用的精算现值. 这些费用是在各保单年度初期发生的，因此分初年度和续年度分别计算精算现值.

初年度的保险费用发生在签单时刻，故精算现值就是其本身

$$40.5+5\times 50+0.87G$$

续年度费用按照期末付生存年金的方式支出，故而精算现值为

$$(6+0.5\times 50)a_x+0.115Ga_{x:\overline{8}|}+0.07G\,{}_{8|}a_x$$

建立等价方程

$$G\ddot{a}_x=50\,000\bar{A}_x+25\bar{A}_x+290.5+0.87G+31a_x+0.115Ga_{x:\overline{8}|}+0.07G\,{}_{8|}a_x$$

求解得

$$G=\frac{50\,025\bar{A}_x+290.5+31a_x}{0.13+0.93a_x-0.045a_{x:\overline{8}|}}$$

从上例中可以看出保额的大小对净保费以及附加保费都有影响，具体从两方面体现：① 作为因子直接影响. 例如给付金额的大小，按保额收取的理赔费用、一般费用（保费税除外）、维持费用、分类费用和其他销售费用等. ② 通过毛保费间接影响. 例如，除理赔费用外按保费的比例收取的其他保险费用. 若将保额记为 b，相关的毛保费记为 $G(b)$，可以据此给出相关的数学表达式

$$G(b)=a\cdot b+c+f\cdot G(b)\ (a\geqslant 0,\ c\geqslant 0,\ f\geqslant 0) \tag{6.2}$$

式子右侧的第一、三项表达的就是直接与间接的影响，而第二项 c 则是毛保费中与保额无关的部分（比如按保单收取的保险费用）. 显然作为构成项，三者都要满足非负且不超过 $G(b)$ 的要求，故而 $f\in[0,1)$. 进一步移项得

$$G(b)=\frac{ab+c}{1-f} \tag{6.3}$$

(6.3) 式表明毛保费会随保额的增加而增加. 另外，将毛保费除以相应的保额即可得到单位保额的毛保费，我们称其为费率，也即单位价格. 记

$$R(b)=\frac{G(b)}{b}=\frac{a+c/b}{1-f} \tag{6.4}$$

(6.4) 式表明：保单的费率与保额大小有关，且会随保额的增大而减小. 这就给实务中的保单定价带来了不麻烦. 为了解决这一麻烦，实务定价中给出了不少方法.

方法一：附加保单费法

注意到保额对费率的影响是由 c（保单费用）所造成的，在没有该项的情况下所得的费率与保额无关（为一常数）. 因此，先不考虑保单费用，构造等价方程并得到保单费率

$$G'(b)=a\cdot b+f\cdot G'(b)\Rightarrow G'(b)=\frac{ab}{1-f}\Rightarrow R'=\frac{a}{1-f} \tag{6.5}$$

式中，G' 及 R' 分别表示无保单费用下的毛保费以及费率. 接下来，将保单费用添加进来重新构成毛保费

$$G(b) = bR' + \frac{c}{1-f} \tag{6.6}$$

式中，$\frac{c}{1-f}$ 被称为保单费. 这样做的好处在于，对于同一险种、相同年龄的被保险人，费率都是一样的. 保险人只需将费率乘以保额再加上固定的保单费就可以快速计算出不同保额所对应的毛保费，使得费率的单位价格的作用真正得到体现. 除此之外，还可以根据保额的大小划分等级，对同一等级保单使用相同的费率计算毛保费.

方法二：分级费率法

该方法的主要思想是先将保额划分若干个等级，根据同一等级中保单的保额分布求出该等级的平均保额(表 6.2)，最后根据平均保额计算出费率. 该等级下所有保单的毛保费均由该费率乘以各自的保额得到.

表 6.2　保单分级及各等级内的平均保额

保额等级	平均保额
25 000 ～ 99 999 元	78 500 元
100 000 ～ 249 999 元	366 500 元
250 000 ～ 499 999 元	187 500 元
500 000 元及以上	648 500 元

例 6.2.2　某终身寿险的保单费用构成如表 6.3 所示，保单的分级和各等级内的平均保额如表 6.2 所示. 若 UDD 假设成立，预定利率 $i = 0.06$，净保费 $\bar{A}_x = 0.2$. 求趸缴保费方式下保额级别为 100 000 ～ 249 999 元的分级费率以及保额为 10 万元的保单的毛保费.

表 6.3　费用类别及计算依据

费用类别	计算依据
销售佣金	保费的 7.5%
保费税	保费的 3.0%
保单费用	
初年度	50.00 元
续年度	5.00 元
理赔费用	每张保单 15.00 元，另外每千元保额 0.30 元

解　首先，根据各项保险费用的计算依据，建立等价方程

$$G(b) = b\bar{A}_x + \left(15 + \frac{0.3b}{1\,000}\right)\bar{A}_x + 50 + 5a_x + (0.075 + 0.03)G(b)$$

解之得

$$G(b)=\frac{0.200\,06b+53+5a_x}{1-0.105}$$

其中，$a_x=\ddot{a}_x-1=\dfrac{1-A_x}{d}-1=\dfrac{1-\dfrac{\delta}{i}\bar{A}_x}{d}-1=13.235\,3$，因此

$$R(b)=\frac{0.200\,06+119.176\,5/b}{0.895}$$

对于保额级别为 100 000 ～ 249 999 元的保单，平均保额为 366 500 元. 故而取 $b=366\,500$ 代入得 $R=0.223\,894$. 因此保额为 100 000 元的保单的趸缴毛保费为

$$100\,000R=22\,389.40\text{ 元}$$

6.3　修正准备金

责任准备金是保险人为了应对未来可能发生的损失而事先提存的一定量资金，属于保险人的负债. 保险人未来可能发生的损失是由支出超过收入所致，我们可以将毛保费视为保险人的收入，相应的给付以及保险费用则看作保险人的支出，重新确定保险人在评估时刻的损失量

保险人的损失量 = 未来给付金额与费用支出的现值 − 未来毛保费收入的现值

这种包含费用的损失量的条件数学期望被称为评估时刻的毛准备金，采用未来法表示为

毛保费准备金 = 未来给付金额与费用支出的精算现值 − 未来毛保费收入的精算现值

或者采用过去法表示为

毛保费准备金 = 过去毛保费收入的精算积累值 − 过去给付金额与费用支出的精算积累值

在不考虑利润附加的情况下，有

费用准备金 = 未来保险费用支出的精算现值 − 未来费用保费收入的精算现值

从前面保险费用构成表中，我们可以看出初年度产生的费用会高于续年度，这就使得在初年度收取的均衡费用保费不足以支付初年度产生的费用，换句话说，保险人在第一个年的账上盈余为负. 为了缓解保险人在初年度费用压力，有人提出修正准备金的想法，即对各年的均衡毛保费分配结构做出调整：调低第一年的净保费比例，调高续年度的净保费比例. 这就意味着在初年度有更多的费用保费可以用来支付初年度的费用.

6.3.1　修正准备金的一般方法

定义一系列分段净保费，并将分段净保费分为三个水平. 初年度的净保费记为 α，往后 $j-1$ 个年度的净保费记为 β，j 年之后的净保费为原均衡净保费 P. 注意这一划分定义需要

保证它们的精算现值与原均衡净保费下的精算现值相等，以限期 h 年缴费为例

$$\alpha+\beta a_{x:\overline{j-1}|}+P_{j|}\ddot{a}_{x:\overline{h-j}|}=P\ddot{a}_{x:\overline{h}|} \tag{6.7}$$

左侧为分段净保费的精算现值，右侧为均衡净保费的精算现值. 通过移项可化简为

$$\alpha+\beta a_{x:\overline{j-1}|}=P\ddot{a}_{x:\overline{j}|} \tag{6.8}$$

因为只有前 j 年的净保费发生了变化，所以将前 j 年的缴费期称为修正期.

为了增加初年度的费用保费，需要相应地减少净保费，所以通过设定 $\alpha<P$ 来获得额外的 $P-\alpha$ 帮助支付初年度的费用. 自然后续 $j-1$ 年的净保费 β 会因为 $\alpha+\beta a_{x:\overline{j-1}|}=P\ddot{a}_{x:\overline{j}|}$ 的平衡关系而大于 P，具体可以表示为

$$\beta=\frac{P\ddot{a}_{x:\overline{j}|}-\alpha}{a_{x:\overline{j-1}|}}=P+\frac{P-\alpha}{a_{x:\overline{j-1}|}} \tag{6.9}$$

又或者

$$\beta=\frac{P\ddot{a}_{x:\overline{j}|}-\alpha}{\ddot{a}_{x:\overline{j}|}-1}=P+\frac{\beta-\alpha}{\ddot{a}_{x:\overline{j}|}} \tag{6.10}$$

以完全离散的限期 h 年缴费的终身寿险为例，假设被保险人投保时 x 岁，在第 k 个保单年度末的修正准备金记为 ${}_{k}^{h}V_{x}^{\text{Mod}}$，则

$$\begin{aligned}
{}_{k}^{h}V_{x}^{\text{Mod}}&=\begin{cases}A_{x+k}-\beta\ddot{a}_{x+k:\overline{j-k}|}-{}_{h}P_{x\,j-k|}\ddot{a}_{x+k:\overline{h-j}|}, & k=1,2,\cdots,j-1\\ A_{x+k}-{}_{h}P_{x}\ddot{a}_{x+k:\overline{h-k}|}, & k=j,j+1,\cdots,h-1\end{cases}\\
&=\begin{cases}A_{x+k}-{}_{h}P_{x}\ddot{a}_{x+k:\overline{h-k}|}-(\beta-{}_{h}P_{x})\ddot{a}_{x+k:\overline{j-k}|}, & k=1,2,\cdots,j-1\\ A_{x+k}-{}_{h}P_{x}\ddot{a}_{x+k:\overline{h-k}|}, & k=j,j+1,\cdots,h-1\end{cases}\\
&=\begin{cases}{}_{k}^{h}V_{x}-(\beta-{}_{h}P_{x})\ddot{a}_{x+k:\overline{j-k}|}, & k=1,2,\cdots,j-1\\ {}_{k}^{h}V_{x}, & k=j,j+1,\cdots,h-1\end{cases}
\end{aligned} \tag{6.11}$$

很明显在修正期内，修正准备金小于净准备金. 类似可计算其他险种的修正准备金. 准备金的修正主要取决于第一年净保费的调整，也即对 α 规定不同的取值.

例 6.3.1 某 30 岁的男性签单一份 10 000 元保额的完全离散的定期寿险，保险期限 50 年，限期 20 年缴清. 若修正年限为 10 年，且修正期内的年净保费为 111.34，利用附表（2010—2013CL1 非养老类业务一表的换算函数表），在年利率 3.5% 的条件下，计算第 8 个保单年度末的修正准备金.

解 首先根据修正准备金的一般方法，给出单位保额下修正准备金的表达式

$${}_{k}^{h}V_{x:\overline{n}|}^{1\text{Mod}}=\begin{cases}A_{x+k:\overline{n-k}|}^{1}-\beta\ddot{a}_{x+k:\overline{j-k}|}-{}_{h}P_{x:\overline{n}|\,j-k|}^{1}\ddot{a}_{x+k:\overline{h-j}|}, & k=1,2,\cdots,j-1\\ A_{x+k:\overline{n-k}|}^{1}-{}_{h}P_{x:\overline{n}|}^{1}\ddot{a}_{x+k:\overline{h-k}|}, & k=j,j+1,\cdots,h-1\\ A_{x+k:\overline{n-k}|}^{1}, & k=h,h+1,\cdots,n-1\end{cases}$$

所以当 $x=30$, $h=35$, $n=50$, $j=10$ 时，单位保额下第 8 个保单年度末的修正准备金为

$$ {}_{8}^{20}V_{30:\overline{50}|}^{1\mathrm{Mod}} = {}_{8}^{20}V_{30:\overline{50}|}^{1} - (\beta - {}_{20}P_{30:\overline{50}|}^{1})\,\ddot{a}_{38:\overline{2}|} $$

将

$$ \beta = \frac{111.34}{10\,000} = 0.011\,134 $$

$$ {}_{20}P_{30:\overline{50}|}^{1} = \frac{A_{30:\overline{50}|}^{1}}{\ddot{a}_{30:\overline{20}|}} = \frac{M_{30} - M_{80}}{N_{30} - N_{50}} = 0.010\,134 $$

$$ \ddot{a}_{38:\overline{2}|} = \frac{N_{38} - N_{40}}{D_{38}} = 1.964\,836 $$

$$ \begin{aligned} {}_{8}^{20}V_{30:\overline{50}|}^{1} &= A_{38:\overline{42}|}^{1} - {}_{20}P_{30:\overline{50}|}^{1}\ddot{a}_{38:\overline{12}|} \\ &= \frac{M_{38} - M_{80}}{D_{38}} - {}_{20}P_{30:\overline{50}|}^{1}\frac{N_{38} - N_{50}}{D_{38}} \\ &= 0.186\,650 - 0.010\,134 \times 9.904\,783 \\ &= 0.086\,275 \end{aligned} $$

代入得

$$ \begin{aligned} {}_{8}^{20}V_{30:\overline{50}|}^{1\mathrm{Mod}} &= {}_{8}^{20}V_{30:\overline{50}|}^{1} - (\beta - {}_{20}P_{30:\overline{50}|}^{1})\,\ddot{a}_{38:\overline{2}|} \\ &= 0.086\,275 - 0.001 \times 1.964\,836 \\ &= 0.084\,31 \end{aligned} $$

所以第 8 个保单年度末的修正准备金为

$$ 10\,000 \times {}_{8}^{20}V_{30:\overline{50}|}^{1\mathrm{Mod}} = 843.1 $$

6.3.2　一年定期修正法

一年定期修正法(Full Preliminary Term, FPT)是将初年度的净保费 α 设为满足最低死亡给付要求的 $A_{x:\overline{1}|}^{1}$，并将整个缴费期设为修正期，则对于 h 年缴费险种有

$$ A_{x:\overline{1}|}^{1} + \beta a_{x:\overline{h-1}|} = P\ddot{a}_{x:\overline{h}|} \quad \Rightarrow \quad \beta = \frac{P\ddot{a}_{x:\overline{h}|} - A_{x:\overline{1}|}^{1}}{a_{x:\overline{h-1}|}} \tag{6.12} $$

将原保险分解为一年期的死亡保险以及延期一年但保险期限减短一年的原险种，则有 $P\ddot{a}_{x:\overline{h}|} = A_{x:\overline{1}|}^{1} + {}_{1}E_{x}A(1)$，进而

$$ \beta = \frac{{}_{1}E_{x}A(1)}{a_{x:\overline{h-1}|}} = \frac{{}_{1}E_{x}A(1)}{{}_{1|}\ddot{a}_{x:\overline{h-1}|}} = \frac{A(1)}{\ddot{a}_{x+1:\overline{h-1}|}} \tag{6.13} $$

注意：该方法下第一个保单年度末的准备金为零. 对于不同险种，$A(1)$ 取值不同：

终身寿险下，$A(1) = A_{x+1}$；

n 年定期寿险下，$A(1) = A_{x+1:\overline{n-1}|}^{1}$；

n 年两全保险下，$A(1) = A_{x+1:\overline{n-1}|}$.

以限期 h 年缴费的终身寿险为例，根据 FPT 法计算得

$$\beta^{\mathrm{FPT}}=\frac{A_{x+1}}{\ddot{a}_{x+1:\overline{h-1}|}}$$

修正准备金为

$$\begin{aligned}{}_{k}^{h}V_{x}^{\mathrm{FPT}}&=A_{x+k}-\beta^{\mathrm{FPT}}\,\ddot{a}_{x+k:\overline{h-k}|}\\&={}_{k}^{h}V_{x}-(\beta^{\mathrm{FPT}}-{}_{h}P_{x})\,\ddot{a}_{x+k:\overline{h-k}|},\ k=1,\ 2,\ \cdots,\ h-1\end{aligned}\tag{6.14}$$

或

$${}_{k}^{h}V_{x}^{\mathrm{FPT}}=A_{x+k}-A_{x+1}\frac{\ddot{a}_{x+k:\overline{h-k}|}}{\ddot{a}_{x+1:\overline{h-1}|}},\ k=1,\ 2,\ \cdots,\ h-1\tag{6.15}$$

例 6.3.2 某 30 岁的男性签单一份 10 000 元保额的完全离散的定期寿险，保险期限 50 年，限期 20 年缴清. 利用附表（2010—2013CL3 非养老业务二表）的换算函数表，在年利率 3.5% 的条件下，根据 FPT 法计算第 8 个保单年度末的修正准备金.

解

$$\begin{aligned}{}_{k}^{h}V_{x:\overline{n}|}^{1\mathrm{FPT}}&=A_{x+k:\overline{n-k}|}^{1}-\beta^{\mathrm{FPT}}\,\ddot{a}_{x+k:\overline{h-k}|}\\&=A_{x+k:\overline{n-k}|}^{1}-\frac{A_{x+1:\overline{n-1}|}^{1}}{\ddot{a}_{x+1:\overline{h-1}|}}\,\ddot{a}_{x+k:\overline{h-k}|}\end{aligned}$$

所以当 $x=30$, $h=20$, $n=50$ 时，单位保额下第 8 个保单年度末的修正准备金为

$${}_{8}^{20}V_{30:\overline{50}|}^{1\mathrm{FPT}}=A_{38:\overline{42}|}^{1}-\beta^{\mathrm{FPT}}\,\ddot{a}_{38:\overline{12}|}$$

其中

$$\beta^{\mathrm{FPT}}=\frac{A_{31:\overline{49}|}^{1}}{\ddot{a}_{31:\overline{19}|}}=\frac{M_{31}-M_{80}}{N_{31}-N_{50}}=0.010\,824$$

将

$$A_{38:\overline{42}|}^{1}=\frac{M_{38}-M_{80}}{D_{38}}=0.186\,650$$

$$\ddot{a}_{38:\overline{12}|}=\frac{N_{38}-N_{50}}{D_{38}}=9.904\,783$$

分别代入得

$$\begin{aligned}{}_{8}^{20}V_{30:\overline{50}|}^{1\mathrm{FPT}}&=A_{38:\overline{42}|}^{1}-\beta^{\mathrm{FPT}}\,\ddot{a}_{38:\overline{12}|}\\&=0.186\,650-0.010\,824\times 9.904\,783\\&=0.079\,441\end{aligned}$$

所以第 8 个保单年度末的修正准备金为

$$10\,000 \times {}^{20}_{8}V^{1\text{FPT}}_{30:\overline{50|}} = 794.41$$

6.3.3　责任准备金的其他修正方法

除了 FPT 法外，实务中常用的修正方法还有以下三种.

1. 美国保险监督官标准

美国监管人士认为对于低费率保单，采用 FPT 法会导致第一年冲销的费用过多，于是制定了保险监督官标准(Commissioner's Valuation Standard, Com)：假定修正期为缴费期.

1) 如果 $\beta^{\text{FPT}} \leqslant {}_{19}P_{x+1}$，采用 FPT 修正法；

2) 如果 $\beta^{\text{FPT}} > {}_{19}P_{x+1}$，则 $\beta^{\text{Com}} - \alpha^{\text{Com}} = {}_{19}P_{x+1} - A^{1}_{x:\overline{1|}}$. 因为 $\alpha^{\text{Com}} + \beta^{\text{Com}} a_{x:\overline{h-1|}} = P\ddot{a}_{x:\overline{h|}}$，所以

$$\beta^{\text{Com}} = P + \frac{{}_{19}P_{x+1} - A^{1}_{x:\overline{1|}}}{\ddot{a}_{x:\overline{h|}}}$$

以限期 h 年缴费的终身寿险为例，根据 Com 法计算的

$$\beta^{\text{Com}} = {}_{h}P_{x} + \frac{{}_{19}P_{x+1} - A^{1}_{x:\overline{1|}}}{\ddot{a}_{x:\overline{h|}}}$$

相应的修正准备金为

$$\begin{aligned} {}^{h}_{k}V^{\text{Com}}_{x} &= A_{x+k} - \beta^{\text{Com}}\,\ddot{a}_{x+k:\overline{h-k|}} \\ &= {}^{h}_{k}V_{x} - \frac{{}_{19}P_{x+1} - A^{1}_{x:\overline{1|}}}{\ddot{a}_{x:\overline{h|}}}\,\ddot{a}_{x+k:\overline{h-k|}},\ k = 1, 2, \cdots, h-1 \end{aligned}$$

2. 加拿大修正法

加拿大修正法(Can) 定义 $\alpha^{\text{Can}} = P - E^{\text{Can}}$，其中 E^{Can} 为第一年保险费用补充提取额，需要满足

$$E^{\text{Can}} = \min\{a, b, c\}$$

式中，a 为 150% 净均衡保费；b 为新契约费；c 为仍然提供的管理费用及保单持有人分红时在第二年及以后年中可收回费用的精算现值.

例 6.3.3　采用美国保险监督官标准重新计算例 6.3.2.

解　首先计算

$${}_{19}P_{31} = \frac{A_{31}}{\ddot{a}_{31:\overline{19|}}} = \frac{M_{31}}{N_{31} - N_{50}} = 0.015\,73$$

由例 6.3.2 可知

$$\beta^{\text{FPT}} = \frac{A_{31:\overline{49|}}}{\ddot{a}_{31:\overline{19|}}} = 0.010\,824$$

很明显

$$\beta^{FPT} \leqslant {}_{19}P_{x+1}$$

所以

$$10\,000 \times {}^{20}_{8}V^{1Com}_{30:\overline{50|}} = 10\,000 \times {}^{20}_{8}V^{1FPT}_{30:\overline{50|}} = 794.41$$

3. 我国人寿保险的责任准备金的修正方法

中国保险监督委员会颁发的《人寿保险精算规定》中的第四部分法定责任准备金中规定了法定未到期责任准备金的计算方法:终身年金意外的人寿保险采用一年期完全修正法;终身年金保险按规定方法修正均衡净保费.修正后的首年净保费α满足:

$$\alpha = (1 - \min\{\text{首年预定费用率}, r\}) \times \text{首年毛保费}$$

参数r的取值根据业务类别加以区别,其中个人业务中$r = 0.35$;团体业务中$r = 0.15$.修正后的续年均衡净保费β满足

$$\alpha + \beta\text{在交费期初的精算现值} = P\text{在交费初期的精算现值}$$

其中P为根据法定未到期责任准备金计算你寄出确定的缴费期间均衡净保费.

本章小结

1. 保险实务中投保人缴纳的或者保险人收取的保费被称为毛保费.毛保费主要包含两部分:净保费和附加保费,两者作用不同确.

2. 保险费用指因保险业务而发生的费用,可按以下角度进行分类:

(1) 按费用支出的用途分类;

(2) 按相关性分类;

(3) 按费用发生的时间分类.

3. 毛保费可以根据平衡准则确定.因为保单的费率与保额大小有关,且会随保额的增大而减小,所以常采用附加保单费法和分级费率法确定费率.

4. 修正准备金,即对各年的均衡毛保费分配结构做出调整:调低第一年的净保费比例,调高续年度的净保费比例,使得在初年度有更多的费用保费可以用来支付初年度的费用.常用的修正准备金的方法有:

(1) 一般修正法;

(2) 一年定期修正法;

(3) 美国保险监督官标准;

(4) 加拿大修正法.

复习思考题

1. G为满足下列条件完全离散的、保额为1 000元,限期20年缴费的终身寿险的毛保费:$G = 21$,费用发生在年初,初年度费用和续年度费用分别为毛保费的12%和3%.

$1\,000A_x = 202$, $d = 16\%$，求$\ddot{a}_{x:\overline{20}|}$. 若初年度和需年度每份保单另收取 12 元和 3 元费用，重新计算$\ddot{a}_{x:\overline{20}|}$.

2. 某 30 岁的男性购买了保额为 1 000 元完全离散的 20 年定期寿险. 假设利率为 3.5%，费用发生情况如下：1) 第一年佣金为毛保费的 25%，每千元保额费用为 4 元，固定费用为 15 元；2) 续年佣金为毛保费的 5%，每千元保额费用为 1 元，年固定费用为 15 元. 求年缴均衡毛保费.

3. 根据下表所给的费用分配结构，计算 30 岁的被保险人投保的保额为 1 万元的 20 年期定期寿险保单的保费.

费用类型	初年度			续年度				
	每张保单	每 1 000 元保额	保费百分比	每张保单	每 1 000 元保额	各年度的费用百分比		
						2—9	10—15	16 年后
1. 获得费用	34.5	4.5	75	—	—	7.5	5.5	4
2. 维持费用	2.00	0.25	—	2.00	0.25	—	—	—
3. 一般费用	4.00	0.25	3	4.00	0.25	2	2	2
小计	40.5	5.00	78.00	6.00	0.5	9.50	7.50	6.00
4. 理赔费用	每张保单 18.00 元，另外每 1 000 元保额 0.10 元							

4. 某 40 岁的男性购买了保额为 1 000 元完全离散的 20 年期两全保险. 假设贴现率为 3%，费用发生情况如下：1) 第一年佣金为毛保费的 40%，固定费用为 10 元；2) 续年佣金为毛保费的 5%，年固定费用为 2 元；3) 各年维持费用为保额的 1%；4) 理赔费用 50 元. 且 $P(A_{40:\overline{20}|}) = 0.032\,5$, $P(A_{40:\overline{20}|}^{\;\,1}) = 0.025\,5$. 求年缴均衡毛保费.

5. 30 岁男性投保了保额为 1 000 元完全离散的终身寿险，假设利率为 3.5%，费用发生情况如下：1) 每年佣金为毛保费的 25%；2) 每千元保额费用为 2 元；3) 每份保单的年固定费用 30 元. 求年缴均衡毛保费和附加保费的精算现值.

6. (x) 签单一份完全离散的 n 年两全保险，已知 $d = 5\%$, $1\,000\alpha^{\mathrm{FPT}} = 30.83$, $1\,000P_{x:\overline{n}|} = 68.25$，求 $1\,000\beta^{\mathrm{FPT}}$.

7. 已知 d, q_{x+1} 和 $A_{x+2:\overline{n-2}|}$. 求${}_2V_{x:\overline{n}|}^{\mathrm{FPT}}$.

8. 已知 d, $\ddot{a}_{x+2}$，和 q_{x+1}. 求${}_2V_x^{\mathrm{FPT}}$.

9. 已知 d, q_{x+1} 和$\ddot{a}_{x+2:\overline{n-2}|}$. 求${}_2V_{x:\overline{n}|}^{\mathrm{FPT}}$.

10. 已知：$P_{30} = 0.030$, $\beta = 0.033$，修正期 $j = 10$, $\ddot{a}_{30:\overline{10}|} = 8.834$，求：$\alpha$.

11. 已知：$A_{55} = 0.305$, $q_{55} = 0.006\,5$, $A_{65} = 0.440$, $i = 0.05$，求：${}_{10}V_{55}$, ${}_{10}V_{55}^{\mathrm{FPT}}$.

12. 30 岁男性投保 20 年限期缴费、完全离散的终身寿险，保额为 1 000 元，已知修正年限为 10 年，利率为 3.5%，$\alpha = 1\,000A_{30:\overline{1}|}^{1}$，计算一般方法下第 5 年末的修正责任准备金.

13. 40 岁的男性投保了一份保额为 1 万元限期 10 年缴清、完全离散的 20 年期两全保险，如果修正期为 10 年. 假设利率为 3.5%，试分别用一年定期修正法、美国保险监察官准备金修正法和加拿大标准法计算第 5 年末的责任准备金.

第 7 章　多生命生存模型

由两个或两个以上个体组成的多生命生存模型在保险实务中有广泛的应用. 本章以两个个体组成的多生命生存模型为例,进行具体的讨论. 为了区别两个不同的个体,将他们分别称为(x)和(y),两者的剩余寿命构成了二元随机变量. 假设$(T(x),\ T(y))$的联合分布函数为$F(s,\ t)$,联合生存函数为$s(s,\ t)$. 当$T(x)$和$T(y)$相互独立时,有

$$\begin{aligned} F_{T(x),\ T(y)}(s,\ t) &= P\{T(x) \leqslant s,\ T(y) \leqslant t\} \\ &= P\{T(x) \leqslant s\} \cdot P\{T(y) \leqslant t\} \\ &= {}_sq_x \cdot {}_tq_y \end{aligned}$$

类似地

$$s_{T(x),\ T(y)}(s,\ t) = {}_sp_x \cdot {}_tp_y.$$

个体(x)和(y)各自对应生存和死亡两种状态,组合起来有(生存,生存),(生存,死亡),(死亡,生存),(死亡,死亡)四种可能的结果. 根据这四种结果定义以下两种状态,并赋予它们存续和终止的含义.

1. 联合生存状态(xy). 当且仅当两个个体都存活的情况下,联合生存状态(xy)才存续;只要两个个体中有一个个体死亡,该状态就终止了(图 7.1).

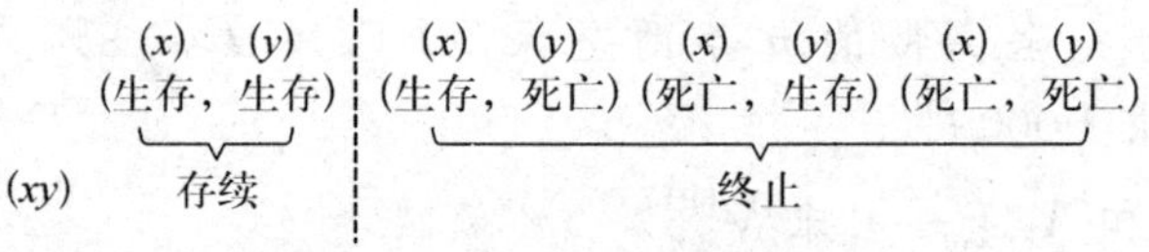

	(x) (y)	(x) (y)	(x) (y)	(x) (y)
	(生存,生存)	(生存,死亡)	(死亡,生存)	(死亡,死亡)
(xy)	存续	终止		

图 7.1　联合生存状态示意图

2. 最后生存者状态$(\overline{xy})$. 只要两个个体中有一个个体处于生存状态,该状态就存续;当且仅当两个个体都死亡的情况下,最后生存者状态$(\overline{xy})$才终止(图 7.2).

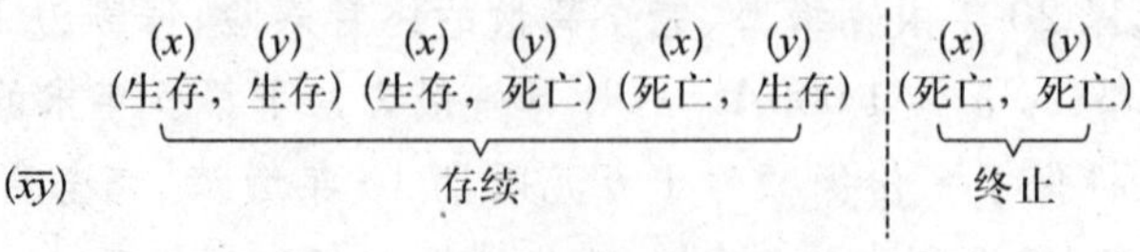

	(x) (y)	(x) (y)	(x) (y)	(x) (y)
	(生存,生存)	(生存,死亡)	(死亡,生存)	(死亡,死亡)
$(\overline{xy})$	存续			终止

图 7.2　最后生存者状态示意图

7.1　联合生存状态

7.1.1　联合生存状态的未来存续时间

定义联合生存状态的未来存续时间为 $T(xy)$，很明显该存续时间由 (x) 和 (y) 的剩余寿命决定，即

$$T(xy) = \min\{T(x),\ T(y)\} \tag{7.1}$$

如果将联合生存状态形象地比作一个新的个体，那么状态的续存和终止就对应着新个体的生存和死亡，状态的未来存续时间 $T(xy)$ 就可看作新个体的剩余寿命. 此时对联合生存状态的分析就转化为单生命模型的研究，可以沿用单生命模型中的符号来标记未来存续时间 $T(xy)$ 的生存函数、分布函数、密度函数、终止力函数（对应个体剩余寿命的死亡力函数）等，并赋予它们相应的含义.

1) $T(xy)$ 的生存函数

$$\begin{aligned} {}_tp_{xy} &= P\{T(xy) > t\} \\ &= P\{\min\{T(x),\ T(y)\} > t\} \\ &= P\{T(x) > t,\ T(y) > t\} \\ &= s_{T(x),\ T(y)}(t,\ t) \end{aligned} \tag{7.2}$$

2) $T(xy)$ 的分布函数

$${}_tq_{xy} = 1 - {}_tp_{xy} \tag{7.3}$$

3) $T(xy)$ 的密度函数

$$f_{T(xy)}(t) = -\frac{\mathrm{d}}{\mathrm{d}t}\,{}_tp_{xy} \tag{7.4}$$

4) $T(xy)$ 的终止力函数

$$\mu_{xy}(t) = \frac{f_{T(xy)}(t)}{{}_tp_{xy}} \tag{7.5}$$

5) (xy) 的完全平均存续时间

$$\mathring{e}_{xy} = E(T(xy)) = \int_0^{\infty} {}_tp_{xy}\,\mathrm{d}t \tag{7.6}$$

6) (xy) 的整数存续时间

$$K(xy) = [T(xy)] \tag{7.7}$$

7) (xy) 的简约平均存续时间

$$e_{xy}=E(K(xy))=\sum_{k=0}^{+\infty}k\ _{k|}q_{xy}=\sum_{k=1}^{+\infty}{}_{k}p_{xy} \tag{7.8}$$

结论 7.1.1 当 $T(x)$ 和 $T(y)$ 相互独立时,有

$$_{t}p_{xy}={}_{t}p_{x}\ _{t}p_{y} \tag{7.9}$$

$$\mu_{xy}(t)=\mu_{x}(t)+\mu_{y}(t) \tag{7.10}$$

$$P\{K(xy)=k\}={}_{k|}q_{xy}={}_{t}p_{xy}(q_{x+k}+p_{x+k}q_{y+k}) \tag{7.11}$$

证

1) $_{t}p_{xy}=P\{T(x)>t,\ T(y)>t\}=P\{T(x)>t\}P\{T(y)>t\}={}_{t}p_{x}\ _{t}p_{y}$;

2) $\mu_{xy}(t)=\dfrac{f_{T(xy)}(t)}{_{t}p_{xy}}=-\dfrac{\frac{\mathrm{d}}{\mathrm{d}t}(_{t}p_{x}\ _{t}p_{y})}{_{t}p_{x}\ _{t}p_{y}}=-\dfrac{\frac{\mathrm{d}}{\mathrm{d}t}\ _{t}p_{x}}{_{t}p_{x}}-\dfrac{\frac{\mathrm{d}}{\mathrm{d}t}\ _{t}p_{y}}{_{t}p_{y}}=\mu_{x}(t)+\mu_{y}(t)$;

3)
$$\begin{aligned}_{k|}q_{xy}&={}_{k}p_{xy}-{}_{k+1}p_{xy}\\&={}_{k}p_{xy}(1-p_{x+k:y+k})\\&={}_{k}p_{xy}(1-p_{x+k}p_{y+k})\\&={}_{k}p_{xy}(q_{x+k}+p_{x+k}-p_{x+k}p_{y+k})\\&={}_{k}p_{xy}(q_{x+k}+p_{x+k}q_{y+k})\end{aligned}$$

例 7.1.1 假设(65)和(55)的剩余寿命相互独立,且死亡均服从 De Moivre 假设,$\omega=105$.若两者构成联合生存状态(65:55),试求 1)联合生存状态的生存函数;2)联合生存状态的终止力函数;3)联合生存状态的平均续存期.

解 (65)和(55)的死亡均服从 De Moivre 假设,$\omega=105$,所以

$$T(65)\sim U(0,\ 40),\ T(45)\sim U(0,\ 50)$$

于是

$$_{t}p_{65}=\frac{40-t}{40},\ t\in[0,\ 40]$$

$$_{t}p_{55}=\frac{50-t}{50},\ t\in[0,\ 50]$$

1) 因为(65)和(55)的剩余寿命相互独立,所以

$$_{t}p_{65:55}=\frac{40-t}{40}\cdot\frac{50-t}{50},\ t\in[0,\ 40]$$

2)
$$\mu_{65}(t)=\frac{1}{40-t},\ t\in[0,\ 40),\quad \mu_{55}(t)=\frac{1}{50-t},\ t\in[0,\ 50)$$

$$\mu_{65:55}(t)=\mu_{65}(t)+\mu_{55}(t)=\frac{1}{40-t}+\frac{1}{50-t},\ t\in[0,\ 40)$$

3)
$$\begin{aligned}E(T(65:55)) &= \int_0^{\infty} {}_tp_{65:55}\,\mathrm{d}t \\ &= \int_0^{40} \frac{40-t}{40}\cdot\frac{50-t}{50}\mathrm{d}t \\ &= \frac{1}{2\,000}\int_0^{40} 2\,000-90t+t^2\,\mathrm{d}t \\ &= \frac{2\,000\times 40-45\times 1\,600+64\,000/3}{2\,000} \\ &\approx 14.7\end{aligned}$$

例 7.1.2　设正常人的死亡服从 De Moivre 死亡律($\omega=100$),有额外风险的人(如抽烟者)的死亡力为与其同龄的正常人死亡力的 2 倍,求正常的 40 岁的人和有额外风险的 50 岁的人在相互独立的条件下联合生命状态的生存函数.

解　由已知可知正常的 40 岁人的死亡力函数和 $T(40)$ 的生存函数为

$$\mu_{40}(t)=\frac{1}{60-t},\quad t\in[0,\ 60);\quad {}_tp_{40}=\frac{60-t}{60},\quad t\in[0,\ 60]$$

有额外风险的 50 岁人的死亡力函数和 $T(50)$ 的生存函数为

$$\mu_{50}^{*}(t)=\frac{2}{50-t},\quad t\in[0,\ 50);\quad {}_tp_{50}=\left(\frac{50-t}{50}\right)^2,\quad t\in[0,\ 50]$$

因为两者独立,所以 $T(40:50)$ 的生存函数为

$${}_tp_{40:50}={}_tp_{40}\ {}_tp_{50}=\frac{(60-t)\times(50-t)^2}{150\,000},\quad t\in[0,\ 50]$$

7.2　最后生存者状态

7.2.1　最后生存者状态的未来存续时间

最后生存者状态的未来存续时间 $T(\overline{xy})$ 也由(x)和(y)的剩余寿命决定,但不同的是

$$T(\overline{xy})=\max\{T(x),\ T(y)\} \tag{7.12}$$

我们将 $T(\overline{xy})$ 的生存函数、分布函数、密度函数、终止力函数(对应个体剩余寿命的死亡力函数),平均存续时间等分别记为${}_tp_{\overline{xy}}$, ${}_tq_{\overline{xy}}$, $f_{T(\overline{xy})}(t)$, $\mu_{\overline{xy}}(t)$ 和$\mathring{e}_{\overline{xy}}$.根据定义有

1) $T(\overline{xy})$ 的分布函数

$$\begin{aligned}{}_tq_{\overline{xy}} &= P\{T(\overline{xy})\leqslant t\} \\ &= P\{\max\{T(x),\ T(y)\}\leqslant t\} \\ &= P\{T(x)\leqslant t,\ T(y)\leqslant t\}\end{aligned}$$

$$= F_{T(x),\ T(y)}(t,\ t) \tag{7.13}$$

2）$T(\overline{xy})$ 的生存函数

$$_tp_{\overline{xy}} = 1 - {}_tq_{\overline{xy}} \tag{7.14}$$

3）$T(\overline{xy})$ 的密度函数

$$f_{T(\overline{xy})}(t) = -{}_tp'_{\overline{xy}} \tag{7.15}$$

4）$T(\overline{xy})$ 的终止力函数

$$\mu_{\overline{xy}}(t) = \frac{f_{T(\overline{xy})}(t)}{_tp_{\overline{xy}}} \tag{7.16}$$

5）$(\overline{xy})$ 的完全平均存续时间

$$\mathring{e}_{\overline{xy}} = E(T(\overline{xy})) = \int_0^{\infty} {}_tp_{\overline{xy}}\,\mathrm{d}t \tag{7.17}$$

6）$(\overline{xy})$ 的整数存续时间

$$K(\overline{xy}) = [T(\overline{xy})] \tag{7.18}$$

7）$(\overline{xy})$ 的简约平均存续时间

$$e_{\overline{xy}} = E(K(\overline{xy})) = \sum_{k=0}^{+\infty} k\ {}_{k|}q_{\overline{xy}} = \sum_{k=1}^{+\infty} {}_kp_{\overline{xy}} \tag{7.19}$$

结论 7.2.1　当 $T(x)$ 和 $T(y)$ 相互独立时有

$$_tq_{\overline{xy}} = {}_tq_x\ {}_tq_y \tag{7.20}$$

$$\mu_{\overline{xy}}(t) = \frac{_tp_x\mu_x(t)\ {}_tq_y + {}_tp_y\mu_y(t)\ {}_tq_x}{1 - {}_tq_x\ {}_tq_y} \tag{7.21}$$

及

$$P\{K(\overline{xy}) = k\} = {}_{k|}q_{\overline{xy}} = {}_kp_xq_{x+k}\ {}_{k+1}q_y + {}_kp_yq_{y+k}\ {}_{k+1}q_x - {}_kp_{xy}q_{\overline{x+k:y+k}} \tag{7.22}$$

证　1.　$_tq_{\overline{xy}} = P\{T(x) \leqslant t,\ T(y) \leqslant t\} = P\{T(x) \leqslant t\}P\{T(y) \leqslant t\}$

$$= {}_tq_x\ {}_tq_y$$

2.　$\mu_{\overline{xy}}(t) = -\dfrac{_tp'_{\overline{xy}}}{_tp_{\overline{xy}}} = \dfrac{_tq'_{\overline{xy}}}{1 - {}_tq_{\overline{xy}}} = \dfrac{_tq'_x\ {}_tq_y + {}_tq_x {}_tq'_y}{1 - {}_tq_x\ {}_tq_y}$

$$= \frac{_tp_x\mu_x(t)\ {}_tq_y + {}_tp_y\mu_y(t)\ {}_tq_x}{1 - {}_tq_x\ {}_tq_y}$$

3.
$$\begin{aligned}
{}_{k|}q_{\overline{xy}} &= {}_{k+1}q_{\overline{xy}} - {}_{k}q_{\overline{xy}} \\
&= {}_{k+1}q_{x}\, {}_{k+1}q_{y} - {}_{k}q_{x}\, {}_{k}q_{y} \\
&= {}_{k+1}q_{x}\, {}_{k+1}q_{y} - ({}_{k+1}q_{x} - {}_{k|}q_{x})({}_{k+1}q_{y} - {}_{k|}q_{y}) \\
&= {}_{k+1}q_{x}\, {}_{k|}q_{y} + {}_{k+1}q_{y}\, {}_{k|}q_{x} - {}_{k|}q_{x}\, {}_{k|}q_{y} \\
&= {}_{k+1}q_{x}\, {}_{k}p_{y}q_{y+k} + {}_{k+1}q_{y}\, {}_{k}p_{x}q_{x+k} - {}_{k}p_{x}q_{x+k}\, {}_{k}p_{y}q_{y+k} \\
&= {}_{k+1}q_{x}\, {}_{k}p_{y}q_{y+k} + {}_{k+1}q_{y}\, {}_{k}p_{x}q_{x+k} - {}_{k}p_{xy}q_{\overline{x+k:y+k}}
\end{aligned}$$

例 7.2.1　在独立性假设下，根据下表中的数据计算(30) 和(34) 中最后一个死亡发生在第 3 年的概率${}_{2|}q_{\overline{30:34}}$.

x	30	31	32	33	34	35	36	37
q_x	0.1	0.2	0.3	0.4	0.5	0.6	0.7	0.8

解
$$\begin{aligned}
{}_{2|}q_{\overline{30:34}} &= {}_{3}q_{30}\, {}_{2}p_{34}q_{36} + {}_{3}q_{34}\, {}_{2}p_{30}q_{32} - {}_{2}p_{30:34}q_{\overline{32:36}} \\
&= \{1-(1-q_{30})(1-q_{31})(1-q_{32})\}(1-q_{34})(1-q_{35})q_{36} \\
&\quad + \{1-(1-q_{34})(1-q_{35})(1-q_{36})\}(1-q_{30})(1-q_{31})q_{32} \\
&\quad - (1-q_{30})(1-q_{31})(1-q_{34})(1-q_{35})\, q_{32}q_{36} \\
&= 0.242\,24
\end{aligned}$$

例 7.2.2　$T(x)$，$T(y)$ 的联合概率密度函数是：$f_{T(x),\,T(y)}(t_1,\, t_2) = \dfrac{t_1 + t_2}{1\,000}$，$0 \leqslant t_1$，$t_2 \leqslant 10$. 计算边缘概率密度函数、边缘分布函数，最后生存者状态以及联合生存状态剩余寿命的密度函数.

解　因为联合密度函数具有对称性，所以 $T(x)$，$T(y)$ 的边缘概率密度函数、边缘分布函数都相同. 以 $T(x)$ 为例，对任意的 $t \in [0,\, 10]$，有

$$f_{T(x)}(t) = \int_0^{\infty} f_{T(x),\,T(y)}(t,\, t_2)\mathrm{d}t_2 = \int_0^{10} \frac{t + t_2}{1\,000}\mathrm{d}t_2 = \frac{t+5}{100}$$

$${}_{t}q_{x} = F_{T(x)}(t) = \int_0^{t} f_{T(x)}(s)\mathrm{d}s = \int_0^{t} \frac{s+5}{100}\mathrm{d}s = \frac{t^2 + 10t}{200}$$

很明显 $T(x)$ 与 $T(y)$ 并不相互独立，所以

$$\begin{aligned}
{}_{t}p_{xy} &= \Pr(T(xy) > t) \\
&= \Pr(\min\{T(x),\, T(y)\} > t) \\
&= \Pr(T(x) > t,\, T(y) > t) \\
&= \int_t^{\infty}\int_t^{\infty} f_{T(x),\,T(y)}(t_1,\, t_2)\mathrm{d}t_1\mathrm{d}t_2 \\
&= \int_t^{10}\int_t^{10} \frac{t_1 + t_2}{1\,000}\mathrm{d}t_1\mathrm{d}t_2
\end{aligned}$$

$$= \frac{(10-t)^2(10+t)}{1\,000}, \quad t \in [0, 10]$$

以及

$$\begin{aligned}
{}_tq_{\overline{xy}} &= \Pr(T(\overline{xy}) \leqslant t) \\
&= \Pr(\max\{T(x), T(y)\} \leqslant t) \\
&= \Pr(T(x) \leqslant t, T(y) \leqslant t) \\
&= \int_0^t \int_0^t f_{T(x), T(y)}(t_1, t_2) \mathrm{d}t_1 \mathrm{d}t_2 \\
&= \int_0^t \int_0^t \frac{t_1 + t_2}{1\,000} \mathrm{d}t_1 \mathrm{d}t_2 \\
&= \frac{t^3}{1\,000}, \quad t \in [0, 10]
\end{aligned}$$

进一步

$$f_{T(xy)}(t) = -{}_tp'_{xy} = \frac{100 + 20t - 3t^2}{1\,000}, \quad t \in [0, 10]$$

$$f_{T(\overline{xy})}(t) = {}_tq'_{\overline{xy}} = \frac{3t^2}{1\,000}, \quad t \in [0, 10]$$

7.3 联合生存状态与最后生存者状态之间的关系

因为 $T(xy) = \min\{T(x), T(y)\}$，$T(\overline{xy}) = \max\{T(x), T(y)\}$，所以 $T(xy)$ 与 $T(\overline{xy})$ 构成的集合 $\{T(xy), T(xy)\}$ 与 $\{T(x), T(y)\}$ 一致. 故而满足：

$$T(xy) + T(\overline{xy}) = T(x) + T(y)$$

及

$$T(xy) \cdot T(\overline{xy}) = T(x) \cdot T(y)$$

很明显，$T(xy) + T(\overline{xy})$ 与 $T(x) + T(y)$ 有相同的分布. 除此之外，各自的分布也满足：

$${}_tp_{xy} + {}_tp_{\overline{xy}} = {}_tp_x + {}_tp_y \tag{7.23}$$

$${}_tq_{xy} + {}_tq_{\overline{xy}} = {}_tq_x + {}_tq_y \tag{7.24}$$

$$f_{T(xy)}(t) + f_{T(\overline{xy})}(t) = f_{T(x)}(t) + f_{T(y)}(t) \tag{7.25}$$

$$\mathring{e}_{xy} + \mathring{e}_{\overline{xy}} = \mathring{e}_x + \mathring{e}_y \tag{7.26}$$

$$e_{xy} + e_{\overline{xy}} = e_x + e_y \tag{7.27}$$

注意：上述结论无须 $T(x)$ 和 $T(y)$ 相互独立也是成立的，我们可以给出下列证明.

证 1)

$$\begin{aligned}
{}_tp_{xy} + {}_tp_{\overline{xy}} &= {}_tp_{xy} + 1 - {}_tq_{\overline{xy}} \\
&= P\{T(x) > t,\ T(y) > t\} + 1 - P\{T(x) \leqslant t,\ T(y) \leqslant t\} \\
&= P\{T(x) > t,\ T(y) > t\} + P\{T(x) > t\} \\
&\quad + P\{T(x) \leqslant t\} - P\{T(x) \leqslant t,\ T(y) \leqslant t\} \\
&= P\{T(x) > t,\ T(y) > t\} + P\{T(x) > t\} \\
&\quad + P\{T(x) \leqslant t,\ T(y) > t\} \\
&= P\{T(y) > t\} + P\{T(x) > t\} \\
&= {}_tp_x + {}_tp_y
\end{aligned}$$

2) 将式(7.23) 两边同时乘以 -1 并加 2,即可得到式(7.24);

3) 将式(7.23) 两边同时对 t 求导即得式(7.25);

4) 将式(7.23) 两边同时对 t 进行积分,积分区间为$[0, \infty)$ 即可得到式(7.26);

5) 将式(7.23) 两边的 t 取值正整数并逐项求和即可得式(7.27).

结论 7.3.1 倘若 $T(x)$ 和 $T(y)$ 相互独立,还有

$$\mathrm{Cov}(T(xy),\ T(\overline{xy})) = (\mathring{e}_x - \mathring{e}_{xy})(\mathring{e}_y - \mathring{e}_{xy}) \tag{7.28}$$

证

$$\begin{aligned}
\mathrm{Cov}(T(xy),\ T(\overline{xy})) &= E\{T(xy)T(\overline{xy})\} - E\{T(xy)\}E\{T(\overline{xy})\} \\
&= E\{T(x)T(y)\} - E\{T(xy)\}E\{T(\overline{xy})\} \\
&= E\{T(x)\}E\{T(y)\} - E\{T(xy)\}E\{T(\overline{xy})\} \\
&= \mathring{e}_x\mathring{e}_y - \mathring{e}_{xy}(\mathring{e}_x + \mathring{e}_y - \mathring{e}_{xy}) \\
&= (\mathring{e}_x - \mathring{e}_{xy})(\mathring{e}_y - \mathring{e}_{xy})
\end{aligned}$$

注意:$T(x)$ 和 $T(y)$ 相互独立并不代表 $T(xy)$ 和 $T(\overline{xy})$ 也独立. 从上述结果可以看出,只要$\mathring{e}_x \neq \mathring{e}_{xy}$ 且$\mathring{e}_y \neq \mathring{e}_{xy}$,$T(xy)$ 和 $T(\overline{xy})$ 就具有相关性.

例 7.3.1 两个相互独立的个体男性(24) 和某女性(75),他们的死亡力分别为 $\mu^M(x) = \dfrac{1}{49-x}$, $0 \leqslant x < 49$ 和 $\mu^F(x) = \dfrac{1}{100-x}$, $0 \leqslant x < 100$. 试求 $\mathring{e}_{\overline{24:75}}$.

解

$$ {}_tp_{24}^M = \exp\left(-\int_0^t \mu_{24}^M(s)\mathrm{d}s\right) = \exp\left(-\int_{24}^{24+t} \mu^M(s)\mathrm{d}s\right) = \frac{25-t}{25},\ 0 \leqslant t \leqslant 25$$

$$ {}_tp_{75}^F = \exp\left(-\int_0^t \mu_{75}^F(s)\mathrm{d}s\right) = \exp\left(-\int_{75}^{75+t} \mu^F(s)\mathrm{d}s\right) = \frac{25-t}{25},\ 0 \leqslant t \leqslant 25$$

根据独立性可得联合生存状态的生存函数

$$ {}_tp_{24:75} = {}_tp_{24}^M \cdot {}_tp_{75}^F = \left(\frac{25-t}{25}\right)^2,\ 0 \leqslant t < 25$$

$$\mathring{e}_{24} = \int_0^{25} {}_tp_{24}^M \mathrm{d}t = \int_0^{25} \frac{25-t}{25}\mathrm{d}t = 12.5$$

$$\mathring{e}_{75}=\int_0^{25} {}_tp_{75}^F\,\mathrm{d}t=\int_0^{25}\frac{25-t}{25}\mathrm{d}t=12.5$$

$$\mathring{e}_{24:75}=\int_0^{25} {}_tp_{24:75}\,\mathrm{d}t=\int_0^{25}\left(\frac{25-t}{25}\right)^2\mathrm{d}t=25/3$$

根据(7.26)式有

$$\mathring{e}_{\overline{24:75}}=\mathring{e}_{24}+\mathring{e}_{75}-\mathring{e}_{24:75}=50/3$$

在例 7.2.1 中可根据式(7.24)求得

$$\begin{aligned}{}_tq_{\overline{xy}}&={}_tq_x+{}_tq_y-{}_tq_{xy}=2\times\frac{t^2+10t}{200}+\frac{(10-t)^2(10+t)}{1\,000}-1\\&=\frac{t^3}{1\,000},\ t\in[0,\ 10]\end{aligned}$$

类似地也可利用式(7.25)得到

$$f_{T(\overline{xy})}(t)=f_{T(x)}(t)+f_{T(y)}(t)-f_{T(xy)}(t)=\frac{3t^2}{1\,000},\ t\in[0,\ 10]$$

例7.3.2 个体(20)的死亡力为常数$\mu_1=0.02$;与其相独立的个体(40)死亡力也为常数$\mu_2=0.08$.计算$T(20:40)$和$T(\overline{20:40})$的期望、方差以及两者的协方差.

解 因为(20)的死亡力为常数$\mu_1=0.02$,(40)的死亡力为常数$\mu_2=0.08$,所以

$$T(20)\sim\exp(0.02),\ T(40)\sim\exp(0.08)$$

因为两者相互独立,所以

$$\mu_{20:40}(t)=0.02+0.08=0.1$$

以及

$$T(20:40)\sim\exp(0.1)$$

和

$$E(T(20:40))=\frac{1}{0.1}=10,\quad \mathrm{Var}(T(20:40))=\frac{1}{0.1^2}=100$$

因为

$$E(T(20))=\frac{1}{0.02}=50,\ E(T(40))=\frac{1}{0.08}=12.5$$

所以

$$E(T(\overline{20:40}))=E(T(20))+E(T(40))-E(T(20:40))=52.5$$

$$f_{T(\overline{20:40})}(t)=f_{T(20)}(t)+f_{T(40)}(t)-f_{T(20:40)}(t)$$

$$= 0.02e^{-0.02t} + 0.08e^{-0.08t} - 0.1e^{-0.1t}, \quad t > 0$$

$$E(T^2(\overline{20:40})) = \int_0^{\infty} t^2 (0.02e^{-0.02t} + 0.08e^{-0.08t} - 0.1e^{-0.1t}) dt$$

$$= \frac{1}{0.02^2} + 50^2 + \frac{1}{0.08^2} + 12.5^2 - \left(\frac{1}{0.1^2} + 10^2\right) = 5\,112.5$$

$$\mathrm{Var}(T(\overline{20:40})) = E(T^2(\overline{20:40})) - (E(T(\overline{20:40})))^2 = 2\,356.25$$

$$\mathrm{Cov}(T(20:40), T(\overline{20:40})) = (50 - 10) \times (12.5 - 10) = 100$$

7.4 Frank Copula 模型与 Common Shock 模型

一般来说，已知多元随机变量的联合分布可以求解单个随机变量的边际分布；反之则不然. 这主要是因为随机变量间存在一定的相关性. 如果将随机变量间的相关性以某种特定的连接函数来反映，或者将具有相关性的随机变量通过若干个共同的相互独立的随机变量来表示，则可根据多个随机变量的边际分布来构造它们的联合分布. 这一方法主要用在风险管理领域，常用的有 Frank Copula 模型与 Common Shock 模型. 本节将以两个并非独立的个体 $T(x)$ 和 $T(y)$ 为例，说明两模型的结构及应用.

7.4.1 Frank Copula 模型

假设 $T(x)$ 和 $T(y)$ 的分布函数为 ${}_sq_x$ 和 ${}_tq_y$，Frank Copula 模型下的两者的联合分布函数为

$$F_{T(x),T(y)}(s, t) = \frac{1}{\alpha} \ln \left\{1 + \frac{(e^{\alpha_s q_x} - 1)(e^{\alpha_t q_y} - 1)}{e^{\alpha} - 1}\right\} \quad (s \geqslant 0, t \geqslant 0) \tag{7.29}$$

其中参数 $\alpha \in R$ 且 $\alpha \neq 0$.

结论 7.4.1　根据联合分布函数(7.29) 推导出的边际分布分别是 ${}_sq_x$ 和 ${}_tq_y$. 特别地，当且仅当 $\alpha \to 0$ 时，有

$$F_{T(x),T(y)}(s, t) \to {}_sq_x\ {}_tq_y \tag{7.30}$$

即 $T(x)$ 和 $T(y)$ 渐进独立.

证　1) $T(x)$ 的边际分布函数

$$F_{T(x)}(s) = F_{T(x),T(y)}(s, +\infty)$$

$$= \frac{1}{\alpha} \ln \left\{1 + \frac{(e^{\alpha_s q_x} - 1)(e^{\alpha_\infty q_y} - 1)}{e^{\alpha} - 1}\right\}$$

$$= \frac{1}{\alpha} \ln \{1 + (e^{\alpha_s q_x} - 1)\}$$

$$= {}_sq_x$$

类似地

$$F_{T(y)}(t)=F_{T(x),\,T(y)}(+\infty,\,t)=\frac{1}{\alpha}\ln\{1+(\mathrm{e}^{\alpha_t q_y}-1)\}={}_tq_y$$

2)

$$\lim_{\alpha\to 0}F_{T(x),\,T(y)}(s,\,t)=\lim_{\alpha\to 0}\frac{1}{\alpha}\ln\left\{1+\frac{(\mathrm{e}^{\alpha_s q_x}-1)(\mathrm{e}^{\alpha_t q_y}-1)}{\mathrm{e}^{\alpha}-1}\right\}$$

$$=\lim_{\alpha\to 0}\frac{(\mathrm{e}^{\alpha_s q_x}-1)(\mathrm{e}^{\alpha_t q_y}-1)}{\alpha(\mathrm{e}^{\alpha}-1)}$$

$$=\lim_{\alpha\to 0}\frac{\alpha^2{}_sq_x\,{}_tq_y}{\alpha^2}$$

$$={}_sq_x{}_tq_y$$

例 7.4.1　假设两个体(50)和(60)的剩余寿命满足 Frank's Copula 模型，$\alpha=0.5$. 死亡力服从 De Moivre 定律，$\omega=100$. 计算(1) ${}_{10}q_{50}$；(2) ${}_{10}q_{\overline{50:60}}$；(3) ${}_{10}q_{50:60}$.

解　因为个体的死亡力服从 De Moivre 定律，所以

$$\mu_x(t)=\frac{1}{\omega-x-t},\ t\in[0,\omega-x),$$

$${}_tq_x=1-\mathrm{e}^{-\int_0^t\mu_x(s)\mathrm{d}s}=\frac{t}{\omega-x},\ t\in[0,\omega-x)$$

所以

$${}_{10}q_{50}=0.2,\ {}_{10}q_{60}=0.25$$

Frank Copula 模型中

$$F_{T(x),\,T(y)}(s,\,t)=\frac{1}{\alpha}\ln\left\{1+\frac{(\mathrm{e}^{\alpha_s q_x}-1)(\mathrm{e}^{\alpha_t q_y}-1)}{\mathrm{e}^{\alpha}-1}\right\}\quad(s\geqslant 0,\ t\geqslant 0)$$

当 $\alpha=0.5$ 时，

$${}_{10}q_{\overline{50:60}}=F_{T(50),\,T(60)}(10,\,10)=\frac{1}{0.5}\ln\left\{1+\frac{(\mathrm{e}^{0.5\times 0.2}-1)(\mathrm{e}^{0.5\times 0.25}-1)}{\mathrm{e}^{0.5}-1}\right\}$$

$$=0.0427$$

再由(7.24)式得

$${}_{10}q_{50:60}={}_{10}q_{50}+{}_{10}q_{60}-{}_{10}q_{\overline{50:60}}=0.2+0.25-0.0427=0.4073$$

7.4.2　Common Shock 模型

对于并不独立的 $T(x)$ 和 $T(y)$，构造三个相互独立的随机变量 $T^*(x)$，$T^*(y)$ 以及 Z，使得

$$T(x)=\min\{T^*(x), Z\},\quad T(y)=\min\{T^*(y), Z\} \tag{7.31}$$

且 Z 服从参数为 λ 的指数分布. 显然 $T^*(x)$, $T^*(y)$ 取值非负. Common Shock 模型通过 Z 将 $T(x)$ 和 $T(y)$ 关联起来, Z 也被称为扰动项. 此时 $T(x)$ 和 $T(y)$ 的联合生存函数

$$\begin{aligned} s_{T(x),T(y)}(s,t) &= P\{T(x)>s, T(y)>t\} \\ &= P\{\min\{T^*(x),Z\}>s, \min\{T^*(y),Z\}>t\} \\ &= P\{T^*(x)>s, T^*(y)>t, Z>\max\{s,t\}\} \\ &= P\{T^*(x)>s\}P\{T^*(y)>t\}P\{Z>\max\{s,t\}\} \\ &= P\{T^*(x)>s\}P\{T^*(y)>t\}e^{-\lambda\max\{s,t\}} \\ &= s_{T^*(x)}(s)s_{T^*(y)}(t)e^{-\lambda\max\{s,t\}} \end{aligned} \tag{7.32}$$

相应的边际生存函数为

$${}_sp_x = s_{T(x),T(y)}(s,0) = s_{T^*(x)}(s)e^{-\lambda s} \tag{7.33}$$

$${}_tp_y = s_{T(x),T(y)}(0,t) = s_{T^*(y)}(t)e^{-\lambda t} \tag{7.34}$$

死亡力函数为

$$\mu_x(t) = -\frac{{}_tp'_x}{{}_tp_x} = \mu^*_x(t)+\lambda \tag{7.35}$$

$$\mu_y(t) = -\frac{{}_tp'_y}{{}_tp_y} = \mu^*_y(t)+\lambda \tag{7.36}$$

$T(xy)$ 的分布函数和终止力函数为

$${}_tp_{xy} = s_{T(x),T(y)}(t,t) = s_{T^*(x)}(t)s_{T^*(y)}(t)e^{-\lambda t} \tag{7.37}$$

$$\mu_{xy}(t) = -\frac{{}_tp'_{xy}}{{}_tp_{xy}} = -\frac{s'_{T^*(x)}(t)}{s_{T^*(x)}(t)} - \frac{s'_{T^*(y)}(t)}{s_{T^*(y)}(t)} + \lambda = \mu^*_x(t)+\mu^*_y(t)+\lambda \tag{7.38}$$

$T(\overline{xy})$ 的分布函数为

$${}_tp_{\overline{xy}} = {}_tp_x + {}_tp_y - {}_tp_{xy} = (s_{T^*(x)}(t)+s_{T^*(y)}(t)-s_{T^*(x)}(t)s_{T^*(y)}(t))e^{-\lambda t} \tag{7.39}$$

例 7.4.2　假设 $T^*(x)$, $T^*(y)$ 相互独立, 分别服从参数为 λ_1, λ_2 的指数分布, 依据 Common Shock 模型计算: (1) $T(x)$, $T(y)$ 和 $T(xy)$ 的分布; (2) $\Pr(T^*(x)>Z, T^*(y)>Z)$.

解　(1)

$${}_tp_{xy} = s_{T^*(x)}(t)s_{T^*(y)}(t)e^{-\lambda t} = e^{-(\lambda_1+\lambda_2+\lambda)t}$$

$${}_sp_x = s_{T(x),T(y)}(s,0) = s_{T^*(x)}(s)e^{-\lambda s} = e^{-(\lambda_1+\lambda)s}$$

$${}_tp_y = s_{T(x),T(y)}(0,t) = s_{T^*(y)}(t)e^{-\lambda t} = e^{-(\lambda_2+\lambda)t}$$

这说明 $T(x)$, $T(y)$ 和 $T(xy)$ 分别服从参数为 $\lambda_1+\lambda$, $\lambda_2+\lambda$ 和 $\lambda_1+\lambda_2+\lambda$ 的指数分布.

(2) $$\Pr(T^*(x)>Z,\ T^*(y)>Z)=\int_0^{\infty}\int_z^{\infty}\int_z^{\infty}\lambda e^{-\lambda z}\lambda_1 e^{-\lambda_1 s}\lambda_2 e^{-\lambda_2 t}\,dt\,ds\,dz$$

$$=\int_0^{\infty}\lambda e^{-(\lambda_1+\lambda_2+\lambda)z}\,dz$$

$$=\frac{\lambda}{\lambda_1+\lambda_2+\lambda}$$

7.5 基于联合生存状态和最后生存者状态的寿险产品

本节将传统寿险产品中的被保险人分别替换为联合生存状态和最后生存者状态，重新计算它们的精算现值，也即趸缴净保费.

7.5.1 一次性给付险种的精算现值

一份以(xy)为标的的终身寿险，保险人在状态(xy)终止所在的保单年度末给付 1 元，该终身寿险的精算现值记为A_{xy}. 由于给付金额$b=1$，且给付发生的时刻为$K(xy)+1$，所以给付金额在投保时刻的现值为

$$Z=v^{K(xy)+1}$$

进一步地，

$$A_{xy}=E(Z)=\sum_{k=0}^{+\infty}v^{k+1}\ {}_{k|}q_{xy} \tag{7.40}$$

类似地，有

$$A_{\overline{xy}}=\sum_{k=0}^{+\infty}v^{k+1}\ {}_{k|}q_{\overline{xy}} \tag{7.41}$$

$$A_{xy:\overline{n|}}=\sum_{k=0}^{n-1}v^{k+1}\ {}_{k|}q_{xy}+v^n\ {}_np_{xy} \tag{7.42}$$

$$A_{\overline{xy}:\overline{n|}}=\sum_{k=0}^{n-1}v^{k+1}\ {}_{k|}q_{\overline{xy}}+v^n\ {}_np_{\overline{xy}} \tag{7.43}$$

$$\bar{A}_{xy}=\int_0^{+\infty}e^{-\delta t}\ {}_tp_{xy}\mu_{xy}(t)\,dt \tag{7.44}$$

$$\bar{A}_{\overline{xy}}=\int_0^{+\infty}e^{-\delta t}\ {}_tp_{\overline{xy}}\mu_{\overline{xy}}(t)\,dt \tag{7.45}$$

$$\bar{A}_{xy:\overline{n|}}=\int_0^{n}e^{-\delta t}\ {}_tp_{xy}\mu_{xy}(t)\,dt+v^n\ {}_np_{xy} \tag{7.46}$$

$$\bar{A}_{\overline{xy}:\overline{n}|} = \int_0^n \mathrm{e}^{-\delta t}\ {}_tp_{\overline{xy}}\mu_{\overline{xy}}(t)\mathrm{d}t + v^n\ {}_np_{\overline{xy}} \tag{7.47}$$

因为

$${}_tq_{xy} + {}_tq_{\overline{xy}} = {}_tq_x + {}_tq_y$$

所以

$${}_{k|}q_{xy} + {}_{k|}q_{\overline{xy}} = {}_{k|}q_x + {}_{k|}q_y$$

进而有

$$A_{xy} + A_{\overline{xy}} = A_x + A_y \tag{7.48}$$

以及

$$\bar{A}_{xy} + \bar{A}_{\overline{xy}} = \bar{A}_x + \bar{A}_y \tag{7.49}$$

结论 7.5.1　在(x)和(y)相互独立的假设下，有

$$\mathrm{Cov}(v^{T(xy)},\ v^{T(\overline{xy})}) = (\bar{A}_x - \bar{A}_{xy})(\bar{A}_y - \bar{A}_{xy}) \tag{7.50}$$

证

$$\begin{aligned}\mathrm{Cov}(v^{T(xy)},\ v^{T(\overline{xy})}) &= E(v^{T(xy)}v^{T(\overline{xy})}) - E(v^{T(xy)})E(v^{T(\overline{xy})}) \\ &= E(v^{T(x)+T(y)}) - E(v^{T(xy)})E(v^{T(\overline{xy})}) \\ &= E(v^{T(x)})E(v^{T(y)}) - E(v^{T(xy)})E(v^{T(\overline{xy})}) \\ &= \bar{A}_x\bar{A}_y - \bar{A}_{xy}\bar{A}_{\overline{xy}} \\ &= \bar{A}_x\bar{A}_y - \bar{A}_{xy}(\bar{A}_x + \bar{A}_y - \bar{A}_{\overline{xy}}) \\ &= (\bar{A}_x - \bar{A}_{xy})(\bar{A}_y - \bar{A}_{xy})\end{aligned}$$

例 7.5.1　一份签发给(x)和(y)的最后生存者寿险保单规定：仅当 2 年内第二个死亡发生时，才在死亡发生年年末给付 1 单位. 试写出该保险的精算现值表达式.

解　该保单实质为离散给付的两年定期寿险，精算现值为

$$vq_{\overline{xy}} + v^2\ {}_{1|}q_{\overline{xy}}$$

例 7.5.2　已知(x)的生存函数为

$$s(x) = \begin{cases}1 - \dfrac{x}{110}, & 0 \leqslant x < 110 \\ 0, & x \geqslant 110\end{cases}$$

利息力$\delta = 0.06$，求保额为 10 000 元的终身寿险在下列两种情况下的趸缴净保费：(1) 当且仅当(45) 与(50) 中最后一人死亡时立即给付保险金；(2) 当且仅当(45) 与(50) 中至少一人死亡时立即给付保险金.

解　根据生存函数的表达式可知$T(x)$服从区间$[0,\ 110 - x]$的均匀分布，所以有

$${}_tp_{45} = \frac{65 - t}{65},\ 0 \leqslant t \leqslant 65 \quad 及 \quad {}_tp_{50} = \frac{60 - t}{60},\ 0 \leqslant t \leqslant 60.$$

又因为两个个体相互独立，所以

$$
{}_tq_{\overline{45:50}} = {}_tq_{45}\,{}_tq_{50} \begin{cases} \dfrac{t^2}{3\,900}, & 0 \leqslant t < 60 \\ \dfrac{t}{65}, & 60 \leqslant t < 65 \\ 1, & t \geqslant 65 \end{cases}
$$

所以

$$
f_{T(\overline{45:50})}(t) = {}_tq'_{\overline{45:50}} = \begin{cases} \dfrac{t}{1\,950}, & 0 \leqslant t < 60 \\ \dfrac{1}{65}, & 60 \leqslant t < 65 \\ 0, & t \geqslant 65 \end{cases}
$$

(1) 因为保险金在最后一人死亡时给付，所以该险种为连续型给付的终身寿险，标的为最后生存者状态$(\overline{45:50})$，所以趸缴净保费为

$$
\begin{aligned}
10\,000\,\bar{A}_{\overline{45:50}} &= 10\,000\int_0^{\infty} e^{-\delta t} f_{T(\overline{45:50})}(t)\,dt \\
&= 10\,000\left(\int_0^{60} \frac{2t\,e^{-0.06t}}{3\,900}dt + \int_{60}^{65} \frac{e^{-0.06t}}{65}dt\right) \\
&\approx 1\,263.7
\end{aligned}
$$

(2) 因为保险金在至少一人死亡时给付，所以该险种为连续型给付的终身寿险，标的为联合生存状态$(45:50)$，所以趸缴净保费为

$$
10\,000\,\bar{A}_{45:50} = 10\,000(\bar{A}_{45} + \bar{A}_{50} - \bar{A}_{\overline{45:50}})
$$

因为

$$
\bar{A}_{45} = \int_0^{\infty} e^{-\delta t} f_{T(45)}(t)\,dt = \int_0^{65} \frac{1}{65} e^{-0.06t}\,dt \approx 0.251\,22
$$

$$
\bar{A}_{50} = \int_0^{\infty} e^{-\delta t} f_{T(50)}(t)\,dt = \int_0^{60} \frac{1}{60} e^{-0.06t}\,dt \approx 0.270\,19
$$

所以

$$
10\,000\,\bar{A}_{45:50} = 2\,512.2 + 2\,701.9 - 1\,263.7 = 3\,950.4
$$

或者

$$
{}_tp_{45:50} = \frac{65-t}{65} \cdot \frac{60-t}{60},\ 0 \leqslant t \leqslant 60.
$$

$$
\begin{aligned}
10\,000\,\bar{A}_{45:50} &= 10\,000\int_0^{60} e^{-\delta t} f_{T(45:50)}(t)\,dt \\
&= 10\,000\int_0^{60} \frac{(125-2t)e^{-0.06t}}{3\,900}dt \\
&\approx 3\,950.4
\end{aligned}
$$

7.5.2　生存年金的精算现值

一份以(xy)为标的的终身生存年金，若保单年度初期状态(xy)依旧存续着，则保险人给付 1 元，该生存年金的精算现值记为$\ddot{a}_{xy}$. 因为所有给付在投保时刻的现值为

$$Y=\ddot{a}_{\overline{K(xy)+1}|}$$

所以总额支付法下

$$\ddot{a}_{xy}=E(Y)=\frac{1-A_{xy}}{d} \tag{7.51}$$

进一步化简得

$$d\ddot{a}_{xy}+A_{xy}=1 \tag{7.52}$$

采用现时支付法，有

$$\ddot{a}_{xy}=\sum_{k=0}^{+\infty}v^k\ {}_kp_{xy} \tag{7.53}$$

替换为最后生存者状态，可得

$$\ddot{a}_{\overline{xy}}=\frac{1-A_{\overline{xy}}}{d}=\sum_{k=0}^{+\infty}v^k\ {}_kp_{\overline{xy}} \tag{7.54}$$

类似地

$$\ddot{a}_{xy:\overline{n}|}=\frac{1-A_{xy:\overline{n}|}}{d}=\sum_{k=0}^{n-1}v^k\ {}_kp_{xy} \tag{7.55}$$

$$\ddot{a}_{\overline{xy}:\overline{n}|}=\frac{1-A_{\overline{xy}:\overline{n}|}}{d}=\sum_{k=0}^{n-1}v^k\ {}_kp_{\overline{xy}} \tag{7.56}$$

$$\bar{a}_{xy}=\frac{1-\bar{A}_{xy}}{\delta}=\int_0^{+\infty}\mathrm{e}^{-\delta t}\ {}_tp_{xy}\,\mathrm{d}t \tag{7.57}$$

$$\bar{a}_{\overline{xy}}=\frac{1-\bar{A}_{\overline{xy}}}{\delta}=\int_0^{+\infty}\mathrm{e}^{-\delta t}\ {}_tp_{\overline{xy}}\,\mathrm{d}t \tag{7.58}$$

$$\bar{a}_{xy:\overline{n}|}=\frac{1-\bar{A}_{xy:\overline{n}|}}{\delta}=\int_0^{n}\mathrm{e}^{-\delta t}\ {}_tp_{xy}\,\mathrm{d}t \tag{7.59}$$

$$\bar{a}_{\overline{xy}:\overline{n}|}=\frac{1-\bar{A}_{\overline{xy}:\overline{n}|}}{\delta}=\int_0^{n}\mathrm{e}^{-\delta t}\ {}_tp_{\overline{xy}}\,\mathrm{d}t \tag{7.60}$$

因为

$${}_tp_{xy}+{}_tp_{\overline{xy}}={}_tp_x+{}_tp_y$$

所以

$$\ddot{a}_{xy}+\ddot{a}_{\overline{xy}}=\ddot{a}_x+\ddot{a}_y \tag{7.61}$$

且

$$\bar{a}_{xy}+\bar{a}_{\overline{xy}}=\bar{a}_x+\bar{a}_y \tag{7.62}$$

例 7.5.3 对于(25) 和(30)，当其中至少有一人处于生存状态，可以获得年给付率为 1 的连续型年金的给付. 试用单生命年金值和联合生命年金值表示该年金的精算现值.

解 依题所求的为标的为最后生存者状态的终身生存年金的精算现值，即

$$\bar{a}_{\overline{25:30}}=\bar{a}_{25}+\bar{a}_{30}-\bar{a}_{25:30}$$

例 7.5.4 一项年金在(x) 与(y) 都生存时每年年初给付 2/3，而当两者中仅有一人生存时每年初给付 1. 设 $K(x)$，$K(y)$ 相互独立，求(1) 年金的现值；(2) 年金的精算现值.

解 该年金在(x) 和(y) 中只要一人处于生存状态就发生给付，但是二人都生存时的给付与仅有一人处于生存状态的给付金额不同. 考虑两者的差额进行添加或删减，则

$$Y=\ddot{a}_{\overline{K(\overline{xy})+1}|}-1/3\,\ddot{a}_{\overline{K(xy)+1}|}$$

$$E(Y)=\ddot{a}_{\overline{xy}}-\frac{1}{3}\ddot{a}_{xy}=\ddot{a}_x+\ddot{a}_y-\ddot{a}_{xy}-\frac{1}{3}\ddot{a}_{xy}=\ddot{a}_x+\ddot{a}_y-\frac{4}{3}\ddot{a}_{xy}$$

例 7.5.5 假设一连续给付年金按如下方式给付：

(1) 以每年给付总量 1 确定给付 n 年；

(2) n 年之后，当(x) 和(y) 都生存时，以每年给付总量 1 给付；

(3) n 年之后，当(y) 已死亡而(x) 仍生存时，以每年 3/4 给付；

(4) n 年之后，当(x) 已死亡而(y) 仍生存时，以每年 1/4 给付.

求该年金的精算现值.

解 给付(1) 对应的现值 $Y=\bar{a}_{\overline{n}|}$ 为常数，所以对应的精算现值与之相等；

给付(2) 对应的现值为

$$Y=\bar{a}_{\overline{T(xy)}|}-\bar{a}_{\overline{T(xy)\wedge n}|}$$

精算现值为

$$E(Y)=\bar{a}_{xy}-\bar{a}_{xy:\overline{n}|}$$

给付(3) 可以理解为 n 年后(x) 生存的给付减去(xy) 存续的给付，对应的现值

$$Y=\frac{3}{4}[(\bar{a}_{\overline{T(x)}|}-\bar{a}_{\overline{T(x)\wedge n}|})-(\bar{a}_{\overline{T(xy)}|}-\bar{a}_{\overline{T(xy)\wedge n}|})]$$

精算现值为

$$E(Y)=\frac{3}{4}(\bar{a}_x-\bar{a}_{x:\overline{n}|}-\bar{a}_{xy}+\bar{a}_{xy:\overline{n}|})$$

给付(4) 可以理解为 n 年后(y) 生存的给付减去(xy) 存续的给付，对应的现值

$$Y=\frac{1}{4}(\bar{a}_{\overline{T(y)}|}-\bar{a}_{\overline{T(y)\wedge n}|})-(\bar{a}_{\overline{T(xy)}|}-\bar{a}_{\overline{T(xy)\wedge n}|})$$

精算现值为

$$E(Y)=\frac{1}{4}(\bar{a}_y-\bar{a}_{y:\overline{n}|}-\bar{a}_{xy}+\bar{a}_{xy:\overline{n}|})$$

综合得该年金的精算现值：

$$\bar{a}_{\overline{n}|}+\bar{a}_{xy}-\bar{a}_{xy:\overline{n}|}+\frac{3}{4}(\bar{a}_x-\bar{a}_{x:\overline{n}|}-\bar{a}_{xy}+\bar{a}_{xy:\overline{n}|})+\frac{1}{4}(\bar{a}_y-\bar{a}_{y:\overline{n}|}-\bar{a}_{xy}+\bar{a}_{xy:\overline{n}|})$$

$$=\bar{a}_{\overline{n}|}+\frac{3}{4}\bar{a}_x-\frac{3}{4}\bar{a}_{x:\overline{n}|}+\frac{1}{4}\bar{a}_y-\frac{1}{4}\bar{a}_{y:\overline{n}|}$$

7.6　单个生命体假设的影响

因为多生命模型是由多个个体所组成的，所以单生命模型中的假设也会对多生命模型产生一定的影响.

7.6.1　UDD 假设

假设相互独立的个体(x) 和(y) 在整数年龄内的死亡服从 UDD 假设，则对任意的 $t\in[0,1)$ 有

$${}_tq_x=tq_x,\ {}_tq_y=tq_y$$

再根据独立性假设有

$${}_tp_{xy}={}_tp_x\,{}_tp_y=(1-tq_x)(1-tq_y)$$

因此对联合生存状态(xy)，有

$$\begin{aligned}f_{T(xy)}(t)&=-{}_tp_{xy}'=q_x(1-tq_y)+q_y(1-tq_x)\\&=q_x+q_y-2\,tq_xq_y\\&=q_{xy}+q_{\overline{xy}}-2\,tq_xq_y\\&=q_{xy}+(1-2\,t)q_xq_y\end{aligned}\tag{7.63}$$

终止力函数

$$\mu_{xy}(t)=\frac{f_{T(xy)}(t)}{{}_tp_{xy}}=\frac{q_{xy}+(1-2\,t)q_xq_y}{(1-tq_x)(1-tq_y)}\tag{7.64}$$

例 7.6.1　设 $q_x=q_y=1$，且相互独立的个体(x) 和(y) 在这一年内的死亡服从均匀分布. 试求 $E(T(xy))$.

解 因为 $q_x = q_y = 1$,所以 $q_{xy} = 1$. 在 UDD 假设下,有

$$f_{T(xy)}(t) = q_{xy} + (1-2t)q_x q_y = 2-2t, \quad 0 \leqslant t \leqslant 1$$

$$E(T(xy)) = \int_0^1 t f_{T(xy)}(t)\mathrm{d}t = \int_0^1 t(2-2t)\mathrm{d}t = \frac{1}{3}$$

或者

$${}_t p_{xy} = (1-tq_x)(1-tq_y) = (1-t)^2,\ 0 \leqslant t \leqslant 1$$

$$E(T(xy)) = \int_0^1 {}_t p_{xy}\,\mathrm{d}t = \int_0^1 (1-t)^2 \mathrm{d}t = \frac{1}{3}$$

7.6.2 Gompertz 假设

假设相互独立的个体 (x) 和 (y),死亡力函数都满足 Gompertz 假设,则

$$\mu_x(t) = BC^{x+t}, \quad \mu_y(t) = BC^{y+t}, \quad t \geqslant 0,\ B > 0,\ C > 1$$

根据独立性假设

$$\begin{aligned}\mu_{xy}(t) &= \mu_x(t) + \mu_y(t) \\ &= B(C^{x+t} + C^{y+t}) \\ &= B(C^x + C^y)C^t, \quad t \geqslant 0\end{aligned}$$

由指数函数的连续性可知,存在正数 ω,使得

$$C^\omega = C^x + C^y$$

所以

$$\mu_{xy}(t) = B(C^x + C^y)C^t = BC^{\omega+t},\ t \geqslant 0$$

这表明死亡力函数满足相同 Gompertz 假设的个体 (ω) 与联合生存状态 (xy) 有相同的生存分布. 因此以联合生存状态 (xy) 为标的的保险产品在进行费率厘定或准备金评估时可以转化为以 (ω) 为标的的相同保险产品. 注意:$C^\omega = C^x + C^y$ 所解得的年龄 ω 未必为整数. 因此在实际应用中需要借助相邻的整数年龄进行线性插值.

例 7.6.2 设(28)与(32)购买一份保额为 50 000 元的联合生死两全保险,保险金在第一人死亡的保单年末给付或在两人到 35 年后仍生存时给付. 由以下条件计算趸缴净保费:

(1) 生命表在 20 岁以后的寿命分布服从 Gompertz 假设,并且 $\mu(x) = 0.000\,15 \times 1.08^x,\ x \geqslant 20$;(2) $A_{39:\overline{35|}} = 0.214\,52$, $A_{40:\overline{35|}} = 0.223\,14$.

解 $$1.08^\omega = 1.08^{28} + 1.08^{32} \Rightarrow \omega = 39.159\,79 \Rightarrow [\omega] = 39$$

由线性插值可得

$$A_{\omega:\overline{35|}} = (40-39.159\,79)A_{39:\overline{35|}} + (39.159\,79-39)A_{40:\overline{35|}} = 0.215\,90$$

因此，$50\,000A_{28:32:\overline{35}|} = 50\,000A_{\omega:\overline{35}|} = 50\,000 \times 0.215\,90 = 10\,795$.

7.6.3 Makeham 假设

假设相互独立的个体(x)和(y)，死亡力函数都满足 Makeham 假设，则

$$\mu_x(t) = A + BC^{x+t},\quad \mu_y(t) = A + BC^{y+t},\quad t \geqslant 0,\, A > -B,\, B > 0,\, C > 1$$

根据独立性假设

$$\begin{aligned}\mu_{xy}(t) &= \mu_x(t) + \mu_y(t)\\ &= 2A + B(C^{x+t} + C^{y+t})\\ &= 2A + B(C^x + C^y)C^t,\ t \geqslant 0\end{aligned}$$

由指数函数的连续性可知，存在正数 ω，使得

$$2C^{\omega} = C^x + C^y$$

则

$$\mu_{xy}(t) = 2A + 2BC^{\omega+t},\ t \geqslant 0$$

若存在相互独立的两个个体(ω)和(ω)，死亡力函数都满足相同的 Makeham 假设，即

$$\mu_{\omega}(t) = A + BC^{\omega+t},\quad t \geqslant 0$$

则$(\omega\omega)$的终止力函数为

$$\mu_{\omega\omega}(t) = 2A + 2BC^{\omega+t},\quad t \geqslant 0$$

于是

$$\mu_{xy}(t) = \mu_{\omega\omega}(t),\quad t \geqslant 0$$

上式表明：存在两个相互独立且死亡力函数同样满足 Makeham 假设个体(ω)和(ω)，它们的联合生存状态$(\omega\omega)$与(xy)有相同的生存分布.

例 7.6.3　设(35)与(40)购买一份保额为 100 000 元的最后生存者终身寿险. 由以下条件计算趸缴净保费：

(1) 设生命表在 20 岁以后的寿命分布服从 Makeham 假设，并且 $1\,000\mu(x) = 0.7 + 0.05 \times 10^{0.04x},\ x \geqslant 20$；

(2) 当 $i = 0.06$ 时有：$A_{37:37} = 0.203\,21,\ A_{38:38} = 0.211\,81,\ A_{35} = 0.012\,872,\ A_{40} = 0.161\,32$.

解　$2 \times 10^{0.04\omega} = 10^{0.04\times35} + 10^{0.04\times40} \Rightarrow \omega = 37.785\,32 \Rightarrow [\omega] = 37$

由线性插值可得

$$A_{35:40} = A_{\omega\omega} = (38 - 37.785\,32)A_{37:37} + (37.785\,32 - 37)A_{38:38} = 0.209\,96$$

因此，$100\,000A_{\overline{35:40}} = 100\,000 \times (A_{35} + A_{40} - A_{35:40}) = 8\,008$.

例7.6.4 一项年金在(60)与(70)都生存时每年年初给付15 000元,当(60)与(70)仅有一人生存时每年年初给付10 000元. 已知:

(1) 生命表在20岁以后的寿命分布服从Makeham假设,并且 $1\,000\mu(x)=0.7+0.05\times10^{0.04x}$, $x\geqslant 20$;

(2) 在给定利率 $i=0.06$ 时有:$\ddot{a}_{66:66}=7.586\,58$, $\ddot{a}_{67:67}=7.318\,67$, $\ddot{a}_{60}=11.145\,35$, $\ddot{a}_{70}=8.569\,25$.

求该项年金的精算现值.

解 $$2\times10^{0.04\omega}=10^{0.04\times60}+10^{0.04\times70}\Rightarrow\omega=66.112\,76\Rightarrow[\omega]=66$$

由线性插值可得

$$\ddot{a}_{60:70}=\ddot{a}_{\omega\omega}=(67-66.112\,76)\ddot{a}_{66:66}+(66.112\,76-66)\,\ddot{a}_{67:67}=7.556\,37$$

因此,$15\,000\ddot{a}_{\overline{35:40}}=100\,000\times(\ddot{a}_{35}+\ddot{a}_{40}-\ddot{a}_{35:40})=159\,365.15$.

7.7 与死亡次序相关的概率及其应用

对于联合生存状态和最后生存者状态的终止,并没有要求具体是由哪个个体的死亡所导致的. 例如,甲乙两个体构成的联合生存状态,可以是因为甲先死亡而终止,也可以是因为乙先死亡而终止. 因为两个个体的死亡总会有先后次序,所以可以在寿险产品的设计中,强调保险金的给付是因为某个个体的死亡或生存所产生的.

7.7.1 与死亡次序相关的概率

不同个体的死亡总有先后之分,为了更好地表达各种死亡情形发生的概率,我们以两个个体为例,给出下列符号表达. 本节中假设个体(x)和(y)相互独立.

情形一:个体(x)先于(y)死亡,且(x)的死亡发生在接下来的n年中. 这一事件发生的概率记为${}_nq_{\overset{1}{x}y}$或${}_nq_{y\overset{1}{x}}$. x上方的1表示(x)在两者中的死亡顺序;左下角的n表示标有死亡顺序的个体死亡发生在$[0, n)$内. 注意:x上方的1不能通过在y的上方添加2而省略,即${}_nq_{\overset{1}{x}y}\neq{}_nq_{x\overset{2}{y}}$. 因为左下标只能给出带有标序个体的死亡区间,不能根据(x)在n年内死亡而推断出(y)也在n年内死亡.

情形二:个体(x)后于(y)死亡,且(x)的死亡发生在接下来的n年中. 这一事件发生的概率记为${}_nq_{\overset{2}{x}y}$或${}_nq_{y\overset{2}{x}}$. 与情形一的记法相同,x上方的2表示(x)死于(y)之后;左下角的n表示标有死亡顺序的(x)死亡发生在$[0, n)$内. 这一情形下,(y)必然也死于n年之内.

在独立性假设下,可通过两个个体剩余寿命的分布计算概率值

$$\begin{aligned}{}_nq_{\overset{1}{x}y}&=P\{T(x)<T(y),\ T(x)<n\}\\&=\int_0^n\int_s^{+\infty}{}_sp_x\mu_x(s)\ {}_tp_y\mu_y(t)\,\mathrm{d}t\mathrm{d}s\\&=\int_0^n{}_sp_x\mu_x(s)\left(\int_s^{+\infty}{}_tp_y\mu_y(t)\,\mathrm{d}t\right)\mathrm{d}s\end{aligned}$$

$$= \int_0^n {}_sp_x\mu_x(s)\ {}_sp_y\,\mathrm{d}s$$

$$= \int_0^n {}_sp_{xy}\mu_x(s)\,\mathrm{d}s \tag{7.65}$$

类似地

$$\begin{aligned}{}_nq_{xy}^{\ 2} &= P\{T(y) < T(x) < n\}\\ &= \int_0^n\int_0^s {}_sp_x\mu_x(s)\ {}_tp_y\mu_y(t)\,\mathrm{d}t\mathrm{d}s\\ &= \int_0^n {}_sp_x\mu_x(s)\left(\int_0^s {}_tp_y\mu_y(t)\,\mathrm{d}t\right)\mathrm{d}s\\ &= \int_0^n {}_sp_x\mu_x(s)\ {}_sq_y\,\mathrm{d}s\end{aligned} \tag{7.66}$$

另外，

$$_nq_{xy}^{\ 2} = \int_0^n {}_sp_x\mu_x(s)\mathrm{d}s - \int_0^n {}_sp_{xy}\mu_x(s)\mathrm{d}s = {}_nq_x - {}_nq_{xy}^{1} \tag{7.67}$$

而且

$$\begin{aligned}{}_nq_{xy}^{2} &= P\{T(x) < T(y) < n\}\\ &= P\{T(x) < T(y),\ T(x) < n\} - P\{T(x) < n < T(y)\}\\ &= {}_nq_{xy}^{1} - {}_np_y\ {}_nq_x\end{aligned} \tag{7.68}$$

上式再一次验证了前面的结论

$$_nq_{xy}^{1} \neq {}_nq_{xy}^{\ 2}.$$

例 7.7.1　如果$\mu(x) = \dfrac{1}{100-x}$，$0 \leqslant x < 100$，而且(25)和(50)的剩余寿命相互独立，计算$_{25}q_{25:50}^{\ \ \ 2}$.

解　$$_{25}q_{25:50}^{\ \ \ 2} = \int_0^{25} {}_sp_{50}\mu_{50}(s)\ {}_sq_{25}\,\mathrm{d}s = \int_0^{25}\frac{50-s}{50}\times\frac{1}{50-s}\times\frac{s}{75}\mathrm{d}s = \frac{1}{12}$$

7.7.2　基于个体死亡顺序的寿险产品

假设个体(x)和(y)相互独立，现有一份人寿保险的保险利益如下：如果投保后的n年内个体(x)发生死亡，且在(x)死亡时(y)还生存，则保险人立即给付1元. 记该寿险的精算现值为$\bar{A}_{xy:\overline{n|}}^{1}$. 对于一次性给付寿险的精算现值，可以按照第 2 章中的方法进行计算.

首先，给付金额

$$b = \begin{cases}1, & T(x) < n,\ T(x) < T(y)\\ 0, & \text{其他}\end{cases}$$

其次，因为给付发生在(x)的死亡时刻，所以给付金额的现值为

$$Z = v^{T(x)} I_{\{T(x)<n,\ T(x)<T(y)\}}$$

最后,计算 Z 的期望(即精算现值)

$$\begin{aligned}
\bar{A}^{1}_{xy:\overline{n}|} &= E(Z) \\
&= \int_0^{+\infty}\int_0^{+\infty} v^s I_{\{s<n,\ s<t\}}\ {}_s p_x \mu_x(s)\ {}_t p_y \mu_y(t) \mathrm{d}s\mathrm{d}t \\
&= \int_0^n \int_s^{+\infty} v^s\ {}_s p_x \mu_x(s)\ {}_t p_y \mu_y(t) \mathrm{d}t\mathrm{d}s \\
&= \int_0^n v^s\ {}_s p_x \mu_x(s) \left(\int_s^{+\infty} {}_t p_y \mu_y(t) \mathrm{d}t\right) \mathrm{d}s \\
&= \int_0^n v^s\ {}_s p_x \mu_x(s)\ {}_s p_y \mathrm{d}s \\
&= \int_0^n v^s\ {}_s p_{xy} \mu_x(s) \mathrm{d}s
\end{aligned} \tag{7.69}$$

若将上述寿险保单的给付条件修改为:投保后的 n 年内,若(x)后于(y)死亡,则在(x)死亡时由保险人给付 1 元保险金,那么相应保单的精算现值记作$\bar{A}^{\ 2}_{xy:\overline{n}|}$,计算步骤如下:

$$\begin{aligned}
\bar{A}^{2}_{xy:\overline{n}|} &= \int_0^{+\infty}\int_0^{+\infty} v^s I_{\{t<s<n\}}\ {}_s p_x \mu_x(s)\ {}_t p_y \mu_y(t) \mathrm{d}s\mathrm{d}t \\
&= \int_0^n \int_0^s v^s\ {}_s p_x \mu_x(s)\ {}_t p_y \mu_y(t) \mathrm{d}t\mathrm{d}s \\
&= \int_0^n v^s\ {}_s p_x \mu_x(s) \left(\int_0^s {}_t p_y \mu_y(t) \mathrm{d}t\right) \mathrm{d}s \\
&= \int_0^n v^s\ {}_s p_x \mu_x(s)\ {}_s q_y \mathrm{d}s
\end{aligned} \tag{7.70}$$

当保险期限 $n \to \infty$ 时,定期寿险可以转化为终身寿险,相应的精算现值为

$$\bar{A}^{1}_{xy} = \int_0^{\infty} v^s\ {}_s p_{xy} \mu_x(s) \mathrm{d}s \tag{7.71}$$

和

$$\bar{A}^{2}_{xy} = \int_0^{\infty} v^s\ {}_s p_x \mu_x(s)\ {}_s q_y \mathrm{d}s \tag{7.72}$$

结论 7.7.1 与死亡次序有关的终身寿险的趸缴净保费满足

$$\bar{A}^{1}_{xy} + \bar{A}^{2}_{xy} = \bar{A}_x \tag{7.73}$$

证

$$\begin{aligned}
\bar{A}^{1}_{xy} + \bar{A}^{2}_{xy} &= \int_0^{\infty} v^s\ {}_s p_{xy} \mu_x(s) \mathrm{d}s + \int_0^{\infty} v^s\ {}_s p_x \mu_x(s)\ {}_s q_y \mathrm{d}s \\
&= \int_0^{\infty} v^s\ {}_s p_x \mu_x(s)\ {}_s p_y \mathrm{d}s + \int_0^{\infty} v^s\ {}_s p_x \mu_x(s)\ {}_s q_y \mathrm{d}s \\
&= \int_0^{\infty} v^s\ {}_s p_x \mu_x(s) \mathrm{d}s = \bar{A}_x
\end{aligned}$$

(7.73)式表明:因为(x)的死亡所给付的终身寿险可以分解为因为(x)先于(y)死亡而给付

的终身寿险和因为(x)后于(y)死亡而发生给付的终身寿险. 基于个体死亡顺序所设计的其他寿险产品在计算精算现值时方法相同,读者可以自行推导.

例 7.7.2　设 $T(30)$ 和 $T(50)$ 相互独立,且二者都有相同的常数死亡力 0.05. 已知利息力为 0.03,计算$\bar{A}^{1}_{30:50}$.

解　$\bar{A}^{1}_{30:50}=\int_0^{\infty}\mathrm{e}^{-\delta s}\ {}_sp_{30:50}\mu_{30}(s)\,\mathrm{d}s=\int_0^{\infty}0.05\mathrm{e}^{-0.03s}\ \mathrm{e}^{-(0.05+0.05)s}\,\mathrm{d}s=\frac{5}{13}\approx 0.384\,615.$

例 7.7.3　设死亡力由 Gompertz 规律给出,在 $T(x)$ 与 $T(y)$ 相互独立的情况下,求在 (x) 死亡时若(y) 仍然生存,则立即给付 1 元的 n 年定期寿险的趸缴净保费.

解　在 Gompertz 假设下

$$\mu_x(t)=BC^{x+t},\quad \mu_y(t)=BC^{y+t},\ B>0,\ C>1,$$

且

$$\mu_{xy}(t)=\mu_x(t)+\mu_y(t)$$

存在正数 ω 满足

$$C^x+C^y=C^{\omega}$$

使得 $T(\omega)$ 与 $T(xy)$ 有相同的分布,故

$${}_tp_{xy}={}_tp_{\omega},\quad \mu_{xy}(t)=\mu_{\omega}(t)$$

所以

$$\begin{aligned}
\bar{A}^{1}_{xy:\overline{n}|}&=\int_0^n v^t\ {}_tp_{xy}\mu_x(t)\,\mathrm{d}t\\
&=\frac{C^x}{C^x+C^y}\int_0^n v^t\ {}_tp_{xy}BC^t(C^x+C^y)\,\mathrm{d}t\\
&=\frac{C^x}{C^x+C^y}\int_0^n v^t\ {}_tp_{xy}\mu_{xy}(t)\,\mathrm{d}t\\
&=\frac{C^x}{C^{\omega}}\int_0^n v^t\ {}_tp_{\omega}\mu_{\omega}(t)\,\mathrm{d}t\\
&=\frac{C^x}{C^{\omega}}\bar{A}_{\omega:\overline{n}|}^{\ 1}
\end{aligned}$$

例 7.7.4　设死亡力由 Makeham 规律给出,在 $T(x)$ 与 $T(y)$ 相互独立的情况下,求在 (x) 死亡时若(y) 仍然生存,则立即给付 1 的 n 年定期寿险的趸缴净保费.

解　在 Makeham 假设下

$$\mu_x(t)=A+BC^{x+t},\quad \mu_y(t)=A+BC^{y+t},\quad A>-B,\ B>0,\ C>1,$$

根据独立性假设,有

$$\mu_{xy}(t)=\mu_x(t)+\mu_y(t)$$

存在正数 ω 满足

$$C^x + C^y = 2C^\omega$$

使得 $T(\omega\omega)$ 与 $T(xy)$ 有相同的分布，故

$${}_tp_{xy} = {}_tp_{\omega\omega},\ \mu_{xy}(t) = \mu_{\omega\omega}(t)$$

所以

$$\begin{aligned}
\bar{A}^{1}_{xy:\overline{n}|} &= \int_0^n v^t\ {}_tp_{xy}\mu_x(t)\,\mathrm{d}t \\
&= A\int_0^n v^t\ {}_tp_{xy}\,\mathrm{d}t + \frac{C^x}{C^x + C^y}\int_0^n v^t\ {}_tp_{xy}BC^t(C^x + C^y)\,\mathrm{d}t \\
&= A\left(1 - \frac{2C^x}{C^x + C^y}\right)\int_0^n v^t\ {}_tp_{xy}\,\mathrm{d}t + \frac{C^x}{C^x + C^y}\int_0^n v^t\ {}_tp_{xy}\mu_{xy}(t)\,\mathrm{d}t \\
&= A\left(1 - \frac{C^x}{C^\omega}\right)\int_0^n v^t\ {}_tp_{\omega\omega}\,\mathrm{d}t + \frac{C^x}{2C^\omega}\int_0^n v^t\ {}_tp_{\omega\omega}\mu_{\omega\omega}(t)\,\mathrm{d}t \\
&= A\left(1 - \frac{C^x}{C^\omega}\right)\bar{a}_{\omega\omega:\overline{n}|} + \frac{C^x}{2C^\omega}\bar{A}_{\omega\omega:\overline{n}|}^{\ \ 1}
\end{aligned}$$

对于个体(x)和(y)，现有一份人寿保险的保险利益如下：如果投保后个体(x)死亡时(y)处于生存状态，则保险人在(x)死亡所在的年度末给付 1 元. 记该寿险的精算现值为 A^1_{xy}，有

$$A^1_{xy} = \sum_{k=0}^{\infty} v^{k+1}\ {}_kp_{xy}q^1_{x+k:y+k} \tag{7.74}$$

类似地，若投保后个体(y)后于(x)死亡，则保险人在(y)死亡所在的年度末给付 1 元. 记该寿险的精算现值为 $A_{x\overset{2}{y}}$，有

$$A_{x\overset{2}{y}} = \sum_{k=0}^{\infty} v^{k+1}({}_{k|}q_y - {}_kp_{xy}q_{x+k:\overset{1}{y+k}}) \tag{7.75}$$

显然

$$A^1_{xy} \neq A_{x\overset{2}{y}}$$

结论 7.7.2 $A^1_{xy} - A_{x\overset{2}{y}} = A_{xy} - A_y$.

证 由(7.74)式和(7.75)式可知，

$$A_{x\overset{2}{y}} = \sum_{k=0}^{\infty} v^{k+1}({}_{k|}q_y - {}_kp_{xy}q_{x+k:\overset{1}{y+k}}) = A_y - \sum_{k=0}^{\infty} v^{k+1}\ {}_kp_{xy}q_{x+k:\overset{1}{y+k}} = A_y - A_{x\overset{1}{y}}$$

所以

$$A^1_{xy} - A_{x\overset{2}{y}} = A^1_{xy} - A_y + A_{x\overset{1}{y}} = A_{xy} - A_y$$

个体死亡的先后顺序还可以应用到年金产品中，以连续给付为例进行以下设计：

1. 终身继承年金. 若个体(x)死亡时(y)还生存，则连续给付给(y)年金，直到(y)死亡为止. 该年金在给付率为 1 时的精算现值被记作$\bar{a}_{x|y}$. 总额支付法下所有给付金额的现值之和 Y 可表示为

$$Y=\begin{cases}\bar{a}_{\overline{T(y)}|}-\bar{a}_{\overline{T(x)}|}, & T(y)>T(x)\\ 0, & T(y)\leqslant T(x)\end{cases}$$
$$=\bar{a}_{\overline{T(y)}|}-\bar{a}_{\overline{T(xy)}|}$$

所以

$$\bar{a}_{x|y}=E(Y)=\bar{a}_x-\bar{a}_{xy} \tag{7.76}$$

2. 定期继承年金. 在投保之后的 n 年内，若个体(x)死亡时(y)还生存，则连续给付给(y)年金，直至个体(y)死亡和保险期限届满先发生的时刻为止. 该年金在给付率为 1 时的精算现值被记作$\bar{a}_{x|y:\overline{n}|}$. 总额支付法下所有给付金额的现值之和 Y 可表示为

$$Y=\begin{cases}\bar{a}_{\overline{T(y)\wedge n}|}-\bar{a}_{\overline{T(x)}|}, & (T(y)\wedge n)>T(x)\\ 0, & (T(y)\wedge n)\leqslant T(x)\end{cases}$$
$$=\bar{a}_{\overline{T(y)\wedge n}|}-\bar{a}_{\overline{T(xy)\wedge n}|}$$

所以

$$\bar{a}_{x|y:\overline{n}|}=E(Y)=\bar{a}_{y:\overline{n}|}-\bar{a}_{xy:\overline{n}|} \tag{7.77}$$

例 7.7.5　一给付率为 1 的连续付继承年金承诺：n 年后若个体(x)处于生存状态而个体(y)死亡，则发生给付. 求该年金的趸缴净保费.

解　总额支付法下所有给付金额的现值之和为

$$Y=\begin{cases}\bar{a}_{\overline{T(x)}|}-\bar{a}_{\overline{T(y)\vee n}|}, & n<T(x),\ T(y)<T(x)\\ 0, & \text{其他}\end{cases}$$
$$=\bar{a}_{\overline{T(x)\vee n}|}-\bar{a}_{\overline{T(xy)\vee n}|}$$

所以

$${}_{n|}\bar{a}_{x|y}=E(Y)={}_{n|}\bar{a}_x+\bar{a}_{\overline{n}|}-({}_{n|}\bar{a}_{xy}+\bar{a}_{\overline{n}|})={}_{n|}\bar{a}_x-{}_{n|}\bar{a}_{xy}$$

本章小结

本章以两个个体组成的多生命生存模型为例，定义了联合生存状态和最后生存者状态，并从两个体的剩余寿命是否独立的角度分别讨论了这两种状态存续时间的分布，计算了基于这两种状态的寿险产品的趸缴净保费，分析了单个生命体假设对联合生存状态的影响. 对不独立的个体本章介绍了 Frank Copula 模型与 Common Shock 模型下联合分布的计算，并讨论了与死亡次序相关的概率计算及其在寿险产品设计中的应用.

1. 联合生存状态和最后生存者状态的存续时间由两个体的剩余寿命所决定:

$$T(xy) = \min\{T(x), T(y)\}$$

及

$$T(\overline{xy}) = \max\{T(x), T(y)\}$$

相应的分布也与二元随机变量的联合分布有关.

2. 基于状态存续时间的精算变量之间满足以下关系:

$$_tp_{xy} + {_tp_{\overline{xy}}} = {_tp_x} + {_tp_y}$$

$$_tq_{xy} + {_tq_{\overline{xy}}} = {_tq_x} + {_tq_y}$$

$$f_{T(xy)}(t) + f_{T(\overline{xy})}(t) = f_{T(x)}(t) + f_{T(y)}(t)$$

$$\mathring{e}_{xy} + \mathring{e}_{\overline{xy}} = \mathring{e}_x + \mathring{e}_y$$

$$e_{xy} + e_{\overline{xy}} = e_x + e_y$$

特别地,当两个体相互独立时,两状态存续时间的分布可由两个个体剩余寿命的分布得到

$$_tp_{xy} = {_tp_x}\,{_tp_y} \quad 和 \quad {_tq_{\overline{xy}}} = {_tq_x}\,{_tq_y}$$

对于不独立的个体,可利用 Frank Copula 模型与 Common Shock 模型进行计算.

3. 在相互独立的假设下,基于单个个体的死亡均匀分布假设、Gompertz 假设和 Makeham 假设会对联合生存状态的分布产生一定的影响,甚至产生特定的结论.

(1) 死亡均匀分布假设下:

$$f_{T(xy)}(t) = q_{xy} + (1-2t)q_xq_y$$

(2) Gompertz 假设下:

存在与联合生存状态(xy)有相同的生存分布的个体. 该个体年龄为ω岁,其中$\omega = \ln(C^x + C^y)/\ln C$, C为 Gompertz 假设中的参数.

(3) Makeham 假设下:

存在与联合生存状态(xy)有相同的生存分布的联合生存状态$(\omega\omega)$. 构成该联合生存状态的个体均为ω岁,其中$\omega = \ln\left(\frac{C^x + C^y}{2}\right)\Big/\ln C$, C为 Makeham 假设中的参数.

4. 与死亡次序相关的概率不仅可以更好地用于分析死亡情况,也可用于与死亡次序相关的寿险产品的定价. 死亡概率中标注在个体上方的数字表示个体的死亡次序,因为左下标仅与标有死亡次序的个体有关,所以不可轻易交换数字标记的位置.

$$_nq_{xy}^{1} = \int_0^n {_sp_{xy}}\mu_x(s)\,\mathrm{d}s$$

$$_nq_{xy}^{\;2} = \int_0^n {_sp_y}\mu_y(s)\,{_sq_x}\,\mathrm{d}s$$

两者的关系为

$$ {}_nq_{xy}^{\ \ 2} = {}_nq_{xy}^{1} - {}_np_y\ {}_nq_x $$

复习思考题

1. 相互独立的个体(x)和(y)的死亡在整数年龄间服从均匀分布，已知$q_x = 0.05$，$q_y = 0.1$，计算${}_{0.25}q_{xy}$，${}_{0.25}q_{x+0.5:y+0.5}$和${}_{0.25|0.5}q_{xy}$.

2. 已知(50)和(60)是两独立个体，假设两者的死亡力都服De Moivre法则，极限年龄分别为100和110岁，计算${}_{10}q_{\overline{50:60}}$.

3. 已知(50)和(60)是两独立个体，设两者的死亡力都为常数0.02，计算$\mathrm{Var}(T(50:60))$和$\mathrm{Cov}(T(50:60),\ T(\overline{50:60}))$.

4. 已知个体(x)和(y)相互独立，若$q_y = 0.25$，$q_{xy}^{2} = 0.12$，$q_{\overline{xy}} = 0.15$，试计算q_{xy}^{1}和$q_{xy}^{\ \ 1}$.

5. 已知个体(x)和(y)相互独立，死亡力分别为常数0.01和0.04. 若$\delta = 0.04$，1) 分别计算基于联合生存状态和最后生存着状态的终身寿险的趸缴净保费，其中单位保额的给付发生在状态终止时. 2) 根据1)中的结果计算$\mathrm{Cov}(v^{T(xy)},\ v^{T(\overline{xy})})$.

6. 相互独立的两个体均为x岁，一份离散型给付的终身寿险在最后一个个体死亡所在的年度末给付保险金1元，如果在第一个个体死亡后年缴均衡保费减少25%，且$A_x = 0.4$，$A_{xx} = 0.55$，$\ddot{a}_x = 10$，计算最初的均衡净保费.

7. 相互独立的两个体均为x岁，且剩余寿命服从相同的分布. 若$\bar{A}_x = 0.4$，$\bar{A}_{xx} = 0.6$，计算$\bar{A}_{xx}^{1}$和$\bar{A}_{xx}^{2}$.

8. 依据Common Shock模型构造的$T^*(x)$，$T^*(y)$相互独立，分别服从参数为λ_1, λ_2的指数分布. 已知利息力δ，计算$\bar{A}_{xy}^{1}$.

9. $T(x)$，$T(y)$的联合概率密度函数是：$f_{T(x),\,T(y)}(t_1,\ t_2) = \dfrac{t_1 + t_2}{1\,000}$，$0 \leqslant t_1,\ t_2 \leqslant 10$. 计算边缘概率密度函数、边缘分布函数、最后生存者状态以及联合生存状态剩余寿命的密度函数.

10. 假设两个体(50)和(60)的剩余寿命满足Frank Copula模型，$\alpha = 0.5$. 死亡力服从De Moivre定律，$\omega = 100$. 计算(1) ${}_{10}q_{50}$；(2) ${}_{10}q_{\overline{50:60}}$；(3) ${}_{10}q_{50:60}$.

11. 已知(25)和(50)的寿命都满足：$\mu(x) = \dfrac{1}{100 - x}$，$x < 100$. 若$\delta = 0.04$，在独立性假设下计算：$\bar{A}_{25:50}$，$\bar{a}_{25:50}$.

12. 假设$T^*(x)$，$T^*(y)$相互独立，分别服从参数为λ_1, λ_2的指数分布，依据Common Shock模型计算：$\bar{A}_x$，$\bar{A}_y$，$\bar{A}_{xy}$，$\bar{A}_{\overline{xy}}$.

13. 一项年金在(x)与(y)都生存时每年年初给付1，而当两者中仅有一人生存是每年初给付2/3. 设$K(x)$，$K(y)$相互独立，求(1) 年金的现值；(2) 年金的精算现值.

14. 已知(x)的生存函数为

$$s(x)=\begin{cases}1-\dfrac{x}{110}, & 0\leqslant x<110\\ 0, & x\geqslant 110\end{cases}$$

利息力$\delta=0.06$，求保额为10 000元的5年定期寿险在下列两种情况下的趸缴净保费：(1) 当且仅当(45)与(50)中最后一人在未来5年内死亡时立即给付保险金；(2) 当且仅当(45)与(50)中至少一人在未来5年内死亡时立即给付保险金.

第 8 章　多元风险模型

在保险实务中，有许多保险产品的给付条件以及给付金额取决于更多不同的随机事件的发生，如被保险人的残疾、退休、辞职等. 为了从精算角度分析这样的险种，本章以单生命个体的状态为对象介绍精算学中的多元风险理论(Multiple Decrement Theory)，赋予(x)以及$T(x)$更为丰富的含义，称$T(x)$为状态(x)未来存续的时间，另将状态终止的原因记为随机变量$J(x)$. 如果对可能导致状态(x)终止的原因按自然顺序进行编号 $1, 2, \cdots, m$，则$J(x)$为取值 $1, 2, \cdots, m$ 的离散型随机变量. $J(x)$的取值可以根据具体情况自由选择，只需指明其含义即可. 不做特别说明的情况下，本章记当前时刻为时刻 0.

8.1　多元风险模型的定义

8.1.1　随机变量的联合分布及边际分布

根据前文中的定义，状态(x)的存续时间$T(x)$(简记为T)和终止原因$J(x)$(简记为J)是不同类型的随机变量. 为了研究彼此间的关系，记两者的联合概率密度函数为$f(t, j)$，$t \geqslant 0$，$j = 1, 2, \cdots, m$. 将由原因j导致状态(x)在时刻t前终止的概率记为${}_tq_x^{(j)}$，则

$${}_tq_x^{(j)} = P\{T \leqslant t, J = j\} = \int_0^t f(s, j)\mathrm{d}s \quad (t \geqslant 0, j = 1, 2, \cdots, m) \tag{8.1}$$

于是随机变量J的边际概率函数，即状态(x)因原因j而终止的概率可以表示为

$$P\{J = j\} = {}_\infty q_x^{(j)} = \int_0^{+\infty} f(s, j)\mathrm{d}s \quad (j = 1, 2, \cdots, m) \tag{8.2}$$

将状态(x)在时刻t前终止的概率记为${}_tq_x^{(\tau)}$，则

$${}_tq_x^{(\tau)} = P\{T \leqslant t\} = \sum_{j=1}^{m} P\{T \leqslant t, J = j\} = \sum_{j=1}^{m} {}_tq_x^{(j)} \quad (t \geqslant 0) \tag{8.3}$$

将状态(x)在时刻t前不终止的概率记为${}_tp_x^{(\tau)}$，显然

$${}_tp_x^{(\tau)} = 1 - {}_tq_x^{(\tau)} \tag{8.4}$$

因为${}_tq_x^{(\tau)}$为随机变量T的边际分布函数，所以T的边际密度函数为

$$f_T(t) = \sum_{j=1}^{m} \frac{\mathrm{d}}{\mathrm{d}t} {}_tq_x^{(j)} = \sum_{j=1}^{m} f(t, j) \quad (t \geqslant 0) \tag{8.5}$$

由密度函数的规范性可知，该函数满足

$$\int_0^{+\infty} f_T(t)\mathrm{d}t = 1$$

根据 T 与 J 的联合密度以及 T 的边际密度函数，可以刻画 J 的条件分布

$$f_{J|T}(j \mid t) = \frac{f(t, j)}{f_T(t)}, \tag{8.6}$$

表示状态 (x) 在时刻 t 前终止的条件下，导致其终止的原因是 j 的概率.

例 8.1.1 某二元风险模型中的联合概率密度函数 $f(t, j)$ 满足

$$f(t, j) = \begin{cases} 0.01\mathrm{e}^{-0.03t}, & j = 1 \\ 0.02\mathrm{e}^{-0.03t}, & j = 2 \end{cases}$$

求：1) 由原因 1 导致状态 (x) 终止的概率；2) 状态 (x) 在 $x+t$ 岁之前的终止概率；3) 已知状态 (x) 在 $x+t$ 岁之前发生终止，该终止是由原因 1 所导致的概率.

解 1) $P\{J = 1\} = {}_{\infty}q_x^{(1)} = \int_0^{+\infty} f(s, 1)\mathrm{d}s = \int_0^{+\infty} 0.01\mathrm{e}^{-0.03s}\mathrm{d}s = 1/3$

2)

$$\begin{aligned} {}_tq_x^{(\tau)} &= \sum_{j=1}^{2} P\{T \leqslant t, J = j\} \\ &= \sum_{j=1}^{2} \int_0^t f(s, j)\mathrm{d}s \\ &= \frac{1}{3}(1 - \mathrm{e}^{-0.03t}) + \frac{2}{3}(1 - \mathrm{e}^{-0.03t}) \\ &= 1 - \mathrm{e}^{-0.03t} \end{aligned}$$

3) 因为 T 的边际密度函数为

$$f_T(t) = \sum_{j=1}^{2} f(t, j) = 0.03\mathrm{e}^{-0.03t}, \quad t \geqslant 0$$

所以

$$f_{J|T}(1 \mid t) = \frac{f(t, 1)}{f_T(t)} = \frac{1}{3}; \quad f_{J|T}(2 \mid t) = \frac{f(t, 2)}{f_T(t)} = \frac{2}{3}$$

8.1.2 终止力函数

在多元风险模型中，定义状态 (x) 在时刻 t 的终止力为

$$\mu_x^{(\tau)}(t) = \frac{f_T(t)}{1 - F_T(t)} \quad (t \geqslant 0) \tag{8.7}$$

因为

$$\frac{f_T(t)}{1 - F_T(t)} = \frac{({}_tq_x^{(\tau)})'}{{}_tp_x^{(\tau)}} = -(\ln {}_tp_x^{(\tau)})'$$

所以解微分方程得

$${}_tp_x^{(\tau)} = \exp\left\{-\int_0^t \mu_x^{(\tau)}(s)\mathrm{d}s\right\} \quad (t \geqslant 0) \tag{8.8}$$

定义状态(x)基于原因 j 在时刻 t 的终止力为

$$\mu_x^{(j)}(t) = \frac{f(t,\ j)}{{}_tp_x^{(\tau)}} \quad (t \geqslant 0) \tag{8.9}$$

根据(8.5)式，状态(x)在时刻 t 的终止力还可记为

$$\mu_x^{(\tau)}(t) = \sum_{j=1}^{m} \mu_x^{(j)}(t) \quad (t \geqslant 0) \tag{8.10}$$

因为联合概率密度函数和边际密度函数均可由终止力表示

$$f(t,\ j) = {}_tp_x^{(\tau)}\mu_x^{(j)}(t) \quad (t \geqslant 0,\ j = 1,\ 2,\ \cdots,\ m) \tag{8.11}$$

$$f_T(t) = {}_tp_x^{(\tau)}\mu_x^{(\tau)}(t) \quad (t \geqslant 0) \tag{8.12}$$

所以 J 的条件分布又可表示为

$$f_{J|T}(j \mid t) = \frac{f(t,\ j)}{f_T(t)} = \frac{\mu_x^{(j)}(t)}{\mu_x^{(\tau)}(t)} \quad (t \geqslant 0) \tag{8.13}$$

在时刻 t 之前状态终止的概率也有如下表示为

$${}_tq_x^{(j)} = \int_0^t {}_sp_x^{(\tau)}\mu_x^{(j)}(s)\mathrm{d}s \quad (t \geqslant 0,\ j = 1,\ 2,\ \cdots,\ m) \tag{8.14}$$

及

$${}_tq_x^{(\tau)} = \int_0^t {}_sp_x^{(\tau)}\mu_x^{(\tau)}(s)\mathrm{d}s \quad (t \geqslant 0) \tag{8.15}$$

例 8.1.2　考虑一个二元风险模型，其终止力为

$$\mu_x^{(1)}(t) = 0.03, \quad \mu_x^{(2)}(t) = 0.05 \quad (t \geqslant 0)$$

求该模型的联合密度函数、边缘密度函数和条件密度函数.

解　先求 $\mu_x^{(\tau)}(t)$ 和 ${}_tp_x^{(\tau)}$，

$$\mu_x^{(\tau)}(t) = \mu_x^{(1)}(t) + \mu_x^{(2)}(t) = 0.08 \quad (t \geqslant 0)$$

$$ {}_tp_x^{(\tau)} = \exp\left(-\int_0^t 0.08\mathrm{d}s\right) = \mathrm{e}^{-0.08t} \quad (t \geqslant 0) $$

于是 T 和 J 的联合密度函数为

$$ f(t,j) = \begin{cases} 0.03\mathrm{e}^{-0.08t}, & t \geqslant 0, j = 1 \\ 0.05\mathrm{e}^{-0.08t}, & t \geqslant 0, j = 2 \end{cases} $$

T 的边缘密度函数为

$$ f_T(t) = \sum_{j=1}^{2} f(t,j) = 0.08\mathrm{e}^{-0.08t} \quad (t \geqslant 0) $$

J 的边缘密度函数为

$$ P(J=j) = \begin{cases} \int_0^{\infty} f(t,1)\mathrm{d}t, & j=1 \\ \int_0^{\infty} f(t,2)\mathrm{d}t, & j=2 \end{cases} = \begin{cases} \frac{3}{8}, & j=1 \\ \frac{5}{8}, & j=2 \end{cases} $$

已知状态在时刻 t 之前终止的 J 的条件密度函数为

$$ f_{J|T}(j \mid t) = \begin{cases} \dfrac{\mu_x^{(1)}(t)}{\mu_x^{(\tau)}(t)}, & j=1 \\ \dfrac{\mu_x^{(2)}(t)}{\mu_x^{(\tau)}(t)}, & j=2 \end{cases} = \begin{cases} \frac{3}{8}, & j=1 \\ \frac{5}{8}, & j=2 \end{cases} $$

在未来存续时间 T 的基础上，定义未来存续的整年数 $K=[T]$，作为离散型随机变量 K 与终止原因 J 的联合分布律为

$$ \begin{aligned} P\{K=k, J=j\} &= P\{k \leqslant T < k+1, J=j\} \\ &= \int_k^{k+1} f(s,j)\mathrm{d}s \\ &= \int_k^{k+1} {}_sp_x^{(\tau)}\mu_x^{(j)}(s)\mathrm{d}s \\ &= {}_kp_x^{(\tau)}\int_0^1 {}_sp_{x+k}^{(\tau)}\mu_{x+k}^{(j)}(s)\mathrm{d}s \\ &= {}_kp_x^{(\tau)}q_{x+k}^{(j)} \\ &= {}_{k|}q_x^{(j)} \quad (t \geqslant 0) \end{aligned} \tag{8.16} $$

K 的边际分布律为

$$ P\{K=k\} = \sum_{j=1}^{m} P\{K=k, J=j\} = {}_{k|}q_x^{(\tau)} \quad (t \geqslant 0) \tag{8.17} $$

例 8.1.3 计算例 8.1.2 中 K 的边际分布律及其期望.

解　因为

$$ {}_tp_x^{(\tau)} = \exp\left(-\int_0^t 0.08\mathrm{d}s\right) = \mathrm{e}^{-0.08t} \quad (t \geqslant 0) $$

所以

$$ P\{K=k\} = {}_{k|}q_x^{(\tau)} = {}_kp_x^{(\tau)} - {}_{k+1}p_x^{(\tau)} = \mathrm{e}^{-0.08k}(1-\mathrm{e}^{-0.08}),\ k=0,1,2,\cdots $$

$$ E(K) = \sum_{k=0}^{\infty} k \cdot {}_{k|}q_x^{(\tau)} = \frac{\mathrm{e}^{-0.08}}{1-\mathrm{e}^{-0.08}} \approx 12 $$

8.2　伴随单风险模型

在多元风险模型中,可能导致状态终止的原因有很多,它们通常相互影响,共同对状态的终止起作用. 为了考虑各种风险的单独作用所造成的影响,我们就特定的风险定义伴随单风险模型. 伴随单风险模型中只存在单一风险因素.

8.2.1　伴随单风险模型

定义

$$ {}_tp_x'^{(j)} = \exp\left\{-\int_0^t \mu_x^{(j)}(s)\mathrm{d}s\right\}, \quad (t \geqslant 0) \tag{8.18} $$

为状态(x)在时刻t前不由原因j导致终止的概率,并称其为伴随单风险生存函数. 之所以在右上角加一撇,是因为

$$ {}_tp_x'^{(j)} + {}_tq_x^{(j)} \neq 1 \tag{8.19} $$

令

$$ {}_tq_x'^{(j)} = 1 - {}_tp_x'^{(j)} \tag{8.20} $$

那么对(8.19)式的解释就转化为比较${}_tq_x^{(j)}$与${}_tq_x'^{(j)}$的不同. 两者的区别在于:${}_tq_x^{(j)}$表示由原因j导致状态(x)在时刻t前终止的概率,虽然状态的终止是由原因j导致的,但是存在其他原因的影响. ${}_tq_x'^{(j)}$表示在没有其他原因的影响下,由原因j导致状态(x)在时刻t前终止的概率,我们称其为第j种原因的独立终止率.

因为对于某些原因来说,即使取$t\to+\infty$, ${}_tq_x'^{(j)}$也不会趋于1. 例如,有的人一辈子都不会辞职,所以不能将${}_tq_x'^{(j)}$和${}_tp_x'^{(j)}$理解为一般的分布函数及生存函数. 因为

$$ \mu_x^{(\tau)}(t) = \sum_{j=1}^{m} \mu_x^{(j)}(t) $$

所以

$$ {}_tp_x^{(\tau)} = \exp\left\{-\int_0^t \mu_x^{(\tau)}(s)\mathrm{d}s\right\} = \prod_{j=1}^m {}_tp_x'^{(j)} \tag{8.21} $$

作为生存函数

$$ \lim_{t\to+\infty} {}_tp_x^{(\tau)} = 0 $$

故至少存在一个原因 k,使得

$$ \lim_{t\to+\infty} {}_tp_x'^{(k)} = 0 $$

注意到

$$ {}_tp_x^{(\tau)} = \prod_{j=1}^m {}_tp_x'^{(j)} \Rightarrow {}_tp_x^{(\tau)} \leqslant {}_tp_x'^{(j)} \Rightarrow {}_tq_x'^{(j)} \leqslant {}_tq_x^{(\tau)} \tag{8.22} $$

该结果表明:众多原因导致状态终止的概率不低于单一原因独立使得状态终止的概率. 进而

$$ {}_tq_x^{(j)} = \int_0^t {}_sp_x^{(\tau)}\mu_x^{(j)}(s)\mathrm{d}s \leqslant \int_0^t {}_sp_x'^{(j)}\mu_x^{(j)}(s)\mathrm{d}s = {}_tq_x'^{(j)} \tag{8.23} $$

表明其他原因的影响可能会降低某原因使得状态终止的概率.

例 8.2.1 对于二元风险模型,$\mu_x^{(\tau)}(t) = kt^2$, $t > 0$; $\mu_x^{(1)}(t) = 0.2\mu_x^{(\tau)}(t)$, $t > 0$; $q_x'^{(1)} = 0.04$,试求${}_2q_x'^{(2)}$ 和${}_2q_x^{(2)}$.

解

$$ {}_tp_x'^{(1)} = \exp\left\{-\int_0^t \mu_x^{(1)}(s)\mathrm{d}s\right\} = \exp\left\{-\int_0^t 0.2\,ks^2\mathrm{d}s\right\} = \mathrm{e}^{-\frac{1}{15}kt^3} $$

$$ {}_tp_x^{(\tau)} = \prod_{j=1}^2 {}_tp_x'^{(j)} \Rightarrow {}_tp_x'^{(2)} = \mathrm{e}^{-\frac{4}{15}kt^3} $$

因为

$$ q_x'^{(1)} = 1 - p_x'^{(1)} = 1 - \mathrm{e}^{-\frac{1}{15}k} = 0.04 \Rightarrow \mathrm{e}^{-\frac{1}{15}k} = 0.96 $$

所以

$$ {}_2q_x'^{(2)} = 1 - \mathrm{e}^{-\frac{32}{15}k} = 1 - 0.96^{32} \approx 0.73 $$

$$ \mu_x^{(\tau)}(t) = \sum_{j=1}^2 \mu_x^{(j)}(t) \Rightarrow \mu_x^{(2)}(t) = 0.8\mu_x^{(\tau)}(t) $$

$$ {}_tp_x^{(\tau)} = \exp\left\{-\int_0^t \mu_x^{(\tau)}(s)\mathrm{d}s\right\} = \exp\left\{-\int_0^t ks^2\mathrm{d}s\right\} = \mathrm{e}^{-\frac{1}{3}kt^3} $$

$$ {}_2q_x^{(2)} = \int_0^2 {}_sp_x^{(\tau)}\mu_x^{(2)}(s)\mathrm{d}s = \int_0^2 0.8ks^2\mathrm{e}^{-\frac{1}{3}ks^3}\,\mathrm{d}s = 0.8(1 - \mathrm{e}^{-\frac{8}{3}k}) \approx 0.64 $$

8.2.2 一些特殊假设

将类似于单风险模型中的死亡力常数假设和死亡均匀分布假设分别应用于伴随单风

险模型中,观察它们对独立终止率${}_tq_x'^{(j)}$ 的影响.

1. 假设原因 j 导致状态(x) 在各整数年龄内终止的终止力为常数,即

$$\mu_x^{(j)}(t)=\mu_x^{(j)} \quad (0\leqslant t<1;\ j=1,\ 2,\ \cdots,\ m)$$

则

$$\mu_x^{(\tau)}(t)=\mu_x^{(\tau)}=\sum_{j=1}^{m}\mu_x^{(j)} \quad (0\leqslant t<1)$$

进一步

$$\begin{aligned} q_x^{(j)} &= \int_0^1 {}_sp_x^{(\tau)}\mu_x^{(j)}\mathrm{d}s \\ &= \frac{\mu_x^{(j)}}{\mu_x^{(\tau)}}\int_0^1 {}_sp_x^{(\tau)}\mu_x^{(\tau)}\mathrm{d}s \\ &= \frac{\mu_x^{(j)}}{\mu_x^{(\tau)}}q_x^{(\tau)} \end{aligned} \tag{8.24}$$

因为

$$p_x^{(\tau)}=\exp\left\{-\int_0^1\mu_x^{(\tau)}(s)\mathrm{d}s\right\}=\mathrm{e}^{-\mu_x^{(\tau)}}\Rightarrow\mu_x^{(\tau)}=-\ln p_x^{(\tau)}$$

以及

$$p_x'^{(j)}=\exp\left\{-\int_0^1\mu_x^{(j)}(s)\mathrm{d}s\right\}=\mathrm{e}^{-\mu_x^{(j)}}\Rightarrow\mu_x^{(j)}=-\ln p_x'^{(j)}$$

所以

$$q_x^{(j)}=\frac{\ln p_x'^{(j)}}{\ln p_x^{(\tau)}}q_x^{(\tau)} \tag{8.25}$$

进一步化简

$$\ln p_x'^{(j)}=\frac{q_x^{(j)}}{q_x^{(\tau)}}\ln p_x^{(\tau)}=\ln\left(1-q_x^{(\tau)}\right)^{q_x^{(j)}/q_x^{(\tau)}}$$

从而

$$q_x'^{(j)}=1-\left(1-q_x^{(\tau)}\right)^{q_x^{(j)}/q_x^{(\tau)}} \tag{8.26}$$

此外

$$\begin{aligned} q_x^{(j)} &= \frac{\ln p_x'^{(j)}}{\ln p_x^{(\tau)}}q_x^{(\tau)} \\ &= \frac{\ln p_x'^{(j)}}{\ln\prod_{j=1}^{m}p_x'^{(j)}}\left(1-\prod_{j=1}^{m}p_x'^{(j)}\right) \end{aligned}$$

$$= \frac{\ln(1-q_x'^{(j)})}{\sum_{j=1}^{m}\ln(1-q_x'^{(j)})}\left(1-\prod_{j=1}^{m}(1-q_x'^{(j)})\right) \tag{8.27}$$

例 8.2.2 某二元风险模型的终止力分别为

$$\mu_x^{(1)}(t)=0.01,\quad \mu_x^{(2)}(t)=0.02;\quad t\in[0,1)$$

计算 $q_x'^{(j)}$ 和 $q_x^{(j)}$，$j=1,2$.

解 $p_x'^{(j)}=\exp\left\{-\int_0^1\mu_x^{(j)}(s)\mathrm{d}s\right\}=\mathrm{e}^{-0.01j}$，$j=1,2$

$$q_x'^{(j)}=1-p_x'^{(j)}=1-\mathrm{e}^{-0.01j},\ j=1,2$$

$${}_tp_x'^{(j)}=\exp\left\{-\int_0^t\mu_x^{(j)}(s)\mathrm{d}s\right\}=\mathrm{e}^{-0.01jt},\ t\in[0,1)$$

$${}_tp_x^{(\tau)}=\prod_{j=1}^{2}{}_tp_x'^{(j)}=\mathrm{e}^{-0.03t},\ t\in[0,1)$$

$$q_x^{(j)}=\int_0^1{}_sp_x^{(\tau)}\mu_x^{(j)}(s)\mathrm{d}s=\int_0^1\frac{j}{100}\mathrm{e}^{-0.03s}\mathrm{d}s=\frac{j}{3}(1-\mathrm{e}^{-0.03}),\ j=1,2$$

2. 假设各终止事件的发生在各整数年龄内服从均匀分布，即

$${}_tq_x^{(j)}=t\cdot q_x^{(j)}\quad(0\leqslant t<1;\ j=1,2,\cdots,m)$$

则

$${}_tq_x^{(\tau)}=t\cdot q_x^{(\tau)}\quad(0\leqslant t<1)$$

进一步

$$\mu_x^{(j)}(t)=\frac{({}_tq_x^{(j)})'}{{}_tp_x^{(\tau)}}=\frac{q_x^{(j)}}{1-t\cdot q_x^{(\tau)}}$$

从而

$$\begin{aligned}q_x'^{(j)}&=1-\exp\left\{-\int_0^1\mu_x^{(j)}(s)\mathrm{d}s\right\}\\&=1-\exp\left\{-\int_0^1\frac{q_x^{(j)}}{1-s\cdot q_x^{(\tau)}}\mathrm{d}s\right\}\\&=1-(1-q_x^{(\tau)})^{q_x^{(j)}/q_x^{(\tau)}}\end{aligned} \tag{8.28}$$

同理

$$q_x^{(j)}=\frac{\ln(1-q_x'^{(j)})}{\sum_{j=1}^{m}\ln(1-q_x'^{(j)})}\left(1-\prod_{j=1}^{m}(1-q_x'^{(j)})\right) \tag{8.29}$$

例8.2.3　在某二元风险模型中，(1) 代表死亡；(2) 代表残疾，其概率分别为 $q_{60}^{\prime(1)} = 0.01$，$q_{60}^{\prime(2)} = 0.05$. 若死亡与残疾都在其对应的单风险模型中服从均匀分布. 试求 $q_{60}^{(\tau)}$ 和 $q_{60}^{(2)}$.

解

$$p_{60}^{(\tau)} = \prod_{j=1}^{2} p_{60}^{\prime(j)} = (1-0.01)\times(1-0.05) = 0.940\,5$$

$$q_{60}^{(\tau)} = 1 - p_{60}^{(\tau)} = 0.059\,5$$

$$q_{60}^{(2)} = \frac{\ln(1-q_{60}^{\prime(2)})}{\sum_{j=1}^{2}\ln(1-q_{60}^{\prime(j)})}\left(1-\prod_{j=1}^{2}(1-q_{60}^{\prime(j)})\right) \approx 0.049\,8$$

8.3　多风险模型下的人寿保险的精算现值

保险实务中，许多寿险产品的给付条件以及给付金额取决于不同的随机事件的发生. 假设(x) 签单一份寿险，若在时刻 $T(x)$ 由原因 j 导致保单终止，则保险人立即给付 $B_{T(x)}^{(j)}$，$j=1, 2, \cdots, m$. 以 $\bar{A}$ 表示该保险给付的精算现值，也即趸缴净保费.

因为给付发生在状态终止时刻，所以由原因 J 导致的给付额在投保时刻的现值为

$$Z^{(J)} = B_{T(x)}^{(J)} v^{T(x)}$$

计算数学期望

$$\bar{A} = E(Z^{(J)}) = \sum_{j=1}^{m}\int_{0}^{+\infty} v^t B_t^{(j)}\ {}_tp_x^{(\tau)}\mu_x^{(j)}(t)\,\mathrm{d}t \tag{8.30}$$

或者按照终止原因将改该保险分解为保险组合(包含 m 个保险)，计算第 j 个保险(由原因 j 获得给付) 的精算现值

$$\bar{A}^{(j)} = \int_{0}^{+\infty} v^t B_t^{(j)}\ {}_tp_x^{(\tau)}\mu_x^{(j)}(t)\,\mathrm{d}t$$

将单个保险的精算现值加总得

$$\bar{A} = \sum_{j=1}^{m}\bar{A}^{(j)} = \sum_{j=1}^{m}\int_{0}^{+\infty} v^t B_t^{(j)}\ {}_tp_x^{(\tau)}\mu_x^{(j)}(t)\,\mathrm{d}t \tag{8.31}$$

例8.3.1　某保单为 x 岁的人在 r 岁以前提供金额为 $2B$ 的意外事故死亡给付和金额为 B 的其他原因死亡给付；在 r 岁以后，对任何原因造成的死亡均提供金额为 B 的给付. 求该保单的趸缴净保费.

解　记 $J=1$ 表示意外事故死亡，$J=2$ 表示其他原因死亡，则

$$\bar{A}^{(1)} = \int_{0}^{r-x} v^t B\ {}_tp_x^{(\tau)}\mu_x^{(1)}(t)\,\mathrm{d}t + \int_{0}^{+\infty} v^t B\ {}_tp_x^{(\tau)}\mu_x^{(1)}(t)\,\mathrm{d}t$$

$$\bar{A}^{(2)} = \int_{0}^{+\infty} v^t B\ {}_tp_x^{(\tau)}\mu_x^{(2)}(t)\,\mathrm{d}t$$

$$\bar{A}=\sum_{j=1}^{2}\bar{A}^{(j)}=\int_{0}^{r-x}v^{t}B\ {}_{t}p_{x}^{(\tau)}\mu_{x}^{(1)}(t)\mathrm{d}t+\int_{0}^{+\infty}v^{t}B\ {}_{t}p_{x}^{(\tau)}\mu_{x}^{(\tau)}(t)\mathrm{d}t$$

例8.3.2 某保险公司向(x)签发的某终身寿险保单约定：基本死亡给付为1万元. 附加条款规定：当被保险人死于意外事故时，增加给付2万元. 已知：(1) 意外死亡的终止力为$\mu_{x}^{(ad)}(t)=0.005，t\geqslant 0$；(2)$\mu_{x}^{(\tau)}(t)=0.04，t\geqslant 0$；(3)$\delta=0.06$. 求该保单的趸缴净保费.

解 因为

$$\begin{aligned}\bar{A}_{x}+2\,\bar{A}_{x}^{(ad)}&=\int_{0}^{\infty}v^{t}\ {}_{t}p_{x}^{(\tau)}\mu_{x+t}^{(\tau)}\mathrm{d}t+2\int_{0}^{\infty}v^{t}\ {}_{t}p_{x}^{(\tau)}\mu_{x+t}^{(ad)}\mathrm{d}t\\&=\int_{0}^{\infty}0.04\mathrm{e}^{-0.06t}\mathrm{e}^{-0.04t}\mathrm{d}t+2\int_{0}^{\infty}0.005\mathrm{e}^{-0.06t}\mathrm{e}^{-0.04t}\mathrm{d}t\\&=0.05\int_{0}^{\infty}\mathrm{e}^{-0.1t}\mathrm{d}t=0.5\end{aligned}$$

所以该保单的趸缴净保费为：$10\,000(\bar{A}_{x}+2\,\bar{A}_{x}^{(ad)})=5\,000$.

本章小结

保险实务中导致状态终止的因素很多，保险人需要通过建立多元风险模型对状态存续时间以及状态终止的原因进行分析. 本章从随机变量的角度分析了状态(x)的存续时间和终止原因的联合分布、边际分布和条件分布以及终止力函数. 利用伴随单风险模型分析了各种风险在单独作用下对状态的影响. 最后通过精算现值的计算推导了多元风险模型下寿险产品的趸缴净保费.

本章中易于混淆的概念有：

1) ${}_{t}q_{x}^{(\tau)}$：状态(x)在时刻t前终止的概率；

2) ${}_{t}q_{x}^{(j)}$：由原因j导致状态(x)在时刻t前终止的概率；

3) ${}_{t}q_{x}^{\prime(j)}$：在没有其他原因的影响下，由原因j导致状态(x)在时刻t前终止的概率.

三者间的关系为

$${}_{t}q_{x}^{(j)}\leqslant{}_{t}q_{x}^{\prime(j)}\leqslant{}_{t}q_{x}^{(\tau)}$$

且

$${}_{t}q_{x}^{(\tau)}=\sum_{j=1}^{m}{}_{t}q_{x}^{(j)}=1-\prod_{j=1}^{m}{}_{t}p_{x}^{\prime(j)}$$

特别地，在由各原因导致状态(x)在各整数时刻内终止的终止力为常数的假设下，或是各终止事件的发生在各整数时刻内服从均匀分布的假设下均有

$$q_{x}^{(j)}=\frac{\ln(1-q_{x}^{\prime(j)})}{\sum_{j=1}^{m}\ln(1-q_{x}^{\prime(j)})}\left(1-\prod_{j=1}^{m}(1-q_{x}^{\prime(j)})\right)$$

$\mu_{x}^{(\tau)}(t)$：状态(x)在时刻t的终止力；

$\mu_x^{(j)}(t)$：状态(x)基于原因j在时刻t的终止力.

两者间的关系：

$$\mu_x^{(\tau)}(t) = \sum_{j=1}^{m} \mu_x^{(j)}(t)$$

复习思考题

1. 某二元风险模型中，$\mu_x^{(1)}(t) = \dfrac{1}{20-t}$，$0 \leqslant t < 20$，$\mu_x^{(2)}(t) = 2\mu_x^{(1)}(t)$. 计算 $f(2 \mid T(x) = t)$ 及 $f_T(10)$.

2. 考虑具有两个终止原因的多元风险模型，其终止力如下

$$\mu_x^{(1)}(t) = \frac{t}{100}, \quad \mu_x^{(2)}(t) = \frac{1}{100} \quad (t \geqslant 0)$$

求该模型的联合密度函数、边缘密度函数和条件密度函数.

3. 已知某二元风险模型中，$\mu_x^{(1)}(t) = 0.4$，$\mu_x^{(2)}(t) = 0.6$，计算 $q_x^{(2)}$.

4. 某二元风险模型中，$\mu_x^{(1)}(t) = \dfrac{1}{30-t}$，$0 \leqslant t < 30$；$\mu_x^{(2)}(t) = \dfrac{1}{20-t}$，$0 \leqslant t < 20$. 计算 ${}_{1|}q_{30}^{(1)}$.

5. 某二元风险模型中，$q_x'^{(2)} = 2q_x'^{(1)}$，$p_x^{(\tau)} = 0.48$，计算 $p_x'^{(2)}$.

6. 某二元风险模型中，$q_x'^{(2)} = 2q_x'^{(1)}$，$p_x^{(\tau)} = 0.48$，若两因素的终止力均为常数，求 $q_x^{(2)}$.

7. 某二元风险模型中，各风险因素下的终止力均为常数. 若 $\mu_x^{(1)} = \ln 2$，$q_x^{(1)} = \dfrac{1}{3} q_x^{(2)}$，计算 ${}_{0.5}q_x^{(1)}$ 和 ${}_{0.5}q'^{(1)}_x$.

8. 某二元风险模型中，各风险因素下的终止在整数年间服从均匀分布. 若 $q_x'^{(1)} = q_x'^{(2)} = 0.4$，计算 ${}_{0.5}q_x^{(1)}$ 和 ${}_{0.5}q_x'^{(1)}$.

9. 对于二元风险模型，$\mu_x^{(\tau)}(t) = t^2$，$t > 0$；$\mu_x^{(1)}(t) = 0.2\mu_x^{(\tau)}(t)$，$t > 0$，试求 ${}_{\infty}q_x^{(2)}$.

10. 一份签发给(x)的终身寿险保单保额为 10 万元，保险金在被保险人死亡时给付. 若被保险人因意外事故身亡，则给付减半. 若 $\delta = 0.02$，$\mu_x^{(\tau)}(t) = 0.08$，$t \geqslant 0$，$\mu_x^{(ad)}(t) = 0.01$，$t \geqslant 0$. 计算该保险的趸缴净保费.

附　录　Ⅰ

中国保监会关于使用《中国人身保险业经验生命表（2010—2013）》有关事项的通知

保监发〔2016〕108 号

各人身保险公司、中国精算师协会：

为做好《中国人身保险业经验生命表（2010—2013）》使用工作，现将有关事项通知如下：

一、保险公司在计提责任准备金时，评估死亡率应采用《中国人身保险业经验生命表（2010—2013）》所提供的数据。

二、当分红保险用精算规定的责任准备金计算红利时，应采用《中国人身保险业经验生命表（2010—2013）》所提供的数据作为计算红利分配的基础。对于本通知实施前已审批或备案的分红保险产品，可以采用原行业经验生命表所提供的数据作为计算红利分配的基础。如采用《中国人身保险业经验生命表（2010—2013）》所提供的数据作为计算红利分配的基础，应确保消费者之间利益的公平性。

三、保险公司选择适用的生命表时，应按照审慎性原则整体考虑同一产品或产品组合的全部保单。

（一）定期寿险、终身寿险、健康保险应采用非养老类业务一表。

（二）保险期间内（不含满期）没有生存金给付责任的两全保险或含有生存金给付责任但生存责任较低的两全保险、长寿风险较低的年金保险应采用非养老类业务二表。

（三）保险期间内（不含满期）含有生存金给付责任且生存责任较高的两全保险、长寿风险较高的年金保险应采用养老类业务表。

（四）保险公司应根据产品特征综合分析，按照精算原理和审慎性原则判断生存责任和长寿风险的高低。

对其他不属于上述产品形态或产品形态认定存在歧义的产品，保险公司应根据产品特征及保险人群死亡率特点，按照精算原理和审慎性原则，选择适用的生命表。

四、《中国保监会关于〈中国人身保险业重大疾病经验发生率表（2006—2010）〉用于法定责任准备金评估有关事项的通知》（保监寿险〔2013〕685 号）第三部分“法定责任准备金评估”(一)2 修改为:“保险公司评估法定责任准备金时使用的因患重大疾病死亡占全部死亡的比率,应按照审慎性原则合理确定。其中,对于提前给付型包含重大疾病保险责任的人身保险产品,保险公司评估重大疾病保险责任和死亡保险责任的发生率之和,应以 $ix+qx-kx\times qx$(qx 为《中国人身保险业经验生命表(2010—2013)》中的死亡率)作为评估下限。”

五、保险公司根据审慎性需要,可以采用其他合理的评估基础,但应保证该评估基础下计提的责任准备金金额不低于按本通知所确定的责任准备金金额。

六、保险公司在厘定保险费时,可以参考《中国人身保险业经验生命表(2010—2013)》所提供的数据作为确定预定死亡率的依据。保险公司应加强自身经验数据的积累、研究与开发,不断提高产品科学定价能力和经营管理水平。

七、中国精算师协会应进一步加强人身保险行业经验生命表与国民人口死亡率数据的对比分析,加强死亡率趋势研究,为人身保险产品科学审慎定价提供技术支撑。

八、本通知自 2017 年 1 月 1 日起实施。《关于修订精算规定中生命表使用有关事项的通知》(保监发〔2005〕118 号)自本通知实施之日起废止。

中国保监会

2016 年 12 月 21 日

附 录 Ⅱ

中国人身保险业经验生命表(2010—2013)

年龄	非养老类业务一表		非养老类业务二表		养老类业务表	
	男(CL1)	女(CL2)	男(CL3)	女(CL4)	男(CL5)	女(CL6)
0	0.000 867	0.000 620	0.000 620	0.000 455	0.000 566	0.000 453
1	0.000 615	0.000 456	0.000 465	0.000 324	0.000 386	0.000 289
2	0.000 445	0.000 337	0.000 353	0.000 236	0.000 268	0.000 184
3	0.000 339	0.000 256	0.000 278	0.000 180	0.000 196	0.000 124
4	0.000 280	0.000 203	0.000 229	0.000 149	0.000 158	0.000 095
5	0.000 251	0.000 170	0.000 200	0.000 131	0.000 141	0.000 084
6	0.000 237	0.000 149	0.000 182	0.000 119	0.000 132	0.000 078
7	0.000 233	0.000 137	0.000 172	0.000 110	0.000 129	0.000 074
8	0.000 238	0.000 133	0.000 171	0.000 105	0.000 131	0.000 072
9	0.000 250	0.000 136	0.000 177	0.000 103	0.000 137	0.000 072
10	0.000 269	0.000 145	0.000 187	0.000 103	0.000 146	0.000 074
11	0.000 293	0.000 157	0.000 202	0.000 105	0.000 157	0.000 077
12	0.000 319	0.000 172	0.000 220	0.000 109	0.000 170	0.000 080
13	0.000 347	0.000 189	0.000 240	0.000 115	0.000 184	0.000 085
14	0.000 375	0.000 206	0.000 261	0.000 121	0.000 197	0.000 090
15	0.000 402	0.000 221	0.000 280	0.000 128	0.000 208	0.000 095
16	0.000 427	0.000 234	0.000 298	0.000 135	0.000 219	0.000 100
17	0.000 449	0.000 245	0.000 315	0.000 141	0.000 227	0.000 105
18	0.000 469	0.000 255	0.000 331	0.000 149	0.000 235	0.000 110
19	0.000 489	0.000 262	0.000 346	0.000 156	0.000 241	0.000 115
20	0.000 508	0.000 269	0.000 361	0.000 163	0.000 248	0.000 120

续表

年龄	非养老类业务一表		非养老类业务二表		养老类业务表	
	男(CL1)	女(CL2)	男(CL3)	女(CL4)	男(CL5)	女(CL6)
21	0.000 527	0.000 274	0.000 376	0.000 170	0.000 256	0.000 125
22	0.000 547	0.000 279	0.000 392	0.000 178	0.000 264	0.000 129
23	0.000 568	0.000 284	0.000 409	0.000 185	0.000 273	0.000 134
24	0.000 591	0.000 289	0.000 428	0.000 192	0.000 284	0.000 139
25	0.000 615	0.000 294	0.000 448	0.000 200	0.000 297	0.000 144
26	0.000 644	0.000 300	0.000 471	0.000 208	0.000 314	0.000 149
27	0.000 675	0.000 307	0.000 497	0.000 216	0.000 333	0.000 154
28	0.000 711	0.000 316	0.000 526	0.000 225	0.000 354	0.000 160
29	0.000 751	0.000 327	0.000 558	0.000 235	0.000 379	0.000 167
30	0.000 797	0.000 340	0.000 595	0.000 247	0.000 407	0.000 175
31	0.000 847	0.000 356	0.000 635	0.000 261	0.000 438	0.000 186
32	0.000 903	0.000 374	0.000 681	0.000 277	0.000 472	0.000 198
33	0.000 966	0.000 397	0.000 732	0.000 297	0.000 509	0.000 213
34	0.001 035	0.000 423	0.000 788	0.000 319	0.000 549	0.000 231
35	0.001 111	0.000 454	0.000 850	0.000 346	0.000 592	0.000 253
36	0.001 196	0.000 489	0.000 919	0.000 376	0.000 639	0.000 277
37	0.001 290	0.000 530	0.000 995	0.000 411	0.000 690	0.000 305
38	0.001 395	0.000 577	0.001 078	0.000 450	0.000 746	0.000 337
39	0.001 515	0.000 631	0.001 170	0.000 494	0.000 808	0.000 372
40	0.001 651	0.000 692	0.001 270	0.000 542	0.000 878	0.000 410
41	0.001 804	0.000 762	0.001 380	0.000 595	0.000 955	0.000 450
42	0.001 978	0.000 841	0.001 500	0.000 653	0.001 041	0.000 494
43	0.002 173	0.000 929	0.001 631	0.000 715	0.001 138	0.000 540
44	0.002 393	0.001 028	0.001 774	0.000 783	0.001 245	0.000 589
45	0.002 639	0.001 137	0.001 929	0.000 857	0.001 364	0.000 640
46	0.002 913	0.001 259	0.002 096	0.000 935	0.001 496	0.000 693
47	0.003 213	0.001 392	0.002 277	0.001 020	0.001 641	0.000 750
48	0.003 538	0.001 537	0.002 472	0.001 112	0.001 798	0.000 811

续表

年龄	非养老类业务一表		非养老类业务二表		养老类业务表	
	男(CL1)	女(CL2)	男(CL3)	女(CL4)	男(CL5)	女(CL6)
49	0.003 884	0.001 692	0.002 682	0.001 212	0.001 967	0.000 877
50	0.004 249	0.001 859	0.002 908	0.001 321	0.002 148	0.000 950
51	0.004 633	0.002 037	0.003 150	0.001 439	0.002 340	0.001 031
52	0.005 032	0.002 226	0.003 409	0.001 568	0.002 544	0.001 120
53	0.005 445	0.002 424	0.003 686	0.001 709	0.002 759	0.001 219
54	0.005 869	0.002 634	0.003 982	0.001 861	0.002 985	0.001 329
55	0.006 302	0.002 853	0.004 297	0.002 027	0.003 221	0.001 450
56	0.006 747	0.003 085	0.004 636	0.002 208	0.003 469	0.001 585
57	0.007 227	0.003 342	0.004 999	0.002 403	0.003 731	0.001 736
58	0.007 770	0.003 638	0.005 389	0.002 613	0.004 014	0.001 905
59	0.008 403	0.003 990	0.005 807	0.002 840	0.004 323	0.002 097
60	0.009 161	0.004 414	0.006 258	0.003 088	0.004 660	0.002 315
61	0.010 065	0.004 923	0.006 742	0.003 366	0.005 034	0.002 561
62	0.011 129	0.005 529	0.007 261	0.003 684	0.005 448	0.002 836
63	0.012 360	0.006 244	0.007 815	0.004 055	0.005 909	0.003 137
64	0.013 771	0.007 078	0.008 405	0.004 495	0.006 422	0.003 468
65	0.015 379	0.008 045	0.009 039	0.005 016	0.006 988	0.003 835
66	0.017 212	0.009 165	0.009 738	0.005 626	0.007 610	0.004 254
67	0.019 304	0.010 460	0.010 538	0.006 326	0.008 292	0.004 740
68	0.021 691	0.011 955	0.011 496	0.007 115	0.009 046	0.005 302
69	0.024 411	0.013 674	0.012 686	0.008 000	0.009 897	0.005 943
70	0.027 495	0.015 643	0.014 192	0.009 007	0.010 888	0.006 660
71	0.030 965	0.017 887	0.016 106	0.010 185	0.012 080	0.007 460
72	0.034 832	0.020 432	0.018 517	0.011 606	0.013 550	0.008 369
73	0.039 105	0.023 303	0.021 510	0.013 353	0.015 387	0.009 436
74	0.043 796	0.026 528	0.025 151	0.015 508	0.017 686	0.010 730
75	0.048 921	0.030 137	0.029 490	0.018 134	0.020 539	0.012 332
76	0.054 506	0.034 165	0.034 545	0.021 268	0.024 017	0.014 315

续表

年龄	非养老类业务一表		非养老类业务二表		养老类业务表	
	男(CL1)	女(CL2)	男(CL3)	女(CL4)	男(CL5)	女(CL6)
77	0.060 586	0.038 653	0.040 310	0.024 916	0.028 162	0.016 734
78	0.067 202	0.043 648	0.046 747	0.029 062	0.032 978	0.019 619
79	0.074 400	0.049 205	0.053 801	0.033 674	0.038 437	0.022 971
80	0.082 220	0.055 385	0.061 403	0.038 718	0.044 492	0.026 770
81	0.090 700	0.062 254	0.069 485	0.044 160	0.051 086	0.030 989
82	0.099 868	0.069 880	0.077 987	0.049 977	0.058 173	0.035 598
83	0.109 754	0.078 320	0.086 872	0.056 157	0.065 722	0.040 576
84	0.120 388	0.087 611	0.096 130	0.062 695	0.073 729	0.045 915
85	0.131 817	0.097 754	0.105 786	0.069 596	0.082 223	0.051 616
86	0.144 105	0.108 704	0.115 900	0.076 863	0.091 239	0.057 646
87	0.157 334	0.120 371	0.126 569	0.084 501	0.100 900	0.064 084
88	0.171 609	0.132 638	0.137 917	0.092 504	0.111 321	0.070 942
89	0.187 046	0.145 395	0.150 089	0.100 864	0.122 608	0.078 241
90	0.203 765	0.158 572	0.163 239	0.109 567	0.134 870	0.086 003
91	0.221 873	0.172 172	0.177 519	0.118 605	0.148 212	0.094 249
92	0.241 451	0.186 294	0.193 067	0.127 985	0.162 742	0.103 002
93	0.262 539	0.201 129	0.209 999	0.137 743	0.178 566	0.112 281
94	0.285 129	0.216 940	0.228 394	0.147 962	0.195 793	0.122 109
95	0.309 160	0.234 026	0.248 299	0.158 777	0.214 499	0.132 540
96	0.334 529	0.252 673	0.269 718	0.170 380	0.234 650	0.143 757
97	0.361 101	0.273 112	0.292 621	0.183 020	0.256 180	0.155 979
98	0.388 727	0.295 478	0.316 951	0.196 986	0.279 025	0.169 421
99	0.417 257	0.319 794	0.342 628	0.212 604	0.303 120	0.184 301
100	0.446 544	0.345 975	0.369 561	0.230 215	0.328 401	0.200 836
101	0.476 447	0.373 856	0.397 652	0.250 172	0.354 803	0.219 242
102	0.506 830	0.403 221	0.426 801	0.272 831	0.382 261	0.239 737
103	0.537 558	0.433 833	0.456 906	0.298 551	0.410 710	0.262 537
104	0.568 497	0.465 447	0.487 867	0.327 687	0.440 086	0.287 859
105	1.000 000	1.000 000	1.000 000	1.000 000	1.000 000	1.000 000

附 录 Ⅲ

中国人寿保险业经验生命表(2010—2013)

男(CL1)

x	q_x	l_x	d_x	L_x	T_x	$\mathring{e}_x$
0	0.000 867	1 000 000	867	999 567	76 420 142	76.42
1	0.000 615	999 133	614	998 826	75 420 575	75.49
2	0.000 445	998 519	444	998 296	74 421 750	74.53
3	0.000 339	998 074	338	997 905	73 423 453	73.57
4	0.000 280	997 736	279	997 596	72 425 548	72.59
5	0.000 251	997 456	250	997 331	71 427 952	71.61
6	0.000 237	997 206	236	997 088	70 430 621	70.63
7	0.000 233	996 970	232	996 854	69 433 533	69.64
8	0.000 238	996 737	237	996 619	68 436 679	68.66
9	0.000 250	996 500	249	996 376	67 440 060	67.68
10	0.000 269	996 251	268	996 117	66 443 685	66.69
11	0.000 293	995 983	292	995 837	65 447 567	65.71
12	0.000 319	995 691	318	995 533	64 451 730	64.73
13	0.000 347	995 374	345	995 201	63 456 198	63.75
14	0.000 375	995 028	373	994 842	62 460 997	62.77
15	0.000 402	994 655	400	994 455	61 466 155	61.80
16	0.000 427	994 255	425	994 043	60 471 700	60.82
17	0.000 449	993 831	446	993 608	59 477 657	59.85
18	0.000 469	993 385	466	993 152	58 484 049	58.87
19	0.000 489	992 919	486	992 676	57 490 897	57.90
20	0.000 508	992 433	504	992 181	56 498 222	56.93
21	0.000 527	991 929	523	991 668	55 506 041	55.96
22	0.000 547	991 406	542	991 135	54 514 373	54.99

续表

x	q_x	l_x	d_x	L_x	T_x	$\mathring{e}_x$
23	0.000 568	990 864	563	990 582	53 523 238	54.02
24	0.000 591	990 301	585	990 008	52 532 655	53.05
25	0.000 615	989 716	609	989 411	51 542 647	52.08
26	0.000 644	989 107	637	988 789	50 553 235	51.11
27	0.000 675	988 470	667	988 137	49 564 447	50.14
28	0.000 711	987 803	702	987 452	48 576 310	49.18
29	0.000 751	987 101	741	986 730	47 588 859	48.21
30	0.000 797	986 359	786	985 966	46 602 129	47.25
31	0.000 847	985 573	835	985 156	45 616 162	46.28
32	0.000 903	984 738	889	984 294	44 631 007	45.32
33	0.000 966	983 849	950	983 374	43 646 713	44.36
34	0.001 035	982 899	1 017	982 390	42 663 339	43.41
35	0.001 111	981 881	1 091	981 336	41 680 949	42.45
36	0.001 196	980 791	1 173	980 204	40 699 613	41.50
37	0.001 290	979 618	1 264	978 986	39 719 408	40.55
38	0.001 395	978 354	1 365	977 671	38 740 423	39.60
39	0.001 515	976 989	1 480	976 249	37 762 751	38.65
40	0.001 651	975 509	1 611	974 704	36 786 502	37.71
41	0.001 804	973 898	1 757	973 020	35 811 799	36.77
42	0.001 978	972 141	1 923	971 180	34 838 779	35.84
43	0.002 173	970 219	2 108	969 164	33 867 599	34.91
44	0.002 393	968 110	2 317	966 952	32 898 434	33.98
45	0.002 639	965 794	2 549	964 519	31 931 482	33.06
46	0.002 913	963 245	2 806	961 842	30 966 963	32.15
47	0.003 213	960 439	3 086	958 896	30 005 121	31.24
48	0.003 538	957 353	3 387	955 659	29 046 225	30.34
49	0.003 884	953 966	3 705	952 113	28 090 566	29.45
50	0.004 249	950 261	4 038	948 242	27 138 452	28.56
51	0.004 633	946 223	4 384	944 031	26 190 211	27.68
52	0.005 032	941 839	4 739	939 470	25 246 179	26.81
53	0.005 445	937 100	5 103	934 549	24 306 710	25.94

续表

x	q_x	l_x	d_x	L_x	T_x	$\mathring{e}_x$
54	0.005 869	931 997	5 470	929 262	23 372 161	25.08
55	0.006 302	926 527	5 839	923 608	22 442 899	24.22
56	0.006 747	920 688	6 212	917 583	21 519 291	23.37
57	0.007 227	914 477	6 609	911 172	20 601 708	22.53
58	0.007 770	907 868	7 054	904 341	19 690 536	21.69
59	0.008 403	900 814	7 570	897 029	18 786 196	20.85
60	0.009 161	893 244	8 183	889 153	17 889 167	20.03
61	0.010 065	885 061	8 908	880 607	17 000 014	19.21
62	0.011 129	876 153	9 751	871 278	16 119 407	18.40
63	0.012 360	866 402	10 709	861 048	15 248 130	17.60
64	0.013 771	855 693	11 784	849 802	14 387 082	16.81
65	0.015 379	843 910	12 978	837 420	13 537 280	16.04
66	0.017 212	830 931	14 302	823 780	12 699 860	15.28
67	0.019 304	816 629	15 764	808 747	11 876 080	14.54
68	0.021 691	800 865	17 372	792 179	11 067 333	13.82
69	0.024 411	783 493	19 126	773 931	10 275 153	13.11
70	0.027 495	764 368	21 016	753 859	9 501 223	12.43
71	0.030 965	743 351	23 018	731 842	8 747 364	11.77
72	0.034 832	720 333	25 091	707 788	8 015 521	11.13
73	0.039 105	695 243	27 187	681 649	7 307 733	10.51
74	0.043 796	668 055	29 258	653 426	6 626 084	9.92
75	0.048 921	638 797	31 251	623 172	5 972 658	9.35
76	0.054 506	607 547	33 115	590 989	5 349 486	8.81
77	0.060 586	574 432	34 803	557 030	4 758 497	8.28
78	0.067 202	539 629	36 264	521 497	4 201 467	7.79
79	0.074 400	503 365	37 450	484 640	3 679 970	7.31
80	0.082 220	465 915	38 307	446 761	3 195 330	6.86
81	0.090 700	427 607	38 784	408 215	2 748 569	6.43
82	0.099 868	388 823	38 831	369 408	2 340 354	6.02
83	0.109 754	349 992	38 413	330 786	1 970 946	5.63
84	0.120 388	311 579	37 510	292 824	1 640 160	5.26

续表

x	q_x	l_x	d_x	L_x	T_x	$\mathring{e}_x$
85	0.131 817	274 069	36 127	256 005	1 347 337	4.92
86	0.144 105	237 942	34 289	220 798	1 091 331	4.59
87	0.157 334	203 653	32 042	187 632	870 534	4.27
88	0.171 609	171 612	29 450	156 887	682 901	3.98
89	0.187 046	142 162	26 591	128 866	526 015	3.70
90	0.203 765	115 571	23 549	103 796	397 149	3.44
91	0.221 873	92 022	20 417	81 813	293 353	3.19
92	0.241 451	71 604	17 289	62 960	211 540	2.95
93	0.262 539	54 315	14 260	47 185	148 580	2.74
94	0.285 129	40 056	11 421	34 345	101 394	2.53
95	0.309 160	28 635	8 853	24 208	67 049	2.34
96	0.334 529	19 782	6 618	16 473	42 841	2.17
97	0.361 101	13 164	4 754	10 787	26 368	2.00
98	0.388 727	8 411	3 269	6 776	15 580	1.85
99	0.417 257	5 141	2 145	4 069	8 804	1.71
100	0.446 544	2 996	1 338	2 327	4 736	1.58
101	0.476 447	1 658	790	1 263	2 409	1.45
102	0.506 830	868	440	648	1 146	1.32
103	0.537 558	428	230	313	497	1.16
104	0.568 497	198	113	142	184	0.93
105	1.000 000	85	85	43	43	0.50

中国人寿保险业经验生命表(2010—2013)

女(CL2)

x	q_x	l_x	d_x	L_x	T_x	$\mathring{e}_x$
0	0.000 620	1 000 000	620	999 690	81 707 123	81.71
1	0.000 456	999 380	456	999 152	80 707 433	80.76
2	0.000 337	998 924	337	998 756	79 708 281	79.79
3	0.000 256	998 588	256	998 460	78 709 525	78.82
4	0.000 203	998 332	203	998 231	77 711 065	77.84
5	0.000 170	998 129	170	998 045	76 712 834	76.86

续表

x	q_x	l_x	d_x	L_x	T_x	$\mathring{e}_x$
6	0.000 149	997 960	149	997 885	75 714 790	75.87
7	0.000 137	997 811	137	997 743	74 716 904	74.88
8	0.000 133	997 674	133	997 608	73 719 162	73.89
9	0.000 136	997 542	136	997 474	72 721 554	72.90
10	0.000 145	997 406	145	997 334	71 724 080	71.91
11	0.000 157	997 261	157	997 183	70 726 747	70.92
12	0.000 172	997 105	172	997 019	69 729 564	69.93
13	0.000 189	996 933	188	996 839	68 732 545	68.94
14	0.000 206	996 745	205	996 642	67 735 706	67.96
15	0.000 221	996 539	220	996 429	66 739 064	66.97
16	0.000 234	996 319	233	996 203	65 742 634	65.99
17	0.000 245	996 086	244	995 964	64 746 431	65.00
18	0.000 255	995 842	254	995 715	63 750 467	64.02
19	0.000 262	995 588	261	995 458	62 754 752	63.03
20	0.000 269	995 327	268	995 193	61 759 295	62.05
21	0.000 274	995 060	273	994 923	60 764 101	61.07
22	0.000 279	994 787	278	994 648	59 769 178	60.08
23	0.000 284	994 509	282	994 368	58 774 530	59.10
24	0.000 289	994 227	287	994 083	57 780 162	58.12
25	0.000 294	993 940	292	993 793	56 786 079	57.13
26	0.000 300	993 647	298	993 498	55 792 285	56.15
27	0.000 307	993 349	305	993 197	54 798 787	55.17
28	0.000 316	993 044	314	992 887	53 805 590	54.18
29	0.000 327	992 730	325	992 568	52 812 703	53.20
30	0.000 340	992 406	337	992 237	51 820 135	52.22
31	0.000 356	992 068	353	991 892	50 827 897	51.23
32	0.000 374	991 715	371	991 530	49 836 006	50.25
33	0.000 397	991 344	394	991 148	48 844 476	49.27
34	0.000 423	990 951	419	990 741	47 853 328	48.29
35	0.000 454	990 532	450	990 307	46 862 587	47.31
36	0.000 489	990 082	484	989 840	45 872 280	46.33

续表

x	q_x	l_x	d_x	L_x	T_x	$\mathring{e}_x$
37	0.000 530	989 598	524	989 336	44 882 440	45.35
38	0.000 577	989 073	571	988 788	43 893 105	44.38
39	0.000 631	988 503	624	988 191	42 904 317	43.40
40	0.000 692	987 879	684	987 537	41 916 126	42.43
41	0.000 762	987 195	752	986 819	40 928 589	41.46
42	0.000 841	986 443	830	986 028	39 941 770	40.49
43	0.000 929	985 613	916	985 156	38 955 742	39.52
44	0.001 028	984 698	1 012	984 192	37 970 586	38.56
45	0.001 137	983 685	1 118	983 126	36 986 394	37.60
46	0.001 259	982 567	1 237	981 949	36 003 268	36.64
47	0.001 392	981 330	1 366	980 647	35 021 320	35.69
48	0.001 537	979 964	1 506	979 211	34 040 673	34.74
49	0.001 692	978 458	1 656	977 630	33 061 462	33.79
50	0.001 859	976 802	1 816	975 894	32 083 832	32.85
51	0.002 037	974 986	1 986	973 993	31 107 938	31.91
52	0.002 226	973 000	2 166	971 917	30 133 944	30.97
53	0.002 424	970 834	2 353	969 658	29 162 027	30.04
54	0.002 634	968 481	2 551	967 206	28 192 369	29.11
55	0.002 853	965 930	2 756	964 552	27 225 163	28.19
56	0.003 085	963 174	2 971	961 689	26 260 611	27.26
57	0.003 342	960 203	3 209	958 598	25 298 923	26.35
58	0.003 638	956 994	3 482	955 253	24 340 324	25.43
59	0.003 990	953 512	3 805	951 610	23 385 071	24.53
60	0.004 414	949 708	4 192	947 612	22 433 461	23.62
61	0.004 923	945 516	4 655	943 188	21 485 849	22.72
62	0.005 529	940 861	5 202	938 260	20 542 661	21.83
63	0.006 244	935 659	5 842	932 738	19 604 400	20.95
64	0.007 078	929 817	6 581	926 526	18 671 663	20.08
65	0.008 045	923 236	7 427	919 522	17 745 136	19.22
66	0.009 165	915 808	8 393	911 611	16 825 614	18.37
67	0.010 460	907 415	9 492	902 669	15 914 003	17.54

续表

x	q_x	l_x	d_x	L_x	T_x	$\mathring{e}_x$
68	0.011 955	897 923	10 735	892 556	15 011 334	16.72
69	0.013 674	887 189	12 131	881 123	14 118 778	15.91
70	0.015 643	875 057	13 689	868 213	13 237 655	15.13
71	0.017 887	861 369	15 407	853 665	12 369 443	14.36
72	0.020 432	845 961	17 285	837 319	11 515 778	13.61
73	0.023 303	828 677	19 311	819 021	10 678 459	12.89
74	0.026 528	809 366	21 471	798 631	9 859 437	12.18
75	0.030 137	787 895	23 745	776 023	9 060 807	11.50
76	0.034 165	764 150	26 107	751 097	8 284 784	10.84
77	0.038 653	738 043	28 528	723 779	7 533 687	10.21
78	0.043 648	709 516	30 969	694 031	6 809 908	9.60
79	0.049 205	678 547	33 388	661 853	6 115 877	9.01
80	0.055 385	645 159	35 732	627 293	5 454 024	8.45
81	0.062 254	609 427	37 939	590 457	4 826 732	7.92
82	0.069 880	571 487	39 936	551 520	4 236 275	7.41
83	0.078 320	531 552	41 631	510 736	3 684 755	6.93
84	0.087 611	489 921	42 922	468 459	3 174 019	6.48
85	0.097 754	446 998	43 696	425 150	2 705 559	6.05
86	0.108 704	403 302	43 841	381 382	2 280 409	5.65
87	0.120 371	359 462	43 269	337 827	1 899 027	5.28
88	0.132 638	316 193	41 939	295 223	1 561 200	4.94
89	0.145 395	274 254	39 875	254 316	1 265 976	4.62
90	0.158 572	234 379	37 166	215 796	1 011 660	4.32
91	0.172 172	197 213	33 955	180 236	795 864	4.04
92	0.186 294	163 258	30 414	148 051	615 629	3.77
93	0.201 129	132 844	26 719	119 485	467 577	3.52
94	0.216 940	106 125	23 023	94 614	348 093	3.28
95	0.234 026	83 103	19 448	73 378	253 479	3.05
96	0.252 673	63 654	16 084	55 613	180 100	2.83
97	0.273 112	47 571	12 992	41 075	124 488	2.62
98	0.295 478	34 579	10 217	29 470	83 413	2.41

续表

x	q_x	l_x	d_x	L_x	T_x	$\mathring{e}_x$
99	0.319 794	24 361	7 791	20 466	53 943	2.21
100	0.345 975	16 571	5 733	13 704	33 477	2.02
101	0.373 856	10 838	4 052	8 812	19 773	1.82
102	0.403 221	6 786	2 736	5 418	10 961	1.62
103	0.433 833	4 050	1 757	3 171	5 543	1.37
104	0.465 447	2 293	1 067	1 759	2 372	1.03
105	1.000 000	1 226	1 226	613	613	0.50

附 录 Ⅳ

中国人寿保险业经验生命表(2010—2013)换算函数表

生命表:男 CL1;年利率:3.5%

x	C_x	D_x	M_x	N_x	R_x	S_x
0	837.7	1 000 000.0	83 171.1	27 111 941.3	5 486 979.9	639 481 000.6
1	573.6	965 345.9	82 333.4	26 111 941.3	5 403 808.9	612 369 059.3
2	400.8	932 127.7	81 759.8	25 146 595.4	5 321 475.5	586 257 118.0
3	294.8	900 205.7	81 359.0	24 214 467.7	5 239 715.7	561 110 522.5
4	235.2	869 469.1	81 064.2	23 314 262.0	5 158 356.7	536 896 054.9
5	203.7	839 831.6	80 828.9	22 444 792.8	5 077 292.6	513 581 792.9
6	185.8	811 227.8	80 625.3	21 604 961.2	4 996 463.6	491 137 000.1
7	176.4	783 609.2	80 439.5	20 793 733.4	4 915 838.4	469 532 038.9
8	174.1	756 934.0	80 263.1	20 010 124.2	4 835 398.9	448 738 305.5
9	176.6	731 163.1	80 089.0	19 253 190.2	4 755 135.8	428 728 181.3
10	183.6	706 261.2	79 912.4	18 522 027.1	4 675 046.7	409 474 991.1
11	193.1	682 194.4	79 728.9	17 815 765.9	4 595 134.3	390 952 964.0
12	203.1	658 931.9	79 535.7	17 133 571.5	4 515 405.4	373 137 198.1
13	213.4	636 446.1	79 332.7	16 474 639.6	4 435 869.7	356 003 626.6
14	222.7	614 710.4	79 119.3	15 838 193.6	4 356 537.0	339 528 986.9
15	230.6	593 700.3	78 896.6	15 223 483.2	4 277 417.7	323 690 793.4
16	236.6	573 392.9	78 666.0	14 629 782.9	4 198 521.2	308 467 310.1
17	240.2	553 766.3	78 429.4	14 056 389.9	4 119 855.2	293 837 527.3
18	242.3	534 799.6	78 189.2	13 502 623.7	4 041 425.8	279 781 137.3
19	244.0	516 472.3	77 946.8	12 967 824.1	3 963 236.6	266 278 513.7
20	244.8	498 763.0	77 702.8	12 451 351.8	3 885 289.8	253 310 689.6
21	245.2	481 651.8	77 458.0	11 952 588.8	3 807 587.0	240 859 337.8
22	245.8	465 118.8	77 212.8	11 470 936.9	3 730 129.0	228 906 749.1

续表

x	C_x	D_x	M_x	N_x	R_x	S_x
23	246.5	449 144.4	76 966.9	11 005 818.1	3 652 916.2	217 435 812.2
24	247.7	433 709.4	76 720.5	10 556 673.7	3 575 949.3	206 429 994.1
25	248.8	418 795.3	76 472.8	10 122 964.3	3 499 228.8	195 873 320.4
26	251.6	404 384.3	76 224.0	9 704 169.0	3 422 756.0	185 750 356.1
27	254.6	390 457.8	75 972.3	9 299 784.7	3 346 532.0	176 046 187.1
28	259.0	376 999.3	75 717.7	8 909 326.9	3 270 559.7	166 746 402.4
29	264.1	363 991.5	75 458.7	8 532 327.6	3 194 842.0	157 837 075.4
30	270.6	351 418.5	75 194.6	8 168 336.1	3 119 383.3	149 304 747.8
31	277.6	339 264.2	74 924.0	7 816 917.6	3 044 188.7	141 136 411.7
32	285.7	327 513.9	74 646.4	7 477 653.4	2 969 264.7	133 319 494.1
33	295.1	316 152.8	74 360.6	7 150 139.5	2 894 618.3	125 841 840.7
34	305.2	305 166.5	74 065.5	6 833 986.8	2 820 257.7	118 691 701.2
35	316.2	294 541.7	73 760.4	6 528 820.2	2 746 192.2	111 857 714.4
36	328.5	284 265.2	73 444.2	6 234 278.5	2 672 431.8	105 328 894.2
37	341.9	274 323.9	73 115.7	5 950 013.3	2 598 987.7	99 094 615.7
38	356.8	264 705.3	72 773.8	5 675 689.4	2 525 871.9	93 144 602.4
39	373.8	255 397.2	72 417.0	5 410 984.1	2 453 098.1	87 468 913.0
40	393.0	246 386.7	72 043.2	5 155 586.9	2 380 681.1	82 057 928.9
41	414.2	237 661.8	71 650.2	4 909 200.2	2 308 637.9	76 902 342.0
42	438.0	229 210.6	71 235.9	4 671 538.5	2 236 987.8	71 993 141.7
43	464.0	221 021.5	70 797.9	4 442 327.8	2 165 751.9	67 321 603.3
44	492.7	213 083.3	70 333.8	4 221 306.3	2 094 954.0	62 879 275.4
45	523.7	205 384.9	69 841.2	4 008 223.0	2 024 620.2	58 657 969.1
46	557.0	197 915.9	69 317.5	3 802 838.1	1 954 779.0	54 649 746.1
47	591.9	190 666.0	68 760.4	3 604 922.2	1 885 461.6	50 846 908.0
48	627.7	183 626.5	68 168.5	3 414 256.2	1 816 701.1	47 241 985.8
49	663.4	176 789.2	67 540.8	3 230 629.7	1 748 532.6	43 827 729.6
50	698.5	170 147.4	66 877.4	3 053 840.5	1 680 991.7	40 597 099.9
51	732.8	163 695.1	66 178.9	2 883 693.1	1 614 114.3	37 543 259.4
52	765.4	157 426.8	65 446.2	2 719 998.0	1 547 935.4	34 659 566.2
53	796.2	151 337.8	64 680.8	2 562 571.3	1 482 489.2	31 939 568.2

续表

x	C_x	D_x	M_x	N_x	R_x	S_x
54	824.6	145 423.9	63 884.6	2 411 233.5	1 417 808.5	29 376 997.0
55	850.5	139 681.6	63 060.0	2 265 809.6	1 353 923.9	26 965 763.5
56	874.2	134 107.5	62 209.5	2 126 128.0	1 290 863.9	24 699 953.9
57	898.6	128 698.3	61 335.2	1 992 020.5	1 228 654.4	22 573 825.9
58	926.8	123 447.5	60 436.6	1 863 322.2	1 167 319.2	20 581 805.4
59	960.8	118 346.2	59 509.8	1 739 874.8	1 106 882.6	18 718 483.2
60	1 003.6	113 383.3	58 549.0	1 621 528.6	1 047 372.7	16 978 608.4
61	1 055.6	108 545.5	57 545.4	1 508 145.3	988 823.7	15 357 079.9
62	1 116.3	103 819.3	56 489.9	1 399 599.7	931 278.3	13 848 934.6
63	1 184.6	99 192.2	55 373.5	1 295 780.4	874 788.4	12 449 334.9
64	1 259.4	94 653.3	54 189.0	1 196 588.2	819 414.9	11 153 554.4
65	1 340.2	90 193.1	52 929.6	1 101 934.9	765 225.9	9 956 966.2
66	1 426.9	85 802.9	51 589.4	1 011 741.8	712 296.3	8 855 031.3
67	1 519.6	81 474.5	50 162.5	925 938.9	660 706.9	7 843 289.5
68	1 617.9	77 199.7	48 642.9	844 464.5	610 544.4	6 917 350.6
69	1 721.1	72 971.2	47 025.0	767 264.8	561 901.5	6 072 886.1
70	1 827.2	68 782.5	45 303.9	694 293.6	514 876.5	5 305 621.3
71	1 933.6	64 629.3	43 476.7	625 511.2	469 572.5	4 611 327.7
72	2 036.4	60 510.2	41 543.2	560 881.9	426 095.8	3 985 816.5
73	2 132.0	56 427.5	39 506.7	500 371.7	384 552.7	3 424 934.6
74	2 216.8	52 387.4	37 374.8	443 944.2	345 045.9	2 924 562.9
75	2 287.7	48 399.0	35 158.0	391 556.8	307 671.2	2 480 618.7
76	2 342.2	44 474.7	32 870.3	343 157.8	272 513.2	2 089 061.9
77	2 378.3	40 628.6	30 528.2	298 683.1	239 642.9	1 745 904.1
78	2 394.4	36 876.4	28 149.9	258 054.5	209 114.7	1 447 221.0
79	2 389.1	33 235.0	25 755.5	221 178.2	180 964.8	1 189 166.4
80	2 361.1	29 722.0	23 366.5	187 943.2	155 209.3	967 988.3
81	2 309.6	26 355.8	21 005.3	158 221.2	131 842.9	780 045.1
82	2 234.2	23 154.9	18 695.7	131 865.4	110 837.5	621 823.9
83	2 135.4	20 137.7	16 461.5	108 710.4	92 141.8	489 958.5
84	2 014.8	17 321.2	14 326.0	88 572.8	75 680.3	381 248.1

续表

x	C_x	D_x	M_x	N_x	R_x	S_x
85	1 874.8	14 720.7	12 311.3	71 251.5	61 354.3	292 675.3
86	1 719.3	12 348.1	10 436.4	56 530.8	49 043.0	221 423.8
87	1 552.3	10 211.3	8 717.2	44 182.7	38 606.6	164 893.0
88	1 378.5	8 313.7	7 164.9	33 971.4	29 889.4	120 710.3
89	1 202.5	6 654.1	5 786.5	25 657.6	22 724.4	86 738.9
90	1 029.0	5 226.6	4 583.9	19 003.5	16 938.0	61 081.3
91	861.9	4 020.8	3 555.0	13 777.0	12 354.0	42 077.8
92	705.2	3 022.9	2 693.0	9 756.1	8 799.1	28 300.8
93	562.0	2 215.5	1 987.8	6 733.2	6 106.1	18 544.7
94	434.9	1 578.6	1 425.8	4 517.7	4 118.3	11 811.5
95	325.7	1 090.3	990.9	2 939.1	2 692.4	7 293.9
96	235.2	727.8	665.3	1 848.8	1 701.5	4 354.8
97	163.3	467.9	430.0	1 121.0	1 036.3	2 506.0
98	108.5	288.9	266.8	653.1	606.2	1 385.0
99	68.8	170.6	158.3	364.2	339.5	731.9
100	41.4	96.1	89.5	193.6	181.2	367.7
101	23.6	51.4	48.1	97.6	91.7	174.1
102	12.7	26.0	24.4	46.2	43.6	76.6
103	6.4	12.4	11.7	20.2	19.2	30.4
104	3.0	5.5	5.3	7.8	7.5	10.1
105	2.2	2.3	2.2	2.3	2.2	2.3

中国人寿保险业经验生命表(2010—2013)换算函数表

生命表:女 CL2;年利率:3.5%

x	C_x	D_x	M_x	N_x	R_x	S_x
0	599.0	1 000 000.0	67 316.7	27 580 778.9	4 912 893.3	670 321 758.3
1	425.4	965 584.5	66 717.6	26 580 778.9	4 845 576.7	642 740 979.4
2	303.6	932 506.5	66 292.2	25 615 194.4	4 778 859.1	616 160 200.5
3	222.8	900 668.8	65 988.6	24 682 687.8	4 712 566.9	590 545 006.1
4	170.6	869 988.7	65 765.8	23 782 019.0	4 646 578.3	565 862 318.3
5	138.0	840 398.1	65 595.2	22 912 030.3	4 580 812.5	542 080 299.3

续表

x	C_x	D_x	M_x	N_x	R_x	S_x
6	116.9	811 840.8	65 457.1	22 071 632.2	4 515 217.3	519 168 269.0
7	103.8	784 270.4	65 340.3	21 259 791.4	4 449 760.2	497 096 636.7
8	97.4	757 645.4	65 236.4	20 475 521.0	4 384 419.9	475 836 845.4
9	96.2	731 927.2	65 139.1	19 717 875.6	4 319 183.5	455 361 324.4
10	99.1	707 079.8	65 042.9	18 985 948.5	4 254 044.4	435 643 448.8
11	103.6	683 069.8	64 943.9	18 278 868.6	4 189 001.5	416 657 500.3
12	109.7	659 867.2	64 840.2	17 595 798.8	4 124 057.6	398 378 631.7
13	116.4	637 443.2	64 730.6	16 935 931.6	4 059 217.4	380 782 832.9
14	122.6	615 770.8	64 614.2	16 298 488.3	3 994 486.8	363 846 901.3
15	127.0	594 825.1	64 491.6	15 682 717.5	3 929 872.6	347 548 413.0
16	129.9	574 583.2	64 364.6	15 087 892.5	3 865 381.0	331 865 695.5
17	131.4	555 022.9	64 234.7	14 513 309.3	3 801 016.4	316 777 803.0
18	132.1	536 122.7	64 103.3	13 958 286.3	3 736 781.7	302 264 493.7
19	131.1	517 860.8	63 971.2	13 422 163.7	3 672 678.4	288 306 207.4
20	130.0	500 217.5	63 840.1	12 904 302.9	3 608 707.2	274 884 043.7
21	127.9	483 172.0	63 710.1	12 404 085.3	3 544 867.0	261 979 740.8
22	125.8	466 704.9	63 582.2	11 920 913.4	3 481 156.9	249 575 655.5
23	123.7	450 796.8	63 456.4	11 454 208.5	3 417 574.7	237 654 742.1
24	121.6	435 428.8	63 332.7	11 003 411.7	3 354 118.3	226 200 533.6
25	119.5	420 582.5	63 211.1	10 567 982.9	3 290 785.6	215 197 121.9
26	117.8	406 240.5	63 091.7	10 147 400.4	3 227 574.5	204 629 139.0
27	116.4	392 385.1	62 973.9	9 741 159.9	3 164 482.8	194 481 738.5
28	115.7	378 999.7	62 857.5	9 348 774.8	3 101 508.9	184 740 578.6
29	115.7	366 067.5	62 741.8	8 969 775.2	3 038 651.4	175 391 803.8
30	116.1	353 572.8	62 626.1	8 603 707.6	2 975 909.6	166 422 028.6
31	117.5	341 500.1	62 510.0	8 250 134.9	2 913 283.4	157 818 321.0
32	119.2	329 834.3	62 392.5	7 908 634.8	2 850 773.4	149 568 186.1
33	122.2	318 561.3	62 273.4	7 578 800.5	2 788 380.9	141 659 551.3
34	125.7	307 666.5	62 151.2	7 260 239.2	2 726 107.5	134 080 750.8
35	130.3	297 136.6	62 025.4	6 952 572.7	2 663 956.4	126 820 511.6
36	135.6	286 958.1	61 895.1	6 655 436.1	2 601 931.0	119 867 938.9

续表

x	C_x	D_x	M_x	N_x	R_x	S_x
37	141.9	277 118.7	61 759.5	6 368 478.0	2 540 035.9	113 212 502.8
38	149.2	267 605.6	61 617.6	6 091 359.3	2 478 276.4	106 844 024.8
39	157.5	258 406.9	61 468.4	5 823 753.8	2 416 658.8	100 752 665.4
40	166.8	249 511.0	61 310.9	5 565 346.8	2 355 190.4	94 928 911.7
41	177.4	240 906.6	61 144.0	5 315 835.8	2 293 879.5	89 363 564.9
42	189.0	232 582.6	60 966.7	5 074 929.2	2 232 735.5	84 047 729.1
43	201.5	224 528.5	60 777.7	4 842 346.6	2 171 768.8	78 972 799.9
44	215.3	216 734.3	60 576.2	4 617 818.0	2 110 991.1	74 130 453.3
45	229.8	209 189.8	60 360.9	4 401 083.8	2 050 414.9	69 512 635.3
46	245.6	201 886.0	60 131.1	4 191 893.9	1 990 054.0	65 111 551.5
47	262.0	194 813.3	59 885.5	3 990 008.0	1 929 923.0	60 919 657.6
48	279.1	187 963.4	59 623.5	3 795 194.7	1 870 037.5	56 929 649.6
49	296.4	181 328.0	59 344.4	3 607 231.3	1 810 414.0	53 134 454.9
50	314.1	174 899.7	59 047.9	3 425 903.2	1 751 069.6	49 527 223.6
51	332.0	168 671.1	58 733.8	3 251 003.5	1 692 021.7	46 101 320.4
52	349.8	162 635.3	58 401.8	3 082 332.4	1 633 287.9	42 850 316.9
53	367.2	156 785.8	58 052.0	2 919 697.1	1 574 886.0	39 767 984.5
54	384.6	151 116.6	57 684.8	2 762 911.3	1 516 834.0	36 848 287.4
55	401.4	145 621.8	57 300.3	2 611 794.7	1 459 149.1	34 085 376.0
56	418.2	140 296.0	56 898.9	2 466 172.9	1 401 848.9	31 473 581.3
57	436.3	135 133.5	56 480.7	2 325 876.9	1 344 950.0	29 007 408.5
58	457.4	130 127.4	56 044.3	2 190 743.4	1 288 469.3	26 681 531.6
59	482.9	125 269.6	55 586.9	2 060 615.9	1 232 425.0	24 490 788.2
60	514.1	120 550.5	55 104.0	1 935 346.3	1 176 838.1	22 430 172.3
61	551.6	115 959.8	54 589.9	1 814 795.8	1 121 734.1	20 494 826.0
62	595.6	111 486.9	54 038.3	1 698 836.0	1 067 144.2	18 680 030.2
63	646.2	107 121.2	53 442.8	1 587 349.1	1 013 105.8	16 981 194.2
64	703.4	102 852.5	52 796.5	1 480 227.9	959 663.0	15 393 845.1
65	767.0	98 671.1	52 093.2	1 377 375.3	906 866.5	13 913 617.2
66	837.4	94 567.4	51 326.2	1 278 704.3	854 773.4	12 536 241.9
67	914.9	90 532.1	50 488.8	1 184 136.9	803 447.2	11 257 537.6

续表

x	C_x	D_x	M_x	N_x	R_x	S_x
68	999.8	86 555.6	49 573.8	1 093 604.8	752 958.4	10 073 400.8
69	1 091.7	82 628.9	48 574.1	1 007 049.2	703 384.6	8 979 796.0
70	1 190.1	78 743.0	47 482.4	924 420.3	654 810.5	7 972 746.8
71	1 294.3	74 890.1	46 292.3	845 677.3	607 328.1	7 048 326.5
72	1 402.9	71 063.3	44 998.0	770 787.2	561 035.8	6 202 649.2
73	1 514.3	67 257.3	43 595.2	699 724.0	516 037.8	5 431 861.9
74	1 626.8	63 468.6	42 080.9	632 466.6	472 442.6	4 732 138.0
75	1 738.2	59 695.6	40 454.1	568 998.0	430 361.8	4 099 671.4
76	1 846.5	55 938.7	38 715.9	509 302.4	389 907.7	3 530 673.3
77	1 949.5	52 200.5	36 869.4	453 363.8	351 191.8	3 021 370.9
78	2 044.7	48 485.8	34 919.9	401 163.2	314 322.4	2 568 007.1
79	2 129.9	44 801.4	32 875.2	352 677.4	279 402.5	2 166 843.9
80	2 202.4	41 156.5	30 745.2	307 876.0	246 527.4	1 814 166.5
81	2 259.3	37 562.4	28 542.9	266 719.5	215 782.1	1 506 290.5
82	2 297.8	34 032.8	26 283.5	229 157.1	187 239.2	1 239 571.0
83	2 314.3	30 584.2	23 985.8	195 124.3	160 955.7	1 010 413.9
84	2 305.4	27 235.6	21 671.4	164 540.1	136 969.9	815 289.6
85	2 267.6	24 009.1	19 366.0	137 304.6	115 298.5	650 749.5
86	2 198.2	20 929.6	17 098.3	113 295.4	95 932.6	513 445.0
87	2 096.2	18 023.6	14 900.1	92 365.9	78 834.2	400 149.5
88	1 963.0	15 318.0	12 804.0	74 342.2	63 934.1	307 783.7
89	1 803.3	12 836.9	10 841.0	59 024.2	51 130.1	233 441.5
90	1 624.0	10 599.5	9 037.6	46 187.3	40 289.1	174 417.2
91	1 433.5	8 617.1	7 413.7	35 587.8	31 251.5	128 229.9
92	1 240.6	6 892.3	5 980.2	26 970.6	23 837.8	92 642.1
93	1 053.0	5 418.6	4 739.7	20 078.3	17 857.6	65 671.5
94	876.6	4 182.4	3 686.7	14 659.7	13 117.9	45 593.2
95	715.5	3 164.3	2 810.0	10 477.3	9 431.2	30 933.5
96	571.7	2 341.8	2 094.5	7 313.0	6 621.2	20 456.2
97	446.2	1 690.9	1 522.8	4 971.1	4 526.7	13 143.2
98	339.0	1 187.6	1 076.6	3 280.2	3 003.9	8 172.0

续表

x	C_x	D_x	M_x	N_x	R_x	S_x
99	249.8	808.4	737.6	2 092.7	1 927.2	4 891.8
100	177.6	531.3	487.8	1 284.3	1 189.6	2 799.2
101	121.3	335.7	310.2	753.0	701.8	1 514.9
102	79.1	203.1	189.0	417.3	391.6	761.8
103	49.1	117.1	109.9	214.2	202.6	344.5
104	28.8	64.1	60.8	97.1	92.7	130.2
105	32.0	33.1	32.0	33.1	32.0	33.1

中国人寿保险业经验生命表(2010—2013)换算函数表

生命表:男 CL3;年利率:3.5%

x	C_x	D_x	M_x	N_x	R_x	S_x
0	599.0	1 000 000.0	72 209.1	27 436 101.5	5 064 591.6	661 557 506.2
1	433.8	965 584.5	71 610.1	26 436 101.5	4 992 382.5	634 121 404.8
2	318.0	932 498.1	71 176.3	25 470 516.9	4 920 772.4	607 685 303.3
3	241.9	900 646.3	70 858.2	24 538 018.8	4 849 596.1	582 214 786.4
4	192.5	869 947.8	70 616.3	23 637 372.5	4 778 737.9	557 676 767.5
5	162.4	840 336.8	70 423.8	22 767 424.7	4 708 121.5	534 039 395.0
6	142.7	811 757.2	70 261.5	21 927 088.0	4 637 697.7	511 271 970.3
7	130.3	784 163.7	70 118.7	21 115 330.8	4 567 436.2	489 344 882.3
8	125.2	757 515.8	69 988.4	20 331 167.1	4 497 317.5	468 229 551.5
9	125.1	731 774.2	69 863.2	19 573 651.3	4 427 329.1	447 898 384.5
10	127.7	706 903.0	69 738.1	18 841 877.1	4 357 465.8	428 324 733.2
11	133.3	682 870.4	69 610.4	18 134 974.1	4 287 727.7	409 482 856.1
12	140.2	659 644.9	69 477.1	17 452 103.7	4 218 117.4	391 347 882.0
13	147.8	637 197.8	69 336.9	16 792 458.8	4 148 640.2	373 895 778.3
14	155.2	615 502.3	69 189.1	16 155 261.0	4 079 303.3	357 103 319.5
15	160.8	594 533.0	69 033.9	15 539 758.7	4 010 114.2	340 948 058.5
16	165.3	574 267.2	68 873.1	14 945 225.7	3 941 080.3	325 408 299.8
17	168.8	554 682.2	68 707.7	14 370 958.5	3 872 207.2	310 463 074.1
18	171.3	535 756.0	68 538.9	13 816 276.3	3 803 499.5	296 092 115.6
19	173.0	517 467.3	68 367.6	13 280 520.3	3 734 960.5	282 275 839.3
20	174.3	499 795.4	68 194.6	12 763 053.0	3 666 592.9	268 995 319.0

续表

x	C_x	D_x	M_x	N_x	R_x	S_x
21	175.4	482 719.8	68 020.3	12 263 257.6	3 598 398.3	256 232 266.0
22	176.6	466 220.6	67 844.9	11 780 537.8	3 530 378.1	243 969 008.4
23	177.9	450 278.1	67 668.3	11 314 317.2	3 462 533.2	232 188 470.6
24	179.8	434 873.4	67 490.4	10 864 039.1	3 394 864.8	220 874 153.4
25	181.8	419 987.7	67 310.6	10 429 165.7	3 327 374.4	210 010 114.3
26	184.6	405 603.4	67 128.8	10 009 178.1	3 260 063.9	199 580 948.6
27	188.1	391 702.8	66 944.2	9 603 574.7	3 192 935.1	189 571 770.5
28	192.2	378 268.7	66 756.1	9 211 871.9	3 125 990.9	179 968 195.8
29	196.9	365 284.7	66 563.9	8 833 603.3	3 059 234.8	170 756 323.9
30	202.8	352 735.2	66 366.9	8 468 318.5	2 992 671.0	161 922 720.6
31	209.0	340 604.2	66 164.1	8 115 583.3	2 926 304.0	153 454 402.1
32	216.4	328 877.2	65 955.2	7 774 979.2	2 860 139.9	145 338 818.8
33	224.6	317 539.3	65 738.8	7 446 102.0	2 794 184.7	137 563 839.6
34	233.4	306 576.7	65 514.2	7 128 562.7	2 728 445.9	130 117 737.6
35	243.1	295 976.0	65 280.8	6 821 986.0	2 662 931.7	122 989 174.9
36	253.7	285 724.0	65 037.7	6 526 010.0	2 597 651.0	116 167 189.0
37	265.1	275 808.2	64 784.0	6 240 286.0	2 532 613.2	109 641 179.0
38	277.3	266 216.2	64 518.9	5 964 477.8	2 467 829.2	103 400 893.0
39	290.4	256 936.4	64 241.6	5 698 261.6	2 403 310.4	97 436 415.2
40	304.3	247 957.3	63 951.1	5 441 325.2	2 339 068.8	91 738 153.7
41	319.0	239 268.0	63 646.9	5 193 367.9	2 275 117.6	86 296 828.5
42	334.6	230 857.8	63 327.9	4 954 099.8	2 211 470.7	81 103 460.6
43	351.0	222 716.4	62 993.3	4 723 242.0	2 148 142.9	76 149 360.8
44	368.2	214 834.0	62 642.3	4 500 525.6	2 085 149.6	71 426 118.7
45	386.2	207 200.9	62 274.1	4 285 691.6	2 022 507.3	66 925 593.2
46	404.6	199 807.9	61 887.9	4 078 490.7	1 960 233.2	62 639 901.6
47	423.8	192 646.5	61 483.3	3 878 682.8	1 898 345.3	58 561 410.8
48	443.5	185 708.0	61 059.5	3 686 036.4	1 836 862.0	54 682 728.0
49	463.8	178 984.5	60 615.9	3 500 328.3	1 775 802.5	50 996 691.6
50	484.6	172 468.1	60 152.1	3 321 343.8	1 715 186.6	47 496 363.3
51	505.7	166 151.3	59 667.5	3 148 875.8	1 655 034.5	44 175 019.4

续表

x	C_x	D_x	M_x	N_x	R_x	S_x
52	527.1	160 026.9	59 161.9	2 982 724.5	1 595 367.0	41 026 143.7
53	548.8	154 088.3	58 634.8	2 822 697.6	1 536 205.1	38 043 419.2
54	570.7	148 328.8	58 086.0	2 668 609.3	1 477 570.4	35 220 721.6
55	592.6	142 742.2	57 515.3	2 520 280.4	1 419 484.4	32 552 112.3
56	615.1	137 322.6	56 922.7	2 377 538.2	1 361 969.0	30 031 831.9
57	637.9	132 063.7	56 307.6	2 240 215.7	1 305 046.3	27 654 293.7
58	661.1	126 959.9	55 669.8	2 108 152.0	1 248 738.7	25 414 078.0
59	684.5	122 005.5	55 008.7	1 981 192.1	1 193 068.9	23 305 926.0
60	708.6	117 195.2	54 324.2	1 859 186.5	1 138 060.2	21 324 734.0
61	733.0	112 523.5	53 615.6	1 741 991.3	1 083 736.1	19 465 547.5
62	757.6	107 985.4	52 882.6	1 629 467.8	1 030 120.5	17 723 556.2
63	782.1	103 576.1	52 125.0	1 521 482.4	977 237.9	16 094 088.4
64	806.3	99 291.5	51 342.9	1 417 906.3	925 112.9	14 572 605.9
65	830.8	95 127.5	50 536.6	1 318 614.9	873 769.9	13 154 699.6
66	856.9	91 079.8	49 705.8	1 223 487.4	823 233.3	11 836 084.7
67	887.3	87 142.9	48 848.9	1 132 407.6	773 527.5	10 612 597.3
68	925.3	83 308.8	47 961.6	1 045 264.7	724 678.6	9 480 189.7
69	975.2	79 566.2	47 036.3	961 955.9	676 716.9	8 434 925.0
70	1 040.8	75 900.3	46 061.1	882 389.7	629 680.6	7 472 969.1
71	1 125.0	72 292.9	45 020.3	806 489.4	583 619.5	6 590 579.4
72	1 229.5	68 723.2	43 895.3	734 196.5	538 599.2	5 784 090.0
73	1 354.4	65 169.8	42 665.8	665 473.2	494 703.9	5 049 893.5
74	1 497.2	61 611.5	41 311.4	600 303.5	452 038.1	4 384 420.3
75	1 653.5	58 030.9	39 814.2	538 691.9	410 726.6	3 784 116.8
76	1 816.2	54 415.0	38 160.8	480 661.1	370 912.4	3 245 424.9
77	1 976.9	50 758.7	36 344.6	426 246.0	332 751.6	2 764 763.8
78	2 125.8	47 065.3	34 367.7	375 487.3	296 407.0	2 338 517.8
79	2 253.3	43 348.0	32 241.9	328 422.0	262 039.3	1 963 030.5
80	2 351.0	39 628.8	29 988.6	285 074.0	229 797.4	1 634 608.5
81	2 412.7	35 937.7	27 637.6	245 445.2	199 808.8	1 349 534.4
82	2 434.5	32 309.7	25 224.9	209 507.5	172 171.2	1 104 089.2

续表

x	C_x	D_x	M_x	N_x	R_x	S_x
83	2 415.8	28 782.6	22 790.4	177 197.8	146 946.3	894 581.7
84	2 358.5	25 393.4	20 374.5	148 415.3	124 155.9	717 383.8
85	2 266.6	22 176.2	18 016.0	123 021.9	103 781.4	568 968.6
86	2 145.5	19 159.7	15 749.4	100 845.7	85 765.4	445 946.7
87	2 001.4	16 366.2	13 603.9	81 686.1	70 016.0	345 101.0
88	1 840.4	13 811.4	11 602.5	65 319.8	56 412.1	263 414.9
89	1 668.2	11 503.9	9 762.1	51 508.4	44 809.6	198 095.1
90	1 489.9	9 446.7	8 093.9	40 004.5	35 047.5	146 586.7
91	1 309.9	7 637.3	6 603.9	30 557.9	26 953.6	106 582.1
92	1 132.1	6 069.1	5 294.0	22 920.6	20 349.7	76 024.3
93	960.1	4 731.8	4 161.9	16 851.4	15 055.7	53 103.7
94	797.0	3 611.7	3 201.8	12 119.7	10 893.8	36 252.3
95	646.0	2 692.6	2 404.8	8 508.0	7 691.9	24 132.6
96	509.6	1 955.6	1 758.9	5 815.4	5 287.1	15 624.6
97	390.1	1 379.8	1 249.3	3 859.9	3 528.2	9 809.2
98	288.8	943.0	859.2	2 480.1	2 278.9	5 949.3
99	206.0	622.4	570.4	1 537.0	1 419.7	3 469.2
100	141.1	395.3	364.4	914.7	849.3	1 932.2
101	92.5	240.8	223.2	519.4	485.0	1 017.5
102	57.8	140.1	130.7	278.6	261.8	498.1
103	34.3	77.6	72.9	138.5	131.1	219.5
104	19.2	40.7	38.7	60.9	58.1	81.0
105	19.5	20.1	19.5	20.1	19.5	20.1

中国人寿保险业经验生命表(2010—2013)换算函数表

生命表:女 CL4;年利率:3.5%

x	C_x	D_x	M_x	N_x	R_x	S_x
0	439.6	1 000 000.0	58 894.8	27 829 825.7	4 540 805.4	688 689 602.7
1	302.3	965 744.0	58 455.2	26 829 825.7	4 481 910.6	660 859 777.0
2	212.7	932 783.6	58 152.8	25 864 081.8	4 423 455.4	634 029 951.2
3	156.7	901 027.5	57 940.2	24 931 298.1	4 365 302.6	608 165 869.5

续表

x	C_x	D_x	M_x	N_x	R_x	S_x
4	125.3	870 401.3	57 783.5	24 030 270.6	4 307 362.4	583 234 571.3
5	106.4	840 842.1	57 658.2	23 159 869.3	4 249 578.9	559 204 300.7
6	93.4	812 301.4	57 551.7	22 319 027.2	4 191 920.8	536 044 431.4
7	83.4	784 738.9	57 458.3	21 506 725.7	4 134 369.1	513 725 404.2
8	76.9	758 118.4	57 374.9	20 721 986.8	4 076 910.7	492 218 678.5
9	72.9	732 404.7	57 298.0	19 963 868.4	4 019 535.8	471 496 691.7
10	70.4	707 564.5	57 225.1	19 231 463.7	3 962 237.8	451 532 823.3
11	69.3	683 566.8	57 154.7	18 523 899.2	3 905 012.7	432 301 359.6
12	69.5	660 381.6	57 085.4	17 840 332.4	3 847 857.9	413 777 460.4
13	70.9	637 980.3	57 015.8	17 179 950.8	3 790 772.6	395 937 128.0
14	72.1	616 335.2	56 944.9	16 541 970.5	3 733 756.7	378 757 177.2
15	73.6	595 420.9	56 872.9	15 925 635.2	3 676 811.8	362 215 206.7
16	75.0	575 212.3	56 799.2	15 330 214.3	3 619 938.9	346 289 571.5
17	75.7	555 685.6	56 724.2	14 755 002.0	3 563 139.7	330 959 357.2
18	77.3	536 818.6	56 648.5	14 199 316.4	3 506 415.5	316 204 355.2
19	78.2	518 588.1	56 571.2	13 662 497.7	3 449 767.0	302 005 038.8
20	78.9	500 973.1	56 493.1	13 143 909.7	3 393 195.7	288 342 541.1
21	79.5	483 953.1	56 414.2	12 642 936.6	3 336 702.7	275 198 631.4
22	80.4	467 508.0	56 334.7	12 158 983.5	3 280 288.5	262 555 694.8
23	80.7	451 618.2	56 254.3	11 691 475.4	3 223 953.8	250 396 711.4
24	80.9	436 265.3	56 173.6	11 239 857.3	3 167 699.5	238 705 235.9
25	81.4	421 431.5	56 092.6	10 803 591.9	3 111 526.0	227 465 378.7
26	81.8	407 098.7	56 011.2	10 382 160.4	3 055 433.3	216 661 786.8
27	82.1	393 250.3	55 929.4	9 975 061.7	2 999 422.1	206 279 626.3
28	82.6	379 869.9	55 847.3	9 581 811.4	2 943 492.8	196 304 564.7
29	83.3	366 941.5	55 764.7	9 201 941.5	2 887 645.5	186 722 753.3
30	84.6	354 449.5	55 681.4	8 835 000.0	2 831 880.7	177 520 811.8
31	86.3	342 378.7	55 596.8	8 480 550.5	2 776 199.3	168 685 811.8
32	88.5	330 714.4	55 510.5	8 138 171.7	2 720 602.5	160 205 261.4
33	91.7	319 442.3	55 422.0	7 807 457.4	2 665 092.0	152 067 089.6
34	95.1	308 548.2	55 330.3	7 488 015.1	2 609 670.0	144 259 632.3

续表

x	C_x	D_x	M_x	N_x	R_x	S_x
35	99.6	298 019.1	55 235.2	7 179 466.9	2 554 339.7	136 771 617.2
36	104.6	287 841.5	55 135.6	6 881 447.8	2 499 104.5	129 592 150.3
37	110.4	278 003.2	55 031.0	6 593 606.2	2 443 969.0	122 710 702.5
38	116.7	268 491.7	54 920.6	6 315 603.0	2 388 937.9	116 117 096.3
39	123.8	259 295.6	54 803.9	6 047 111.3	2 334 017.3	109 801 493.2
40	131.1	250 403.4	54 680.1	5 787 815.7	2 279 213.4	103 754 381.9
41	139.0	241 804.5	54 549.0	5 537 412.4	2 224 533.3	97 966 566.2
42	147.3	233 488.5	54 410.0	5 295 607.9	2 169 984.3	92 429 153.9
43	155.7	225 445.5	54 262.7	5 062 119.4	2 115 574.3	87 133 546.0
44	164.7	217 666.0	54 106.9	4 836 673.9	2 061 311.7	82 071 426.6
45	174.0	210 140.6	53 942.3	4 619 008.0	2 007 204.7	77 234 752.7
46	183.3	202 860.4	53 768.3	4 408 867.4	1 953 262.5	72 615 744.7
47	193.0	195 817.1	53 585.0	4 206 007.0	1 899 494.2	68 206 877.3
48	203.1	189 002.3	53 392.0	4 010 189.9	1 845 909.2	64 000 870.4
49	213.6	182 407.9	53 189.0	3 821 187.6	1 792 517.2	59 990 680.5
50	224.7	176 025.9	52 975.4	3 638 779.7	1 739 328.2	56 169 492.9
51	236.1	169 848.6	52 750.7	3 462 753.8	1 686 352.9	52 530 713.2
52	248.3	163 868.8	52 514.5	3 292 905.2	1 633 602.2	49 067 959.4
53	261.0	158 079.1	52 266.3	3 129 036.4	1 581 087.7	45 775 054.3
54	274.2	152 472.4	52 005.3	2 970 957.2	1 528 821.4	42 646 017.9
55	288.0	147 042.2	51 731.1	2 818 484.8	1 476 816.1	39 675 060.7
56	302.5	141 781.8	51 443.1	2 671 442.6	1 425 085.0	36 856 575.8
57	317.3	136 684.8	51 140.7	2 529 660.9	1 373 641.9	34 185 133.2
58	332.6	131 745.2	50 823.3	2 392 976.1	1 322 501.2	31 655 472.3
59	348.4	126 957.5	50 490.7	2 261 230.9	1 271 677.9	29 262 496.2
60	364.9	122 315.8	50 142.3	2 134 273.5	1 221 187.2	27 001 265.3
61	383.2	117 814.6	49 777.4	2 011 957.6	1 171 044.8	24 866 991.8
62	403.8	113 447.4	49 394.2	1 894 143.0	1 121 267.4	22 855 034.2
63	427.9	109 207.2	48 990.4	1 780 695.6	1 071 873.2	20 960 891.2
64	456.4	105 086.3	48 562.6	1 671 488.4	1 022 882.8	19 180 195.6
65	489.9	101 076.3	48 106.2	1 566 402.1	974 320.2	17 508 707.2

续表

x	C_x	D_x	M_x	N_x	R_x	S_x
66	528.2	97 168.4	47 616.3	1 465 325.7	926 214.0	15 942 305.2
67	570.6	93 354.3	47 088.2	1 368 157.3	878 597.6	14 476 979.4
68	616.1	89 626.8	46 517.6	1 274 803.0	831 509.5	13 108 822.1
69	664.6	85 979.9	45 901.4	1 185 176.1	784 991.9	11 834 019.1
70	717.1	82 407.7	45 236.9	1 099 196.3	739 090.5	10 648 843.0
71	776.5	78 903.9	44 519.7	1 016 788.5	693 853.6	9 549 646.7
72	846.2	75 459.2	43 743.3	937 884.7	649 333.9	8 532 858.2
73	929.7	72 061.2	42 897.1	862 425.5	605 590.7	7 594 973.5
74	1 029.3	68 694.7	41 967.4	790 364.3	562 693.6	6 732 548.0
75	1 144.8	65 342.4	40 938.1	721 669.6	520 726.2	5 942 183.7
76	1 273.8	61 987.9	39 793.3	656 327.2	479 788.1	5 220 514.1
77	1 411.1	58 617.9	38 519.5	594 339.3	439 994.8	4 564 186.9
78	1 550.7	55 224.5	37 108.3	535 721.4	401 475.3	3 969 847.6
79	1 685.5	51 806.4	35 557.7	480 496.9	364 367.0	3 434 126.2
80	1 809.4	48 368.9	33 872.1	428 690.5	328 809.3	2 953 629.4
81	1 916.8	44 923.8	32 062.7	380 321.6	294 937.2	2 524 938.9
82	2 003.3	41 487.9	30 146.0	335 397.7	262 874.4	2 144 617.3
83	2 066.2	38 081.6	28 142.7	293 909.8	232 728.5	1 809 219.6
84	2 103.6	34 727.6	26 076.4	255 828.2	204 585.8	1 515 309.8
85	2 114.8	31 449.6	23 972.8	221 100.6	178 509.4	1 259 481.6
86	2 099.5	28 271.4	21 858.0	189 650.9	154 536.6	1 038 381.0
87	2 058.7	25 215.8	19 758.5	161 379.6	132 678.5	848 730.1
88	1 993.5	22 304.4	17 699.8	136 163.8	112 920.0	687 350.5
89	1 905.9	19 556.6	15 706.3	113 859.4	95 220.2	551 186.8
90	1 798.5	16 989.5	13 800.5	94 302.8	79 513.9	437 327.3
91	1 675.0	14 616.4	12 001.9	77 313.3	65 713.4	343 024.6
92	1 539.2	12 447.2	10 327.0	62 696.9	53 711.5	265 711.3
93	1 395.7	10 487.1	8 787.8	50 249.7	43 384.5	203 014.4
94	1 249.0	8 736.8	7 392.1	39 762.7	34 596.7	152 764.7
95	1 103.4	7 192.3	6 143.1	31 025.9	27 204.6	113 002.0
96	962.3	5 845.7	5 039.8	23 833.6	21 061.4	81 976.1

续表

x	C_x	D_x	M_x	N_x	R_x	S_x
97	828.6	4 685.7	4 077.5	17 987.8	16 021.6	58 142.6
98	704.0	3 698.7	3 248.9	13 302.1	11 944.2	40 154.7
99	589.5	2 869.7	2 544.9	9 603.4	8 695.3	26 852.7
100	485.6	2 183.2	1 955.5	6 733.7	6 150.4	17 249.3
101	392.5	1 623.7	1 469.9	4 550.5	4 194.9	10 515.6
102	310.1	1 176.3	1 077.4	2 926.8	2 725.1	5 965.1
103	238.4	826.5	767.3	1 750.5	1 647.7	3 038.3
104	177.3	560.1	528.9	924.0	880.4	1 287.8
105	351.5	363.8	351.5	363.8	351.5	363.8

中国人寿保险业经验生命表(2010—2013)换算函数表

生命表:男 CL5;年利率:3.5%

x	C_x	D_x	M_x	N_x	R_x	S_x
0	546.9	1 000 000.0	64 880.3	27 652 825.7	4 776 530.7	676 484 724.2
1	360.1	965 636.7	64 333.4	26 652 825.7	4 711 650.4	648 831 898.5
2	241.5	932 622.2	63 973.3	25 687 189.0	4 647 317.0	622 179 072.7
3	170.6	900 842.8	63 731.8	24 754 566.8	4 583 343.7	596 491 883.7
4	132.8	870 208.9	63 561.2	23 853 724.1	4 519 611.9	571 737 316.9
5	114.5	840 648.7	63 428.4	22 983 515.2	4 456 050.7	547 883 592.8
6	103.6	812 106.4	63 313.8	22 142 866.5	4 392 622.3	524 900 077.7
7	97.8	784 540.3	63 210.3	21 330 760.0	4 329 308.5	502 757 211.2
8	95.9	757 912.2	63 112.5	20 546 219.7	4 266 098.2	481 426 451.2
9	96.9	732 186.4	63 016.6	19 788 307.5	4 202 985.7	460 880 231.4
10	99.8	707 329.5	62 919.6	19 056 121.1	4 139 969.1	441 091 923.9
11	103.7	683 310.4	62 819.9	18 348 791.6	4 077 049.5	422 035 802.8
12	108.4	660 099.6	62 716.2	17 665 481.2	4 014 229.6	403 687 011.1
13	113.4	637 669.0	62 607.8	17 005 381.6	3 951 513.4	386 021 529.9
14	117.2	615 992.0	62 494.4	16 367 712.6	3 888 905.6	369 016 148.4
15	119.6	595 044.1	62 377.2	15 751 720.6	3 826 411.2	352 648 435.8
16	121.6	574 802.2	62 257.6	15 156 676.5	3 764 034.0	336 896 715.2
17	121.8	555 242.8	62 136.0	14 581 874.3	3 701 776.4	321 740 038.6

续表

x	C_x	D_x	M_x	N_x	R_x	S_x
18	121.8	536 344.7	62 014.2	14 026 631.5	3 639 640.4	307 158 164.3
19	120.6	518 085.7	61 892.4	13 490 286.8	3 577 626.2	293 131 532.8
20	119.9	500 445.2	61 771.8	12 972 201.1	3 515 733.8	279 641 246.0
21	119.6	483 402.1	61 651.9	12 471 755.8	3 453 962.0	266 669 045.0
22	119.1	466 935.6	61 532.3	11 988 353.8	3 392 310.2	254 197 289.1
23	119.0	451 026.4	61 413.2	11 521 418.2	3 330 777.9	242 208 935.4
24	119.5	435 655.3	61 294.2	11 070 391.8	3 269 364.7	230 687 517.2
25	120.8	420 803.5	61 174.7	10 634 736.5	3 208 070.4	219 617 125.3
26	123.3	406 452.6	61 053.9	10 213 933.1	3 146 895.8	208 982 388.8
27	126.3	392 584.6	60 930.6	9 807 480.4	3 085 841.8	198 768 455.8
28	129.7	379 182.4	60 804.3	9 414 895.9	3 024 911.2	188 960 975.3
29	134.1	366 230.2	60 674.6	9 035 713.4	2 964 106.9	179 546 079.5
30	139.1	353 711.5	60 540.5	8 669 483.3	2 903 432.2	170 510 366.1
31	144.6	341 611.1	60 401.4	8 315 771.8	2 842 891.7	161 840 882.8
32	150.5	329 914.5	60 256.9	7 974 160.7	2 782 490.3	153 525 111.0
33	156.7	318 607.5	60 106.4	7 644 246.3	2 722 233.4	145 550 950.2
34	163.2	307 676.6	59 949.7	7 325 638.8	2 662 127.0	137 906 704.0
35	169.9	297 108.9	59 786.5	7 017 962.1	2 602 177.3	130 581 065.2
36	177.1	286 891.8	59 616.6	6 720 853.2	2 542 390.8	123 563 103.1
37	184.7	277 013.0	59 439.5	6 433 961.4	2 482 774.2	116 842 249.9
38	192.8	267 460.8	59 254.8	6 156 948.4	2 423 334.8	110 408 288.5
39	201.6	258 223.4	59 062.0	5 889 487.6	2 364 080.0	104 251 340.1
40	211.5	249 289.6	58 860.4	5 631 264.2	2 305 018.0	98 361 852.4
41	222.0	240 648.1	58 648.9	5 381 974.6	2 246 157.6	92 730 588.2
42	233.6	232 288.2	58 426.9	5 141 326.5	2 187 508.7	87 348 613.6
43	246.5	224 199.4	58 193.3	4 909 038.3	2 129 081.8	82 207 287.1
44	260.3	216 371.2	57 946.7	4 684 839.0	2 070 888.5	77 298 248.8
45	275.2	208 794.1	57 686.5	4 468 467.7	2 012 941.8	72 613 409.8
46	291.2	201 458.2	57 411.3	4 259 673.6	1 955 255.3	68 144 942.1
47	308.2	194 354.5	57 120.1	4 058 215.4	1 897 844.0	63 885 268.5

续表

x	C_x	D_x	M_x	N_x	R_x	S_x
48	325.7	187 473.9	56 812.0	3 863 860.9	1 840 723.9	59 827 053.1
49	343.6	180 808.6	56 486.3	3 676 387.0	1 783 911.9	55 963 192.2
50	361.8	174 350.6	56 142.7	3 495 578.5	1 727 425.6	52 286 805.1
51	380.0	168 092.9	55 780.8	3 321 227.8	1 671 283.0	48 791 226.7
52	398.3	162 028.5	55 400.8	3 153 135.0	1 615 502.2	45 469 998.8
53	416.3	156 151.0	55 002.5	2 991 106.4	1 560 101.4	42 316 863.9
54	433.9	150 454.3	54 586.3	2 834 955.4	1 505 098.8	39 325 757.5
55	451.0	144 932.6	54 152.4	2 684 501.0	1 450 512.6	36 490 802.1
56	467.8	139 580.4	53 701.3	2 539 568.5	1 396 360.2	33 806 301.0
57	484.5	134 392.5	53 233.5	2 399 988.0	1 342 658.9	31 266 732.6
58	501.7	129 363.4	52 749.0	2 265 595.5	1 289 425.4	28 866 744.5
59	520.0	124 487.0	52 247.3	2 136 232.2	1 236 676.4	26 601 149.0
60	539.2	119 757.4	51 727.4	2 011 745.1	1 184 429.1	24 464 916.8
61	560.2	115 168.4	51 188.2	1 891 987.7	1 132 701.7	22 453 171.7
62	582.8	110 713.7	50 628.0	1 776 819.3	1 081 513.6	20 561 183.9
63	607.4	106 387.0	50 045.2	1 666 105.6	1 030 885.6	18 784 364.6
64	634.0	102 182.0	49 437.9	1 559 718.7	980 840.4	17 118 259.0
65	662.3	98 092.5	48 803.8	1 457 536.7	931 402.5	15 558 540.3
66	692.0	94 113.1	48 141.5	1 359 444.2	882 598.7	14 101 003.6
67	723.0	90 238.5	47 449.6	1 265 331.1	834 457.1	12 741 559.4
68	755.7	86 464.0	46 726.6	1 175 092.6	787 007.6	11 476 228.3
69	791.6	82 784.4	45 970.9	1 088 628.6	740 281.0	10 301 135.7
70	833.1	79 193.3	45 179.3	1 005 844.1	694 310.1	9 212 507.1
71	883.3	75 682.2	44 346.2	926 650.8	649 130.8	8 206 663.0
72	945.7	72 239.6	43 462.9	850 968.6	604 784.6	7 280 012.2
73	1 023.6	68 851.0	42 517.1	778 729.0	561 321.7	6 429 043.6
74	1 119.2	65 499.1	41 493.5	709 878.1	518 804.6	5 650 314.6
75	1 233.6	62 164.9	40 374.3	644 379.0	477 311.1	4 940 436.6
76	1 365.1	58 829.1	39 140.7	582 214.1	436 936.8	4 296 057.6
77	1 509.4	55 474.6	37 775.5	523 385.0	397 796.1	3 713 843.5

续表

x	C_x	D_x	M_x	N_x	R_x	S_x
78	1 659.7	52 089.2	36 266.1	467 910.5	360 020.6	3 190 458.5
79	1 807.4	48 668.0	34 606.4	415 821.3	323 754.5	2 722 548.0
80	1 943.7	45 214.8	32 799.0	367 153.3	289 148.1	2 306 726.7
81	2 060.3	41 742.1	30 855.3	321 938.5	256 349.1	1 939 573.3
82	2 151.0	38 270.2	28 795.0	280 196.4	225 493.7	1 617 634.8
83	2 211.4	34 825.1	26 644.0	241 926.1	196 698.7	1 337 438.5
84	2 239.4	31 436.0	24 432.6	207 101.0	170 054.7	1 095 512.3
85	2 235.0	28 133.6	22 193.3	175 665.0	145 622.1	888 411.3
86	2 199.2	24 947.2	19 958.2	147 531.4	123 428.9	712 746.3
87	2 135.4	21 904.4	17 759.1	122 584.2	103 470.6	565 214.9
88	2 046.6	19 028.3	15 623.6	100 679.7	85 711.6	442 630.7
89	1 935.5	16 338.2	13 577.0	81 651.5	70 087.9	341 951.0
90	1 804.8	13 850.2	11 641.6	65 313.3	56 510.9	260 299.5
91	1 657.8	11 577.1	9 836.8	51 463.1	44 869.3	194 986.2
92	1 498.1	9 527.7	8 178.9	39 886.0	35 032.6	143 523.2
93	1 329.7	7 707.4	6 680.8	30 358.3	26 853.6	103 637.2
94	1 157.2	6 117.0	5 351.1	22 650.9	20 172.8	73 278.9
95	985.0	4 753.0	4 193.9	16 533.8	14 821.8	50 628.0
96	817.8	3 607.2	3 208.9	11 780.8	10 627.9	34 094.2
97	660.2	2 667.4	2 391.0	8 173.6	7 419.0	22 313.4
98	516.8	1 917.0	1 730.8	5 506.1	5 028.0	14 139.8
99	391.1	1 335.4	1 214.0	3 589.1	3 297.2	8 633.7
100	285.3	899.1	822.9	2 253.8	2 083.2	5 044.5
101	200.0	583.4	537.6	1 354.7	1 260.3	2 790.7
102	134.3	363.7	337.6	771.2	722.7	1 436.1
103	86.1	217.1	203.3	407.5	385.0	664.8
104	52.6	123.6	117.2	190.5	181.8	257.3
105	64.6	66.9	64.6	66.9	64.6	66.9

中国人寿保险业经验生命表(2010—2013)换算函数表

生命表:女 CL6;年利率:3.5%

x	C_x	D_x	M_x	N_x	R_x	S_x
0	437.7	1 000 000.0	53 338.0	27 994 147.7	4 278 043.9	701 319 069.8
1	269.7	965 745.9	52 900.3	26 994 147.7	4 224 705.9	673 324 922.1
2	165.8	932 818.2	52 630.7	26 028 401.8	4 171 805.6	646 330 774.4
3	108.0	901 107.7	52 464.8	25 095 583.7	4 119 175.0	620 302 372.5
4	79.9	870 527.5	52 356.9	24 194 475.9	4 066 710.1	595 206 788.8
5	68.3	841 009.5	52 277.0	23 323 948.4	4 014 353.3	571 012 312.9
6	61.2	812 501.3	52 208.7	22 482 938.9	3 962 076.3	547 688 364.5
7	56.1	784 964.2	52 147.5	21 670 437.6	3 909 867.6	525 205 425.6
8	52.8	758 363.4	52 091.3	20 885 473.4	3 857 720.1	503 534 988.1
9	51.0	732 665.5	52 038.6	20 127 110.0	3 805 628.8	482 649 514.7
10	50.6	707 838.4	51 987.6	19 394 444.5	3 753 590.2	462 522 404.7
11	50.9	683 851.2	51 937.0	18 686 606.1	3 701 602.6	443 127 960.3
12	51.1	660 675.0	51 886.1	18 002 754.8	3 649 665.6	424 441 354.2
13	52.4	638 282.2	51 835.1	17 342 079.9	3 597 779.4	406 438 599.4
14	53.6	616 645.4	51 782.7	16 703 797.7	3 545 944.3	389 096 519.5
15	54.7	595 739.0	51 729.0	16 087 152.3	3 494 161.7	372 392 721.9
16	55.6	575 538.6	51 674.4	15 491 413.3	3 442 432.7	356 305 569.6
17	56.4	556 020.3	51 618.7	14 915 874.7	3 390 758.3	340 814 156.3
18	57.1	537 161.3	51 562.3	14 359 854.4	3 339 139.6	325 898 281.6
19	57.7	518 939.3	51 505.2	13 822 693.1	3 287 577.2	311 538 427.2
20	58.1	501 333.0	51 447.6	13 303 753.8	3 236 072.0	297 715 734.1
21	58.5	484 321.6	51 389.5	12 802 420.8	3 184 624.4	284 411 980.3
22	58.3	467 885.0	51 331.0	12 318 099.3	3 133 234.9	271 609 559.4
23	58.5	452 004.5	51 272.7	11 850 214.2	3 081 904.0	259 291 460.2
24	58.6	436 660.8	51 214.1	11 398 209.7	3 030 631.3	247 441 246.0
25	58.7	421 835.9	51 155.5	10 961 548.8	2 979 417.2	236 043 036.3
26	58.7	407 512.2	51 096.8	10 539 713.0	2 928 261.7	225 081 487.4
27	58.6	393 672.9	51 038.1	10 132 200.7	2 877 164.9	214 541 774.5
28	58.8	380 301.8	50 979.6	9 738 527.8	2 826 126.8	204 409 573.7
29	59.3	367 382.5	50 920.8	9 358 226.1	2 775 147.2	194 671 045.9

续表

x	C_x	D_x	M_x	N_x	R_x	S_x
30	60.0	354 899.7	50 861.5	8 990 843.5	2 724 226.4	185 312 819.9
31	61.6	342 838.2	50 801.5	8 635 943.9	2 673 365.0	176 321 976.3
32	63.4	331 183.1	50 739.9	8 293 105.6	2 622 563.5	167 686 032.5
33	65.8	319 920.3	50 676.5	7 961 922.6	2 571 823.6	159 392 926.8
34	69.0	309 035.9	50 610.7	7 642 002.3	2 521 147.1	151 431 004.2
35	73.0	298 516.4	50 541.7	7 332 966.4	2 470 536.4	143 789 001.9
36	77.2	288 348.7	50 468.7	7 034 450.0	2 419 994.7	136 456 035.5
37	82.1	278 520.6	50 391.6	6 746 101.3	2 369 526.0	129 421 585.5
38	87.6	269 019.9	50 309.5	6 467 580.8	2 319 134.4	122 675 484.1
39	93.4	259 835.1	50 221.9	6 198 560.8	2 268 825.0	116 207 903.4
40	99.4	250 955.0	50 128.5	5 938 725.8	2 218 603.1	110 009 342.5
41	105.4	242 369.2	50 029.1	5 687 770.8	2 168 474.6	104 070 616.8
42	111.7	234 067.7	49 923.7	5 445 401.6	2 118 445.5	98 382 846.0
43	117.9	226 040.7	49 812.0	5 211 333.9	2 068 521.8	92 937 444.4
44	124.2	218 278.8	49 694.1	4 985 293.2	2 018 709.8	87 726 110.5
45	130.3	210 773.2	49 569.8	4 767 014.4	1 969 015.7	82 740 817.2
46	136.3	203 515.3	49 439.5	4 556 241.2	1 919 445.9	77 973 802.8
47	142.4	196 496.9	49 303.2	4 352 725.9	1 870 006.4	73 417 561.7
48	148.7	189 709.7	49 160.8	4 156 229.0	1 820 703.2	69 064 835.8
49	155.2	183 145.7	49 012.2	3 966 519.4	1 771 542.3	64 908 606.8
50	162.3	176 797.2	48 857.0	3 783 373.7	1 722 530.1	60 942 087.4
51	170.0	170 656.3	48 694.7	3 606 576.5	1 673 673.1	57 158 713.8
52	178.2	164 715.3	48 524.7	3 435 920.2	1 624 978.4	53 552 137.3
53	187.2	158 966.9	48 346.5	3 271 204.9	1 576 453.6	50 116 217.1
54	197.0	153 404.0	48 159.3	3 112 238.0	1 528 107.2	46 845 012.1
55	207.4	148 019.5	47 962.3	2 958 834.0	1 479 947.9	43 732 774.1
56	218.7	142 806.6	47 754.9	2 810 814.5	1 431 985.6	40 773 940.2
57	231.1	137 758.7	47 536.2	2 668 007.9	1 384 230.7	37 963 125.7
58	244.6	132 869.1	47 305.2	2 530 249.2	1 336 694.5	35 295 117.8
59	259.6	128 131.4	47 060.6	2 397 380.0	1 289 389.3	32 764 868.6
60	276.3	123 538.9	46 801.0	2 269 248.6	1 242 328.7	30 367 488.5

续表

x	C_x	D_x	M_x	N_x	R_x	S_x
61	294.7	119 084.9	46 524.7	2 145 709.8	1 195 527.7	28 098 239.9
62	314.5	114 763.2	46 230.0	2 026 624.8	1 149 003.1	25 952 530.2
63	335.1	110 567.9	45 915.5	1 911 861.6	1 102 773.0	23 925 905.3
64	356.8	106 493.7	45 580.4	1 801 293.8	1 056 857.5	22 014 043.7
65	379.9	102 535.7	45 223.6	1 694 800.0	1 011 277.1	20 212 749.9
66	405.6	98 688.4	44 843.7	1 592 264.3	966 053.5	18 517 949.9
67	434.8	94 945.4	44 438.0	1 493 576.0	921 209.8	16 925 685.6
68	467.7	91 299.9	44 003.2	1 398 630.5	876 771.8	15 432 109.6
69	503.8	87 744.8	43 535.5	1 307 330.6	832 768.5	14 033 479.1
70	542.3	84 273.7	43 031.7	1 219 585.9	789 233.0	12 726 148.4
71	583.0	80 881.6	42 489.4	1 135 312.1	746 201.3	11 506 562.6
72	627.2	77 563.5	41 906.4	1 054 430.5	703 711.9	10 371 250.4
73	677.5	74 313.4	41 279.3	976 867.0	661 805.5	9 316 819.9
74	737.3	71 122.9	40 601.7	902 553.6	620 526.2	8 339 952.9
75	810.0	67 980.4	39 864.4	831 430.8	579 924.5	7 437 399.2
76	897.2	64 871.6	39 054.4	763 450.3	540 060.1	6 605 968.5
77	998.9	61 780.6	38 157.2	698 578.8	501 005.7	5 842 518.1
78	1 112.5	58 692.5	37 158.3	636 798.1	462 848.5	5 143 939.4
79	1 233.9	55 595.2	36 045.8	578 105.6	425 690.2	4 507 141.3
80	1 357.4	52 481.3	34 811.9	522 510.4	389 644.4	3 929 035.7
81	1 477.6	49 349.2	33 454.5	470 029.1	354 832.6	3 406 525.3
82	1 589.1	46 202.8	31 976.9	420 679.9	321 378.1	2 936 496.2
83	1 687.8	43 051.3	30 387.8	374 477.1	289 401.2	2 515 816.3
84	1 770.4	39 907.6	28 700.0	331 425.9	259 013.4	2 141 339.2
85	1 834.6	36 787.7	26 929.6	291 518.2	230 313.4	1 809 913.3
86	1 877.5	33 709.1	25 095.0	254 730.5	203 383.8	1 518 395.1
87	1 900.3	30 691.7	23 217.5	221 021.5	178 288.8	1 263 664.6
88	1 902.3	27 753.4	21 317.2	190 329.8	155 071.3	1 042 643.1
89	1 883.3	24 912.6	19 414.9	162 576.4	133 754.2	852 313.3
90	1 843.6	22 186.9	17 531.6	137 663.7	114 339.3	689 736.9
91	1 784.2	19 593.0	15 688.0	115 476.9	96 807.7	552 073.2

续表

x	C_x	D_x	M_x	N_x	R_x	S_x
92	1 706.4	17 146.3	13 903.8	95 883.9	81 119.7	436 596.3
93	1 612.1	14 860.1	12 197.4	78 737.6	67 215.9	340 712.5
94	1 503.7	12 745.5	10 585.4	63 877.5	55 018.5	261 974.9
95	1 384.4	10 810.8	9 081.6	51 132.1	44 433.1	198 097.3
96	1 258.5	9 060.8	7 697.2	40 321.3	35 351.5	146 965.2
97	1 129.7	7 495.9	6 438.7	31 260.6	27 654.3	106 643.9
98	1 000.6	6 112.7	5 309.1	23 764.7	21 215.5	75 383.3
99	873.5	4 905.4	4 308.5	17 652.0	15 906.4	51 618.6
100	750.2	3 866.0	3 435.0	12 746.6	11 597.9	33 966.6
101	632.3	2 985.1	2 684.8	8 880.6	8 163.0	21 220.1
102	521.6	2 251.8	2 052.5	5 895.4	5 478.2	12 339.5
103	419.6	1 654.1	1 530.9	3 643.6	3 425.7	6 444.1
104	327.8	1 178.6	1 111.3	1 989.5	1 894.8	2 800.4
105	783.5	810.9	783.5	810.9	783.5	810.9

参 考 文 献

[1] 卢仿先,张琳.寿险精算数学[M].北京:中国财政经济出版社,2006.
[2] 熊福生,沈治中.寿险精算学[M].武汉:武汉大学出版社,2006.
[3] 中国精算师协会.寿险精算[M].北京:中国财政经济出版社,2010.
[4] 杨静平.寿险精算基础[M].北京:北京大学出版社,2002.
[5] 王燕.寿险精算学[M].北京:中国人民大学出版社,2014.
[6] 肖芸茹.精算数学与实务[M].天津:南开大学出版社,2007.
[7] 刘波.寿险精算数学教程[M].上海:立信会计出版社,2006.

后　　记

寿险精算学是以人寿保险为研究基础，运用数学、概率论与数理统计、利息理论以及多种金融模型，对保险业中各种风险因素进行分析预测的学科. 寿险精算学是北美精算师学会培养体系中准精算师资格考试和中国准精算师资格考试的核心内容. 从精算师的主要职责来看，无论是评估承担风险、厘定保险费率、提留准备金、安排分保额还是进行偿付测试，都是以寿险精算学为基础开始研究的. 因此，“寿险精算学”是整个精算师培养体系中最核心的一门课程.

“寿险精算学”课程是上海立信会计金融学院在科学合理分析学校办学定位、明确专业发展方向的前提下设置的一门专业主干课程. 该课程在整个课程体系中处于核心地位，是体现办学定位和专业特色的重要支撑. 通过该课程的学习，学生可以进一步了解和掌握寿险精算的基本原理、基本技能以及各险种的精算方法，进一步掌握生命表的编制过程，熟悉保险实务中各险种的趸缴保费、均衡净保费、责任准备金、现金价值的计算方法. 此外，学生还可以利用寿险精算工具，处理解决人寿保险中所面临的一系列实际问题的能力，为今后的工作和研究打下坚实的基础.

寿险精算学是以数学、金融学、计算机技术为基础的，与金融学的交叉渗透式是学科发展的特点之一. 一些精算理论通常被用于解决金融学中的一些问题，诸如著名的 Black-Scholes 期权定价公式就可以从精算理论的角度进行理解. 此外，诸如债券的违约、贷款人的提前还贷等问题也可以使用精算理论进行分析. 因此，该课程也适用于金融专业、数学专业以及统计专业的学生.

编者先后参加了中国准精算师资格考试、北美准精算师资格考试以及金融风险管理师(FRM)考试，取得了中国准精算师资格证书以及金融风险管理师资格证书，并通过了北美准精算师的多门课程. 在考试过程中，作者深刻认识到学习过程中理解的重要性，不仅要理解每一章的内容，还要将各章贯穿起来，理解之间的相互逻辑关系，只有这样才能真正掌握寿险精算学这门课程. 本书的内容一部分是基于这方面的学习经验编写的，另一部分是基于多年教学经验所编写的. 自 2009 年至今，作者从事精算学的教学工作已整整 10 年，但每一次讲授“寿险精算学”课程都会有新的收获.

由于作者水平所限，书中难免存在不妥之处，希望诸同仁及读者不吝指正.

作　者

2018 年 8 月